商业银行ATM全生命周期管理

新常态下的理论与实践

蔡宁伟 著

中国金融出版社

责任编辑：张智慧　王雪珂
责任校对：孙　蕊
责任印制：丁淮宾

图书在版编目（CIP）数据

商业银行ATM全生命周期管理——新常态下的理论与实践（Shangye Yinhang ATM Quanshengming Zhouqi Guanli：Xinchangtaixia de Lilun yu Shijian）／蔡宁伟著．—北京：中国金融出版社，2016.1

ISBN 978 – 7 – 5049 – 8229 – 2

Ⅰ．①商… Ⅱ．①蔡… Ⅲ．①商业银行—ATM网—产品生命周期—设备管理—研究—中国 Ⅳ．①F832.33

中国版本图书馆CIP数据核字（2015）第286630号

出版
发行　中国金融出版社

社址　北京市丰台区益泽路2号
市场开发部　（010）63266347，63805472，63439533（传真）
网上书店　http：//www.chinafph.com
　　　　　（010）63286832，63365686（传真）
读者服务部　（010）66070833，62568380
邮编　100071
经销　新华书店
印刷　保利达印刷有限公司
尺寸　169毫米×239毫米
印张　28.25
字数　376千
版次　2016年1月第1版
印次　2016年1月第1次印刷
定价　58.00元
ISBN 978 – 7 – 5049 – 8229 – 2/F.7789
如出现印装错误本社负责调换　联系电话（010）63263947

沃尔克的"唯一创新"（代序）

美联储前主席保罗·沃尔克（Paul Volcker）曾经坦承：过去几十年金融机构的唯一创新就是自动柜员机（Automated Teller Machine，ATM）的发明，自动柜员机在金融领域的历史地位和创新价值可见一斑——这是"第三次浪潮"在金融界广泛而深刻的影响与应用。ATM解放了商业银行传统的"8小时"柜员，以统一标准的自动机械代替了水涨船高的人力，主要开展相对简单但业务量较大的存款、取款、转账等基础业务，并以这三类业务为基础进一步衍生，逐步增加了无卡存取款、无折存取款、手机预约存取款、自助购买水电煤气、自助缴费、自助购票、自助购物等功能。由于ATM的自助性、便捷性，其服务时间进一步延长，成为商业银行"24小时"全天候柜员，且由于布设相对网点简单而更为快捷，也可以装在车、船、舰上机动使用，甚至可以作为机动部队的标配，如演习的装甲车上、航空母舰上等等。如今，ATM在中国乃至世界各地十分常见，并被广泛使用。

自1986年中国大陆引入自动柜员机以来，自助业务实现了持续发展。商业银行自助渠道发展呈现两大态势，主要表现为业务的持续快速增长和人均的逐渐渗透直至饱和。由此衍生出微观业态和宏观总量的"两个第一"，即自助渠道在部分商业银行各渠道交易量的占比第一、我国ATM在全世界保有量第一，实现了质的飞跃。这两大变化标志着国内商业银行逐渐完成了从物理柜面交易向自主交易的转型，有力推动了交易环境和业务功能完善，迅速拉近了与先行国家的差距。

在此期间，商业银行的自助渠道和自助业务发展迅猛，逐步成为商业银行交易的主要通路。自助交易以系统化、标准化、实时化的交易平台和操作流程为主导，引导客户更为自主、自由、自控地完成交易，不仅缓解了客户去网点办理业务排队难的问题，也越来越多地得到客户的理解、认可和使用。2011年后，国内部分自助业务发展水平较高的商业银行，ATM的业务量突破30%，在巩固个人业务交易主渠道的基础上，超越传统网点渠道成为名副其实的零售主渠道和交易主渠道——这一占比数据可视为一大业务转折和重要业态变化，部分国外领先商业银行最高可达60%以上。从一个侧面，也可解释为什么近年来有关ATM的社会关注和客户求助与投诉不断再创新高，这主要是源自广大客户对ATM接受和使用基数的高速增长，这一基数数以亿万计。

同期，以ATM为代表的自助设备在中国快速布设，逐步超越直至远远超过传统商业银行的营业网点数量。在这一进程中，五大国有商业银行、邮政储蓄银行和部分全国性的股份制商业银行成为布设推动的主力，在有力拓展自身交易渠道的同时，给予客户更便捷、更广泛、更长时间的交易选择。据各大商业银行半年报和年报统计，2014年，中国ATM保有量已经超越美国，达61.4万台，成为全球第一大市场，北上广深等中心城市的百万人均ATM保有量已经比肩部分发达国家——这一占比数据可视为我国金融机构转型与改革的一项重要成果，广泛服务客户、普惠国计民生。但从全国范围来看，部分中西部地区和老少边穷岛等区域，百万人均ATM保有量与欧美发达国家相比，囿于交通和运营成本等原因仍有较大差距，具有相当的发展潜力。

据近期美国网络调查分析公司在其网站Complete.com的一份关于"人们为什么选择这家银行或选择这家银行的竞争对手"的调查，在影响消费者选择银行的十大因素中，"银行位置的便利性以及是否布放了

ATM"成为人们选择哪家银行的首要考虑要素。但值得关注的是，虽然ATM引入我国已近30年，但目前国内比较缺乏有关自动柜员机的研究专著，基于商业银行理论与实践的论著也比较罕见。其一，ATM的管理涉及现金保障等高风险流程，不易深入归纳和呈现；其二，欧美发达国家的ATM服务于国内呈现较大差异，其客户对现金需求的效率与质量远不及国内，不宜全盘借鉴和引入；其三，受商业银行前中后台分离的影响，社会对商业银行后台运营管理的关注度不够，ATM运营管理的作用与地位受到限制，缺乏制造商与使用方的正式交流，缺乏商业银行与广大客户的书面沟通。

不过，中外监管机构和行业协会从未忽视对商业银行管理能力特别是运营管理能力的关注、评价与监督。例如，美国等发达国家监管机构普遍采用的骆驼评级法（即骆驼信用评级指标体系，CAMEL Rating System），主要包括资本充足性（Capital Adequacy）、资产质量（Asset Quality）、管理水平（Management）、盈利水平（Earnings）和流动性（Liquidity），其中的管理水平单列评价项目。2015年，中国银行业协会首次推出了商业银行稳健发展能力陀螺评价体系（GYROSCOPE），主要包含公司治理能力（Governance）、收益（财务）可持续能力（Yield sustainability）、风险管控能力（Risk control）、运营管理能力（Operational management）、服务能力（Service quality）、竞争能力（Competitiveness）、体系智能化能力（Organizational intellectualization）、员工知会能力（Personnel competence）以及股本补充能力（Equity funding）九大评价维度。该评价体系强调稳健与发展并重，首次将运营管理能力单列，其与风险管控能力、竞争能力、服务能力等休戚相关，具有更加丰富的评价层次。

目前，有关商业银行ATM运营管理的研究还很少，本书尝试填补这一空白，以多年来对商业银行自助设备的管理实践和理论积累为蓝本，呈现自动柜员机的全生命周期管理，并衍生探讨商业银行的网点建设、服务管理与声誉管理。本书从 ATM 历史沿革出发，全貌展示 ATM 从投放到退出的全生命周期与全流程管理，主要包括 ATM 的选址布局、运营管理、现金保障、安全管理、外包管理、服务管理、创新管理、声誉管理和发展趋势等主要章节。其中，选址布局、现金管理、外包管理、服务管理和声誉管理等内容结合了国内外先进商业银行的实际；同时，本书将 ATM 作为一种商业银行的业态和渠道，探讨了相关的业态发展、客户排队、渠道变革、社区银行等热点话题。当前，国际经济处于复苏的多元化、无核化、复杂化的"波动拉锯"时期，国内经济适逢增长速度进入换挡期、结构调整面临阵痛期和前期刺激政策消化期"三期叠加"阶段，中国宏观经济转型趋于增长速度放缓、经济机构升级、改革创新驱动等为代表的"新常态"。本书的部分内容是基于最新实践的提炼和创新的总结，在"新常态"对粗放管理转型、对精细管理挖潜的要求下，可以帮助商业银行、外包公司、制造厂商更好地理解自动柜员机与银行和客户的交互关系，实现从"粗放管理"到"精细管理"的转化与升华。

  本书既可以作为 ATM 的研究专著，供专业研究人员参考；也可作为 ATM 的实践指南，供 ATM 业务和产业从业人员阅读；还可作为一种商业银行 ATM 的知识普及与介绍读物，供更多感兴趣的读者了解；每一章引用的参考文献置于章末。

  囿于时间与实践，本书的一些内容可能存在不足、不妥之处，万望各位先进、专家和前辈批评指正。

金融业态的三个阶段（代前言）

ATM 归根到底，可以视为商业银行的一种渠道。那么，在更久远的历史长河之中，ATM 可以归为哪个阶段的代表特征呢？这是普通大众和一些金融从业者比较关心和好奇的一个问题。自 2011 年以来，移动金融的概念风生水起。以手机银行、支付宝、微信银行等为主要代表的移动支付领域越来越受到社会的关注，也越来越得到客户的青睐。目前，移动金融的概念百花齐放，相关应用众说纷纭。笔者在此想通过对金融历史和发展的梳理，粗浅地谈谈移动金融的本质及未来，从而尝试回答大家普遍关心的三个问题：什么是移动金融？移动金融有哪些主要特点？以及未来的移动金融将如何发展？前言部分就尝试以金融业的溯源和转变为线索，剖析物理金融、电子金融和移动金融三大发展业态。在此基础上，发掘移动金融的本质与内涵，归纳移动金融的便捷、实时、及时、私密和全面五项特点。并结合移动金融的应用，提出实现便捷与安全、全面与个性、虚拟与物理、客户与网点四大平衡的展望。简而言之，ATM 作为渠道实质处于电子金融的业态，但也可以作为移动金融业态有机的组成与支撑。毕竟，再先进的移动金融业态、线上支付手段都是一种"上层建筑"，都离不开物理金融和电子金融的"物质基础"。

一、移动金融的界定——什么是移动金融

这一问题实际关乎移动金融的本质。要了解本质，不得不究其根源，还需要从金融的业态溯源与转变谈起。随着新产业变革的到来，新业态和新模式的存在形式将进一步演化发展，不同的业态可能导致组织绩效的较大差异。笔者认为，目前，金融业主要经历了三个主要的业态类型：一是以分支机构为代表的物理金融业态；二是以网上银行为代表的电子金融业态；三是以手机银行为代表的移动金融业态。中国的金融业也是如此，作为第三产业或服务业的一类，以服务集约型的业态为主，后发优势和创新成果比较明显。

2000年以前，物理金融业态以银行网点为主要渠道。事实上，在现代商业银行成立之前，山西票号等"前银行金融机构"也是以"总号"、"分号"等实体机构为主要渠道，从而完成对客户的金融服务。不难看出，物理机构是金融服务的起点，也是终点。也正是如此，物理机构的选址布局尤为重要，同时，还存在两大局限：一是时间上存在一定限制，客户一般可以在工作日的8小时内接受银行的服务，其他时间则很难协调；二是空间上存在一定局限，客户必须主动到银行网点才能享受服务，只有比较特殊的情况下才可以预约到银行的上门服务。需要说明的一点是，目前中国大陆的银行服务时间较不少欧美发达国家要长，例如德国的银行周六日基本全部休息，与客户作息时间完全同步，如您想要办理业务必须牺牲工作时间，毕竟休息的福利对大家而言都是对等的稀缺资源。那么，如何才能在不延长银行工作时间的前提下突破这两点限制呢？

2000年至2010年，电子金融业态以网上银行为主要渠道，逐步突破了上述两点限制。在此，银行做了大量的创新和变革工作。在时间上，银行开始布设大量的ATM，以自助设备打造新的个人金融服务渠

道，实现了存取款、转账等基础业务的"全天候服务";同时借助网络大力建设网上银行，给予客户更多的时间选择，丰富了其他业务种类。在空间上，银行进一步完善物理布局，使 ATM 等自助设备成为网点的有机补充;更为重要的是，随着互联网的普及，网上银行使客户足不出户，借助电脑就能办理很多业务，大大节约了客户的时间和交通成本。近年来，"客户排队"问题的逐步化解恰恰印证了近年来中国银行业态转型的成功。但是，客户的需求会持续促进银行改进：既然已经实现了 24 小时全天候的"随时"金融服务，那么银行怎样才能实现"随地"金融服务呢？

2011 年以来，移动金融业态以手机银行为主要渠道，逐步打破了上述瓶颈。事实上，金融业态从物理到虚拟，从定时到随时，从固定到移动主要依靠的是信息技术的发展创新，这是"第三次浪潮"的大势所趋。2004 年以后，笔记本电脑特别是触屏电脑的逐步兴起，使其成为很多单位、家庭和个人的首选。但是，笔记本或者后来的触屏电脑往往体积相对较大、质量偏重，虽然可以实现移动支付，一定程度上解决了"随地"的难题，但客户体验一般，很多人感觉不尽方便。那么，如何进一步优化移动金融的便捷性问题，进而提升客户体验呢？银行想到了更为轻巧、方便的手机，特别是智能手机的出现和 APP 的应用，使支付渠道更为顺畅、便利。手机起到了电脑的作用，完成了笔记本的瘦身;手机银行整合了网上银行的若干功能，可以提供更为便捷私密的金融服务。诚然，从"随时随地"到客户"随心所欲"还有一个线上线下结合、磨合与契合的过程，后续我们还会讨论。

二、移动金融的特征——移动金融有哪些主要特点

综上所述，移动金融绝非一蹴而就，而是经历了千年的积淀和传承，是外部客户需求与内部银行革新共同推动下的产物，是与工业革

命、信息技术革命一脉相承的变革，是人类智慧的金融结晶。也正是如此，移动金融才受到普罗大众的选择和喜爱，才能在短短几年时间完成了星火燎原的壮举。据相关专业机构统计，东亚、西欧和北美地区是手机银行最为普及和发达的市场，用户占比分别为全球的41%、22%和12%，累计占比近全球总量的2/3。以美国为例，2007年至2012年，手机银行客户从11万人增至2 900万人，2013年的使用率更猛增50%；欧洲也不甘落后，已有8.5%的手机用户通过手机访问银行账户，其中25～34岁年轻客户群体的使用率和使用意愿最高；东亚地区的中、日、韩三国各领风骚。归纳起来，移动金融主要具有如下特点。

（一）便捷性

移动金融的最大优势在于便捷性。它使金融服务从商业区十字路口的物理网点搬到家附近的自助网点，再搬到家里书房，甚至进一步搬到家里的阳台、卧室、厨房，甚至从公文包、书包、库兜里掏出即可使用。这是客户选择移动金融最为重要的原因，拉近了与银行的距离。

（二）实时性

移动金融的另一个重要优势在于实时性。它突破了网点8小时工作时间的限制，客户不用再受银行网点日常服务时间的约束，也不用因24小时服务的自助设备故障而烦恼。只要有网络，只要网上银行、手机银行正常运作，就随时可以使用。

（三）及时性

移动金融的第三个优势是及时性，主要建立在便捷性和实时性之上。首先，距离的缩短本身就令业务办理更为及时，省去了乘车、步行等交通和排队等待的时间；其次，服务时间的延伸使很多业务更为及时，不必等到第二天网点营业再去办理，更为快捷自在。

（四）私密性

移动金融的第四个优势是私密性，主要建立在便捷性和及时性之上。首先，正是因为移动金融的便捷性，客户的操作更为私密，无须接触银行工作人员，也无须他人协助，自己独立操作即可；其次，正是由于移动金融的及时性，业务办理更为迅捷，不容易被发现。

（五）全面性

移动金融还有一个重要优势，即业务的全面性。以前，银行网点不一定受理所有业务，有的业务需要到开办这一业务的支行甚至分行才能处理。银行的自助设备也不能受理全部业务，有的业务必须到网点才能处理。而移动金融与电子金融类似，实现了除现金交易之外几乎全部业务的虚拟管理和处理，手机银行与网上银行的功能几乎没有差别。

三、移动金融的趋势——未来的移动金融将如何发展

既然移动金融具备上述特征，本身的完善就是发展的一个重要方面，还有其他方面特别是在效率、质量、安全与服务四者之间实现某种平衡是未来移动金融发展的要点和亮点。值得一提的是，这种平衡也许没有唯一的答案，一位客户就是一种答案，一万位客户就有一万个答案，因人而异、因势利导又因地制宜。

（一）实现便捷与安全的平衡

移动金融特别是移动支付的安全问题是必须优先考虑的。近年来，随着客户使用网上银行、手机银行的增多，相关风险事件和案件层出不穷，主要表现为：一是钓鱼网站难以根治；二是病毒木马持续更新；三

是电话诈骗前赴后继。于是，尽管移动金融十分便捷，仍有很多客户特别是风险抵抗能力较弱的中老年客户使用率相对较低；还有一些客户曾经受骗上当，存在"一朝被蛇咬，十年怕井绳"的心态。上述三类风险事件需要银行、客户、监管机构和公安机关乃至全社会的共同推进。银行需要加强使用宣传，不断更新网银和手机银行的防火墙，采取如U盾等物理介质与支付密码相结合的"线上＋线下"的模式确保支付安全；监管机构和公安机关需要持续完善社会的信用体系建设，持续坚决打击金融钓鱼和诈骗活动；客户自身也需要提高安全意识，注意保管支付密码和支付终端。目前，因手机丢失而导致交易信息泄露的大有人在。

（二）实现全面与个性的平衡

移动金融的差异化、个性化体验也是客户关注的焦点。即便移动金融可以实现较为全面的金融服务，满足客户转存、转账、购买理财、基金交易、贵金属交易、交纳水电煤气费等多种需求，但每一位客户仍然存在投资理念、风险偏好、产品选择等诸多差异，而不少客户更以能够享受到银行的"定制服务"为荣，也更便于银行向客户实施"精准营销"，建立更为密切的联系。在此，大数据的出现恰恰可以实现全面与个性的共享。比如，一些领先的银行已经退出普通版和个性版两种手机银行和网上银行的版本，并针对客户常用的安卓和苹果等智能手机的平台差异提供不同的APP服务；还有的金融机构和网上商城根据客户的购物和交易习惯，逐一甄别和有针对性地推送金融或实物产品介绍，这一"精准营销"的模式更容易激发客户的需求和关切，不易引发客户的反感和误解，还可以发掘客户的潜力、满足客户的需要。

（三）实现虚拟与物理的平衡

移动金融还需要与物理金融实现更完美的融合。事实上，移动金融唯一的"短板"在于不能实现物理交易，如存款、取款、现金配送等。因此，银行等金融机构需要首先建立与之对应的物理支持体系，满足客户实物金融服务的需要。例如，近期不少银行开展的存量网点选址优化、智能网点建设、社区银行推广等都是一种支持体系的完善。接下来，银行还可以借助相关渠道的优势来满足客户的需要。例如，与连锁超市、社区服务站、快递公司建立联盟合作关系，借助二维码等技术，实施移动支付、扫码缴费甚至小额现金速递等金融服务，这样一来，客户在物理网点、自助设备之外，还有更多的选择，如可以利用下载到手机上的二维码作为支付凭据，可以运用识别码并借助手机复核完成日常缴费，还可以在需要用款时足不出户解决燃眉之急。当然，我们目前的畅想还有局限，相信未来移动金融的发展肯定超乎我们今天的想象，更加精彩纷呈。

（四）实现客户与网点的平衡

如前文分析，金融业发展主要历经物理金融、电子金融和移动金融三个业态，其中物理金融业态受到了时空的较大限制，电子金融业态有效解决了"随时"的问题，移动金融业态有效解决了"随地"的问题。但是，满足客户的深层次需求，真正实现客户"随心所欲"的服务体验还需要借助移动金融的发展和线上线下的整合。在实现了虚拟与物理平衡的基础上，客户对去网点的时间有着不同选择，甚至对银行的客户经理有特殊的偏好；而银行面临客户资源分布不均、客户办理业务时间长短繁简不一的难题。还需要借助移动金融的手机预约、网上预约、电话预约、现场预约和银行内部业务与流程的整合，来解决上述矛盾。例如，借助客户的线上预约来合理分配柜口劳动力、满足个别客户的个性化需要；将对某些客户经理偏好较高的客户整合到一定时段，提前网上告知某些"明星经理"的预留时间，提高集中接待和受理的效率；通过双向选择、奖品激励和业务积分，将客户预约或引导到业务较少的时段，削峰填谷，实现峰顶与峰谷的平衡。最终，在信息共享和大数据整合的前提下，让客户和银行的物理网点实现"无缝连接"和"全程对接"，提升网点的服务效率与质量。

目 录

第一章　ATM 全生命周期管理 …………………………………… 1
　　第一节　本书主要架构与逻辑 ……………………………………… 3
　　第二节　ATM 在中国的 30 年 ……………………………………… 8
　　第三节　ATM 全生命周期分析 …………………………………… 15

第二章　ATM 历史沿革 …………………………………………… 41
　　第一节　银行网点的演进、转型与发展 ………………………… 43
　　第二节　ATM 的历史、运营和发展趋势 ………………………… 49
　　第三节　超市银行的发展、利弊与策略 ………………………… 62

第三章　ATM 选址布局 …………………………………………… 87
　　第一节　ATM 布设选址现状、问题和对策 ……………………… 89
　　第二节　自助银行的建设分类和服务策略 ……………………… 97
　　第三节　中国农村地区 ATM 的使用问题 ……………………… 105

第四章　ATM 运营管理 ………………………………………… 117
　　第一节　ATM 关键运营模式对标分析 ………………………… 119

第二节　ATM 运营人员的问题与对策 …………………… 124

第三节　ATM 的布设选址与运营成本 …………………… 131

第五章　ATM 现金保障 …………………………………… 143

第一节　ATM 的单笔取款限额 …………………………… 145

第二节　ATM 的现金保障类型 …………………………… 151

第三节　ATM 存取款异常行为 …………………………… 165

第六章　ATM 安全管理 …………………………………… 183

第一节　ATM 监控管理的问题及对策 …………………… 185

第二节　ATM 案件防范的问题及对策 …………………… 193

第三节　ATM 安全管理的问题及对策 …………………… 203

第七章　ATM 外包管理 …………………………………… 213

第一节　ATM 运营现状及外包服务 ……………………… 215

第二节　ATM 外包服务的类型研究 ……………………… 223

第三节　商业银行业务外包的逻辑 ………………………… 234

第八章　ATM 服务管理 …………………………………… 243

第一节　商业银行客户排队的分析与对策 ………………… 245

第二节　商业银行 ATM 24 小时服务探讨 ………………… 251

第三节　ATM 管理义务与责任的法律界定 ……………… 267

第九章　ATM 创新管理 …………………………………… 283

第一节　ATM 业务创新的探索与尝试 …………………… 285

第二节　自助设备运营中心的转型 ………………………… 292

第三节　商业银行的业务类型与演进 ……………………… 307

第十章　ATM 声誉管理 …………………………………… 323

第一节　ATM 客户关系和声誉管理 ……………………… 325

第二节　ATM 品牌发展对策与对标 ……………………… 337

第三节　服务良性循环体系的建构 ………………………… 341

第十一章　ATM 发展趋势 ⋯⋯⋯⋯⋯⋯⋯⋯⋯⋯⋯⋯⋯⋯⋯ 357
　　第一节　自助设备的发展趋势 ⋯⋯⋯⋯⋯⋯⋯⋯⋯⋯ 359
　　第二节　银行的替代组织研究 ⋯⋯⋯⋯⋯⋯⋯⋯⋯⋯ 365
　　第三节　社区银行的模式创新 ⋯⋯⋯⋯⋯⋯⋯⋯⋯⋯ 374

结语　智能金融业态的趋势探索 ⋯⋯⋯⋯⋯⋯⋯⋯⋯⋯⋯ 407

后记 ⋯⋯⋯⋯⋯⋯⋯⋯⋯⋯⋯⋯⋯⋯⋯⋯⋯⋯⋯⋯⋯⋯ 421

专业术语 ⋯⋯⋯⋯⋯⋯⋯⋯⋯⋯⋯⋯⋯⋯⋯⋯⋯⋯⋯⋯ 424

第一章
ATM 全生命周期管理

改革开放以来，自动柜员机（ATM）在中国大陆的发展经历了从无到有、从小到大、从弱到强的过程，发展速度之快、布设范围之广、使用客户之多超出很多人的想象。从1986年引入ATM中国大陆并于1987年第一台ATM在珠海投入使用，到2014年超越美国成为世界ATM保有量第一大国，中国只用了短短27年时间；同期，中国ATM产业也实现了长足发展，出现了以广电运通、东信等为代表的国产自主品牌。相比之下，从1973年ATM申请专利算起，美国在ATM保有量第一大国的位置上已经坚持了整整41年。因此，中国的历程与中国的特色都值得及时总结。

第一节 本书主要架构与逻辑

一、全生命周期及其应用

从自然界的实际情况来看，世间万物都有自己的生命周期，这是不可抗拒的客观规律，是辩证唯物主义和历史唯物主义的基本观点（李培滇，2001）。例如，人有生命周期，汽车等产品有生命周期（Vernon，1966），消费者行为也有其生命周期（Modiglian，1970）。由此，将生命周期这一客观规律演化应用到管理领域，与本研究相关的主要有企业生命周期、项目生命周期、产品生命周期、客户生命周期和职业生命周期等五项探讨，主要依据其所处视角的选择。

从组织周期的视角来看，企业生命周期的概念最早由 Haire（1959）提出，即可以用生物学中的"生命周期"观点来看待企业，其发展符合生物学中的成长曲线。此后，Gardner（1965）认为，与生物学生命周期相比，企业生命周期有其特殊性。随后，众多学者对企业生命周期理论进行了研究，并在 20 世纪 80 年代达到理论的顶峰（曹裕、陈晓红、王傅强，2009）。Miller、Friesen（1984）实证研究了企业成长过程中，在企业战略、组织结构、环境和制定决策风格四个方面表现出不同特征，由此可以更好地指导企业管理自身发展并与所处阶段相契合。

在这一研究领域，最具代表性的当数 Adizes（1989）提出的企业生命周期规则，用于解释企业为什么会成长、老化和死亡，以及处于不同周期阶段的企业应该采取的对策，从而通过恰当的干预把企业引向鼎盛。他将企业的生命历程分为十个时期，即孕育期、婴儿期、学步期、青春期、盛年期、稳定期、贵族期、官僚化早期、官僚期和死亡期；其

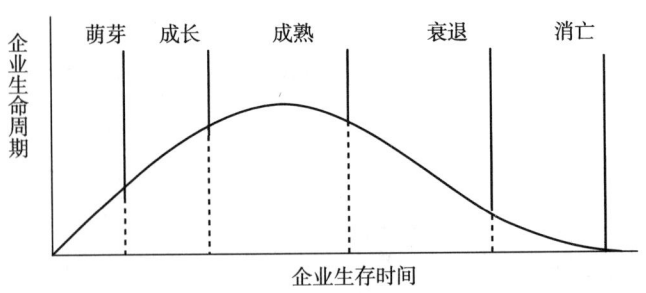

图 1-1 企业主要生命周期

中前五个时期属于成长阶段,后五个时期属于老化阶段,而盛年期是企业生命周期中最有效率的阶段。该理论随后得到 Gouillart、Kelly (1995) 等的丰富和完善,从而形成了一整套企业生命周期的理论体系。国内学者对此也有探索,并提出了自己的理解。李培滇 (2001) 认为,企业生命周期主要分为创建、发展、成熟和衰亡四个阶段,而国企主要处于成熟和衰亡两个阶段;因此,处于成熟阶段的国企应以改革为手段及早步入新的生命周期,谋取更快的发展,而处于衰亡阶段的国企应让其重组或破产,从而按照客观规律退出市场。与之类似,王爱民 (2000) 将企业生命周期划分为诞生、成长、成熟和衰退四个阶段,并建议国企通过深化改革迎接"第二春"。借鉴上述研究,本书将企业周期主要归纳为萌芽、成长、成熟、衰退和消亡五个主要周期,如图 1-1 所示。

从过程周期的视角来看,产品和项目生命周期已在企业各类项目管理中广泛应用,内容较为复杂、牵涉范围较广,涉及人员较多,可能面临管理上的困难和技术上的挑战,且必须在一个条件复杂、高度紧张的情境中完成,给改革管理者和实施者带来了较大的压力。

二、本书主要架构与逻辑

生命周期本是工业、建筑业、产品生产等使用的概念,本书所提

ATM 全生命周期主要以商业银行为例，一般包括配备、布设、运行、业务、管理、发展等方面。借鉴图 1-1 企业主要生命周期的启示，本书所提 ATM 生产与使用的全生命周期主要包括生产、布局、运营和退出四大周期。其中，生产周期包括设计、研发、生产、组装、检验等环节；布局周期主要包括选址、申设、审批、布局和验收等环节；运营周期主要包括了现金保障、安全管理、外包管理、创新管理、声誉管理等环节；退出周期主要包括评估、审核、退出和销毁等环节；上述所有环节，都可能涉及发展趋势的讨论，如图 1-2 所示。

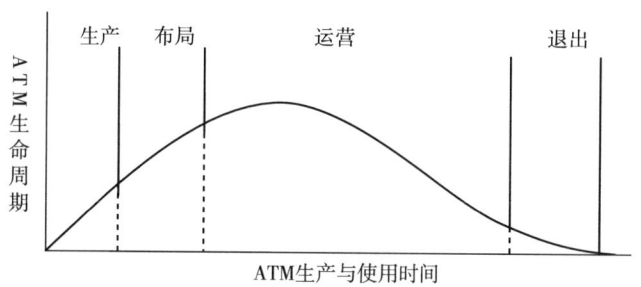

图 1-2 商业银行自动柜员机（ATM）全生命周期

在上述周期和环节中，主要涉及五类主体。按照在 ATM 全生命周期中出现的先后顺序归纳，第一类主体主要包括 ATM 的生产厂商，主要参与 ATM 的生产周期；第二类主体主要包括购买 ATM 的商业银行等金融机构，主要参与 ATM 的布局、运营和退出；第三类主体主要包括 ATM 的技术维护商，主要参与 ATM 运营周期中的技术维护等环节；第四类主体主要包括 ATM 的专业运营商，例如美国的布林克（Brinks）、源于丹麦的 G4S（Group 4 Securicor）、中国的银联商务和广电银通、日本的 ATM 株式会社等专业公司，主要负责 ATM 运营周期的全部或部分环节；第五类主体主要包括 ATM 的使用者，即各类商业银行的个人客户或个别可在 ATM 上使用的公司客户，这是数量最为庞大的群体。需要解释的一点是，之所以把客户按顺序放在最后，是因为只要 ATM 在完成了选址布局和基本运营准备后，才能投入使用。因此，按照这一流程，客户在 ATM 的生产与使用时间上最后参与。

目前，我国商业银行的 ATM 管理还处在探索与快速发展阶段，只有个别商业银行建立健全了 ATM 全生命周期、全流程的运营管理体系。不少商业银行在 ATM 的配备上，品牌趋于集中，但存在价格偏低导致质量相对下降、存量品牌相对较多等主要问题。在 ATM 的布设上，增速相对较快，存在运营维护资源跟不上业务发展、ATM 使用效果差异较大、布设缺乏跨部门准入退出机制等重要问题。在 ATM 的运行上，运营效果总体向好，仍存在库存压力影响支付、清分设备配备使用不足、系统功能亟须完善等深层次问题。在 ATM 的业务上，交易量、交易额大幅增长，还存在区域不均衡、账务差错较多等较为复杂的问题。在 ATM 的管理上，确立了集中运营的管理机制，但存在密钥管理安全的关键隐患、ATM 运营中心和网点需要合理分工以及客户投诉缺乏跨部门协调解决机制等亟待解决的问题。在 ATM 的发展上，业务替代效应显著、发展前景广阔，尚存在人员发展不协调、人员数量不足等结构性问题。

本书的主要架构与逻辑如图 1-3 所示，在此我们会作比较详细的介绍，以方便读者理解和阅读。首先是对 ATM 全生命周期管理的引入和介绍（第一章）——"开门见山"，这也是本书的逻辑起点。ATM 的"前世今生"主要包括了 ATM 的历史沿革（第二章），即"前世"以及 ATM 从研发生产到创新管理等主要环节，即"今生"。

从主要流程和参与主体的不同结合来看，生产厂商主要参与了 ATM 的研发生产，不在本书主要讨论的范畴，但仍会呈现与之相关的内容。例如，ATM 的技术管理会在现金管理（第五章）、安全管理（第六章）、声誉管理（第十章）等章节的必要环节阐述，而现金管理（第五章）、服务管理（第八章）等章节提出的建议、畅想等也可作为生产商进一步优化完善的方向。商业银行等金融机构主要参与了 ATM 选址

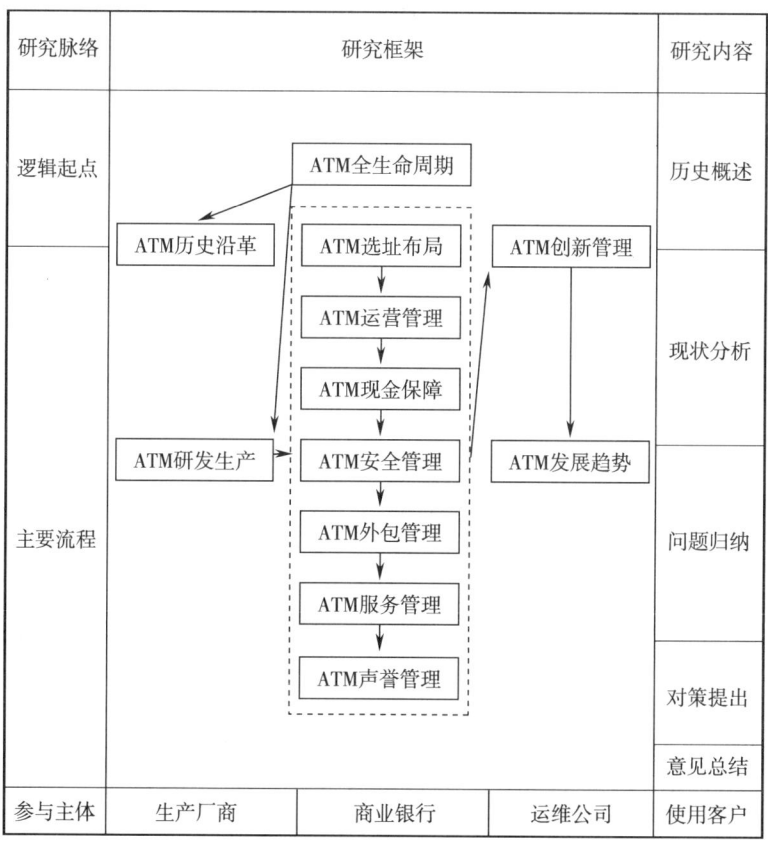

图1-3 本书主要架构与逻辑

布局（第三章）、运营管理（第四章）、现金管理（第五章）、安全管理（第六章）、外包管理（第七章）、服务管理（第八章）、声誉管理（第十章）。专业运营维护公司、安全保卫公司、第三方公司等也可参与运营管理（第四章）、现金管理（第五章）、安全管理（第六章）、外包管理（第七章）、服务管理（第八章）等方面。客户使用需要在商业银行完成ATM基本运营之后，主要贯穿和影响从选址布局之后的方面。值得一提的是，尽管商业银行是ATM使用与管理的主力军，但事实上生产厂商、商业银行、运维公司和使用客户共同推进了ATM创新管理（第九章）。在此基础上，上述四类主体共同推动了ATM的发展，因此

ATM 的发展趋势（第十一章）放在本书最后——"卒章显志"。

在每一章节也就是商业银行每一个 ATM 管理的周期中，对应的研究内容主要包括了历史概述、现状分析、问题归纳、对策提出和意见总结五个方面，具体内容会根据各章节的情况有一定的变化、取舍和针对性。

第二节　ATM 在中国的 30 年

一、ATM 业务在中国的回顾

ATM 业务实质是商业银行渠道建设的一部分，是金融自助服务的重要组成部分，是 24 小时物理金融服务的代表窗口，是个人金融业务特别是银行卡业务不可或缺的关键环节。ATM 业务在中国的发展，与中国的发展联系紧密，也与世界经济金融的大趋势相辅相成。

（一）ATM 业务与中国改革开放联系紧密

ATM 业务在中国的发展就是一部中国改革开放的简史和缩影。事实上，早在 1939 年，美国人 Luther George Simjian 就发明了 ATM 的雏形，他说服 Citicorp 公司做成样板试验产品，并在花旗银行（City Bank）前身的纽约市第一国立城市银行（First National City Bank）试点。但当时受到客户交易习惯的制约，用者寥寥，因此并未推广。1969 年，美国人 Don Wetzel 发明了现代意义上的 ATM，并于 1973 年由 Docutel 公司申请了专利，最初只用于脱机交易。此时，中国大陆还未开始改革开放，在 ATM 业务上与世界发达国家一度脱节十几年之久，这一时期中国港澳台地区已有布设和推广。直到 1986 年，也就是 1979

年改革开放实施后的第 8 年，中国银行珠海分行第一次在中国大陆引进 ATM，并于 1987 年正式投入使用，当时也仅仅限于脱机交易，不能联网，更不要说如今可以随时跨行取款或转账。

随着改革开放的进一步深化，中国 ATM 业务取得了长足发展。在第一台 ATM 投入使用的 20 周年之际，也就是 2007 年，中国大陆 ATM 总量已经突破 10 万台大关，年末已投入运营 ATM 12 万台，20 年翻了 10 万倍，呈几何级数的增长。但从人均保有量来看，中国每百万人均 ATM 保有数量为 96 台，与世界每百万人均拥有 240 台相比差距较大，仅为世界平均水平的 40%。此后，借助 2008 年北京奥运金融服务、2010 年上海世博金融服务、2011 年广州亚运金融服务、2014 年南京青奥金融服务的契机，各金融机构加大了对 ATM 等自助设备的投入。2010 年底，中国 ATM 市场保有量约 30 万台，在 2007 年的基础上又翻了 3 番，取代日本成为全球第二大 ATM 市场，排在美国之后。随着国内金融机构特别是商业银行 ATM 布设的持续增长，2013 年，根据监管机构、运营支付商和行业协会的统计报告，我国 ATM 保有量逼近 50 万台；2014 年已突破 50 万台大关，四大国有银行成为新增布设的主体。同期，我国每百万人均 ATM 保有量已经突破 300 台，达到世界平均水平，但与发达国家，如韩国每百万人均 ATM 保有量 1 700 多台，美国、加拿大、日本、西班牙等较成熟的市场每百万人均 ATM 保有量 1 300 台相比还存在相当的差距。

（二）ATM 业务是信息化革命的具体表现

众所周知，从人类文明的发展历史来看，迄今已经历了两次文明浪潮。第一次是"农业文明"，即人类从原始野蛮的渔猎时代进入以农业为基础的社会，历时几千年；第二次是"工业文明"，历时约 300 年，它摧毁了古老的文明社会。工业革命在第二次世界大战后 10 年达到顶峰。在工业文明时期，主要经历了工业革命，这一时期使用不能再生产的化石燃料作为能源基础；技术突飞猛进，出现大规模的销售系统，农业文明时的家庭、部族不再是共同劳动的经济单位。小家庭、工厂式的学校加上大公司，三者形成第二次浪潮时期的社会结构。美国著名未来学家阿尔温·托夫勒在《第三次浪潮》中提出：信息化革命就是第三次文明浪潮。在第三次浪潮时期，以电子、宇航、海洋工业和遗传工程组成工业群；社会进步不再以技术和物质生活标准来衡量，而以丰富多彩的文化来衡量。这个时代，鼓励个人人性发展，但不是创造某个理想的超人，而是培养一种新的社会性格。事实上，ATM 就是"第三次浪潮"的产物。

前文提到，早在 1939 年，美国人已经发明了 ATM 的雏形，但当时还处于工业文明时期，尚未进入后工业化时代，并未受到商业银行和客户的重视。在步入"第三次浪潮"的 1973 年以后，ATM 使用才重新被提上日程，开始了大规模的使用和推广。当然，单台 ATM 设备本身难以体现信息化革命的特色，即便如今 ATM 已经可以有包括生物技术在内的多项信息技术的集合应用，而基于 ATM 交易的实时联网和全球互通则是"第三次浪潮"的典型体现。最早，ATM 只能脱机使用，类似如今电脑软件的"单机"版本，只能使用发卡行甚至所属分支机构的银行卡；到 20 世纪 70 年代，Docutel 公司推出与商业银行主机联网的 ATM，可以存取款并转账，ATM 网络由此专属于单个银行；后来，不同商业银行的 ATM 连在同一网络上，逐渐形成共享网络，扩大了银行服务的地理范围，客户可以使用网络里所有的 ATM，而不仅限于发卡行本身。这一点，"第三次浪潮"的发源地美国走在全球前列。1980 年，美国 ATM 的共享网络已占所有 ATM 网络的 18%；1985 年，摩根大通（JP Morgan Chase & Co.）的前身之一纽约化学银行（Chemical Bank）等 7 家金融机构为对抗花旗银行，组建了"纽约现金交易所"的网络互联，实现了 800 台 ATM 联网通用，迫使花旗银行遵从"纽约现金交易所"的行业标准，转而使用磁条卡——这也是如今 ATM 的通用交易标准。1990年,联网比例上升到94%。如今,几乎所有的ATM网络都可共享,客户可实时了解账户余额和支付情况,ATM与商业银行网点的比例已突破4:1。

(三)ATM业务具有中国特色的国情实际

如果说ATM发展受到中国改革开放、全球经济一体化等政治经济大势的影响,那么ATM业务在中国还有其自身的特点,有的堪称全球首创。第一,以中国为代表的东方国家历来有使用现金的传统,尽管目前信用卡、借记卡等银行卡已经比普及,但仍有大量的民众首选使用现金,只有看到现金,而非账户里的数字,有的客户特别是一些中老年客户才觉得可靠、踏实,才能彻底放心。比如,极个别客户在每月发工资的当日必来商业银行,除了查看账户里的余额变化情况,还要将现金从柜台或ATM中取出,逐张数数清楚、再存回去才安心。第二,由于绝大多数民众有使用现金的习惯,也给个别不法分子留有可乘之机,比如个别不法分子通过真币拼接等方式制造难以识别的变造币,还有的在ATM上加装摄像头、"黎巴嫩钩"、假键盘、假读卡器、假报警电话、假银行提示等设备和告示,非法盗取客户账号、密码和银行卡,进而窃取客户现金。这些问题在国外也存在,但虚假提示等以国内某些区域最为集中和突出,采取电信诈骗的方式,借助ATM 24小时运营的全天候便利条件,令客户和商业银行工作人员防不胜防。由于一般是在自助区域操作,没有大堂经理或柜员的询问和解释;有的骗子甚至叮嘱客户不能告知他人,在客户察觉之后往往难以补救;即便发现有的客户也难以理解大堂经理或值班保安的良苦用心,最后不得不采取拔断ATM电源等措施硬性制止,2014年初的类似多起事件已由央视进行了新闻报道。第三,通过上述案例,我们不难发现由于目前中国的社会信用体系还未完全建立,商业银行与客户之间存在沟通和理解的偏差,使ATM的有关纠纷和舆情不断,一度将ATM业务推向公众和社会关注的焦点,也将相关金融机构推上风口浪尖，ATM 的客户关系和声誉管理成为银行经营管理的难点。

对于中国现金消费和实物验证的传统，需要多方面采取措施，共同引导：一是加强舆论宣传，详细告知客户商业银行账务的安全性、稳定性；二是联合推广引导，促进银行卡等非现金交易方式在商家的普及；三是降低交易费用，如适当减少及合理控制通过 ATM、银联支付等联网交易的成本，让更多的客户积极参与使用。

对于个别不法分子利用 ATM 犯罪的行为，需要多机构采取对策，严厉打击：一是加强宣传提示，通过 ATM 交易界面等多种渠道提醒客户注意防范交易安全；二是加大打击力度，由公安机关牵头加大对电信诈骗、ATM 欺诈的打击力度，建立长效追查机制，形成持续高压态势；三是推进有关立法，尽快出台针对包括 ATM 欺诈在内的案件专项法律法规，明确定性与惩罚，提高处罚力度。

对于国内信用体系建设的缺失，需要多维度提出方法，合力推动。一是出台对应法律，尽快出台包括 ATM 交易在内的社会信用体系的法制建设，有法可依、违法必究。二是完善技术手段，例如商业银行可以提高 ATM 的安全级别和监控防范，采取取款的生物识别技术，如土耳其部分商业银行采取的"静脉识别"、日本部分商业银行试点的"虹膜识别"等技术，提高客户交易的安全防护性能，消除因密码被盗的潜在隐患。三是提升社会信任，这是一个比较繁重的长期工程，需要客户、商业银行、监管机构、舆论媒体等个方面的努力，加强相互沟通，避免不真实的报道，建立互信互惠的机制。例如，德国等发达国家 ATM 自助存款并非实时到账，而是需要将钞币放入一个商业银行提供的信封并封好，待银行工作人员定期取出并检验后，再行入账，整个过程可能持续 2~3 个工作日，也得到了广大客户的认同。

二、ATM 业务在未来的展望

综上所述，ATM 的出现极大地方便了我们的生活，满足了许多客户在商业银行关门后的存取款、转账等业务应急需要。那么，未来 ATM 的业务发展会如何？金融脱媒、利率市场化、货币和支付电子化又会对 ATM 带来哪些影响？让我们一起来分三部分逐一展望。

（一）ATM 发展主要依赖当地交易习惯

尽管西方发达国家信用体系建设更为完备、银行卡和网上支付更为普及，但我们依然注意到除了韩国、日本等东方国家，美国、加拿大、西班牙等西方发达国家的 ATM 依然发展迅猛，每百万人均 ATM 保有量均在 1 000 台以上。事实上，不仅客户在商业银行 8 小时工作时间之外的金融需求比较旺盛，对于商业银行本身而言，ATM 作为物理渠道的建设成本也远远低于网点机构，因此才备受重视、发展迅猛。我们注意到，为了方便客户，中国的 ATM 实质较国外增加了许多功能，有的还是"原创首发"，如无介质存款转账、交纳水电费、交纳燃气费、购买车票、手机充值、自助取回吞没卡甚至现场购物等等。事实上，ATM 的建设成本虽然低于银行网点，但运营费用也不可小视，近年来，守押、应急等日常运营成本水涨船高，现金服务的核心竞争力日渐突出。但是，商业银行考虑到客户的需求，开发了一系列创新的金融产品，这些产品可能不一定符合 ATM 强调现金服务核心功能的利益最大化，也难以实现 ATM 以他行卡为主要盈利来源的中间业务收入最大化，但一定可以满足一部分客户的需求。因此，我们畅想未来 ATM 的业务发展首先根据当地客户交易习惯的变化而变化，ATM 业务发展需要摸清每一世代或未来潜在世代客户的特征，如"80 后"、"90 后"、"00 后"等，知晓他们的交易理念、理解他们的交易行为、总结他们的交易习惯。只有这样，ATM 业务的发展和完善才能跟上时代潮流，才能引领消费时尚。

（二）ATM发展受金融脱媒等影响有限

21世纪以来，随着金融管制的逐步放开、民营和境外资本的不断引入以及互联网金融的快速发展，金融脱媒与利率市场化一道成为对商业银行未来发展的两大挑战。金融脱媒主要意指随着其他金融机构的发展和金融环境的健全，企业和个人客户在金融服务上呈现一种"去银行化"的趋势，如企业抛开银行的媒介，经上市直接向社会融资，又如客户运用余额宝，实现了活期存款可比肩定期存款的量化收益。利率市场化主要意指商业银行对存贷款的利率定价逐步失去主导性，转而由市场决定利率的价格，进而缩减商业银行的存贷利差，影响甚至减少商业银行的收益。事实上，这两大挑战目前已经对商业银行构成较大的威胁，近年来商业银行的盈利空间逐步缩小，一些闲散资金"出逃"至余额宝等新兴网络金融产品旗下。但即便如此，广大客户对ATM的使用热情依然高涨，主要商业银行的ATM交易量和交易额连续多年实现两位数增长。即便利差进一步收窄、民营银行遍地开花、网络金融一呼百应，客户还是离不开ATM等24小时物理媒介的支持，这仍取决于主流客户的交易习惯。可以预见，未来的民营银行、网络银行也将布设属于自己的ATM，或者以银行卡为媒介加入银行卡组织和ATM网络，甚至创建新的行业标准，如"手机二维码+客户指纹"验证取款等新形式，方便更多客户的选择和使用。

（三）ATM发展易受到货币电子化制约

如果ATM的发展连金融脱媒、利率市场化两大挑战都难以遭受本质影响，那么，是不是ATM的未来发展就一帆风顺呢？事实上，"一物降一物"，同样来自"第三次浪潮"，同样成为国家信用的象征，电子货币则可能成为制约ATM发展的巨大挑战，甚至可以发展到"ATM脱媒"的尴尬境地。本节的电子货币并非虚拟货币，意指国家法定发行的、电子化的货币，而非此前缺乏发行国家信用和国际组织承认的"比特币"、"Q币"等各类虚拟货币。事实上，在"第三次浪潮"中类似的新生事物已经成功颠覆了传统。例如，在邮政领域，产生于信息化时代的虚拟邮票或邮资已经逐步替代了传统的纸质邮票，使一些发达国家的邮票逐步退出了流通流域，转向收藏领域；同时，产生于信息时代的 E-mail 也逐步替代了纸质和手写书信，"鸿雁传书"俨然已成过往云烟。试想，如果一个主权国家在二维码等信息介质、智能手机等识别装置普及的前提下，完全可以实现货币的无纸化，直接采取电子货币进行几乎所有的日常交易。目前，手机支付宝的"当面付"就具备类似功能，完全脱离了银行卡的介质，堪称"出境游神器"。当大陆游客在韩国、中国香港及台湾旅游时，收银员用扫码枪扫描完需要结算的商品后，用户直接打开手机上的支付宝钱包"当面付"条码付款功能，向收银员出示手机，后者只需要再通过扫码枪扫描手机上的条码，即可完成支付，结算金额会以当天的外汇牌价折算成人民币，直接从支付宝账户中进行扣除。当然，这一情境需要完善的技术体系、信用体系和法律体系支撑，还需要广大客户转变思想观念，习惯货币电子化的形式。也许彻彻底底、完完全全的货币电子化并不现实，至少短期内还难以实现，我们姑且称为这是未来发达社会的一种可能的形态，而且可能结合"虹膜识别"等生物技术：没有 ATM，没有银行卡，没有无介质存款，也没有实物现金，想要交易？——完全可以，"刷脸"就行。

第三节 ATM 全生命周期分析

一、ATM 案例概况

本节先展示一项于 2011 年完成的以 2010 年的"横剖"数据也就是

"横截面"数据和2008年至2010年或2011年之间纵向数据相结合的案例，调研采取通则研究与个案研究①相结合的模式，来展示ATM全生命周期分析的概况。这项案例研究借鉴了生命周期的概念，创新地提出ATM全生命周期分析。

本案例中，ATM全生命周期主要包括配备、布设、运行、业务、管理、发展六个主要流程，重点关注上述流程中与之密切相关的服务质量和服务效率等状况。在ATM的配备上，品牌趋于集中；在ATM的布设上，增速相对较快；在ATM的运行上，运营效果总体向好；在ATM的业务上，交易量、交易额大幅增长；在ATM的管理上，确立了集中运营的管理机制；在ATM的发展上，业务替代效应显著、发展前景广阔。研究采用了案例分析等方法，探索了发展中存在的系列问题。案例银行的ATM运营总体向好，可用率、运行率等关键指标居于同业先进水平。

研究还征求了案例银行所属十余家分行的意见和建议，深入了东部、中部、西部等地区的部分分行；采取历时研究与截面研究②相结合的模式，通过综合前置应用ATM监控平台等系统对案例银行数据进行了挖掘与核对；采取内容研究与比较研究③相结合的模式，借鉴了国内外同业的先进经验；采取定量研究与定性研究相结合的研究方法，分析了案例银行的数据和应用情况。

二、ATM配备情况

ATM的配备主要包括类型、数量、品牌、地域等分析视角。目前，

---

① 通则式研究即比较全面的研究，试图寻找一般性地影响某些情形或事件的原因；个案研究即以典型案例为基础，试图寻找具有代表性的情形或事件的原因。本节择选了5个案例和9个值得关注的问题。

② 历时研究即搜集不同时间点数据的研究方法；截面研究即以代表了某个时间点的观察为基础的研究。根据发文时间和统计报表，本节的截面研究的时间点多为2010年10月31日。

③ 内容研究是非介入性研究的一种，即在不影响研究对象的情况下对记载下来的传播媒介如数字、文字等的研究；比较研究即针对某一指标的对比研究。

在案例银行统一集中采购的思路下,价格相对较低,品牌趋于集中。不过,价格偏低导致质量相对下降,存量品牌相对较多,给运营维护带来了相当的不便。

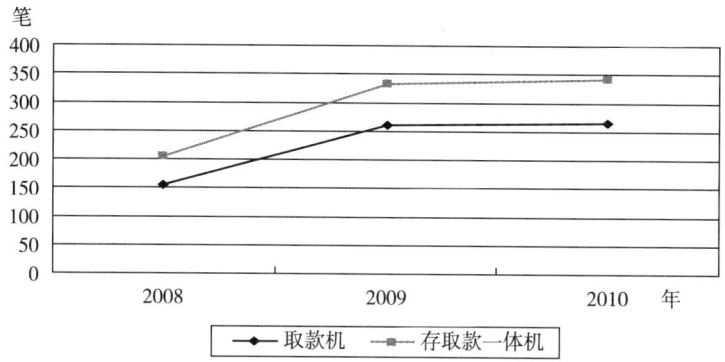

图1-4 2008—2010年案例银行取款机和存取款一体机台日均业务量走势

从类型上看,ATM是自助设备,也称银行自动化设备的一种。自助设备(Auto Machine)分为ATM、自助终端(Bank Self-service Machine,BSM)等。ATM是为客户提供以现金自助服务为主的ATM,包括自动取款机(业内也称Automated Teller Machine,ATM)、自动存款机(Cash Deposit Machine,CDM)、存取款一体机(Cash Recycling System,CRS)等。

从数量上看,截至2010年末,案例银行在用ATM 8 188台;其中,自动取款机4 948台,存取款一体机3 240台。案例银行共有自助银行1 424间[①],自助银亭618个[②]。如图1-4所示,案例银行使用率最高的是存取款一体机,截至2010年末该机型在案例银行占比为39.58%,近4倍于中国大陆平均水平的约10%,处于领先地位。但是,在集中采购

---

① 自助银行一般有2台以上自动柜员机。在行式自助银行是指依附于有人营业网点设置的,有独立服务场所,具备存款、转账功能,24小时对外营业的自助服务区域。离行式自助银行是指在已有网点以外独立设置的,具备存款、转账功能,24小时对外营业的自助服务区域。除纳入以上两类自助银行范围统计之外的其他自动柜员机,为单台自动柜员机。

② 在上述定义的单台自动柜员机中,也设有独立服务场所的,为自助银亭。

量大价低的情况下,采购机型的质量持续下降。案例银行分行普遍反映,新采购机型较老机型存在钢板偏薄,部分部件采用其他廉价材料替换,以前需要8个人才可以抬动的机器现在4人就足矣,存在一定的安全隐患,给运营维护和安全管理带来相当的困难。

从品牌上看,截至2010年末,案例银行在用品牌ATM共17种。其中,国外品牌14种,在种类和数量上均占有绝对优势,分别是:NCR、Diebold(迪堡)、Hitachi(日立)、OKI、BULL、DEC、Fujitsu(富士通)、IBM、Olivetti(好利获得)、SIEMENS(西门子)、SMI、Triton(粹通)、Wincor、Nixdorf(德利多富);国内品牌3种,分别是:广电运通、怡化(YH)、东方通信(EASTCOM)。在案例银行统一集中采购的思路下,案例银行品牌趋于集中,亟须建立一支精通主要品牌性能和操作流程的运营管理队伍。在所有的在用品牌ATM中,NCR、迪堡、日立和OKI的数量最多,分别为2 594台、2 278台、2 008台和964台,分别占案例银行在用ATM的31.7%、27.8%、24.5%和11.8%。其中,NCR、迪堡和日立三大品牌占总量的84%。

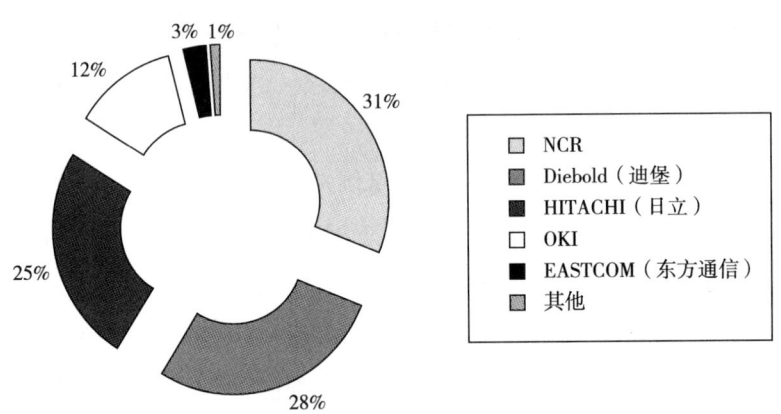

图1-5 案例银行ATM品牌状况

案例银行在用ATM品牌和型号较多,给业务运营和技术维护都带来了很大的难度。不同品牌、型号ATM的性能差异较大,对气候等客

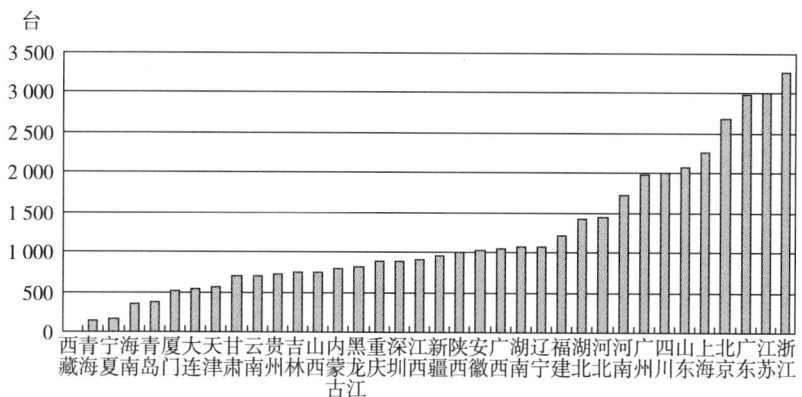

图 1-6 案例银行 ATM 分布情况

观条件的适应能力不同，且不同制造厂商在不同地区的维护能力也存在差异。部分品牌的 ATM 存在设计缺陷，容易导致安全隐患。调研发现，NCR、日立等品牌的 ATM 运营故障较少，运营成本较低；个别 ATM 品牌运营故障相对较多，致使在日常运营维护中需要投入较大的人力、物力，影响 ATM 的服务质量和服务效率。

从地域上看，截至 2010 年末，浙江、江苏和广东分行拥有 ATM 的数量较多，分别为 654 台、604 台和 598 台，分别占案例银行 ATM 总量的 7.63%、7.04% 和 6.98%。中国的东部地区 20 家分行拥有 ATM 行均

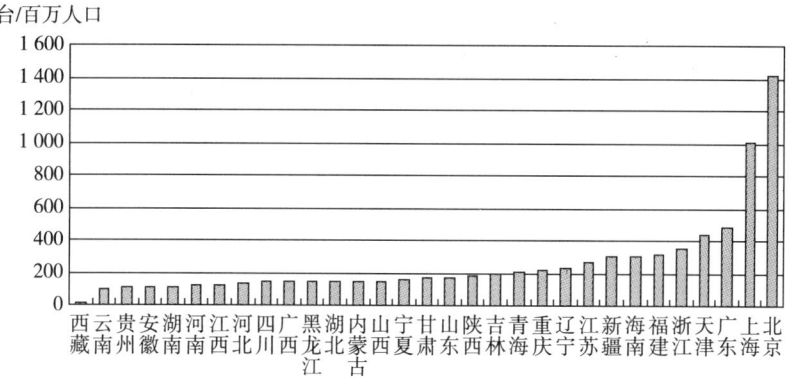

图 1-7 省、直辖市行际人均 ATM 数量

第一位，中部地区6家分行拥有ATM行均第二位，西部地区12家分行拥有ATM行均第三位。剔除其他因素，2009年案例银行ATM每百万人口布设量在北京、上海、广东等东部省市相对饱和，在西藏、云南、贵州等西部省市则相对不足。

表1-1　　　　　东中西部各分行ATM保有量对标

地区	一级（直属）分行（家）	ATM总量（台）	行均ATM数量（台）	案例银行占比（%）
东部[①]	20	5 360	268	63
中部[②]	6	1 386	232	16
西部[③]	12	1 828	152	21

注：[①]中国的东部地区指黑龙江、吉林、辽宁、河北、北京、天津、山东、江苏、上海、浙江、福建、广东、海南等；统计地区不含香港、澳门、台湾。

[②]中国的中部地区指河南、湖北、湖南、安徽、江西、山西。

[③]中国的西部地区指重庆、四川、贵州、云南、广西、陕西、甘肃、青海、宁夏、西藏、新疆、内蒙古等。

三、ATM布设情况分析

ATM的布设主要包括增加速度、所属区域、应用模式、安装方式、准入退出机制等分析视角。目前，主要存在运营维护资源跟不上ATM发展需要，ATM使用效果差异较大，布设缺乏跨部门协调和反馈调整机制、退出机制有待健全等重要问题。

从增加速度上看，案例银行ATM数量增长迅速。从2001年至2010年末，由2 392台增长到8 188台，约增长了3.43倍。其中，增量的类型中以自动取款机为主；截至2010年末，自动取款机数量占比为63%。

在宏观上，近年来国家相继推出"振兴东北老工业基地"、"西部大开发"、"中部崛起"等一系列区域战略举措，但从ATM分布而言，

"东多西少"的格局并未得到根本改观。由此,东部部分地区 ATM 的运营管理更易于集中,而中西部地区的集中运营管理难度较大。在微观上,2010 年 1~12 月,浙江、江苏和广东分行新增 ATM 的数量较多,分别为 216 台、120 台和 106 台,分别占案例银行 ATM 同期新增数量的 12.15%、6.83% 和 6.01%。中国大陆的东部地区 20 家分行新增 ATM 1 010 台,占案例银行 ATM 同期新增数量的 57.55%;中部地区 6 家分行新增 ATM 268 台,占案例银行 ATM 同期新增数量的 15.31%;西部地区 12 家分行新增 ATM 476 台,占案例银行 ATM 同期新增数量的 27.14%。但与此同时,从人员数量上看,各行普遍反映配置不足。近年来,案例银行 ATM 投放速度增长迅速,2010—2011 年 ATM 年均增加 2 000 台,而运营维护人员并未同步增长。

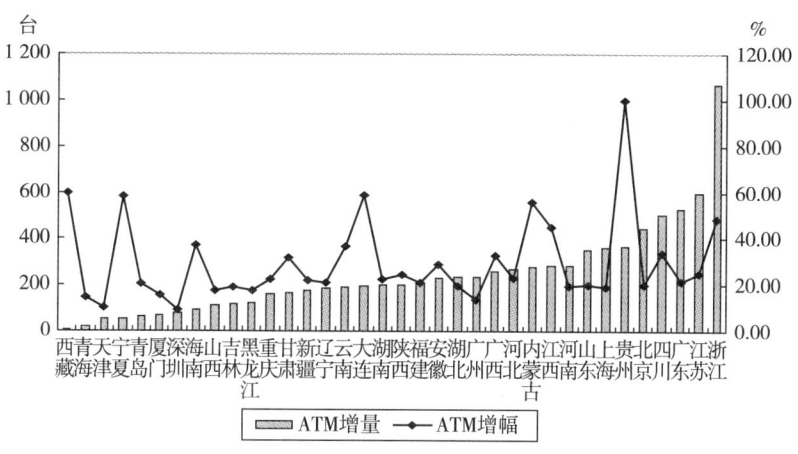

图 1-8 案例银行 2010 年 ATM 布设增幅排名

典型案例 1:

以 S 分行为例,2008 年至 2010 年末,ATM 数量增长了 33.93%,但 ATM 集中运营管理各岗位人员并未同步增长,工作量日趋饱和。目前,随着该行 ATM 的不断增加,导致中心已无力实施集中维护。

从所属区域上看,案例银行 ATM 布设以在城市中心区域为主,郊

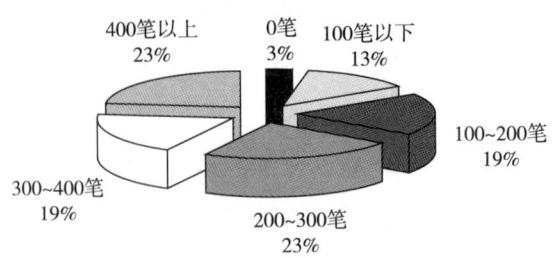

图1-9 案例银行自动取款机月均业务量结构

县区域①为辅。其中，布设在中心区域的 ATM 约为 5 830 台，约占案例银行 ATM 的 71.2%；布设在郊县区域的 ATM 约为 2 360 台，约占案例银行 ATM 的 28.8%。单从地理位置上分析，部分中心区域和一定范围的郊县区域的 ATM 布设加大了 ATM 集中运营管理的服务半径，增加了响应时间，制约了服务效率。特别对于吞没卡、卡钞、卡纸等客户迫切需要解决的问题，如不采取与就近网点合理分工的模式，将严重影响客户满意度。

从应用模式上看，案例银行 ATM 布设以在行式（即依托银行网点布设，也称附行式）为主，离行式为辅。其中，在行式 ATM6 326 台，占案例银行 ATM 的 77.3%；离行式 ATM 1 862 台，占案例银行 ATM 的 22.7%，而全球平均水平约为 50%。目前 ATM 布设缺乏准入机制和反馈模式，导致设备业务量参差不齐，使用效果差异较大，亟须建立跨部门的协同验收机制。由于近年案例银行 ATM 增量很大，一些分行在布设中存在综合考虑不足的情况。

典型案例2：

S 分行在 ATM 布设过程中，不单考虑地理位置、客户营销等因素，

---

① 直辖市分行、直属分行，如北京城八（六）区为中心，其余区县（如许多城市的开发区、保税区等）为郊县区域；二级分行设立或拟设立自动柜员机运营中心、分中心的市、县级市、县的中心区域为中心区域，其余地区及未设立中心的县级市、县为郊县区域；确实不易区分的，以当地实际或传统区域分类为准。

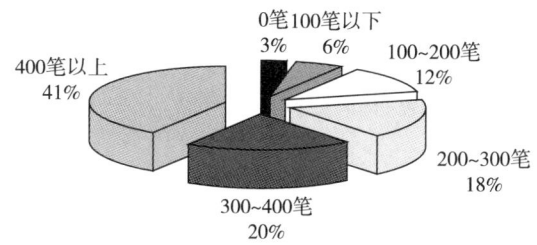

图1-10 案例银行存取款一体机月均业务量结构

由相关部门组成专门委员会,分别就业务量、安全性、技术支持、运营维护等多项指标进行打分,进行综合考量验收。建立了"计划—考量—验收"机制,取得了较好的成效。

典型案例3:

某分行在郊区的军队驻防区域布设了两台ATM,按照方案,一台设在食堂专供首长使用,一台设在营房专供战士使用。一年后,一线业务管理人员发现:供战士使用的ATM日均业务量超过200笔,间隔约1~2天就要加钞,供首长使用的ATM日均业务量低于40笔,钞箱始终装满。原因在于,部队首长一般不在该食堂用餐,如果使用也会交由战士代为操作。结果出现了较大差异,这给后期运营维护带来了很大的困难。

从安装方式上看,案例银行ATM安装以穿墙式为主,大堂式为辅。其中,穿墙式ATM 6 410台,占案例银行ATM的78.3%;大堂式ATM 1 780台,占案例银行ATM的21.7%。一般来说,穿墙式相对安全,但需要结合实际安装环境具体分析。

从退出机制上看,ATM的核心是电脑,电脑的退出年限一般是5年。而且,不少离行式ATM 24小时运行,处于繁华地段的ATM使用频率更高。如果以业务量计算,部分繁华地段的ATM在2~4年的时间内就已经完成了案例银行ATM平均状态下8年的使用损耗。

从使用年限上看,截至2010年末,运行8年以上的ATM约为362

台,占案例银行在用 ATM 的 4.4%;运行 5~8 年的 ATM 约为 1 702 台,占案例银行在用 ATM 的 20.8%。这些机型设备老化、操作反应相对迟钝、故障率较高,给 ATM 集中运营管理带来了不小的压力。

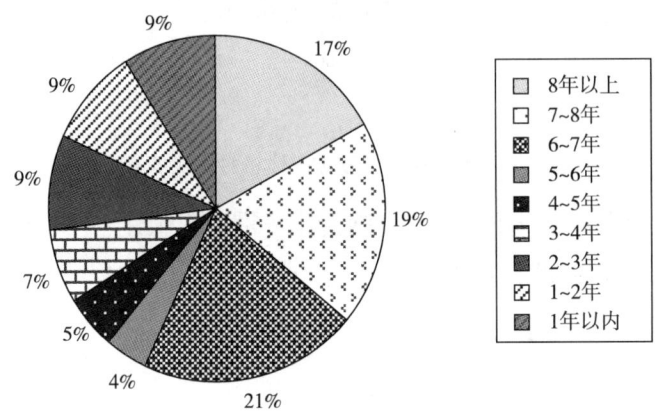

图 1-11 案例银行 ATM 使用年限分布

典型案例 4:

在东部某中心城市繁华区域的离行式 ATM 日均交易量可达 300 笔以上,一年可达 109 500 笔;而处于东部某城市郊区的离行式 ATM 长期以来日均交易量仅有 50 笔,一年只有 18 250 笔,两者差距巨大。因此,如果同样以 8 年退出计算,前者在 1 年 5 个月的时间就已经完成了后者 8 年的使用损耗。

四、ATM 运行情况分析

ATM 的运行主要包括日均占款、运营效果等系列指标。目前,案例银行 ATM 运营效果总体向好,可用率保持在较高水平,但在指标分析背后,仍然存在库存压力影响支付、清分设备配备使用不足、系统功能亟须完善等深层次问题。

从日均占款上看,截至 2010 年末,案例银行 ATM 单机日均占款

21.16万元。深圳、广州、海南、湖北等分行采取提前预测、及时维护等方式，将ATM日均占款控制在合理水平，较好地提高了现金的使用效率；而部分分行则有待进一步改进。

部分分行日均占款较高的问题与库存考核密不可分。从压降库存的需求上看，供需矛盾突出。2009年，ATM日均占款为2.67亿元，截至2010年末，案例银行ATM日均占款3.42亿元，增幅达28.19%，占案例银行日均现金库存占款的近20%。从宏观上看，目前国内货币超发问题严重，流动性过剩；从微观上看，案例银行ATM布设数量增长迅速，业务量大幅增加，需要大幅增加现金库存。这些现实问题，都对ATM库存需求提出了更高的要求。从压降库存的影响上看，网点库存和ATM库存压降给ATM的运行效果带来一些负面影响。一些网点由于库存偏少，所辖ATM支付压力增加。部分网点为了完成库存考核指标，在营业终了前将超库无法上缴的现金通过银行卡存入存取款一体机。这类转嫁库存的做法易造成钞箱爆箱，致使ATM的正常服务能力下降并造成现金营运中心超负荷工作。

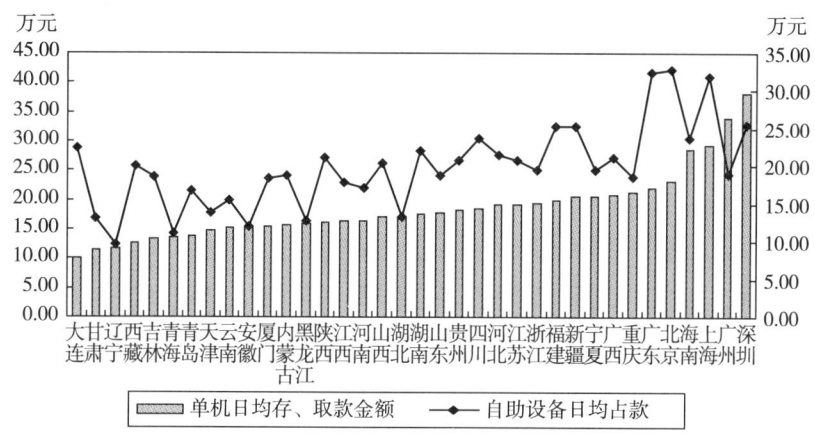

图1-12 案例银行ATM单机现金使用效率对标

从管理机制的效果上看，各分行存在不同程度的ATM转账限额、手续费等制度制约，依然存在客户放弃使用ATM而选择柜台交易的

"逆分流"现象。目前,"分流"和"逆分流"问题同时存在,不利于提升网点的服务质量,增加了 ATM 集中运营的整合负担与管理难度。

典型案例 5:

以转账为例,部分分行柜面转账单笔最高手续费为 50 元,无限额;而在 ATM 上则采用单笔最高限额 10 000 元,且按照 0.5% 收费。如果顾客转账 50 000 元,从手续费上看,使用 ATM 的客户要付出 10 000×0.5%×5 = 250 元,高出柜面转账 200 元;从操作上看,客户在 ATM 上需要至少重复操作 5 次,遇到卡钞、吞卡等问题更难解决,而在柜面则无须自己操作。相比之下,客户自然首选到柜面办理业务,并未起到"分流"的效果。

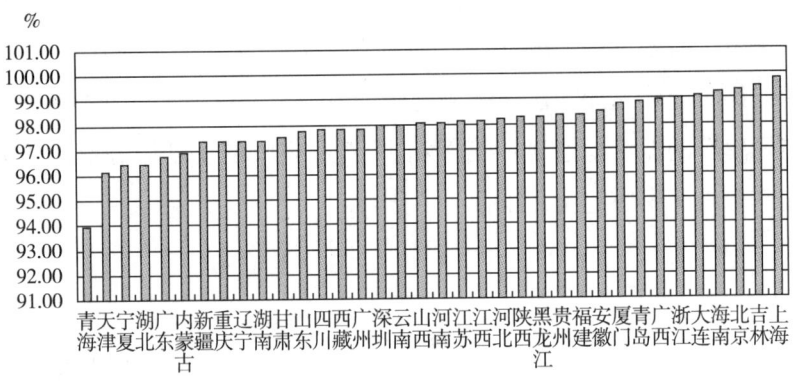

图 1-13　案例银行 ATM 现金保障率情况

案例银行 ATM 现金保障率[①]为 98.08%。其中,上海、吉林、北京、海南和大连分行 ATM 现金保障率分别为 99.79%、99.51%、99.30%、99.25% 和 99.07%,位居案例银行前列;而部分分行现金保障率分别仅达 93.94%,处于较低水平。

ATM 现金保障率与清分设备的配备使用联系紧密。从清分设备的

---

① 现金保障率指在一定时间内所辖自动柜员机现金供应处于正常状态的时间与设定运营时间的比值,反映现金保障情况。

配备情况看，各行十分缺乏。各行普遍反映清分设备投入未能跟上业务发展需要，清分效率较低，ATM集中运营管理后清分保障难度将更加显著。从清分钞币的质量上看，ATM对钞币的质量要求是七至八成新，每日日间现金营运中心需对大量现金进行清分。在手工清分模式下，需要逐张、逐券进行清理，占用大量的人力、物力。相比之下，大中型清分机可以更快更好地完成ATM钞券清分甄别工作，更有效地保证钞币质量。从清分设备的配套上看，ATM的钞箱严重不足，ATM特别是存取款一体机钞箱的价格较高[1]。在ATM的两种加钞方式中，更换钞箱法[2]可以提高ATM在现场维护的效率，缩短单台设备的维护时间、减少维护作业过程的安全隐患。

从运营效果上看，截至2010年末，案例银行ATM开机率[3]为97.76%。其中，上海、吉林、山东、广西和安徽分行ATM开机率分别为98.74%、98.55%、98.50%、98.49%和98.46%，位居案例银行前列；部分分行ATM开机率为96.32%，处于较低水平。上海、北京、四川等分行采取集中运营的模式，建立专业团队，培养专职人才，优化运营系统，完善运营流程，更新置换设备，加大考核力度，在ATM可用率、现金保障率、非技术故障率、硬件正常运行率等运营指标上在案例银行处于领先地位，在保障奥运和世博金融服务等系列工作中均取得了较好的成效。

---

[1] 经测算，自动取款机钞箱价格一般在2千~3千元/个；存取款一体机钞箱价格一般在7千~1万元/个。

[2] 更换钞箱法：打印轧账清单后，将备付金不足的原钞箱撤下，换上装好备付金的新钞箱，回行后清点余额，当日进行账款核对。

[3] 开机率指在一定时间内所辖自动柜员机正常运营时间与计划营业时间的比值，反映设备开机运营情况。

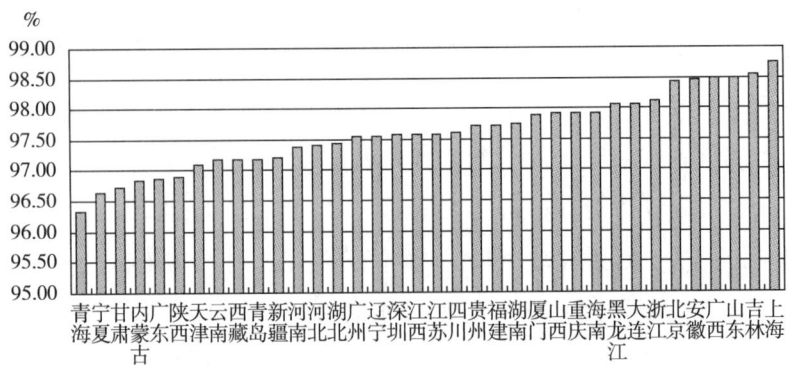

图1-14 案例银行ATM开机率情况

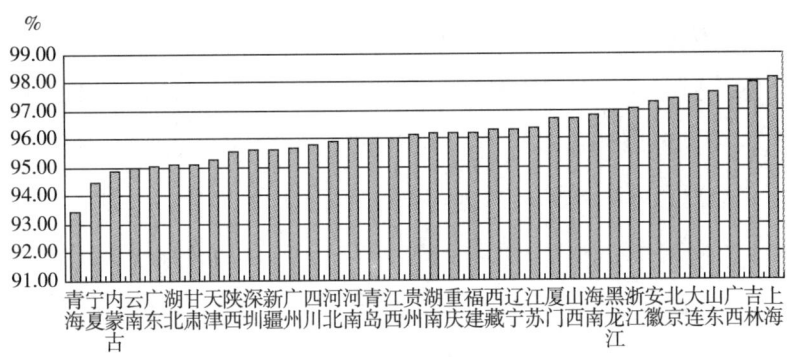

图1-15 案例银行ATM可用率情况

案例银行ATM可用率①为96.38%,在金融同业中居于较高水平②。其中,上海、吉林、广西、山东和大连分行ATM可用率分别为98.12%、97.96%、97.78%、97.63%和97.51%,位居案例银行前列;部分分行ATM可用率为93.45%,处于较低水平,关键功能的使用效率

---

① 可用率(按权重)的逻辑:根据ATM关键功能设定权重,完好设备可用率(按权重)为100%,关键功能中有一个不可用,则按照该功能权重扣减,作为设备的可用率(按权重);同时出现多个关键功能不正常,则按照其中权重最高者扣减,作为设备的可用率(按权重)。

② 国外金融同业一般在95%左右,超过该比率一定范围则可能打破盈亏平衡,投入过多的运营和技术成本。

亟须提升。

案例银行ATM非技术故障率①为1.29%。其中，上海、西藏、北京、浙江和山西分行ATM非技术故障率分别为0.47%、0.59%、0.63%、0.90%和0.91%，位居案例银行前列；部分分行ATM非技术故障率为2.03%，处于较低水平，运营维护的及时性有待提高。

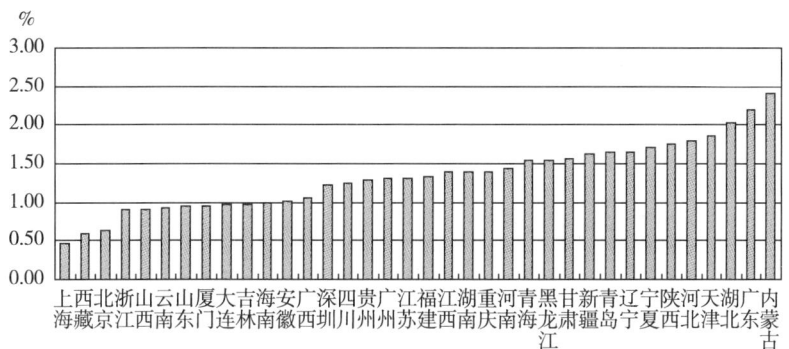

图1-16 案例银行ATM非技术故障率情况

案例银行ATM硬件正常运行率②为96.77%。其中，山东、广西、上海、吉林和安徽分行ATM硬件正常运行率分别为98.50%、98.38%、98.30%、97.93%和97.86%，位居案例银行前列；部分分行ATM硬件正常运行率为94.74%，处于较低水平，维护效率亟待加强。

五、ATM业务情况分析

ATM的业务主要包括交易量、交易额、交易时间、客户类型、客户特征、服务结构等分析视角。目前，ATM业务情况主要存在区域不

---

① 硬件正常运行率指在一定时间内所辖自动柜员机（不含非营业日设备）硬件正常运营时间与计划营业时间的比值，反映剔除业务类因素影响后的自动柜员机运营情况。
② 非技术故障率指在一定时间内所辖自动柜员机由于非技术原因引起的卡钞、卡纸等非技术故障导致停机时间与计划营业时间的比值，反映日常维护保障情况。

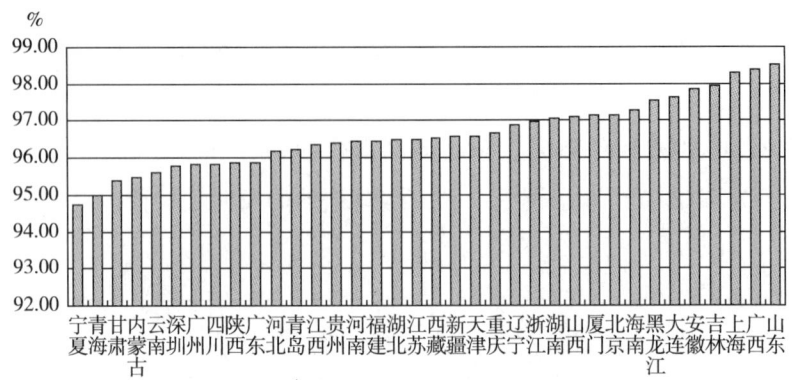

图 1-17 案例银行 ATM 硬件正常运行率情况

均衡、运营资源不均衡、账务差错较多、交易时间不均衡等较为复杂的问题。

从 ATM 交易量上看，截至 2010 年末，案例银行在用 ATM 累计各类交易量同比增幅 44.93%。其中，以存取款、转账等交易为主，占比为 50.16%。10 月，ATM 单机日均交易量①317 笔，同比增加 27 笔；单机日均交易额②26.42 万元，同比增加 5.62 万元。

从 ATM 交易额上看，截至 2010 年末，ATM 累计交易额同比增幅 68.08%，且较 2001 年增长了 31 倍。在案例银行大量交易的情况下，触发了一定数量的账务差错。从账务差错的触发原因上看，ATM 由于客户操作、运行系统、线路通信、设备故障、技术维护、天气状况等诸多原因，每天产生存款不记账、记账不吐钞的错账。特别是拥有出钞和入钞模块的存取款一体机由于客户操作不规范造成的差错较多且确认难度较大，处理情形比较复杂。从账务差错的核对流程上看，发生错账后主要根据客户报告以电话和电子邮件的形式报送 ATM 运营管理部门，次日通过主机批量数据、ATM 流水纸券和 ATM 前台轧账情况，通过人

---

① 单机日均交易量指在一定时间内所辖每台自动柜员机平均每日成功处理业务的笔数。
② 单机日均交易额指在一定时间内所辖每台自动柜员机平均每日处理业务的交易金额。

工方式核对甄别。错账核查人员核实无误后根据不同卡种，做返存客户账户或通过清算中心、银行卡业务部划转冲正。这种以人工方式为主的错账核查方式存在核查不全面、累计欠账、返存客户账户交易因不能提前起息日造成的客户利息损失等问题，服务效率较低，容易引发客户纠纷。从账务差错的处理手段上看，缺乏必要的技术手段和解决指引。

ATM主机日志和端机流水日志没有对账程序，不能实现系统自动核对。ATM发生吞没卡后，系统自动登记ATM核算网点的《吞没卡登记簿》，物理网点《吞没卡登记簿》没有实现同步登记。在ATM加钞、ATM现金入库交易时，不能实现一个交易可完成多台ATM的账务核算操作。此外，没有对各品牌设备各类故障情况下可能发生的差错进行分析，《ATM差错确认处理操作指引》缺失，制约了基层账务处理人员的工作效率和工作质量。

从ATM交易时间上看，占全部交易量49%的"晚高峰时期"给集中运营管理特别是ATM运营中心和网点夜间维护与应急响应带来了巨大挑战。目前，囿于资金、人员、设备等因素，尚未建立案例银行范围内的24小时应急响应机制。

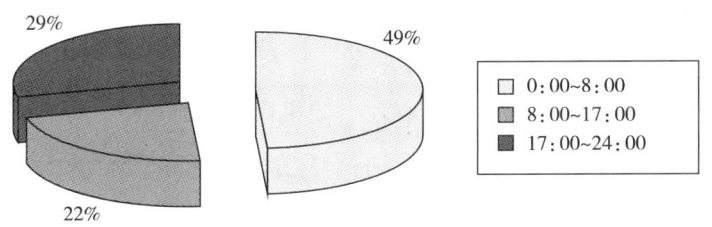

图1-18 案例银行ATM交易时间分布

从ATM服务结构上看，以服务本行卡为主。其中，本行借记卡交易占比达99.5%，本行信用卡交易占比0.22%；国内他行卡交易占比0.28%；外卡交易占比极低。因此，一旦出现吞没卡等问题，需要ATM运营中心和网点合理分工，完善流程，协同解决。

六、ATM 管理状况分析

ATM 的管理主要包括隶属关系、管理方式、集中程度、客户类型和客户投诉等分析视角。目前，存在密钥管理安全的关键隐患、ATM 运营中心和网点需要合理分工、客户类型和特征对集中运营的影响以及客户投诉缺乏跨部门协调解决机制等亟待解决的问题。

从隶属关系上看，截至 2010 年末，案例银行已成立 100 余个 ATM 管理中心，隶属多个部门。ATM 集中运营管理在不同层面采取分工负责、合署管理的模式，正是要解决这一困扰基层行已久的多头管理问题，实施主动的流程管理。在相当长的一段时间内，ATM 运营维护处于被动接受的地位。在 ATM 长期的运营实践中，不少一线业务管理人员根据实际，总结了很多流程优化的经验，但囿于支持与营销相割裂、后台与前台出现断层的现状，这些经验难以被吸收和采纳。

从管理方式上看，各行根据实际情况，方式各异。从加钞方式上看，采取原箱续钞法的 ATM 有 5 894 台，占案例银行 ATM 的 72%；采取更换钞箱法的 ATM 有 2 294 台，占案例银行 ATM 的 28%。从循环功能启用上看，启用循环功能的存取款一体机有 2 416 台，占全部存取款一体机的 79.4%，有 626 台存取款一体机因监管政策[1]、硬件质量、安全要求、气候变化[2]等原因未开通循环功能。从外包方式上看，截至 2010 年末，已有青岛、深圳分行和广东省分行营业部试点将部分日常运营维护工作外包给具有资质的押运、金融服务或电子科技公司，由上述公司分别根据合同要求负责离行式 ATM 钞票清分、钞箱更换、吞没

---

[1] 各地银监局的规定不一，部分省市银监局出于安全等因素不允许开通存取款一体机的循环功能。

[2] 例如，黑龙江分行的存取款一体机主要以穿墙式布设在自助银行中；黑龙江冬季天气寒冷，影响数据准确，不能正常使用。所以，冬季该行关闭了循环功能，只使用取款功能，夏季再开通循环功能。

卡取出、换纸管理、密钥管理、设备日常维护等项目的工作。这类 ATM 共 1 064 台，占案例银行 ATM 的 13%。

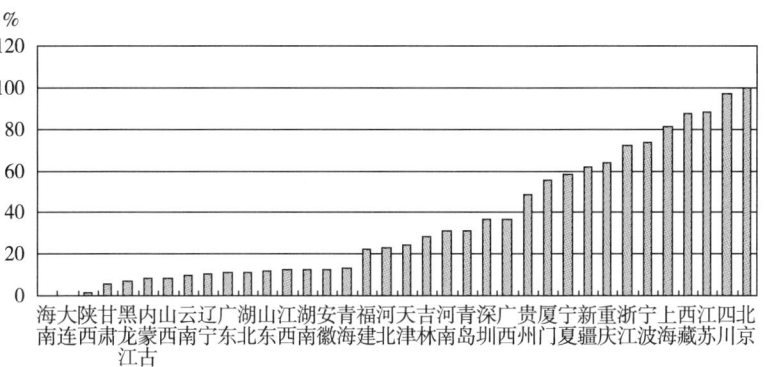

图 1-19 案例银行 ATM 供钞集中度

在集中运营管理之后，ATM 运营中心与网点的分工机制、合作机制亟须因地制宜地建立健全。从分工机制上看，ATM 运营中心和网点需要合理分工，因地制宜地明确运营模式，否则会制约集中运营管理的效能。在行式柜员机装卸钞的处理，集中管理后，一般应由 ATM 运营中心集中装卸钞，但一旦遇到 ATM 满钞、缺钞，或客户存取款发生卡钞、吞卡等情况，需要一定时间。大城市囿于交通状况，客户等待时间更长，不利于提高客户的满意度和忠诚度。从合作机制上看，ATM 运营中心和网点需要根据 ATM 布设的位置和周边环境，明晰各方的优势和劣势，研究如何实现互补。在行式 ATM 上箱体钥匙如交由网点管理，若发生 ATM 缺纸、吞卡等情况就能立即处理，大大缩短客户等候时间，提高服务效率。从管理机制上看，若对在行式通勤门以内的 ATM 集中装卸钞，装卸钞人员需进入网点现金区，将给网点现金区域管理带来一定难度。目前，供钞、装卸钞人员身份认证没有统一的模式，存在一定安全隐患。此外，若网点在行式 ATM 集中管理后，非营业时间要进行装卸钞和维护，必须协调网点相关管理人员返回开门操作，可能影响服务效率。

密钥管理是 ATM 安全管理的一个重要环节,是内部操作风险防控的关键。从传统密钥的保管状况上看,在行式 ATM 密钥管理存在一定隐患,部分网点的 ATM 兼职管理人员未按照制度要求在营业中妥善保管。此外,大堂经理不能掌管 ATM 钥匙、密码的规定导致部分网点交由柜员管理。柜员往往局限于考核指标更为重要的柜台业务,不能及时处理 ATM 的业务故障,不利于提高网点和 ATM 的服务效率。从密钥管理的组织模式上看,ATM 装卸钞频度视其专管人员数量、吞吐钞业务量等而定。ATM 专管员按线路和区域来确定 ATM 维护台数,一般需要负责 10~30 台左右 ATM 的装卸钞。ATM 专管员为了保证密码正确,往往将同一线路的 ATM 设置为同一密码,存在 1 台 ATM 密码泄漏可能导致整条线路 ATM 密码全部泄密的安全隐患。从传统密钥的操作使用上看,老式的转字密码锁操作比较烦琐。不少分行反映,传统的机械转字密码锁经不起多次修改,按照现行制度每季度修改密码时,相当数量的转字密码锁根本无法按照正规操作打开,最后只能作报废处理,对财力、物力和人力成本的损耗巨大。同时限于采购流程,损坏的密码锁常常无法及时更新,部分分行只能采取延期修改密码的方式,存在相当程度的安全隐患。

从集中程度上看,截至 2010 年末,案例银行集中供钞的 ATM 约有 3 476 台,占案例银行 ATM 的 41%;集中装卸钞的 ATM 约有 2 594 台,占 30.4%;集中日常维护的 ATM 约有 1 766 台,占 21.6%;集中账务管理的 ATM 约有 2 876 台,占 33.7%;案例银行投产电子日志功能并集中日志流水管理的 ATM 约有 3 784 台,占案例银行 ATM 的 46.2%。从整体运营集中程度上看,上海、北京、天津、四川、江苏、湖南、宁波和厦门分行已经在供钞、账务等项目上提前完成集中运营管理,ATM 服务效率和服务质量有效提高。

案例银行 ATM 实现集中运营管理主要存在以下瓶颈。从系统功能上看,目前 ATM 在前台客户端界面操作、后台运营管理中仍有不少环

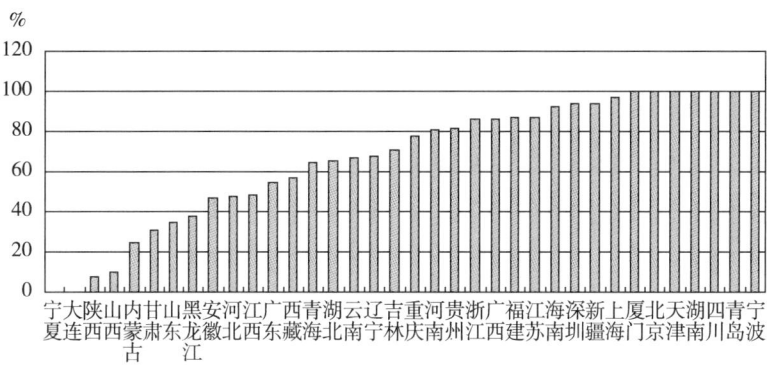

图1-20 案例银行离行式ATM装卸钞集中度

节和功能需要完善。例如，现有ATM在打印纸质日志的同时还可以以文件形式在本机系统内保存电子日志，即使不打印纸质流水也不会产生交易风险。电子日志功能有助于及时核对账务，方便差错查询，但目前此功能尚未在案例银行推广。此外，电子日志在综合前置系统的查询时间只有45天，不利于账务查询与核对。从服务支持上看，案例银行ATM交易量较大，有的ATM使用不到1天就缺纸，缺纸后立即停止所有交易服务。目前，ATM使用热敏纸打印数据，字迹不含碳，保留时间太短，不利于辨认核对。部分具备条件的ATM没有开通语音提示功能，不能及时引导客户正确操作。ATM监控录像现行保留时间只有3个月，不利于涉及问题展现还原，构成应对客户投诉等潜在风险。

从客户类型上看，不同类型客户的使用时间分布不同，针对不同类型客户布设的ATM使用效果差异很大。因此，ATM集中运营管理应该针对不同的客户类型相应做好预测和维护工作。例如，校园客户呈现突出的"季节效应"，寒假、暑假交易数量大幅减少；再如，商务中心区域布设的ATM呈现突出的"假期效应"，每逢周末、节日交易数量大幅下降。

从客户投诉上看，根据相关分行的反馈，ATM客户投诉主要集中在设备故障、错账、缺钞或满钞、吞没卡、服务和卫生五个方面，约分别占到 ATM 客户投诉总量的40%、20%、18%、18%、4%。遇到上述问题，客户一般通过向网点大堂经理反映、拨打案例银行服务电话等方式寻求解决。从案例银行近期《舆情监测》中涉及 ATM 投诉的负面事件上看，大堂经理或案例银行服务电话的应答不准、应答不当导致客户放弃案例银行系统内的解决方式，而转向媒体投诉的问题依然存在声誉风险管理隐患。针对 ATM 客户投诉的处理，缺乏合理的解决渠道，缺乏跨部门协调解决机制。

七、ATM 发展状况分析

ATM 的发状况主要包括发展趋势、业务替代效应、影响意义等分析视角。目前，ATM 的发展迅速，存在人员发展不协调、人员数量不足等结构性问题。

从发展趋势上看，案例银行 ATM 的发展潜力巨大。从中国与世界平均水平差距上看，2007 年底，中国每百万人均 ATM 数量为 96 台，和当时世界每百万人均 240 台相比差距很大。2008 年以来，借助奥运金融服务、世博金融服务和亚运金融服务的机遇，各金融机构加大了对 ATM 的投入，但与世界平均水平相比仍然存在不小的差距。截至 2010 年底，我国 ATM 市场保有量约 30 万台，取代日本成为全球第二大 ATM 市场，排在美国之后。其中，加入中国银联联网的 ATM 为 27.10 万台，较 2009 年新增 5.61 万台，增幅 26.11%。从每百万人口拥有 ATM 的数量上看，2010 年我国平均每百万人拥有 ATM 约 220 台，且 ATM 分布状况极不均匀，低于世界平均百万人拥有 315 台 ATM 的水平，更远远低于美国和日本等发达国家与地区每百万人拥有超过 1 250 台 ATM 的水平，市场发展空间巨大。

值得关注的是，随着案例银行 ATM 业务的发展，工作量更大、工作要求更高、工作范围更广，亟须一批懂技术、会分析、能管理的专业型队伍。但是，在这种 ATM 专职运营管理人员数量不足、类别不够、压力较大、性别不均、年龄偏大、学历偏低的情况下，保障 ATM 的线路设计、检查制度、轮岗制度相对比较困难；混岗兼岗、密钥管理制度执行等问题相对突出，操作风险管理存在一定隐患。

从人员数量上看，各行普遍反映配置不足，有的分行甚至到了严重匮乏的地步。从安全管理上看，ATM 运营管理人员存在安全管理的隐患。部分离行式 ATM 从押款车到设备的路程较远，且因所处单位①的要求不许持枪进入，装卸钞人员需携钞行走一段时间，存在安全隐患。部分分行装卸钞人员随同外包保安公司运钞车装卸钞时未穿防弹背心、未戴头盔、未购买人身意外保险。从工作要求上看，由于 ATM 数量较多，人员较少，ATM 集中运营管理人员轮休等强制管理要求无法兑现。一般而言，一条 ATM 集中运营管理线路至少需要两个维护人员，一人管理钥匙，一人管理密码。密码管理人员的正常休息无法保障，常常在休息日回行处理。造成人员工作量加大，工作时间延长，不仅加重了管理人员的工作压力和精神负担，还可能引发潜在的操作风险。从类别结构上看，ATM 运营管理人员薪酬待遇普遍较低，不利于专业团队的培养和发展。从绩效考核上看，目前，ATM 的运营指标考核未纳入支行行长绩效指标体系，使得不少分行出现"轻运营"的情况。部分分行的业务主管部门仅仅考核 ATM 的可用率或运行率，达不到标准则扣罚，反之没有奖励，缺乏对业务量等指标的加权统计。从激励机制上看，不少分行缺乏对 ATM 运营的考核机制，后台支持与业务发展不匹配，甚至跟不上业务的发展。

从业务替代效应上看，ATM 在转账汇款、存取款交易上的替代效应比较突出，相对网点布设的成本优势非常明显。从转账汇款分流率上看，

---

① 以北京为例，如各大部委等机关，北京南站等交通枢纽。

2010年10月，案例银行5万元（含）以下转账汇款分流率①为27.38%，环比提高1.79%；5万元（含）以下银行卡转账汇款分流率②为38.68%，环比提高2.11%。从存取款等交易离柜占比上看，1~10月灵通卡在ATM上的存取款等交易离柜占比49.02%，同比提高1.86%。

从影响意义上看，以ATM为代表的ATM提高了银行柜台的工作效率，缩短了顾客办理银行柜面业务的等待时间，减少了人工操作可能带来的差错，延长了银行的营业时间，实现了24小时全天候服务，密切了金融机构与客户的关系。特别在银行营业网点之外的一些人流密集场所安装了一批离行式ATM，扩大了银行业机构的服务范围，满足了顾客的基本金融需求。

参考文献

[1] 蔡宁伟．中国ATM布设选址现状、问题和对策分析［J］．北京：中国金融电脑，2010（8）：46-49．

[2] 蔡宁伟．ATM的历史、运营状况和发展趋势［J］．北京：中国信用卡，（11）：45-47．

[3] 蔡宁伟，申睿波．中国农村地区使用ATM问题研究［J］．北京：农村金融研究，2009（9）：72-75．

[4] 曹裕，陈晓红，王傅强．我国企业不同生命周期阶段竞争力演化模式实证研究［J］．北京：统计研究，2009（1）：87-95．

[5] 董士波．全生命周期工程造价管理研究［D］．哈尔滨：哈尔滨工程大学博士学位论文，2003．

[6] 李培湘．国有企业改革应该遵循企业生命周期规律［J］．昆

---

① 自助终端5万元（含）以下转账汇款笔数/自助终端与柜面5万元（含）以下转账汇款业务量之和。

② 自助终端5万元（含）以下银行卡转账汇款笔数/自助终端与柜面5万元（含）以下银行卡转账汇款业务量之和。

明：经济问题探索，2001（7）：61-64.

［7］王爱民. 我国国有企业生命周期的研究［J］. 武汉：武汉汽车工业大学学报，2000（8）：8-11.

［8］王玉玫. 浅淡莫迪利安尼生命周期理论与保险经营改革［J］. 北京：中央财政金融学院学报，1996（9）：39-41.

［9］杨克灿. 竞争企稳，前景可观——2010年中国ATM市场发展述评［N］. 北京：金融时报，2011-04-11.

［10］［美］Adizes, I. 企业生命周期［M］. 北京：华夏出版社，2004.

［11］［美］Haire, M. Model Organization Theory［M］. New York：John Wiley，1959.

［12］［美］Haugan, G. T. 项目计划与进度管理［M］. 北京：机械工业出版社，2005.

［13］Gardner, J. W. How to Prevent Organizational Dry Rot［J］. Harper's Magazine，1965，51（10）：20-26.

［14］［美］Gouillart, F. J., Kelly, J. N. Transforming the organization［M］. New York：McGraw-Hill，1995.

［15］Miller, D., Friesen, P. A Longitudinal Study of the Corporate Life Cycle［J］. Management Science，1984，30（10）：1161-1183.

第二章
ATM 历史沿革

ATM可视为商业银行网点的一种,据考证,网点的雏形已至少有1 400余年的历史,其形成甚至早于银行的诞生,在真正意义上的商业银行出现之前,具有物理渠道功能、可以办理业务的柜台和固定营业场所在长安(现西安)、洛阳等地鳞次栉比。17世纪以后,无论是英国可以兑换黄金的铁匠铺,还是实现了异地承兑的山西票号和分号等,都起到了网点的作用。简而言之,网点能够在日常金融业务中提供固定的地点、独立的空间、私密的环境、安全的情境和周到的服务,是客户办理银行金融业务的首选。综合网点的作用、兴起和演化以及客户对业务的需求与黏性,我们大胆地提出:只要有实体银行金融业务存在,银行网点就不会消失,但网点未来的发展亟待转型。因此,摸清了ATM的"前世今生",理解了超市银行的"来龙去脉",都有助于更好地把握银行网点和ATM的未来发展。

第一节 银行网点的演进、转型与发展

一、渠道的单一性力促网点崛起

银行网点由来已久,其源头之一可以追溯到 1 000 多年前,唐代的"僦柜"和"柜坊"就已经以柜面实体的物理存在广受欢迎,一些称谓流传至今。例如,商业银行网点仍然保留了"柜台"、"柜员"的称谓,这也是一种历史的传承与延续。这类以"柜"或"坊"形式存在的物理渠道,具备了现代商业银行营业网点咨询、受理、办理相关金融业务的基本职能,从而完成对客户特别是异地客户的金融服务。

唐代以后,"僦柜"和"柜坊"在五代十国时期逐步演化成"银铺",其行业组织具备类似银行的有关职能,南唐(937—975 年)《江宁府图》中已经出现"银行"的构图。随后,宋代"金银铺"逐渐演变成"交引铺",并首先出现了有关"银行"的记载,南宋景定《健康志》卷一六《镇市》引旧志说:"今银行、花行、鸡行……皆市也。"据卷首周应合《献皇太子笺》,旧《健康志》"所记止于乾道",可见成书于乾道(1165—1173 年)或醇熙(1174—1189 年)年间,这表明南宋初年健康的银行已经成市。另外,景定《健康志》卷二一《楼阁》中提到"东南佳丽楼在银行街"(蔡宁伟,2010)。可以推测,街道以"银行"命名,当是金银铺云集之所,类似当今北京的金融街、上海的外滩或纽约的华尔街。

不难看出,无论"僦柜"、"柜坊",还是"金银铺"、"交引铺"或者古代的"银行",都是一种方便客户办理业务的物理机构。因此,物理机构既是银行金融服务的起点,也是终点——吸引和迎接客户来此办理业务,也帮助和恭送客户完成业务。因此,银行网点在相当长的时间内,作为商业银行与客户交流的唯一渠道,鲜有其他通路的选择,也是最大、最为重要的业务渠道,从而备受客户青睐和依赖。在这一背景下,商业银行非常重视网点的建设,尽管网点的选址、购置或租金、装修和运营等成本不菲,但银行依然不惜血本,舍得投入。特别是人流密集、客户多源的城市中心区域,尽管房屋价格或租金水涨船高,但仍然吸引了大批的商业银行前赴后继、跑马圈地,这既是银行营销宣传的需要,也是自身实力和信誉的展现。以国内银行为例,20世纪90年代到21世纪初,不少银行争先恐后地加大对网点的投入,一些银行保有的网点数一度达到历史峰值,多则拥有上万个甚至数万个网点。这一时期,国内银行完全步入"网点为王"的阶段。

二、渠道的同质化导致竞争加剧

但是,网点一家独大的现象也给商业银行的经营管理和战略定位带来了一些问题或影响。首先,网点的大规模发展使银行资产激增,特别是在房地产市场向好的大趋势下,但是资产规模的增长并不一定能换来银行利润的持续快速增长。过多的网点反而影响了银行的增长动力,提高了内部经营管理的幅度和难度,个别网点甚至成为长期不盈利的"包袱",亟须轻装前行,特别是在内外部经济政治环境风云变幻、跌宕起伏的21世纪。这一点,在国有商业银行在上市前的资产剥离中可见一斑,网点的布局必须符合银行的战略转型。不少大型银行被迫"瘦身"、一些中小型网点不得不被"裁减",原有员工分流到其他区域的网点。这一时期,不少偏远地区、村镇地区或布设密集地区的网点首当其冲。

其次,网点的一拥而上很可能导致选址和运营的粗放,使一些网点长期存在客源不足、业务不够、工作量不饱和、人员冗余等一系列问题。而且，由于同质化的激烈竞争，一些地区的网点数量过高，导致各家商业银行的网点都"吃不饱"。在某些竞争过于激烈的区域，一些中小银行被迫选择退出，反而节约了大量的租金、人员和运营成本。

最后，网点的一家独大还可能导致客户服务的不均衡，在一些网点门庭冷落的同时，部分网点客户排队的问题却很突出。这一点，我们回顾2005—2010年的新闻报道和社会舆论，"客户排队"、"银行排队"、"客户服务不满意"的关键词层出不穷，针对银行服务和所谓垄断的批评不绝于耳。这也能看出当时客户的金融需求是多么强烈，特别是在基金、股票账户都必须与银行相互关联的前提下，现有以网点为主的银行渠道又是多么难以满足。

银行业是否存在垄断经营的问题我们在此并不展开讨论和评说，可以明确的一点事实是网点一家独大的情况的确有利有弊，客户需要更多的渠道来办理业务，银行也需要开源更多的渠道来满足。并且，各家银行的网点大同小异、千篇一律，缺乏地域特色和服务差异化特征。除了网点规模有大有小、业务范围应监管要求有所差异之外，无论是同一银行内部还是金融同业之间的竞争到了白热化的程度，逐渐进入一种"零和博弈"的情境——"僧多粥少"。在网点布设密度较高的地区，"非此即彼"的必选性、排他性和唯一性难以满足同一地区所有银行网点的协同发展。这些问题，在引发不少客户抱怨与投诉的同时，也促进商业银行自身不断反思和自我改革创新。

三、渠道的多元化倒逼网点转型

那么，商业银行主要采取了哪些措施来满足客户不断增长和变化的金融服务需求呢？银行对此进行了深入的思考和调研，主要采取了以下两大类措施来解决这一问题。第一类主要是存量优化，即对现有网点进行内部挖潜，提高网点的运营效率和管理质量，提出网点日常操作的统一标准和经营的规范指引；第二类主要是广开源头，2000年特别是2010年以后，各大商业银行加速推进网上银行、自助银行建设，从而开辟了除网点之外的其他可选渠道。

在第一类对存量网点的优化中，银行主要采取了以下三种措施来完善现有网点的运营能力，提升管理水平。首先，采取了内部业务流程优化等系列措施，精减业务操作、缩短办理流程、节约办理时间，进而减少客户等候。其次，采取了业务集中处理、远程授权等集约化手段，进一步优化网点资源配置，合理分配处理实时业务和非实时业务的处理资源，对业务受理、处理和反馈实现了区别对待、集中操作和精细化管理，减轻了客户排队的压力。最后，采取了规范网点运营管理标准、规范新增网点选址和资源配置等方式，进一步统一所辖标准，减少各网点的人均、日均和网均资源差异，避免业务量多大和过低的不均衡情况同时出现，力求给予客户更加一体、规范和高效的服务体验。

在第二类对其他渠道的开源中，银行主要采取了以下三种措施来开拓新型的服务渠道，给予客户更多的选择。首先，2000年后，主要商业银行加速网上银行的建设，给予客户更多的选择，除了部分必须到现场核实、确认的复杂业务，如开户、开设网银、办理U盾和印鉴等，以及涉及现金、票据等实体业务外，办理存款、转账、还款、购买理财、贵金属交易、银证、银医服务等，实现了银行金融的"随时服务"。其次，2005年起，大型商业银行逐步加大自助银行的建设，配备了大量的自动取款机（ATM）与存取款一体机（CRS），相当程度上代替了网点和柜员对客户基本需求较大的存取款操作，降低了运营成本、延长了服务时间、拓展了业务渠道，建成了365天24小时的全天候基础金融服务渠道网络。最后，2010年以来，随着智能手机的不断普及，不少商业银行纷纷开通了短信银行、手机银行、微信银行，使客户的交易更为便利、私密和及时，进一步优化了传统网上银行的应用，给予客户更为便捷、可靠的渠道选择。当然，2013年以来，网络金融公司的某些线上贷款、理财和基金业务更为高效、创新，进一步压缩了中间渠道，从外部加剧了银行对渠道的完善与整合。

四、下一步网点转型的三种趋势

接下来，银行网点何去何从？是否会因为渠道的开源而减少直至消失？可能面临哪些转型与创新？如何更加方便客户、贴近基层、面向大众？如何实现线下与线上的深度融合？如何应对第三方支付公司、P2P公司等新兴网络金融的挑战？结合近年来国内外银行同业的实践，我们认为，只要有实体银行金融业务存在，银行网点就不会消失；具体而言，只要保留了现钞、票据等物理业务，银行网点就不会淘汰。但是，目前的银行网点风格单一、体验乏味、内涵有限，难以满足新兴客户的需求，难以面临新形势的挑战。我们设想：下一步银行网点可能会主要朝以下三个方面转型，实现网点的智能升级与差异体验。

（一）加快面向智能网点的建设，突出"实时、全面"的特征

所谓智能网点，必须有智能设备、智慧运营和服务体系相支撑。首先，在智能设备中，必须重视 ATM 和虚拟柜员机（VTM）的应用。被美联储前主席保罗·沃尔克（Paul Volcker）誉为"过去几十年金融机构的唯一创新"——ATM 备受国内外重视，使用广泛。作为全球最大的 ATM 保有国，中国各商业银行应在分析论证的基础上，加大 ATM 的投放和运营管理，使其继续承担大量的存取款基本业务，满足客户的应急需求。同时，对于一些适用于远程集中的非现场实时业务，可集中于 VTM 办理，甚至通过技术创新可以突破原有限制，以在线和人脸识别、掌静脉识别、虹膜识别等生物技术，实现远程开户，并合理安排后台支持和人员倒班，从而变相延长了商业银行全部业务的办理时间，拓展了自助业务的受理范围和处理内容。其次，加快投产新型自助设备和业务

种类，如外币兑换机、零钞兑换机、大额存取款机（QCRS）等设备并开通自助存折取款、自助吞没卡取卡、自助证件识别与存档等功能，配套ATM、VTM形成覆盖银行主要实体业务的自助服务体系，最终使自助银行成为多功能甚至全功能网点，用于在非营业时间、节假日、客户应急或办理业务的高峰延展网点的应用。同时，以网络、短信、微信等线上预约和线下排队相结合，让客户享受到更为高效、安全和便捷的金融服务。

（二）加速面向体验网点的构建，突出"轻松、快乐"的特征

所谓"体验网点"是带有一定其他实体意义的网点类型，具有较金融服务之外更为多元的业务场景。例如，招商银行与某连锁咖啡店合作推出了"咖啡网点"，客户在休闲、品尝咖啡或交谈业务的同时，也就完成了相关的银行业务。在这一服务过程中，客户的等候时间可能更长，但鉴于咖啡店悠闲、自如、舒适的环境，客户无须站立排队，可以借助等候的时间休闲、交流、上网甚至洽谈生意，一举多得，实现了银行服务和客户等候的共同增值，因此广受好评。与之类似，书店、水吧、室内温泉游乐场、西餐厅、美发厅、美容院、儿童课外培训机构具备类似的场景，可以提供相对私密、安全和舒适的环境，且客户很可能在此停留较长的时间，具备与客户随时进行沟通的可能。例如，一到周末，许多儿童英语培训机构大厅人满为患，挤满了等候的父母，很多都是城市的中产阶级，无聊地上网游戏打发时间。这时候，如果可以办理耗时较长的金融业务，或者进行深度的银行营销宣传，势必具备较大的潜力和丰富的客源。因此，银行可以根据自身条件，与上述机构实现强强联合。特别是一些大型的全国连锁机构，提前占据了更好的选址优势，赢得了一定客户群体的口碑，对于试图加强渠道建设、拓展业务的银行而言，是一种事半功倍的选择。

（三）加强面向社区网点的布局，突出"便捷、亲切"的特征

所谓"社区网点"并非媒体宣传的"社区型银行"，也不仅仅是国外舶来的"社区银行"。我们提出的"社区网点"是指与居民生活、社会小区环境紧密联系的网点，具有方便居民办理业务、地理位置相对优越的特征，具备"社区型银行"的部分特征。"社区网点"不仅仅包括了布设在小区内的服务模式创新的自助银行，也包括渠道模式创新的超市银行，还包括社区周边技术模式创新的智能银行。因此，我们提出的"社区网点"可以采用自助银行的服务模式，也可以选择超市银行的渠道模式，还可以使用智能银行的技术模式，更可以接近大众理解的社区银行，并不拘泥于具体形式，自助银行和"金融便利店"只是社区银行的表现形式之一。那么，在社会周边，哪些场所是居民经常需要光顾或者非去不可的呢？根据我们的调研和观察，便利店、超市、菜市场和部分综合市场、商场、购物中心、影院、快餐店、饭店等是居民常去的场所。银行可以根据实际需要，借助上述场所的人流，找准"聚客点"，实现客户金融服务的"顺道办理"，更可以利用线上业务与线下地点的融合，帮助客户达到"一站服务"、"一箭双雕"的目的。只有替客户着想、从客户体验和需求出发、迎合绝大多数客户的心理，才能获得客户的理解和认可，从而确保传统商业银行网点的保值与增值。

第二节　ATM 的历史、运营和发展趋势

一、ATM 的概念与发展

ATM 是 Automatic Teller Machine 的缩写，意为自动柜员机。银行业

内通常称为自助机具或自动存取款机,因大部分用于取款又称自动取款机。它是一种高度精密的机电一体化智能装置,利用磁性代码卡或智能卡实现金融交易的自助服务来代替银行柜面人员的工作。作为银行储蓄或信用卡终端设备,持卡人可通过 ATM 使用信用卡或储蓄卡,根据密码办理自动取款、查询余额、转账划拨,还可进行现金存款、存折补登、更改密码、手机充值、支票存款(国内暂无)等业务。

从发明历史上看,1939 年,Luther George Simjian 就发明了 ATM 的雏形。他将当时与硬件设备相关的 20 个专利组合起来,并说服 Citicorp 公司去做一个样板试验产品。6 个月后,作为花旗银行(City Bank)前身的纽约市第一国立城市银行(First National City Bank)反馈认为该产品确有需求,但用者寥寥,因此并未推广。1967 年 6 月 27 日,位于英国米德尔赛克斯郡安菲尔德的巴克莱银行(Barclays Bank)安装了世界第一台现钞发放机。它向用户发行纸券,用户将纸券插入机器,即可取出面值 10 英镑的钞票。现代意义 ATM 的概念提出于 1968 年,原型机出现于 1969 年。Don Wetzel 是 ATM 部分专利的所有人和发明 ATM 的主要贡献者,当他在银行柜台排队等候取钱时,萌发了发明 ATM 的想法。当时,Wetzel 是开发包裹自动化处理设备的 Docutel 公司负责产品规范的副总裁,该公司另外两个拥有专利的是首席机械工程师 Tom Barnes 和电子工程师 George Chastain,他们说服公司花费 500 万美元开发出世界上第一台 ATM,其最大的进步在于交易结束后磁片还能再度使用。1973 年,Docutel 公司申请了 ATM 的专利。

从应用实践上看,第一台 ATM 只能取款,且不与银行主机相连。这种离线模式意味着客户从 ATM 把钱取出后,并不能实时扣款入账。因此,银行非常在意给哪个客户开通使用 ATM 的权限,仅允许有良好信用记录的信用卡用户在 ATM 上操作。接着,Wetzel、Barnes 和 Chastain 共同开发了第一个真正用于 ATM 的塑料制银行卡,该卡拥有客户账户的相关磁条信息和一个个人 ID 号,以在取钱时做验证。研发中最重要的过程是将信息加密后存储在磁条上，然后将磁条加在专用卡上。研制成功后，Doctuel 将 ATM 卖给了纽约化学银行（Chemical Bank）。1969 年，化学银行将其安装在洛克菲勒中心的办公室。起初，ATM 主要用来处理信用卡。1972 年，克里夫兰城市国家银行（City National Bank）成功引进一种可在 ATM 上使用的借记卡。20 世纪 70 年代中期，花旗银行研制出使用芯片卡的 ATM，这使该行的存款市场占有率快速增加。1986 年，中国银行珠海分行第一次在中国大陆引进 ATM 并于 1987 年 2 月正式投入使用。不过当时，还仅限于脱机交易。

从网络共享来看，起初 ATM 网络专属于单个银行。后来，不同银行的 ATM 连在同一网络上，逐渐形成共享网络。这样，扩大了银行服务的地理范围，客户就可以使用网络里所有的 ATM，而不仅限于发卡行。在美国，共享 ATM 网络在 20 世纪 70 年代初初步形成，20 世纪 70 年代中期开始飞速发展。20 世纪 70 年代初，Docutel 公司推出与银行主机联网的 ATM，可以存取款并转账。1977 年，MPS 建立了 Jeanie 网络，这是第一个在线共享的 ATM 网络。1980 年，共享网络占所有 ATM 网络的 18%。1985 年，化学银行等 7 家金融机构为对抗花旗银行，组建了名为"纽约现金交易所"的网络，实现了所辖 800 台 ATM 联网通用。这迫使花旗银行遵从行业标准，转而使用磁条卡。1990 年，这一比例上升到 94%。如今，几乎所有的 ATM 网络都可共享，客户可实时了解账户余额和支付情况，ATM 与银行机构的比例已达 4:1。

从行业发展上看，20 世纪 80 年代和 90 年代，ATM 行业一直在经历转型。1996 年 4 月，维萨（Visa）和万事达（Master）两大银行卡组织取消了不准对顾客收取附加费的长期禁令，这使 ATM 成为真正可盈利的行业。独立经营商蜂拥进入 ATM 市场，他们在几乎全美各地的家庭便利店都安装了 ATM，ATM 总数在 4 年内翻了近 1 番。随着区域性网络的合并，ATM 的全球化进程加速，功能日新月异。

二、ATM 的分类与意义

ATM 从不同的角度出发，可以划分成不同类型，主要包括以下三个方面。

从品牌情况上看，可分为进口品牌与国产品牌两类。国外 ATM 供应商在中国市场占据主导地位，主要有：NCR、Diebold（迪堡）、Wincor Nixdorf（德利多富）、Hitachi – Omron（日立 – 欧姆龙）、Fujitsu（富士通）、OKI（冲电器）、KEBA（科堡）、KAL（卡尔）[①]、IBM、Nautilus Hyosung（晓星）、Triton（粹通）等。其中，NCR 在中国的市场占有率最大，Diebold、Wincor Nixdorf 次之。国内 ATM 供应商主要有：广电运通（GRG）、东方通信（Eastcom）、怡化（YH）、广州御银、中钞科堡、深圳兴达通、深圳东南、深圳辰通、神州数码、湘计算机等。其中，广电运通是中国 ATM 行业中经营规模最大的民族品牌企业；东方通信早期以贴牌生产 Wincor Nixdorf 的产品为主，规模也较大。

从位置设置上看，可分为在行式（也称附行式，On – Premise）与离行式（Off – premise）两类，又以在行式居多。其中，在行式指设在银行网点内的 ATM；离行式指设在银行网点外的 ATM，主要包括酒店、商场、饭店、超市、机场、车站、码头、学校、企业、写字楼、电影院、居民区、娱乐中心、24 小时便利店等。由于其所处位置不同，给管理的有效性和时效性提出了不同要求，因此往往对二者采取不同的管理模式。以中国银行北京分行为例，2008 年共有各类 ATM 455 台。其

---

① 总部设在英国的 KAL 公司最近推出了一种新设备叫 RTM（Retail – Teller Machines，即零售取款机），官方称 RTM 为一种提供现金的无现款 ATM。这种设备具备存取现金等 ATM 各项交易功能，但机器内没有现金。其运行方式与 ATM 完全相同，只是取款不吐现金，取而代之的是打印出一种可用于兑换现金的安全凭证，客户可以凭此在安装 RTM 的零售商店内兑换现金。RTM 可位于任何店铺内部，提供整套商业银行的业务服务。客户拿凭证兑换现金之后，RTM 将立即执行背对背交易，补偿零售商支付的现金，即将相应金额汇至零售商银行账户。RTM 与 ATM 运行相同的软件，提供全面的银行服务，客户甚至可以通过 RTM 与商业银行呼叫中心视频通话。

中，在行式 335 台，占 73.63%；离行式 120 台，占 26.37%。

从设备类型上看，可分为取款机、存取款一体机、查询机、存款机等。其中，中国市场中查询机和存款机的份额较小。综合相关资料显示，从布放数量上看，取款机的份额达到 88%，占绝大多数；从销售额上看，2006 年取款机销售额为 26.1 亿元，占全年销售总额的 80%；从细分品种单价上看，存取款一体机单价最高；从性能上看，单功能 ATM，特别是取款机和查询机的故障率较小。仍以 2008 年中国银行北京分行为例，有取款机 349 台，占 76.70%；存取款一体机 90 台，占 19.78%；存款机 16 台，占 3.52%；查询机 0 台。

ATM 使用的意义深远，它提高了银行柜台的工作效率，缩短了顾客办理银行柜面业务的等待时间，减少了人工操作可能带来的差错，延长了银行的营业时间，实现了 24 小时全天候服务，密切了银行业机构与客户的关系。特别在银行营业网点之外的一些人流密集场所安装了一批离行式 ATM，扩大了银行业机构的服务范围，满足了顾客的基本金融需求。例如，美国海军还将 ATM 装到航空母舰的生活区内，每次携带约 500 万美元的现金，成为名符其实的"移动柜员机"。

三、ATM 的运营现状与特点

中国 ATM 的运营现状可分为宏观和微观两个层面，它们分别具有不同的特点。首先，从宏观层面入手，主要呈现以下五方面特点。

一是从区域分布上看，中国 ATM 布放主要集中于经济比较发达的沿海地区和城市，保有量较大的地区包括华东、华北、华中、华南，而西南、西北等内陆地区保有量相对较少。

二是从人口规模上看，大中城市相对集中，小城市相对缺乏。其中，经济发达的沿海城市分布数量较多；省会城市，特别是东部、中部地区的省会城市数量可观；特色城市、新型城市也集中了相当数量的

ATM。根据 2006 年中国银联对我国 100 个城市 ATM 保有量的统计，我国拥有千台以上 ATM 的城市主要是：上海、北京、广州、深圳、重庆、杭州、苏州、成都、南京等经济相对发达的城市。这些城市 ATM 保有量的总和占全国 ATM 总数的 27.67%，而其他城市中 ATM 保有量在 200 台以下的城市占比接近一半。

三是时间分布上看，ATM 占款在不同时间段间差异明显。调研发现：ATM 占款在节假日前及周末前达到同期高值，此后逐渐下降；日常 ATM 占款每周五达到峰值、周日降为最低，与一般商业银行库存现金周五最低、周日达到峰值呈反向周期变化。不难看出，ATM 作为商业银行柜台现金支付的替代手段在非营业时间体现得比较明显，作用相对突出。

四是从行际分布上看，我国 ATM 多来自于实力雄厚的大银行，一般由商业银行自行投资布放。截至 2009 年底，拥有 10 000 台以上 ATM 的商业银行有工行、农行、中行、建行、邮储、交行 6 家，这几大商业银行和储蓄机构网点多，客户群大，资金雄厚，合计拥有 ATM 约 14 万台，占我国 ATM 保有量的 60% 左右。

五是从业务类型上看，存取款和查询业务居多，其他业务较少。以中国农业银行浙江省分行 2004 年 12 月共 31 天的 ATM 运营日志数据为例，该行 ATM 日均业务量为 179 823 笔，占全行所有业务量的 20%。其中，日均存取款业务量 98 146 笔，占 ATM 业务量的 54.58%；查询业务 80 782 笔，占 ATM 业务量的 44.92%；修改密码 521 笔，占 ATM 业务量的 0.29%；转账 373 笔，占 ATM 业务量的 0.21%。

其次，从微观层面入手，主要呈现以下五方面特点。

一是从地域分布上看，中心区较多，郊区较少；新城区较多，老城区较少；商务区较多，居民区较少。以 2008 年中国银行北京分行为例，在辖内 20 个区县中，城八区共有取款机 274 台，占取款机数的 78.51%；存取款一体机 79 台，占存取款一体机数的 87.78%；存款机

14台，占存款机数的87.50%。在新区中，仅朝阳、海淀两区共有取款机173台，占取款机数的49.57%；存取款一体机50台，占存取款一体机数的55.56%；存款机8台，占存款机数的50.00%。在商务区中，朝阳、西城两区共有取款机136台，占取款机数的38.97%；存取款一体机46台，占存取款一体机数的51.11%；存款机7台，占存款机数的43.75%。

二是从时间分布上看，主要呈现两方面特点。第一，"假日效应"明显，ATM占款在节假日前及周末前达到同期最高值，此后逐渐下降；其中，又以春节、五一、十一的占款数量最为明显。值得一提的是，在2008年国务院新增端午、中秋等节日之后，也有相同的体现。第二，工作日和休息日差别较大。某全国性商业银行2007年统计数据显示，总体而言，ATM占款每周五达到峰值、周日降为最低，与库存现金周五最低、周日达到峰值呈反向周期变化。

三是从人流状况上看，人流密集区和人流稀少区差异较大。例如，在许多城市的商务区，平时上下班人流较大，而周末除整体加班外，则一般没有太多人流。因此，布设在商务区的ATM一般工作日占款较大，周末占款较小，这一点在不少大城市的远郊商务区、开发区体现得尤为明显。

四是从年龄分层上看，青年、中年、老年对ATM的偏好和使用具有不同的特点。根据我们在北京的调研，青年人比较爱用ATM，使用效率较高；中年人不擅用ATM，遇到紧急情况又排队较长时常选择尝试；老年人一般不用ATM，对自助机具大多有一种抵触感和不信任感。再则，商务区以年轻白领居多，老城区以中老年人居多，也加剧了ATM使用的程度的分化。此外，有调查发现，高端客户习惯使用低成本交易渠道，如网上银行、自助银行等；而低端客户却习惯于使用高成本交易渠道，如柜台交易等（任磊，2007）。

五是从加钞频率上看，分为单点加钞量管理和多点加钞量管理两类。单点加钞通常每天一次，管理较为方便；多点加钞通常每天两次（含）以上，管理比较复杂；此外，对于部分繁华地段使用特别频繁的 ATM 还应实时跟踪，在保证占款额度的前提下，确保备付率和使用效率。

四、ATM 的问题与对策分析

（一）科学规划，合理选择布设机型

目前，许多银行 ATM 的布放并不合理。在 ATM 布设的位置选择上，可以结合管理学与营销学原理，参考超市选址、餐饮选址的策略，与连锁超市、连锁餐饮、大型购物中心等人流密集型、消费密集型实体强强联合，逐步完成科学的规划。同时，根据地域特点，合理选择和布设相应机型，做到物尽其用，满足该地区客户的需求。

（二）科学预测，及时保证客户需要

目前，不少银行对 ATM 的管理尚未形成科学的预测和监控体系。通常而言，ATM 特别是离行式 ATM 的用钞量、流水单使用率等情况可以通过一段时间，通常为 1~5 年的统计和分析，形成一套合理的数据。从长期来看，可以科学预测用钞量和流水单的使用情况，加强主动管理，及时保证客户需要。从短期来看，可根据已知的 ATM 现金流量时间序列，分析 ATM 的取款量变化规律，通过模型识别和参数估计建立自回归滑动平均模型 ARMA（p,q），并在此基础上预测未来 10 天 ATM 的现金流量（王正友、刘斯明，2006）。

（三）规范操作，确保 ATM 运营效率

目前，一些银行对 ATM 的操作还不规范，行际、省际、人际间存

在不小差异。因此，要强化 ATM 加装钞、故障排除、紧急事故处理等传统和突发事件的规范化操作，形成一套合理的流程并逐步完善。对于新发现、新产生的问题要按时总结，及时纳入流程范畴，适时向全行推广，从而不断提高 ATM 的运营效率，减少客户对此的投诉，提高客户满意度。

（四）增加设施，提高 ATM 安全性能

目前，相当数量的 ATM 安全设施尚不完善。根据现场模拟测定，可采取以下措施。一是在 ATM 前 0.5 米处竖立一块高度在 1.8 米以上挡板，可增强客户操作时的安全感，还可均匀 ATM 前的光线，使界面不受太阳光或夜间外界灯光直射的影响。同时，经过 ATM 前的非使用者由于挡板隔开不会触发录像，提高录像的清晰度，减少录像误差。二是在 ATM 两侧安装 30 厘米左右的拱形挡板，保护客户信息安全，同时经过 ATM 前的非使用者由于挡板隔开不会触发录像，减少误录。三是由于目前采用的机内红外探测器和机外幕帘式红外探测器隐蔽性不理想，建议采用微波多普勒探头（苏建华，2005）。

（五）差异管理，实施不同年龄策略

目前，许多银行对 ATM 的客户管理仍然采取大一统的模式，并未区分营销。事实上，应根据各年龄层客户的不同特点和需求，针对青年、中年、老年对 ATM 的偏好和使用情况可施加不同的引导和服务策略。总体而言，要倡导青年使用、鼓励中年常用、扶助老年尝试。在具体设计环节上，可针对不同的群体采取大规模定制的手段，并借助客户选择的途径，设置不同的系统。比如，对青年客户界面可以更加活泼，在适当范围内引入时尚和潮流元素；对老年客户的界面字体要更大，提示声音要加大，以满足一些老年人眼花、耳背等生理特点。

（六）注重亲和力，切实加强人机互动

使用ATM的实质，是一种以机器替代人工的选择。因此，客户对于ATM亲和力的判断和选择显得尤为重要。银行和ATM制造企业在开发ATM时，一定不能忽略ATM的外观设计特别是操作界面的设计并加强对客户使用知识的普及。在流程说明、流程图等模块，更要不断人性化，增进亲和力，削弱客户的抵触感和畏惧感。例如，在界面显示语言选择上，可以采取多语种系统，在少数民族聚居地区，还可推出少数民族语言界面；在方言盛行地区，可推出方言提示系统，增强在不同地域的使用效率。如2006年3月起，中国工商银行新疆分行即推出维吾尔文版ATM，受到当地客户的普遍欢迎，市场反应良好。

（七）与时俱进，提升防范假币能力

目前，尽管我国使用的ATM对假钞的识别参数已达数百种，科技含量相当高。但是，为了防范利用ATM存入假币，各行一是要及时对ATM进行技术升级，杜绝未升级ATM的使用。二是要经常检测常用ATM防假币、防变造币的功能，相关功能下降的要暂停使用。三是以高标准确定ATM的防伪技技术参数，ATM的存款要保持较高的拒钞率。四是所有自助设备的服务网点必须配备摄像头，完善自助设备监控制度，有效记录存款人的体貌特征，对存款人、出钞口和周边环境实施有效监控，以便及时准确地追查犯罪嫌疑人。

五、ATM的发展趋势和研究

目前，生物技术也已在ATM上使用。根据社会的发展，银行和客户的需求，将会有越来越多的生物技术在ATM上实施和推广，这已成为今后世界上ATM风险防范的主要手段。此外，银行管理方式、ATM

功能模块、个性化营销策略等的创新都将使 ATM 日趋完善。

(一) 生物技术使用趋于普遍

生物识别技术是通过计算机与光学、声学、生物传感器和生物统计学原理等高科技手段密切结合,利用人体固有的生理特性,如指纹、脸象、虹膜等和行为特征,如笔迹、声音、步态等来进行个人身份的鉴定。由于人体特征具有唯一性,可有效确保银行和客户的资金财产安全。例如,可在 ATM 上安装指静脉和手掌静脉识别、指纹提取和识别、语音识别、视网膜(虹膜)身份测定、面部特征鉴别等人体生物认证装置,用户在 ATM 上存取款时必须在使用银行卡时将手指或手掌在 ATM 的认证装置上检验是否为持卡人本人。使用这类生物认证装置具有银行卡不会被复制,持卡人身份能够准确确认,出现问题便于追查等优点。同时,还需要不断完善全国范围的个人信用和身份认证体系建设。

(二) 管理方式倾向趋于集中

从国内外银行业的实践来看,各行将设立集中的 ATM 投诉和处理中心,统一 ATM 的日常管理。按照科学的规划,实行区域性集中管理模式以提高 ATM 的处理效率和质量。因此,网点的 ATM 监控所采用的数字主机必须具备真正完善的网络功能。从目前实际情况和网络安全性考虑,传输网络采用 PSTN、ISDN 为宜。由此,数字主机的网络功能可在窄带网中实现(苏建华,2005)。但是,随着信息技术的进一步发展和完善,全行性、全国性的宽带互联,实时的集中监控也成为趋势之一。这一技术的实现,将使 ATM 的跨行、跨境查询和交易功能得以更快实现,使 ATM 的 7×24 小时监控模式得以更好实施。

(三) 功能模块开发趋于全面

作为柜面业务的替代品,ATM 新的功能模块开发将更趋于全面和深入，在基础业务之上，还可适当增加中间业务和相关查询功能。如当客户在 ATM 取款成功后，屏幕上不仅显示交易成功，还可显示卡的原余额、存取款金额、当前余额、可用余额，省去客户再次查询的必要，技术成熟时还可提供跨行转账和查询功能，大大提高 ATM 的利用率，减少排队等候的时间。如可以在 ATM 上添加基金业务、缴费业务、购票业务、充值业务等模块，收取或代收会员费、年（月）费、转接费、交换费、跨行费、额外费、行内费等，在适当控制成本的前提下，实现网上银行的部分甚至全部中间业务。再如，在客户不办理业务时，ATM 还可循环播放银行新产品的广告，一来吸引客户眼球，丰富等候过程；二来有的放矢，营销银行的新产品，能够产生很好的效果。建立互联网上的 ATM 定位系统。又如，可建立 ATM 定位系统，即登录某行网站或任一 ATM，输入所在的地区、街道，就可以方便地查询到离客户最近的 ATM，清晰看到地图和运营时间等简介，从而极大方便客户。现在，一些发达国家的 ATM 已经开始销售邮票或音乐会门票；有机构还在研究通过移动电话处理 ATM 业务的技术。

（四）潜在客户培养趋于年轻

ATM 投放重点是校园或人口流量高的银行网点门口。当前，学生群体是最容易接受新生事物的群体，时间观念非常强，需要的服务周期也较长。ATM 等自助设备正好符合这类年轻人的心态，在 ATM 上办理业务相对省时、服务周期也长。不少银行将与 ATM 密切相关的贷款业务、银行卡业务特别是信用卡业务推广重点放在本科生和研究生群体中。但是，对于银行知名度、满意度和忠诚度的培养，特别是对银行各类业务的了解、熟悉和运用则需要更加提前，要"从娃娃抓起"。因此，高中生、初中生甚至小学生都可以成为银行卡业务主要是借记卡、储蓄账户的潜在客户和首次客户。实践显示，对于学生群体信用观念和理财技巧的培养很有建设意义。

（五）了解使用程度趋于深入

目前，在国内许多大城市，ATM已成为不少年轻人的首选，其基本操作和知识已经普及。随着年龄增长和财富积累，他们中的许多人将逐渐成为银行的主流或高端客户。在此基础上，各行要采取多种形式向客户推介，要特别关注中小城市的客户，主动提示犯罪分子利用ATM作案的新手段和新动向；在银行网点和自助服务区域放置安全提示，提醒客户在门禁上不要输入任何信息并及时报警；加强电话银行、手机银行、网上银行和电视银行的宣传力度，提高客户的安全意识和自我保护能力；大堂经理要加强对客户的安全教育，提醒客户注意保护自己的密码等资料；针对客户需求，进行ATM高级功能操作知识的讲解和演示，提高ATM的使用效率和深度。

（六）个性营销手段趋于成熟

目前，最为成功的银行已经将高达75%的交易转移到自助服务渠道。同时，大规模定制和选择性定制等新型信息系统的实践使得ATM上实施个性化的营销手段成为可能，如客户生日祝福、节日问候等。以新加坡银行（OCBC Bank）为例，他们认为ATM不仅仅是一台存取款机，还是银行向客户开展服务业务的中心，是发展新客户、维系现有客户并向其销售服务产品的重要渠道。当华侨银行的客户把银行卡插入ATM时，屏幕上马上出现一句带有顾客姓名的个性化问候，还可邀请客户到柜台体验新产品。此外，还可根据ATM进行目标市场营销活动，通过对客户和企业深入的数据分析，选择恰当的营销策略和推广方式。由此，华侨银行的客户响应率较过去的直邮式提高了300%，在亚洲居于领先地位。

第三节　超市银行的发展、利弊与策略

一、超市银行的源起

超市银行自20世纪70年代出现以来，在美国等发达国家兴起，它融合了混业经营、品牌延伸、品牌混淆、便利性构成等多种运营、营销和管理概念。开始，美国银行界尝试到零售业中求发展，都不太成功。上述因素整合不力曾在尝试初期使美国老牌的希尔斯公司（Sears Corporation）混乱不堪，并摧毁了 Petloversbank.com 和其他网上类似业务。

从地域分布上看，超市银行在美国西南部居多，此后逐渐向东北部延伸。在加利福尼亚州（California），富国银行（Wells Fargo）已建立了拥有700多家支行和商店网点的超市银行网络，为全美之最。从20世纪90年代起，英国、加拿大、澳大利亚等发达国家也开始出现众多超市银行，并延伸到巴西等发展中国家，一般都聚集在大城市或城市群中。

从介入规模上看，大中型银行首先尝试，利用"强强合作"快速布局；中小银行则持续跟进、量力而行。美洲银行（Bank of America）等巨头也拥有200多家超市银行网点；五三银行（Fifth Third Bank）、新世纪银行（New Century Bancorp, NCBC）、国民银行（Nation Bank）等大中型银行也相继建立了小规模的网络；太阳信托银行（SunTrust Bank）、芝加哥第一联邦银行（First federal of Chicago）、明星银行（Star Bank）、密歇根国民银行（Michigan National Bank）等中小银行正在进行同样的尝试。

从整体数量上看，1971年，美国仅有5%的银行网点坐落在杂货店

或超级市场（以下简称超市）中。1994年，全美各地已有1500多家超市银行，并以每年500家的速度增长。1999年，这一数字超过了8000家，约占所有银行网点数的13%。此后，这一数字降到约6500家，许多机构如福力特波士顿金融公司（Fleet Boston Financial）等先后离开了这一行业。如今，美国只有少量大型机构继续支持超市银行等室内分支行策略。美洲银行、富国银行等巨头已通过独立网点拥有了健全的有形交易能力，而超市网点仅提供额外的地理覆盖。罗得岛国民银行（Citizens Bank of RhodeIsland）和TCF金融（TCF Financial Corporation）等认为，超市网点在其区域市场中具有竞争力的差异化策略。

从客户定位上看，超市银行大多定位在都市的年轻客户，特别是专职人士和双职工夫妇。他们的时间大多比较紧张，往往下班后传统银行分支行已经或即将停止营业，同时，去超市集中采买几乎成为他们日常的生活方式。

从经营主体上看，对于已经或准备开发超市银行的银行或超市等机构而言，目标定位在大众化产品的银行进入超市银行范畴往往特别成功。其中，在销售简单廉价的服务上，超市银行网络显示出有效的价格、地缘、时间和效率优势。采取这种经营方式，可能是延续银行经营的传统，如美国南方银行（Black South）；也可能是战略转变的结果，如新世纪银行（NCBC）。

从服务内容上看，20世纪70年代，超市银行主要替客户兑换支票，获利甚微；80年代，增加了存款等业务，经营稍见活跃；90年代后，超市银行已经可以提供全套金融服务，从支票兑换、存款到提供共同基金和养老基金等，与一般分支行无二，但其业绩却高出一般营业网点的3~4倍。

从服务方式上看，超市银行设在超市内，其职员不再西装革履，坐在高高的柜台后面，而是在超市的过道间徘徊，积极帮助超市的客户了解和购买银行产品，并即刻提供便捷服务，送上电子表之类的小礼品。

超市银行的出现，令处事严谨的传统银行服务耳目一新，其业绩又高于普通网点，令客户倍感亲切和方便，故而深受客户的欢迎。

二、超市银行的演变

从超市银行的所有权归属视角来看，它实质经历了两个发展阶段。起初，超市银行实际是银行特别是商业银行设在超市的营业网点，当中既有美国著名大银行，也包括一些名不见经传的小信用合作社。其所提供的独特促销术的确带有"超市"的色彩，诸如提供为期2天的特别低息贷款，在圣诞节向客户送火鸡，在情人节向客户送玫瑰花和"可转让定期存单"服务等，平时向客户赠所在超市的购物减价优待券等，都不失为行之有效的促销手段。

获得理想的超市伙伴是超市银行成功的关键。富国银行和美洲银行主宰了美国加州市场，几乎排斥了所有新的超市银行的进入。在其他地方，许多吸引人的市场也被迅速占领。比如，在美国亚特兰大市（Atlanta），克罗格超市（Kroger）同国民银行、公共超市（Public）同太阳信托结成了合作伙伴。而美洲银行则选择"单一型"战略，只与美洲商店公司（America Store）发展单一伙伴关系。美洲商店在加州经营幸运商店（Lucky Store），在伊利诺伊州（Illinois）经营朱维尔—奥斯克商店（Jewel-Osco），每个店铺几乎都有美洲银行的网点和ATM。富国银行则采取"多重型"的不同战略，与加州4家连锁店合作，分别是罗福斯（Ralph's）、万斯（Vons）、喜互惠（Safeway）和艾伯森（Albertsons）超市。它相信多重关系能使自己挑选最好的地点，开设更多的网点。据测算，理想的超市应该有 60 000 ~ 75 000 平方英尺（约合 5 500 ~ 7 000 平方米）大；足够新，不需花费昂贵代价重新装修；交通便利，能够吸引大量新顾客；购物者经常光顾超市，可能在那里进行金融交易；可以签订长期租赁协议和租率，以"团购"的形式规避租金上涨的风险，平均每月每平方英尺租金为 70~90 美元。当然，现在还需考虑因次债危机等导致房价下跌的风险。

而后，随着握有大量渠道和客户资源的超市的觉醒，它们决定自己开设银行——这无疑对传统商业银行构成巨大挑战。1997 年，英国超市特易购（Tesco）和桑斯博里公司（Sainsbury）进入消费金融领域的活动证实很成功。这说明在特定区域，零售品牌也可以成功地实现从消费品向消费金融的转变。目前，英国的超市银行正在向着实现客户数量逾千万的目标迈进。决定超市银行成功的一个重要因素，是银行与其潜在超市伙伴市场能力的比较，这将决定如何分享创造的价值。按照超市银行市场地位的强弱，可以分为如图 2-1 所示的四类。

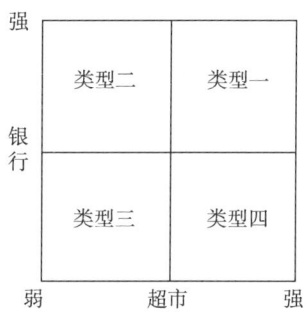

图 2-1　银行与超市联盟类型

类型一，如果一个强势银行与一个同样市场份额很强的超市联盟，两者就能在"巨人协商"中分享利润。例如，美国西南部亚利桑那（Arizona）的州府凤凰城（Phoenix），由美洲银行、第一银行（Bank One）、富国银行和弗莱斯连锁（Fry's）等主导超市的强强联手都很成功。

类型二，对于市场能力占优势的银行，由于其交通便利，若选择市场能力较弱的超市，增加的新客户反而较少，因此它们会尽力减少分支机构的成本。强势银行就可以从许多潜在的弱势超市中挑选合作对象，因为超市急于与银行分享便利的交通和忠诚的客户。这种"银行选择"

的不利之处在于银行必须与几个超市形成合作关系，才能完全占领市场。

类型三，类似类型一，同处弱势地位的银行和超市联盟，有助于共同开发客户，壮大业务和影响力。不过，需要注意银行与超市的网络、布局、环境和品牌价值整合，否则可能出现"小鱼婚姻"的无利结果，甚至因合作导致"双输"的尴尬局面。

类型四，与类型二相反，是"超市选择"的结果，市场能力不强的银行能够从强势超市的良好区位和便利交通中获得更多的收益。但是，"超市选择"会要求大部分价值归超市所有，其索要高额租金甚至是银行网点利润的1%。这种情况在欧洲普遍存在，成为欧洲超市银行发展的瓶颈。

例如，20世纪90年代中期，美国南部得克萨斯州（Texas）的圣安东尼奥市（San Antonio）的H－E－B超市（H. E. Butt Grocery）主宰了整个市场，却没有银行可以与之结成伙伴关系，因此该市超市银行占有率很低。甚至，强大的超市可以完全甩开银行，借助自身便利的渠道、网络和品牌优势，另立门户，从而获得银行产品的全部利润。果不出所料，截至1999年8月，H－E－B超市已经建立了拥有120家面积在350~600平方英尺的超市银行群，可提供几乎包括银行、投资和其他金融业务的全部服务。具体而言，任何拥有高客流、稳定回头客源或顾客停留时间较长能够使银行员工完成销售任务的连锁机构，都可能发展成新一代超市银行，如塔吉特商店（Target）、凯马特超市（Kmart）、家居货栈（Home Depot）等折扣连锁店。现在，美国银行家正在为一个潜在的竞争对象而恐惧：财富（Fortune）500强的领跑者，销售收入数千亿美元的零售巨头沃尔玛（Wal－Mart），可能创造出"沃尔玛第一国民银行"或"大众商业银行"。沃尔玛银行在大型百货商店已经能买到食品、文具，现在，美国国会正考虑允许零售巨头处理支票和储蓄账户，从而使超市可以抛开银行，直接办理金融业务。对此，银行家古特（Gut）表示："沃尔玛可能带来银行业的黑死病，至少也是一场瘟疫。"

三、超市银行的分类

十几年来，业界已经试验了多种超市银行类型，按照其规模可以分为五种：一是完全传统类，即移植在超市中的传统银行分支行；二是迷你传统类，传统支行的小规模版；三是主动零售类，即规模更小经营更主动的零售网点；四是单人经营类，即单人经营的网点；五是混合经营类，即通过二、三、四类特别是三、四类的组合形成连锁网络。

完全传统类由于被动销售和高成本，它们很少成功。超市银行的先行者基本都采用这种移植传统银行网点的做法，但几乎每个案例都以失败告终。现在，已经没有银行运用这种类型。

迷你传统类雇用少量员工，提供少量服务，取得了不少成功，如包括美国亚特兰大市（Atlanta）的国民银行在内的某些银行仍采用这一类型。其吸引人的费用结构使它能够开设更多的柜台，以获得更多的客户。当然，它也需要改变传统的管理和销售模式，主动出击，来发掘更多的需求，建立更紧密长久的客户关系。

主动零售类更加主动地占领市场，获得了更加广泛的成功。其通过高度活跃的销售队伍提供全面的银行服务，是一个被证明在争取客户和发展交叉销售方面行之有效的方法。该方法把常规交易直接交由 ATM 处理，从而降低了销售成本。而且，这种网点也可作为下一代银行员工的培训场地。

单人经营类与主动零售类类似，但成本更低。一个单人经营的网点通常只有 1~2 名银行员工，备有 ATM 和一张折叠桌椅。例如，富国银行的单人银行中心占地只有 27~36 平方英尺，配备一台用来开户的台式电脑、一台用来转换身份证号码的读卡机、一台复印传真机、一部电话和一台 ATM。其员工不是在桌上写，而是写在一块一尺长的板上；他还常在超市内走动，不断观察，主动寻找客户；他几乎把所有的交易和服务都带到 ATM 上完成。

混合经营类主要针对超市银行网络而言，可以根据具体需要合理设置、分布和开发网点。富国银行声称，5 家传统银行支行的成本可以经营 4 家主动零售类超市银行和 8 家单人经营类超市银行，每年还能节省约 100 万美元。

四、超市银行的利弊

超市银行是一种使银行、超市和客户三方各得其利的方法，从而成为商业银行进行网点选择的一个重要因素。

对银行而言，主要有五方面优势：一是具有充足客源。每天前往超市的顾客，便是它们的客源，特别是中心城区的超市银行，其潜在业务量相当可观。二是利于节约成本。银行与超市合二为一，有助于实现客户流的规模效应，双方可以分摊建筑费用、租金等，银行也可免除一些零星开支。美国的一些超市银行，一般只需要 1 名经理、2 名全日制员工和 2 名非全日制员工即可，1 年支付的工资费用只需 9 万～10 万美元。一个传统的分支机构，一般至少需要 1 名经理、1 名信贷人员、1 名专职服务人员和 3 名出纳员，一年需支付大约 14 万美元的工资费用。三是便于新设网点。超市银行在超市营业的同时即可营业，省去了另外新设营业网点需要一段时间洽谈、装修、培训、试验才能开业的诸多事宜。在美国，超市银行一个网点的设计和装修费用大约为 15 万～20 万美元，而设置一个传统形式的分支机构大约需要 75 万～150 万美元，用设置一个传统形式的分支机构的费用可以在超市中设置 5～10 个网点。研究表明，建立一家超市网点的成本大约是建立一个独立网点成本的 1/5～2/3。由于目前银行业又开始流行建立网点，因此这一因素显得尤为有利。四是易于市场准入。一般银行在开业前，需要大力宣传以吸引客户，而超市银行则不必如此。客户在走进超市的同时也走进了银行的大门，为此超市银行可以省去大量的选址、广告和宣传费用。许多银行会选择建立超市网点作为进入新市场的动力。一旦建立起合理的客户库，银行就可以建立独立网点，以客户较为熟悉的方式向他们提供服务。五是投资回报快速。通常，所有地区的超市网点都能在6个月到1年时间内盈利，快于独立网点的盈利期限。

对超市而言，主要有三方面优势：一是增加潜在客户。超市接受银行在市场内设点，相当于把银行的客户变成超市的潜在客户，客户在银行办理完业务后，即可能选择到超市逛逛。二是增进客户稳定。超市可从银行收取租金，加强与银行的业务往来，而源自银行客户更加稳定可靠。行业分析表明，银行和客户保持业务联系的时间长度分别是：抵押贷款客户平均4年半，支票账户客户约4年，信用卡客户约3年。通过提供更多样的金融服务，零售商希望与最有价值、带来最高利润的消费者保持更长的业务关系。三是提高销售金额。据统计，在开设超市银行的超市中，客户花费在超市上的时间和金额均有增加的趋势。

对客户而言，主要有三方面优势：一是节约时间。超市银行使得购物和办理银行业务集中一处，客户获得的是"一站式"服务的便利。二是更加方便。营业所与超市的营业时间一致，客户能够享受一周营业7天，每晚营业至21：00的"社区银行服务"。三是购物便捷。比如，当客户在超市购物需要贷款时，可向超市提出申请，等他购买好物品时便可领用所需贷款。

然而，超市银行损失的可能性仍然存在。毕竟，福力特（Fleet）等银行出售其超市网点并非空穴来风。一是选择范围过宽。由于网点交易客户包含于银行和超市的客户之中，因此银行需从成千上万个超市中认真选择其合作伙伴。二是目标客户较少。特罗西集团（Tower Group，TWGP）的主要客户调查指出，美国92%的客户习惯在传统网点进行交易，只有约15%的客户倾向在室内分支网点交易。因此，银行需要仔细考虑室内分支行提供的服务类型以确保最低交易额。三是丧失网点价值。网上银行业的繁荣造成了超市网点交易量的下降。毕竟，超市银行出现的原因就在于其方便性，由于网上银行业功能的改善，许多网点的价值被削弱。而且，许多银行在交易过程中注重方便因素，因而忽略了柜员的重要性。但是，2002—2003年的经验表明，复杂的金融讨论最好在面对面（Face to Face）的环境中进行，银行仍然需要合适的销售和服务人员。四是服务内涵较窄。超市银行并不适合服务于富有的老年客户，也不宜于以复杂产品为重，提供全面服务和建立紧密个人关系的银行。如瓦乔维亚（Wachovia）银行利用员工个人关系的银行关系战略，西北信托（Northern Trust）公司以流动顾客和信托服务为重点的战略等，都没有采取超市银行的主动营销方式。

五、超市银行的意义

如果投资主体为超市或者其他连锁机构，那么新一代超市银行的设立对于传统银行特别是商业银行网点有着"颠覆性"的意义。但是，如果以银行为投资主体，那么超市银行也可作为重要组成部分，在整体银行战略中担当重要角色。

目前，对于银行整体布局而言，整体网络的便利性比任何一个网点所处的地理位置更为重要。毕竟，许多客户在特定银行开户终究为了方便交易的需要，或者为了在特定区域的其他网点进行便利交易——无论超市银行还是传统银行。由此，超市银行在以下三种情况下，都能很好地作为传统银行的有力辅助，实施战略转型或实践新型战略。

首先，在银行业务发达、发展前景良好的市场中，低成本的超市银行可以通过进一步开拓业务来辅助目前的银行网络。美洲银行就采用这一战略开设一整套超市网点，却不关闭传统的分支行。

其次，在银行业绩不佳，发展机会渺茫的市场中，超市银行可以凭借"廉价优势"低成本地取代传统银行。当然，这种市场一般相对偏远，它们更趋于针对原有客户，而不是去挖掘新的客户。如富国银行与第一洲际银行（First Interstate Bank）在 1996 年 4 月并购前，后者就计划关闭其 600 个传统分支行中 300 个处于不景气市场中的分支行，取而代之的是小型高效的超市银行。

最后，在银行面临转型，试图快速进入新市场中，超市银行还能成为高效打入的途径，虽然建立一个没有传统分支行特别是地处闹市的网点并非易事。例如，美洲银行创立了"中西部零售区"，在所有的朱维尔奥斯克商店（Jewel-Osco）都设立了网点，以此打入中心部中心城市芝加哥（Chicago）的市场，却没有开设任何传统网点。当然，该行行使的是"组合拳"，以超市银行、ATM、电话中心（Call Center），电脑银行等多渠道网络并进。与此类似，新世纪银行（NCBC）也运用这一策略，成功将其在南部田纳西州（Tennessee）的市场拓展到东部的北卡罗来纳州（State of North Carolina）和弗吉尼亚州（Virginia）。

六、超市银行的策略

综上所述，超市银行是金融服务业竞争激烈的产物，一些超市银行仍在亏损，是因为它们不了解超市银行系统如何去适应总体的零售网络战略。汲取成功与失败的教训，深入分析潜在挑战后，我们认为超市银行的发展主要取决于以下十项因素。

一是伙伴选择。超市网点在合适的环境中可以繁荣，那些开始只希望和一个连锁超市伙伴进行合作、通过大批柜员增加表面便利度的银行家开始有了其他想法。类似的是，连锁超市商店或者其他消费产品零售商必须认识到：可以提供金融服务并不意味着应该这样做。因此，需要选择具有良好的成本费用结构、市场份额较高、品牌美誉度较好的合作伙伴。

二是环境取舍。据美国的相关研究，通常每周至少需要 20 000 ~ 25 000 名客户光顾才能实现超市银行的收支平衡。但是，许多超市银行开设在交通不便的超市内，只有老客户光顾，而无法吸引和获得大量的新客户。

三是差异管理。超市银行不同于传统的银行网点，需要不同的管理模式。不少银行，特别是早期的尝试往往在超市银行中采取传统的、被动的管理和销售策略，不能通过主动的、实时的管理和销售模式将大量的、潜在的、新鲜的客户迅速转化成实际销售、收入和盈利，来支持新网点的运转。由于缺乏此认识，超市银行开设的大多是余额较低的、二手的、方便使用的支票账户，很少能和客户建立全面的银行往来。因此，银行总部要将超市银行网点经理和传统银行网点经理分开管理，还要设立分别的营销和销售部门。

四是策略营销。从一个提供重要动力方面作为营销切入点和突破口，如区域扩展、为低成本直销银行业务提供基础设施支持、品牌拓展等策略的完整业务模式开始，逐步完善。最终，形成完整的超市银行布局和架构。

五是主动服务。超市银行的服务策略将与传统银行网点有很大差异，这需要相关员工不断适应和改进。比如，超市银行员工必须在超市中走动来推销、提供和完成银行服务，而不是在室内电脑前坐着进行交易。他们应该强调并充分展示高利润、综合性强的产品组合，并充分利用超市超长的营业时间在合适的时间向目标客户特别是家庭的决策人推介产品，并持续不断、形式多样地推出促销活动。

六是销售培训。同时，为了支持主动积极地营销和服务策略，超市银行还需要专门的招募和培训计划。通常，超市银行的员工都很年轻。据统计，美国超市银行网点经理的平均年龄为 25 岁，且以零售为导向。因此，他们的销售和分析技巧最为重要，传统的银行管理和会计处理技术则居于次位。

七是公开激励。超市银行的激励策略也具有"超市化"的特征。美国的许多超市银行一般为新开账户支付5美元佣金，对超市银行的销售目标通常比传统银行更高，银行会把销售成绩写在"最佳员工板"上，以保持员工的积极性。

八是成本核算。比如，一些美国的超市银行为营业场地支付了过多的租金，因为它们按照传统银行网点每平方英尺费率计算"合理"的租金，却不知道超市的经济类型与银行根本不同。因此，某个超市银行的早期试验者为此支付了较高费率，使这个网点甚至成为超市最盈利的部分。

九是客户支持。超市银行离不开客户对品牌的支持、信任和伸展性态度。这就需要在开设超市银行之前，完全了解该地区客户的年龄结构、预期心态、价值取向，如是否有倾向室内银行模式的偏好等，以避免重蹈希尔斯公司的覆辙。

十是能力匹配。除了上述因素之外，还需要将客户服务和支持能力正确混合起来，实现资源优化，确保提供具有超市银行特色服务的效率和质量。尤其是当相对偏僻地区的分销渠道获得发展时，银行应增加ATM、电话银行、电脑银行等硬件设备的投入。它们是超市银行存在的根本，也是发展的保障，从而构建更全面的零售组合，最终形成"立体销售"的银行网络。

七、超市银行的实践

近年来，在美国之外，超市网点继续保持成功，金融服务模式成为超市分行的拳头产品。并且，超市银行有从发达国家向发展中国家，如巴西等国蔓延的趋势。

1997年，英国超市巨头特易购（Tesco）与苏格兰皇家银行（Royal

Bank of Scotland)合作开展个人金融业务,相继推出 Visa 卡、家庭保险、汽车保险、宠物保险、旅行保险等业务。2002 年,它的金融伙伴苏格兰皇家银行提供的个人贷款总额超过 10 亿美元,并售出了 50 多万份保险。同年,特易购(Tesco)金融服务部门赢取的运营利润达 1.72 亿美元,占英国 3% 的市场份额。2007 年,特易购(Tesco)还因其对目标客户的充分了解发掘和对个人金融产品的创新而荣膺 "最佳超市银行"(Best Supermarket Bank)的称号。此外,马克斯·思班塞(Marks&Spencer)等公司也相继加入。2003 年,马克斯·思班塞(M&S)的金融服务部门 M&S Money 给集团带来了 1 600 万美元的利润;Sainsbury200 万个人寿险和储蓄账户则价值 35 亿美元左右。

1998 年,加拿大帝国商业银行(Canadian Imperial Bank of Commerce,CIBC)设立了 Amicus 分支机构,向零售商提供银行服务。它的第一个客户,大型超市乐伯洛(Loblaws)为其银行业务创建了一个独立相关品牌 "总裁金融首选"(President's Choice Financial,PCF),利用乐伯洛(Loblaws)的连锁网络,银行店内柜台的实体存在也取得成功。据 CIBC 估计,较低的管理费用使得 PCF 能够提供价格极具竞争力又与 PCF 品牌价值相一致的金融产品。对这一类型业务的探险存在着布满问题和挑战的地雷区:Amicus 曾试图和美国超市喜互惠(Safeway)和温—迪克斯百货(Winn–Dixie Stores)建立类似合作伙伴关系,但是在两年内它取消了这些无前途的计划。导致业务模式跨界失败的原因是多样的。首先,与美国银行客户相比,加拿大银行客户更喜欢自助方式——这是 Amicus 模型的潜在原则;其次,在加拿大的许多地区,传统网点基础设施的存在范围没有美国广泛;最后,20 年前希尔斯公司的试验结果表明,美国消费者在文化上对混合超市和银行业务的理念不是很能接受。

2000 年,法国的家乐福(Carrefour)等知名零售商纷纷同银行和消费金融公司合作,向购物者提供各种金融服务。最初这些服务仅限于储蓄账户、自有品牌信用卡和借记卡业务,但目前随着业务的逐步拓展,已进一步包括了寿险、健康险、家庭和汽车险在内的保险业务,投资基金、房屋抵押,甚至还有家庭宠物健康险,这些金融产品都可以在超市的收银台购买。此类金融产品的类别日趋复杂,而且迅速推陈出新。

2002年,巴西桑斯博里银行(Sainsbury)的税前利润率竟高达约12%,该行为桑斯博里盈利的重要来源。与此相反,零售业的利润率却全面下滑。在增加收益的驱动下,部分巴西零售商效仿国际同行的成功经验,也与银行机构开展合作,逐步提升金融服务的水平。巴西的超市银行业务属于创新型便利服务,顾客可以享受原本遥不可及的银行信贷。现阶段,一些巴西人并不具备成为银行客户的资格;对非正式工人、无业人员和无法证明自己拥有稳定收入来源的人,银行的大门往往是紧闭的。在巴西最大零售商店之一凯萨斯·巴哈亚(Casas Bahia)的客户中,就有近70%无法提供收入证明。当巴西各家银行决定从更大范围的收入群体中寻找新客户时,自动上门客户的重要性凸显出来。巴西银行机构过去的关注重点一向是高收入客户,现在则把目标对准了低收入阶层。在巴西近1.76亿的人口中,3 900万以上居民没有银行账户。所以,一些银行开始面向低收入客户提供服务。2002年,南美洲最大的圣保罗市(São Paulo)由两名阿根廷投资者创办的莱蒙银行(Lemon)就以服务低收入客户而著称。它专门运营面包房和街边小店的自动柜员机,重点提供基本的金融服务。2004年,该行处理交易7 200万笔,大部分是贫民区居民的账单支付,并在第四季度达到收支平衡。同样,历史悠久的国有巴西银行(Banco Central do Brasil,BCB)也因此闻名。

八、超市的金融策略

超市和百货商店在提供金融服务时,主要依靠在零售业积累的专业知识。尽管对银行服务、产品和运营领域相对陌生,它们却希望利用自身在客户关系方面的经验取得优势。它们的目标是让传统金融产品的包装更接近大众,并通过相对非正式的渠道进行分销。因此,它们对准的客户是喜欢光顾超市,而不是冷冰冰、缺乏人情味的银行群体。

零售店最畅销的金融产品是自有品牌信用卡。自 1999 年起,该项业务保持了 14% 的年增长率,目前在巴西国内流通的自有品牌信用卡数量已接近 5 900 万张。推出这类信用卡可谓一举两得:既能鼓励客户购买更多商品,又能提高消费者带来的收入。巴西零售商继欧洲同行之后,也开始引进与零售无关的金融产品,包括保险、投资权证及基金、储蓄账户和网上理财工具。零售商的战略,是通过吸引更多客户,刺激核心零售业务的增长,同时提高金融产品组合的总体收入。不过在美国,到目前为止,除了将超市的部分区域出租给金融机构,大部分零售商并不参与银行业务。究其原因,一是受政策方面的限制,二是客户们仍习惯到专门机构即传统银行网点去办理金融业务。

更深的金融产品线能够带来哪些切实收益?这个问题仍然引发争议。部分管理者认为,在门店提供更多金融产品有助于提高客户忠诚度。而另一些管理者的观点是,客户购买金融产品一般属于冲动行为,客户在商店买日用品时,是否会同时选择金融产品尚值得怀疑,更不用说由此成为忠实客户了。例如,一位客户原本打算到商店里购买牛奶和面包,但离开时不仅带走了牛奶和面包,还加了一份宠物保险。她会因为这份宠物保险,而购买更多日用品吗?还是只按原定数量购买日用品,但出于偶然,加了这份保险?日用品店吸引这个客户购买了宠物保险,会提高她的忠诚度吗?据我们的经验,前一种意见更符合实际:通过提供多元的金融产品,零售商能够吸引更多顾客,并赢取更高利润。而且,如果方法得当,零售商最终将扩大忠诚客户的基础,提高收益。零售商之所以能赢得更高的客户忠诚度,原因之一是:与银行相比,他们更了解该如何根据客户需求对产品进行调整。M&SMoney 发言人在

《独立报周日报》(*The Independent on Sunday*)中称:"我们询问客户需要什么样的汽车保险,答案是免费故障维修以及汽车更换。"而现有的金融服务机构却不提供,或者没有能力提供这类灵活的服务。这或许正是零售商更受欢迎,客户忠诚度更高的原因。

确定了提供金融产品的范围后,零售商接下来要解答的关键问题是:自己的战略目标是什么?怎样选择金融产品组合,才能最大限度地实现这一战略目标?你愿意向合作金融机构交出多少控制权?有多少资金可供调用,以建立和支持金融服务业务?你愿意发展核心业务之外的能力吗?据此,可以引导出一个合理、适当的业务模型。比如,如果零售商的战略目标是让金融业务为零售运营提供支持,就应该考虑采用外包业务模型,让银行或消费金融公司在店内建立作业区。零售商将所有金融交易业务,从远期支票到分期支付计划,一并交给银行业务代表执行。这种模型的优点能把风险降至最低。其负面影响是,零售商将控制权和部分利润都交给了金融机构,而且,客户是否有权享受信用,仍由金融机构决定。尽管零售商希望有尽可能多的客户取得信贷资格,但决策权却不在他们手中。当然,从金融的角度来说,这种战略具有较大的收入潜力,因此受到银行家们的青睐。

但是,如果零售商的战略目标是尽可能地利用新渠道,那么最好选择控制式的业务模型,由零售商独立操作,发展自己的金融业务。这个模型的优点是零售商将独享所有的利润和业务控制权,而缺点是,他们同时也必须承担全部风险。管理层还必须决定从核心零售业务中划拨多少资金;下一笔百万美元的投资是用于建立分销中心,还是用于支持新信业务的运营?此外,为了成立属于自己的金融机构,零售商必须取得相关营业执照,应付大量的监管法规和发放信贷的限制条例;总之,他们必须成为全面的金融服务专家。大多数零售商则选择了合资的业务模型,与现有金融机构开展合作,所谓取彼之长,补己之短。零售商在销售点处理客户交易业务,而金融机构则负责资金管理。零售商发现,借助与传统金融机构的合作关系，能够增强客户的信任度，从而吸引更多的新客户。

即便是采用了合资模式，金融机构的领导者仍然担心超市经营者们对金融知识了解甚少，难以胜任信贷管理事务的决策。同样，让金融机构对零售商的营销发表意见，也是勉为其难。为了打消彼此的疑虑，最好是成立一家新公司，让新公司的独立管理层负责所有决策，协调合作双方的差异。金融机构委派的专业人员对金融事务持有决策权，而零售商则保留批准权。这样，合作双方便能避免利益冲突，最大限度地实现各方的利益。

涉足金融世界，零售商需审慎选择进入战略：首先，如果零售商的战略目标是让金融业务为零售运营提供支持，就应该考虑采用外包业务模型，让银行或消费金融公司在店内建立作业区。其次，如果零售商的战略目标是尽可能地利用新渠道，那么最好选择控制式的业务模型，由零售商独立操作，发展自己的金融业务。最后，大多数零售商则选择了合资的业务模型，借助与传统金融机构的合作关系，能够增强客户的信任度，从而吸引更多的新客户。

九、来自中国的创新

受金融政策限制，具有银行分支机构功能的超市银行在国内短期内难以出现，但金融便利店却在上海、南京、北京等地的超市中亮相了。所谓"金融便利站"是指银行在一些超市或便利店中安置ATM，这个ATM不仅可以提供一般ATM所能完成的取款、转账、账务查询等功能，还将增设条码扫描识别系统，居民日常需要缴纳的水、电、煤气费及手机、座机费等诸项公共事业费，都可以通过这台ATM刷卡缴纳，这一业务被形象地称为"店中行"。在国外发达地区，电子票务系统、汇款、炒汇等衍生服务都已进入"金融便利站"。

2003 年 3 月，上海农村信用社与德国零售业和银行业的 IT 领导者德利多富国际股份有限公司（Wincor Nixdorf International Gmbh）合作，借助上海好德便利店共建了 100 个"如意 24 小时金融便利站"，即一台安置在 24 小时好德便利连锁店中的多功能 ATM，由此拉开了中国银行业金融服务进入零售便利店的新篇章。光大银行和华夏银行在北京也陆续推广此项业务。该业务除了为市民提供银行卡提现、查询、转账等传统功能，还可提供包括用银行卡直接缴纳水、电、煤气、手机、市内电话等公用事业费等多项便民服务内容，基本实现了普通银行的对私业务柜功能。上海农信社还将继续开发电子票务系统，使市民能够在第一时间购买机票、火车票以及选择自己喜欢的剧院、座位及节目。

上海农信社此举意在树起"零售银行"的旗帜，向上海市区展开金融服务渗透，其目标是建成 200 至 500 家金融便利站。与城市商业银行比较，农信社在网点上并不占有优势，与网点密集的便利店携手开办技术难度不大的业务特别是有针对性的个性化服务，一方面延伸服务空间，另一方面延伸了服务时间，可节省大量成本，并能迅速深入人心。德利多富还正在考虑将"店中行"的模式引入加油站、快餐店、营业时间较长的店铺等更广泛的营业厅外网点。此外，南京的连锁超市也已有一些与供电、公交合作的成功先例，在此基础上进行银店联合，十分具有可行性，像招商银行等银行已着手与一些超市展开业务合作。尽管金融便利站与超市银行比，仍存在规模业务范围较小和规模较大的局限，但毕竟有效融合了国内外的银行业务创新的三个方向：一是银行希望花更多时间和客户接触，更多地了解客户；二是银行希望把现金放在离客户更近的地方；三是通过互联网技术使银行服务更有弹性，发展空间非常广阔。

2005 年 10 月，中国光大银行与北京麦当劳食品有限公司携手在北京 30 余家麦当劳餐厅内投入使用"阳光 E 缴费"。使用这种设备，可以实现四大类功能：一是缴费服务，包括电卡充值，网络电表购电，缴纳固定电话、小灵通、手机话费，购买固话、小灵通、手机充值卡、IP卡以及游戏卡等；二是购票服务，可以通过设备购买到当前各种演出票；三是医疗服务，包括医院预约挂号，包括当前 50 多家医院，8 000 多位专家和健康会员注册；四是金融服务，所有的银行卡的查询、转账和光大银行阳光卡的密码修改都可以在设备上操作。

2006 年 11 月，交通银行深圳分行设计推出"交银自助通"这一"社区型"多媒体自助设备，广泛安装于深圳的住宅小区、超市和交通银行的所有网点。其服务范围非常广泛，从电话费、电费、煤气费、ADSL、交通罚款，甚至部分学校的学杂费等，都能进行自助缴费。此外，还开通了深圳通充值、购买手机充值卡、购买保险、福利彩票电话投注开户等功能，同时还囊括账户查询、转账、信用卡还款等银行非现金业务，相当于把银行的柜台搬到家门口，使市民免除来往银行奔波及排长队的苦恼。"交银自助通"可提供 24 小时全天候服务，不受营业时间的限制，其部分缴费功能已经可以使用所有带"银联"标识的银行卡。未来，客户还可在该机器缴纳各种费用后，根据需要自动打印发票，给市民带来极大的方便。

十、超市银行的挑战

尽管超市银行到目前为止已经取得了显著的成绩，但目前超市银行只约占储蓄账户市场份额的 1.6%。它们离取得更大的零售银行业的市场份额还有很长的路要走。超市银行想要获得经营上的成功，还必须有一套周密的营销计划，并使之与超市的营销策略相结合。在现今竞争越来越激烈并且不断变化的银行业中，超市银行需要特别关注三个领域：差异市场、客户分析和优质便利的服务。但为了实现这一发展目标，超市银行必须面对这三项主要挑战：差异市场、客户分析和优质便利的服务。否则，它们就有可能丧失自 20 世纪 90 年代末以来所取得的竞争优势。

同传统的网络银行相比,超市银行的一个优势在于它们拥有客户高度信赖的品牌。每周都有数以百万计的潜在银行客户进出超市。客户信赖每天提供民生必需品的超市品牌,这些商品价廉物美。而且,在高价商品,如书籍、衣服和香水上,超市在消费者的眼中已经是不二选择。但是,强有力的品牌和忠诚的客户并不足以保证超市在其提供的金融产品上产生"差异性"。正因为如此,市场区分是营销成功的关键因素之一——金融产品是"必需品"而不是"可有可无的商品"。对于购买者来讲,金融产品并非一种因独特或有趣而购买的商品,人们会基于价格、对供给方的信任以及便利性而决定购买。超市银行已经在价格与服务上声名鹊起,当前的挑战在于如何确认客户每年都必须购买的最适合的一篮子产品或产品组合,如抵押、贷款、信用卡、储蓄和保险等。为了在市场上将这些产品同其他产品区分开来,超市银行需要增加为消费者所高度认可的金融产品的价值。这也带来下一项挑战。

以桑斯博里(Sainsbury)银行在 2002 年所推出的汽车保险为例,对于在交通事故中发生汽车损坏或个人受伤的驾驶员而言,该行是第一家为那些在交通事故中受到伤害的司机提供财务补偿方案和咨询服务组合的银行。另两个例子是特易购(Tesco)和具有领先地位的独立财务顾问公司查若克(Charcol)建立了伙伴关系,它们将向客户提供抵押贷款咨询服务,回馈方案同样也能够帮助超市银行的产品实现差异性。桑斯博里银行所推出的"大吉大利方案"(Nectar)则结合不同的日常金融产品组成一站式服务,以影响消费者的忠诚度和行为决策。桑斯博里银行在它所有的产品系列上都提供 Nectar 点数累计,并在 2002 年 9 月至 2003 年 3 月间奖励客户 6.16 亿点,总价值超过 300 万英镑。据悉,2003 年,桑斯博里银行计划将其店面内的银行业务网点从 30 个增加到 70 个。桑斯博里银行曾试图收购竞争对手喜互惠(Safeway),因未得到英国反垄断机构的同意而受阻,目前该公司正设法增加非食品类商品的销售。

这就会带来另一项挑战：客户分析。走进零售商店大门的客户数量对银行来说是个竞争优势，因为这代表有现成的营销对象，然而这也代表非常多样化的客户群。了解不同客户群的需求和喜好，有助于为范围广泛的商品及日益复杂的主张设定适当的商品组合。2002 年 8 月 IBM/MORI 的研究报告《银行网点的未来发展》发现，63%的个人客户仍然使用银行网点进行日常交易，60%的客户会使用银行网点进行非常规交易，如购买金融产品和查询等。因此，银行的物理存在对大部分的零售银行客户仍然是不可或缺的。如果没有为客户提供店内购买金融商品的机会，超市银行可能会失去很多潜在客户。这并不意味着将超市银行转型为银行的网点，而是应该利用店内空间与其他渠道，如网络和客服中心等相结合，去更有效地销售金融产品。

但是客户的需求会随着年龄的变化而改变。IBM 的研究报告显示：年龄超过 55 岁的客户约 80%都偏好面对面的交易处理；而对于 35 岁以下的客户而言，这个比例要低得多。35 岁以下的客户群还经常换用不同的金融产品和金融服务提供商，此后才逐渐定型。所以，尽管超市银行最优价值的客户群多数在 35 岁以上，但那些最愿意尝试超市银行服务的却是更年轻的群体。因此，超市银行应该比超市锁定更加广泛的目标市场，并且需要重新设计产品，来满足"逛超市"和"逛银行"这两种不同客户的需求。

最后，超市银行应该致力于满足客户购买金融服务的高期望心态——这与他们上超市的预期几乎一样。这不仅仅是因为消费者希望得到高品质、低价位的卓越服务，更是因为其对传统银行服务的信心偏低。在知道客户对卓越与便利服务的预期心理之后，超市银行应该检讨自身的能力来缩短差距，并维持高标准、高品牌信誉和客户满意度。人们对于公司服务水平的要求通常要视产业类别而定，超市银行的客户期望能够获得和零售品牌一致的服务水平。当超市银行扩张时，由于人力、物力和环境的限制，这个目标会更加难以实现。而且，如何管理母公司及供应商间的合作关系，也会变得更加关键。

十一、潜在的替代组织

除超市银行之外，还存在其他组织可能对传统商业银行的业务构成威胁。对顾客而言，这可能并非坏事，毕竟他们有更多可选择的途径。

首先，是替代网点的争夺。除了超市网点，银行试图通过将分行建立在其他交易量大的地点，尤其是在商业街或靠近大型雇主的地方推进其地理部署。以上的一些挑战和机遇同时也存在于这些部署中。如塔吉特商店（Target）、凯马特超市（Kmart）等折扣连锁商店。

其次，是自助机具的推广。另一种分配渠道——自动取款机，长时间以来就设置在零售商店和商店停车场中。现在，全美 2 000 个银行自动取款机中，20%位于场外。在这一活动中成功的市场进入揭示了一个事实，在缺少传统银行网络的情况下，采用直销银行模型的银行可以成功地进行创造性地理覆盖。例如，网络银行及券商 ET 银行（E-Trade）在美国具有第二大的自动取款机网络，有 15 000 多个终端。

再次，是其他连锁的选择。一是连锁类食品店，如汉堡王（Burger King）、麦当劳（McDonalds，Mc）、肯德基（Kentucky Fried Chicken，KFC）、必胜客（Pizza Hut）等餐馆。二是百视达音像店（Blockbuster Video）、干洗店、图片社、美容店、美发店、书店等分布于社区的连锁服务机构。三是遍布全国甚至全球主要干道的连锁加油站、车行等。ING 公司则选择了另一条途径。由于大多数活动和互动是通过互联网与电话服务中心进行的，ING 公司在高人流区建立了一些少量的网点，并称为"咖啡店"。ING 美国公司的总裁阿卡迪·库尔曼（Arkadi Kuhlmann）开设了少量网点作为市场开拓工具，使人们记住其品牌，而不是为了交易处理的目的。

最后，是新技术的使用推广。可以想象不久的将来因为技术革命而产生可以随时互动的手机银行、电视银行——人们可以通过键盘和遥控器来处理除了提现、存款等之外的诸如转账、付费、开户、股票买卖、网络交易等银行业务。如此，移动等电信服务商，有线电视等网络提供商都可以构成巨大的威胁。而今，已有不少人适应了网上银行的新方式，并习惯性地使之成为生活的一部分。而网上商店甚至门户的巨头如易买（Ebay）、亚马逊（Amazon）等都可能成为潜在的进入者和竞争者。

参考文献

[1] 金融电子化编辑部. 风雨兼程20载——记ATM进入中国银行业20周年[J]. 北京：金融电子化，2007（7）：8-13.

[2] 蔡宁伟. 金融小史：中国商业银行的雏形[J]. 北京：中国信用卡，2010（5）：30-31.

[3] 陈伟. 寻找ATM的发明者[J]. 北京：环球企业家，2007（6）：58-60.

[4] 李宁. ATM哪些新功能是银行赢得客户的关键[J]. 北京：中国金融电脑，2007（1）：83.

[5] 李征. 银行进超市，三方得利益[J]. 北京：中国商贸，1996（14）：16.

[6] 梁睽. 超市银行[J]. 上海：新金融，1999（9）：29.

[7] 孟建华. ATM反假货币的分析与建议[J]. 南京：金融纵横，2007（17）：54-56.

[8] 欧剑. 交通银行自助通：家门口的银行[N]. 深圳：深圳特区报，2006-11-24.

[9] 任磊. 浅谈ATM的发展与运营[J]. 北京：金融电子化，2007（5）：71-72.

[10] 苏建华. ATM 监控模式和发展应用探讨［J］. 广州：金卡工程，2005（4）：28-29.

[11] 汤惠英. ATM 管理和市场拓展［J］. 北京：中国农村信用合作，2007（7）：52.

[12] 王正友，刘斯明. ATM 现金流量动态分析［J］. 上海：计算机辅助工程，2006（6）：71-73.

[13] 魏国华. 2006 年中国自动柜员机（ATM）行业报告［J］. 北京：金融电子化，2007（2）：58-60.

[14] 吴建伟. ATM 业务调查［J］. 北京：农村金融研究，2005（2）：27-30.

[15] 小雨. 美国的超市银行［J］. 广州：南方经济，1994（2）：69.

[16] 佚名. 超市银行［DB］. 上海：http：//www.sososteel.com/，2008-04-11.

[17] 佚名. 工商银行新疆分行推出维吾尔文版 ATM［J］. 乌鲁木齐：新疆金融，2006（4）：2.

[18] 佚名. 光大银行：推出"阳光 E 缴费"，麦当劳内可买电［N］. 北京：竞报，2005-10-13.

[19] 佚名. 低端客户：巴西银行业利润增长点［N］. 北京：金融时报，2005-04-26.

[20] 佚名. 英国超市集团 Sainsbury 拟拓展银行服务［DB］. 北京：http：//finance.sina.com.cn，2004-01-03.

[21] 张伟. 离行式 ATM 安全运营管理［J］. 北京：金融电子化，2007（12）：30-31.

[22] 周致平. ATM 与自助服务的新趋势［J］. 北京：中国信用卡，2008（6）：56-57.

[23][巴] Bruno Laskowsky、Eleine Polido. 更优雅的零售商：我们

要做银行家[DB]. 北京:http://bayan.mofcom.gov.cn/, 2006 – 05 – 31.

[24] Ewan Puckle Hobbs. 超市银行的挑战和机会[J]. 台北:金融思维电子报, 2004 (3).

[25] Jim Eckenrode. 当银行业遇到零售业:超市银行的最新状况[J]. 北京:金融思维电子报, 2004 (2).

[26] [美] Michael Porter. 竞争战略[M]. 北京:华夏出版社, 2005.

[27] Penny Lunt. What Makes a Supermarket Bank Branch Work [J]. America:ABA Banking Journal, Vol. 85, 1993.

[28] Personal Finance and Savings Awards 2007. Best Supermarket Bank—Winner:Tesco Personal Finance [DB]. UK:http://www.Themoneypages.com, 2008 – 04 – 17.

[29] Peter Kenny. What's the Verdict on Supermarket Banks? [DB]. UK http://www.thriftyscot.co.uk, February 28, 2007.

[30] San Antonio、Austin. H – E – B and Chase Bank of Texas Announce Supermarket/Bank Alliance [J]. Texas:Business Wire, August 27, 1999.

[31] Tower Group. Case Study:CIBC's Amicus Strategy—Leveraging Brand Alliances and Low – Cost Distribution to Build Market Share [J]. America:http://www.marketresearch.com/, Mar. 23, 2001.

第三章
ATM 选址布局

从商业银行对 ATM 运营管理的流程切入，首先要考虑的就是 ATM 的选址布局。本章从宏观、微观两个视角分析了中国 ATM 的布设选址现状，并就此提出了当前中国 ATM 布设选址的四大问题。针对存在的薄弱环节，提出五项解决对策。随着商业银行业务的发展，以 ATM 为主导的自助银行已经成为商业银行重要的服务渠道。接下来，本章探讨了自助银行的起源和定义，总结了自助银行的分类和建设，研究了自助银行的标配及服务。针对自助银行的特点和现状，提出了细化物理网点与自助银行的客户需求、重点拓展布设三类离行式自助银行的两点建议。在"三农"问题备受关注的今天，中国不少金融机构开始在农村地区布设 ATM 等自助终端设备。因此，本章在最后还从分布、布设、使用三个角度分析了中国农村地区 ATM 现状，总结了对布设 ATM 的强烈需求，归纳了布设使用 ATM 的五大问题并相应提出若干对策。随着新农村建设的逐步深入，将为 ATM 等自助服务机具带来广阔的市场；而 ATM 等自助服务机具在农村的普及应用，将不断优化农村的金融服务环境。

第一节　ATM 布设选址现状、问题和对策

一、中国 ATM 布设选址的现状

中国 ATM 的布设现状可分为宏观和微观两个层面，它们分别具有不同的特点。首先，从宏观层面入手，主要呈现以下三个方面特点。

一是从区域分布上看，中国 ATM 布放主要集中于经济比较发达的沿海地区和城市，保有量较大的地区包括华东、华北、华中、华南，而西南、西北等内陆地区保有量相对较少。

二是从人口规模上看，大中城市相对集中，小城市相对缺乏。其中，经济发达的沿海城市分布数量较多；省会城市，特别是东部、中部地区的省会城市数量可观；特色城市、新型城市也集中了相当数量的 ATM。根据中商情报网数据：截至 2009 年底，中国联网 ATM 保有量累计达到 21.49 万台，较 2008 年增加 4.76 万台；同比增长 28.45%。2004—2009 年期间中国联网 ATM 保有量年均复合增长率（CAGR）为 25.8%。其中，离行式自动提款机约占 ATM 的 25% 以上。虽然我国近年来 ATM 保有量一直以大大高于世界平均增长水平的速度增长，但我国 2008 年每百万人拥有 ATM 数量仅为 145 台，且 ATM 分布状况极不均匀，如果加上地域分布因素，我国中西部地区每百万人拥有 ATM 数量更是大大低于世界平均水平。目前，我国拥有千台以上 ATM 的城市主要是：上海、北京、广州、深圳、重庆、杭州、苏州、成都、南京等经济相对发达的城市，这些城市 ATM 保有量的总和约占全国 ATM 总数的 1/3。

三是从行际分布上看，我国 ATM 多来自于实力雄厚的大银行，一

一般由商业银行自行投资布放。目前，工行、农行、中行、建行、邮储、交行等大型商业银行ATM布设的数量较多，占比较高。

其次，从微观层面入手，主要呈现以下两方面特点。

一是从地域分布上看，中心区较多，郊区较少；新城区较多，老城区较少；商务区较多，居民区较少。这一点，无论工行、农行、中行、建行、交行等国有大行，还是招商、民生、中信、光大、平安等股份制银行，都存在一定相似性。

二是中国ATM的布设选址与ATM的分类紧密相关。从位置设置上看，ATM可分为在行式（On–Premise）与离行式（Off–premise）两类，又以在行式居多。其中，在行式指设在银行网点内的ATM；离行式指设在银行网点外的ATM，主要包括酒店、商场、饭店、超市、机场、车站、码头、学校、企业、写字楼、电影院、居民区、娱乐中心、24小时便利店等。由于其所处位置不同，给管理的有效性和时效性提出了不同要求，因此往往对二者采取不同的管理模式。以中国银行北京分行为例，2008年共有各类ATM 455台。其中，在行式335台，占73.63%；离行式120台，占26.37%。因此，该行ATM的布设绝大多数并非经过科学规划后决定，而是参照安全、便利等因素，采取就近原则。

二、中国ATM布设选址的问题

中国城市布设ATM距今已有近30年历史，选址技术趋于全面、科学和成熟。而农村地区布设ATM则相对较短，布设最长的地区仅有3~4年的时间。结合相关地区的布设和使用情况，我们发现中国ATM的布设选址主要存在以下问题。

一是ATM布设地点不够合理。许多ATM采取在网点周围就近布设，并没有科学分析人流集中区域，更没有考虑该区域客户的年龄结构、文化程度、作息时间等重要因素。以浙江苍南农村合作银行为例，一部分 ATM 的布放位置难以进入过往车辆和行人的视野；有些 ATM 所处位置尚可，但却被街道的绿化树木遮挡，成为往来客户眼中的盲点。

二是有的 ATM 虽处闹市，但周边环境比较复杂，存在脏、乱、差的现象，不利于客户人身、财产和信息安全。例如，一些金融机构布设的 ATM 周边成为私家车、三轮车的免费停车场，这不仅不利于维护金融机构的良好形象，也不利于客户存取资金的安全。更有甚者，每到夜间，ATM 布设点还成为大排档的设摊点，甚至部分排档刚好挡住 ATM，使之无法及时进入客户的视野，给来往客户取款带来不便。

三是一些 ATM 客户特别是农民客户不大了解 ATM 的使用，疏于对个人隐私信息的防范，安全意识淡薄。主要表现为输入密码不遮挡，甚至有他人近距离围观；对 ATM 操作不熟悉，轻信不认识的人和电话等提示和帮助，而非第一时间求助银行。福建就曾出现农村小伙不懂得使用 ATM 而求助一旁的网友，而网友帮忙取钱后也很担心后怕的新闻。

四是农村地区布设 ATM 存在一定安全隐患。ATM 也属于银行网点，而银行服务网点增设需要消防、公安、银监局等的逐层审批，尤其是"离行式"自动存取款机，管理成本和风险更大，安装一台 ATM 的费用高达十几万元。由于城郊、乡镇的地理位置相对偏僻，给银行的日常管理和设备的维护、维修带来很大难度，增加了运营成本。个别乡镇网点电压不稳、空气温湿度和灰尘条件不符合要求，设备的使用环境难以达标。在日常使用中，还要防止不法分子的破坏。一些不法分子利用持卡人操作不熟练、防范意识不足、ATM 无人值守等特征，通过各种手段盗取银行卡资金。2006 年，山东省临沂市罗庄农联社营业部 ATM 连吞多张磁卡，引起营业员的注意，经查看发现 ATM 的"退卡键"和"取消键"被人用胶粘住，墙上还贴了个纸条，上写："如有卡取不出，请拨打联系电话××××××"，营业员当即撕下纸条，并向当地公安机关报案（孙文雷，2006）。邮政储蓄银行登封市支行曾在告成镇某生活区设置了一个"离行式"的自动取款机,给居民们带来极大的便利。但2008年7月,这台自动取款机被不法分子破坏。虽然ATM里的资金能保障安全,但遭到破坏的机器修复却需要花费大量资金和时间。

五是一些新型的选址技术尚未加以应用。在连锁零售行业,除了传统的商圈选址、目标客户选址、投资回报评估、专家经验法等技术外,许多采用定量研究方法的新技术也逐步应用和普及。但是,在目前国内银行的ATM选址上,鲜有应用和推广。

三、中国ATM布设选址的新方法

结合最新的研究进展,我们认为目前在ATM布设选址领域,主要包括以下五类定量的新方法。

一是模糊数学法。该方法是研究和处理模糊性现象的一种数学理论和方法,由美国控制论学者L. A. 扎德在1965年以论文《模糊集合》提出。模糊数学作为一个新兴的数学分支,使过去那些与数学毫不相关或关系不大的学科,如生物学、心理学、语言学、社会科学等都有可能用定量化和数学化加以描述和处理,使数学的应用范围大大扩展。但是,单纯的模糊数学法虽然综合考虑了定性因素和定量因素,但是由于它取的是平均数,有可能使许多有用的信息丢失。在此基础上,三角模糊数和层次分析法(Analytic Hierarchy Process,AHP)综合的模糊评价法等深层次方法已经开始在ATM选址中应用。

二是系统布置设计(Systematic Layout Planning,SLP)法。SLP法由美国专家理查德·缪瑟(Richard. Muther)于1961年提出,源于生产制造业的工厂布置设计,主要应用于生产制造业。SLP法以大量的图表分析和图形模型为手段,把量化概念引入设计分析的全过程,建立各作业单位之间物流相关关系与非物流的作业单位相互关系图表,从而构成了布置设计的数学模型,使整个布置设计工作更加科学、系统、合理。

该法使工厂布置设计从定性阶段发展到定量阶段，在总体方案定量化设计基础上进一步获得关键指标，如合理利用面积的优化效果等，满足了空间等限制因素，并逐渐被广泛应用于各种生产与服务系统规划领域。

三是地理信息系统（Geographical Information System 或 Geo-Information system，GIS）分析技术。GIS 有时又称为"地学信息系统"或"资源与环境信息系统"，是一种特定的空间信息系统。它是在计算机硬、软件系统支持下，对整个或部分地球表层，包括大气层空间中的有关地理分布数据进行采集、储存、管理、运算、分析、显示和描述的技术系统。GIS 法以数据可视化、思维可视化的形式，克服传统选址方法中难以全面考虑复杂、抽象的选址要素，不能为决策人员提供直观、交互的分析工具等缺点，实现数据与地图的有效结合，提供一种新的决策支持方式。

四是人工神经网络（Artificial Neural Network，ANN）分析。ANN是一种模仿动物神经网络行为特征，进行分布式并行信息处理的算法数学模型。这种网络依靠系统的复杂程度，通过调整内部大量节点之间相互连接的关系，从而达到处理信息的目的。ANN 具有自学习和自适应的能力，可以通过预先提供的一批相互对应的输入—输出数据，分析掌握两者之间潜在的规律，并根据这些规律用新的输入数据来推算输出结果，这种学习分析的过程被称为"训练"。因此，ANN 法是一种高度复杂的非线性动力学习系统，具有非线性映射、自适应学习和较强容错性的特点。

五是基于 BP（Back Propagation）神经网络的大型超市选址分析模型。作为 ANN 的发展，BP 网络由罗姆哈特（Rumelhart）和麦克塞兰（McCelland）为首的科学家小组于 1986 年提出，是一种按误差逆传播算法训练的多层前馈神经网络。BP 网络能学习和存贮大量的输入—输出模式映射关系，而无须事前揭示描述这种映射关系的数学方程。它的学习规则是使用最速下降法，通过反向传播来不断调整网络的权值和阈值，使网络的误差平方和最小。BP神经网络模型拓扑结构包括一个输入层（Input）、一个或多个隐含层（Hide Layer）和一个输出层（Output Layer）。各层由若干个神经元，即节点构成，每一个节点的输出值与输入值、作用函数和阈值决定，神经元可以实现输入与输出之间的任意非线性映射。值得一提的是，BP模型是当前应用最为广泛的一种神经网络模型，有关这种模型的理论也最为成熟。

综上所述，这些方法中有的需要缜密的数学运算，有的需要建立复杂的应用模型，还有的需要精密的系统支持，因此还存在一个"投入—产出分析"问题以及"成本收入比"等现实实施因素。因此，采取何种方式，怎样应用，如何推广，适合什么条件都需要各银行在实践中统筹考虑。

四、中国 ATM 布设选址的对策

目前，在选址技术、物流规划、环境设计等领域，不少行业已经非常成熟。比如，零售业、快餐业等。国际巨头沃尔玛（Wal–mart）、家乐福（Carrefour）、麦当劳（McDonald）、肯德基（KFC）等在选址上有着丰富的经验。目前，许多银行ATM的布放并不合理。在ATM布设的位置选择上，可以结合管理学与营销学原理，参考超市选址、餐饮选址的策略，与连锁超市、连锁餐饮、大型购物中心等人流密集型、消费密集型实体强强联合，逐步完成科学的规划。同时，根据地域特点，合理选择和布设相应机型，做到物尽其用，满足该地区客户的需求。值得一提的是，在金融界网站2008年4月至12月的"ATM服务调查"中，高达90.61%的调查者认为ATM应该布设在居民区内。参照国际优秀的选址技术，结合中国ATM布局选址的实际，我们认为中国ATM布局选址在以下几个环节亟待提高。

第一，需要对ATM的布设进行科学统筹规划，使ATM的网络布局

与该行其他营业网点形成优势互补。一是需要中小金融机构借鉴大银行、连锁商店在城市布放和布局的经验,科学统筹、合理测算,选择商业闹市区、商务办公区、大型商场超市、娱乐场所、批发市场和人流量大、密度高的车站、医院等地点。同时,要总结制定ATM布放工作操作指引和流程指导手册,合理引导各网点在所辖区域内的布放工作。例如,引入商圈、聚客点等选址技术,适当借鉴模糊数学、SLP和GIS分析等定量方法,综合考虑消费状况、业务需求、年龄结构、人流密度等因素。二是在市、县、大型城镇城区形成纵横交错、疏密有度、覆盖全面的ATM网络,同时对经济相对发达、金融需求旺盛、人流物流量大的乡、镇增设ATM,填补乡、镇ATM"真空",切实解决在乡、镇地区金融业务地方难找、业务难办的现实难题。三是在一些ATM所处的路段附近设置醒目的告示牌,在一些密集路段布设ATM分布地图,或在公交枢纽、城镇地图、政府网站上加注ATM分布标识来加大宣传力度,如浙江宁波鄞州农村合作银行、浙江台州温岭农村合作银行、浙江台州路桥农村合作银行在网上发布《ATM分布表》,广州市东沙农村信用合作社在网上发布ATM取款机地址和地图等来加强宣传。

第二,针对某些ATM周边环境比较复杂,存在脏、乱、差的现象,金融机构可联合当地公安、工商、税务、城管、消防等部门,对这些问题予以联合整治,保障客户的人身、财产和信息安全。一是各金融机构要做好ATM的安全防范工作,加大科技设备投入,从人防、物防、技防等多方面综合考虑。二是要加强对持卡人密码的保护,积极探索适合农村特色的卡交易安全保护方式。如与中国移动、联通等公司进行联合开发,将手机"验证码"的功能应用到ATM交易中。当用户持卡在自助机具上交易时,必须输入设定手机上的"验证码"才可能成功交易,从而提高交易的安全性,减少犯罪概率,降低用户因密码被盗带来的损失。三是要尝试突破ATM传统的取现、转账、查询、密码修改等功能服务,加快研发,拓展ATM自助服务功能,如开办票务订制、费用划缴、基金、保险等业务，为有需要的客户提供全方位、多元化、多功能的服务。

第三，需要合理计算 ATM 的成本收益，特别要注意定期评估 ATM 的后期运营。ATM 布放后，后期的运营维护、加装钞、业务推广、安全监控等工作将成为主流。这些工作的成本，特别是日常运营维护的成本不能不在规划选址时就加以统筹考虑。此外，据测算，ATM 的盈亏平衡点一般为每台日均 180 笔，如不能达到这个标准则出现亏本（张立冬，2007）。虽然目前农村客户的用卡意识有所提高，但 ATM 的闲置率仍然偏高，短期内不能给银行带来经济效益。因此，如何既照顾到一些偏远的农村地区、满足农民客户的需要，又能兼顾整体布局的合理性，在一定时期内实现 ATM 布放的盈亏平衡值得各金融机构深入思考和分析。

第四，需要规范操作，确保 ATM 运营效率，提高 ATM 安全性能。目前，一些银行对 ATM 的操作还不规范，行际、省际、人际间存在不小差异。因此，要强化 ATM 加装钞、故障排除、紧急事故处理等传统和突发事件的规范化操作，形成一套合理的流程并逐步完善。对于新发现、新产生的问题要按时总结，及时纳入流程范畴，适时向全行推广。从而不断提高 ATM 的运营效率，较少客户对此的投诉，提高客户满意度。同时，目前相当数量的 ATM 安全设施尚不完善，可根据实际情况改造升级，更好地保护客户隐私。

第五，还要注重提高 ATM 的亲和力，切实加强人机互动，大力提高 ATM 和其"介质"银行卡的使用率。毕竟，这才是 ATM 布设选址的最终目的。使用 ATM 的实质，是一种以机器替代人工的选择。因此，客户对于 ATM 亲和力的判断和选择显得尤为重要。一是交通方面的亲和力。例如，ATM 选址必须是交通可达性最佳的地点；选址应使远距离交通费用达到最小，近距离到达目的机移动时间最小；选址还要分析地形特点，主要选择能见度高的地点，如选择在两面临街的地点能见度就最高,并且可以搭配更好的外观设备,提高醒目度。例如,位于街道的入口处、公共场所的迎面处都是能见度高的地点,有的地点如位于街道的凹进部位、室内的深处能见度就差。此外,还要识别人工和天然障碍物,如穿越街口的次数过多,可能会使客户主动放弃使用。二是操作方面的亲和力。银行和 ATM 制造企业在开发 ATM 时,一定不能忽略 ATM 的外观设计特别是操作界面的设计并加强对客户使用知识的普及。在流程说明、流程图等模块,更要不断人性化,增进亲和力,削弱客户的抵触感和畏惧感。例如,在界面显示语言选择上,可以采取多语种系统,在少数民族聚居地区,还可推出少数民族语言界面;在方言盛行地区,可推出方言提示系统,增强在不同地域的使用效率。

第二节 自助银行的建设分类和服务策略

一、自助银行的源起和定义

如今,ATM 已经遍布全国各大、中城市,甚至在一些县城、村镇也有 ATM 的身影,成为居民日常生活不可或缺的一部分。作为商业银行的重要业务和交流渠道,ATM 已成为商业银行经营管理的重要组成部分。可以说,以 ATM 为代表的自助设备(Auto Machine)提高了银行柜台的工作效率,缩短了顾客办理银行柜面业务的等待时间,减少了人工操作可能带来的差错,延长了银行的营业时间,实现了 24 小时全天候服务,密切了金融机构与客户的关系。特别在银行营业网点之外的一些人流密集场所安装了一批离行式 ATM,扩大了银行业机构的服务范围,满足了顾客的基本金融需求。因此,ATM 等自助设备的规划、设计和建设尤为重要,特别是以多种类型自助设备"组团"模式运营,提供24小时服务的自助银行（Self–service Banking）。

根据银监会等监管部门的要求，自助银行比较权威的界定标准是：有独立服务场所，具备存款、取款及转账功能，自助设备在2台（含）以上，能够24小时对外营业。在此基础上，各商业银行进一步规范了不同类型自助银行的设备配置参考标准、主要业务功能和客户服务模式。一般而言，综合考虑市场环境、人口规模、同业竞争情况、客户需求特征、银行卡发卡量、现金需求量、营业场所面积、物理环境和气候条件等因素，合理确定自助银行的自助设备种类和数量。

根据我们的调研，大多数商业银行特别是全国性的股份制商业银行，已经根据设备运行情况建立动态调整机制，以避免设备资源闲置和浪费，积极创新自助银行的业务功能和服务模式。值得一提的是，一些商业银行的服务内容、服务范围、服务模式等方面的创新，已经超出了国际同业。例如，近年来工商银行进一步优化ATM设备功能，推出了快速取款、操作倒计时提醒、动态密码安全认证等一大批新服务，提高了设备操作的易用性、安全性和友好性。如今，客户不仅可以在ATM上存款、取款、转账，还可以缴纳水、电、燃气、通信、交通罚款等一系列费用，服务范围涵括了日常生活的方方面面。

通过自助银行的建设，有效延伸了服务渠道，扩大客户群体覆盖面，可以使各种类型商业银行填补金融弱点和空白点。对于主打城市渠道的城市商业银行而言，可以在金融资源丰富地区特别是重点县域地区物理网点缺失的空白点，与物理网点形成相互依托、优势互补的一体化服务格局；对于主打县域渠道的农村商业银行而言，可以在金融资源丰富地区特别是重点城市物理网点缺失的空白点，与物理网点形成相互依托、优势互补的一体化服务格局。自助银行的建设，促进了商业银行客户服务水平、服务范围和业务规模的同步提升。

二、自助银行的分类和建设

一般而言，自助银行根据所处位置不同，可分为附行式自助银行（也称为在行式自助银行，On – Premise Self – service Banking）与离行式（Off – premise Self – service Banking）两类，又以附行式居多。其中，附行式指设在银行网点内的自助银行，主要配合银行网点提供存取款、转账汇款等常见金融服务；离行式指设在银行网点外的自助银行，主要提供 24 小时的常见金融服务，包括酒店、商场、饭店、超市、机场、车站、码头、学校、企业、写字楼、电影院、居民区、娱乐中心、24 小时便利店等。由于其所处位置不同，给管理的有效性和时效性提出了不同要求，因此往往对二者采取不同的管理模式。自助银行的建设主要包括选址布设、运营服务、调整退出三个阶段。

在选址布设过程中，一些商业银行积极利用机构网络布局优化项目提供的分析方法与工具，统筹考虑运营安全、效益、成本等因素，提高自助银行选址科学性。目前，主要采取的方法有一是模糊数学法，特别是优化的三角模糊数和层次分析（Analytic Hierarchy Process，AHP）综合的模糊评价法；二是以大量的图表分析和图形模型为手段的系统布置设计（Systematic Layout Planning，SLP）法；三是运营地理信息系统（Geographical Information System 或 Geo – Information system，GIS）或资源与环境信息系统，实现数据与地图的有效结合的决策支持技术；四是仿动物神经网络行为特征的人工神经网络（Artificial Neural Network，ANN）分析，并进行分布式并行信息处理的算法数学模型；五是人工神经网络基础上，构建基于 BP（Back Propagation）神经网络的大型超市选址分析模型。

在运营服务过程中，主要依托自助设备运营中心或 ATM 运营管理中心，进行自助设备的日常运营维护，包括信息监控、现金保障、技术支持、账务处理、吞没卡处理、日常维护、应急服务等方面。值得一提的是，自助设备运营中心是负责管理自助设备的专业机构。根据笔者匡算，同一城市布设同类自助设备 20 台以上，就可以考虑由自助设备运营中心统一实施运营管理；同一城市布设同类自助设备 100 台以上，由自助设备运营中心统一实施运营管理可以实现一定规模效应。因此，中心建设是适应银行自助设备快速增长的需要，可解决分散管理模式下自助设备运营中存在的问题，提高设备的运营管理和服务水平。自助设备运营中心可以改变银行自助设备多头分散管理、集约化程度偏低的现状；突破以兼职管理为主，专业化管理水平不高的瓶颈；有效解决管理标准不一、运行质量偏低等主要问题。

在调整退出机制中，需要考虑两层因素。一是自助银行地点和布局的优化。对于业务量较大的自助银行，可以考虑在自助银行中增加设备，或者周边就近选址增开自助银行等方式，满足客户的需求；对于业务量较小的自助银行，可以考虑减少自助银行的设备，或者完全退出等方式。二是自助设备本身的调整和优化。从退出机制上看，ATM 的核心是电脑，电脑的退出年限一般是 5 年。而且，不少离行式 ATM 24 小时运行，处于繁华地段的 ATM 使用频率更高。如果以业务量计算，部分繁华地段的 ATM 在 2~4 年的时间内就已经完成了通常 ATM 平均状态下 8 年的使用损耗。此外，高温低温、沙尘等极端气候严重影响 ATM 的运营质量和使用寿命。因此，需要全面建立动态的设备调整退出机制，充分考虑设备使用寿命、使用年限和业务量、所处环境等多种因素。

三、自助银行的标配及服务

（一）附行式自助银行

附行式自助银行主要由所在商业银行网点进行客户引导和现场管

理。其中，网点大堂经理负责现场了解客户需求，引导客户合理使用自助设备，协助客户解决设备使用中遇到的问题，维持自助银行营业秩序，提高网点离柜业务占比。不同类型网点自助银行基本配置参考标准及主要服务功能如下。

1. 理财中心模式型自助银行

一是在财富管理中心设立的自助银行：基本配置一般为 4 台 ATM，其中至少 1 台为存取款一体机、1 台查询缴费机、1 台转账汇款机、1 部客户服务电话，有条件的可配置网银自助服务机。主要提供小额现金存取款、转账汇款、缴费、本外币理财交易、理财信息查询等全功能、24 小时个人金融服务。二是在贵宾理财中心设立的自助银行：基本配置为 2 台 ATM，其中至少 1 台为存取款一体机、1 台查询缴费机、1 台转账汇款机和 1 部客户服务电话。主要提供小额现金存取款、转账汇款、缴费、查询对账等 24 小时日常金融服务和部分理财交易服务。

2. 普通网点模式型自助银行

一是在理财网点设立的自助银行：基本配置为 2 台 ATM，其中至少 1 台为存取款一体机、1 台查询缴费机或转账汇款机。主要提供小额现金存取款、转账汇款、缴费、查询对账等 24 小时日常金融服务和部分理财交易服务。二是在金融便利店设立的自助银行：可根据营业网点面积与实际经营情况调整自助设备类型和安装台数。主要满足客户的 24 小时快速存取款、转账汇款及查询缴费需求。一般而言，至少包括 1 台存取款一体机。

（二）离行式自助银行

离行式自助银行主要指在地级市以上的城市及城市中心区域、重点县域以及开发区、保税区、工业园区、军营等特定区域的离行式、独立的自助银行。该类自助银行在地域分布、服务种类、客户定位等方面与营业网点形成互补，一般不设现场服务人员，但可根据周边实际情况配备保安。基本配置为2台ATM，其中至少1台为存取款一体机、1台查询缴费机、1台转账汇款机和1部客户服务电话。根据目标客户的需求差异，在设备配置和服务创新上应突出不同特色。

1. 特色核心区域型自助银行

一是核心商业区自助银行。该区域客户具有流动性大、小额现金需求旺盛和交易时间相对集中的特点，应重点配备自动取款机等机型，主要提供24小时小额现金取款等日常金融服务。此外，各行还可尝试开发具备打印优惠券、促销信息查询等功能的自助终端，并在商场、酒店等场所布放。二是大型工业园区自助银行。该区域客户具有频繁转账汇款和现金存取的特点，应重点配备转账汇款机、自动取款机等机型，主要提供24小时转账汇款、现金取款、缴费、查询对账等日常金融服务。三是大型居民社区自助银行。该区域客户具有服务时间不确定和业务种类繁多的特点，应重点配备查询缴费机、存取款一体机等机型，主要提供24小时现金存取款、缴费、查询对账、转账汇款等日常金融服务和本外币理财服务。此外，各行还可尝试开发和提供促销信息查询、电影票购买等符合社区居民需求的增值服务功能。

2. 固定交易单位型自助银行

一是机关、部队、企事业单位自助银行。该区域风险防范能力较强、安全等级较高，且区域内客户具有业务种类繁多和理财投资需求旺盛的特点，应重点配备查询缴费机、自动取款机等机型，主要提供24小时现金存取款、转账汇款、缴费、查询对账等日常金融服务和本外币理财服务。此外，各行还可尝试开发打印优惠券、促销信息查询、电影票购买等增值服务功能。二是校园自助银行。该区域客户具有服务时间不确定和小额现金需求旺盛的特点，应重点配备自动取款机、查询缴费机等机型，主要提供24小时现金取款、缴费、查询对账等日常金融服务。此外，可结合校园联名芯片卡项目的推广，提供身份认证、账户充值等一系列服务功能，开发和提供打印优惠券、促销信息查询等符合学生需求的增值服务功能。

3. 流动交易密集型自助银行

一是商品交易市场自助银行。该区域客户具有频繁转账汇款、交易金额较大、现金较多的特点，应重点配备转账汇款机、自动取款机等机型，主要提供 24 小时转账汇款、现金存取款、缴费、查询对账等日常金融服务。此外，各行可尝试开发商友俱乐部服务等相关功能。二是交通枢纽自助银行。在机场、地铁及其他大型交通枢纽区域，客户具有流动性大和小额现金需求旺盛的特点，且场地面积有限、租金较高，应重点配备自动取款机等机型，主要提供 24 小时小额现金取款等日常金融服务。三是医院自助银行。该区域内客户具有流动性较大和小额现金需求旺盛的特点，应重点配备自动取款机、查询缴费机等机型，主要提供 24 小时现金存取款、缴费、转账汇款、查询对账等日常金融服务。此外，还可结合银行医疗卡等项目的推广，开发门诊挂号、缴纳住院费等符合医院特点的增值服务功能。

四、对自助银行优化的建议

（一）细化物理网点与自助银行的客户需求

商业银行物理网点一般用于满足客户的刚性需求，满足不能利用自助服务渠道、网上银行渠道、电话银行渠道、手机银行渠道办理大额现金存取、资产证明、开户销户、现金结售汇等业务，具有不可替代性。因此，客户对银行物理网点的需求不可替代。根据我们的匡算，一般而言，一个银行物理网点的有效服务半径可达 3~5 公里，甚至可以辐射 10 公里以内的客户群。结果是，一定范围内的客户会有针对性、有选择性地选择某家或某几家银行物理网点作为"定点金融服务单位"，也有不少流动客户会就近选择银行物理网点作为有机补充或应急需要。所以，一旦银行物理网点在某一区域布设较少，具有不可替代性时，客户排队的现象往往凸显且不宜解决。即便其他银行在此区间布设，也不一定能够满足客户需要，除非该银行新增物理网点。毕竟，客户受交易习惯、交易内容等限制，可能主动或被动地选择指定银行交易，如单位指定的代发工资、医疗保险等。

相比之下，银行自助设备服务区或自助银行一般是弹性需求。即如果有更便捷的银行物理网点渠道、网上银行渠道、电话银行渠道、手机银行渠道可以替代，客户往往放弃使用自助服务渠道。并且，此类需求具有总量趋同性，在一定区域类的客户数量相对固定，流动人口一般不会出现大幅波动。而恰恰是流动人口，对于自助服务渠道起着推波助澜的作用。因此，自助设备服务区域特别是自助银行的布设选址至关重要，才有了上述核心商业区、大型工业园区、商品交易市场、校园、机关、部队、企事业单位、医院、交通枢纽等类型的自助银行。不难看出，上述类型中多半都是布设在人流密集区域，以满足客户及时、便捷和应急服务的需求。

（二）重点拓展布设三类离行式自助银行

离行式自助银行是物理网点金融服务的延伸和辅助，能够分流客户，缓解柜面压力；弥补网点辐射空白点，扩大辐射范围，为客户提供便利；同时，也为支行开展客户营销拓展工作提供支持。根据目前的设置情况，重点拓展布设的离行式自助银行或自助设备可以分为以下三类。

第一类是大型离行式自助银行，主要分布在客户密集区域，可以有效缓解邻近网点的柜面压力，设备配置种类齐全，能为片区内客户提供简单金融服务。大型离行式自助银行设有给客户办理业务的室内空间，设置2台以上（含）ATM，自助终端和电话银行台数不限，其中至少1台为存取款一体机。

第二类是个人理财中心，主要分布在居住区，作为邻近物理网点的延伸柜台，为片区内潜力客户提供个人理财和简单金融服务。个人理财中心与离行式自助银行的区别是较为关注客户的私密性，设有独立的理财室，由支行派驻柜员和客户经理等，可办理柜面非现金业务，设备配置一般 2 台以下 ATM 配其他自助设备。

第三类是小型离行式自助银行或单台自助设备，主要分布在工业区、政府机构、企事业单位等，目的是为支行业务拓展提供支持，为代发工资客户提供便利。其中，小型离行式自助银行只设置 1~2 台 ATM，直接穿墙式面向道路或摆放在商场、酒店大堂的 ATM，自助终端和电话银行台数可因地制宜。

第三节 中国农村地区 ATM 的使用问题

一、中国农村地区 ATM 的现状

尽管 ATM 在中国农村地区的分布、布设和使用要晚于城市，但后发优势明显，呈现蓬勃快速的"星火燎原"之势。

（一）中国农村地区 ATM 的分布

从中国 ATM 的分布上看，ATM 布放主要集中于经济比较发达的沿海地区和城市，保有量较大的地区包括华东、华北、华中、华南；而西南、西北、东北等内陆地区保有量相对较少。与之类似，中国农村地区 ATM 的分布主要集中于经济比较发达的沿海地区，如北京、天津、山东、江苏、上海、浙江、福建、广东等地，其中又以沿海地区如珠三角的广州、深圳、汕头等城市带和长三角地区的上海、杭州、宁波、苏州

等城市带为核心，辐射周边城镇和乡村，分布比较集中。值得一体的是，随着中国新农村建设进程的加快，不少中西部省份如河南、湖北、四川、广西、新疆的农村也开始出现 ATM 的身影。

（二）中国农村地区 ATM 的布设

ATM 的采购、运营与维护的成本相对较高，特别是在一些比较偏僻地区，因运输、距离、天气等原因运营成本还可能进一步增加。目前，在农村地区布设 ATM 的全国性银行主要包括中国农业银行、中国农业发展银行和中国邮政储蓄银行，如邮储广东分行网点中农村网点比重高达到 65.75%（梁瑞琼，2006）。但三家银行主要借助城镇特别是中小城市的已有网点布设，并没有真正覆盖农村中村、乡一级的网络。权威部门资料显示，2008 年全国有 8 901 个乡镇只有 1 家银行业金融机构网点，零金融机构乡镇仍有 2 868 个（沙丹，2008）。而一些地方性的中小银行和金融机构，如农商行、农合行、村镇银行、农信社、融资贷款公司及区域内相关金融机构借助其区位优势则逐步向村、乡一级的农村地区渗透，完成该地区域性的 ATM 布设。其中，代表性的农商行如北京农村商业银行、天津农村合作银行、上海农村商业银行、深圳农村商业银行、常熟农村商业银行、锡州农村商业银行；代表性的农合行如连云港东方农村合作银行、鄞州农村合作银行、嵊州农村合作银行、台州路桥农村合作银行、鹿城农村合作银行、温岭农村合作银行、苍南农村合作银行等；代表性的农信社如四川农村信用社、广西农村信用社、东莞农村信用社、顺德农村信用社、济宁农村信用社、烟台农村信用合作社、费县农村信用联社、泸州农村信用社、峨眉山市农村信用社等。

（三）中国农村地区 ATM 的使用

在中国广大的农村地区，由于教育、科技、信息等条件限制，ATM

的使用并不乐观。因布放极其有限，大多数地区的农民对 ATM 的认识仍处于空白阶段，只有部分年轻人敢于尝鲜。即便不少农民已经彻底走出农村、走向城市，还有大量的农民工长期在城市生活，但仍然对 ATM 不了解、不放心或不敢使用、不清楚如何操作，不知道使用 ATM 需要注意哪些问题。

二、中国农村地区对布设 ATM 的需求

2007 年 8 月 5 日，中国银行业监督管理委员会研究局副局长龚明华在第七届"中国金融论坛"上明确表示，鼓励和支持农村金融机构在农村地区布点 ATM。2008 年 10 月，党的十七届三中全会通过的《中共中央关于推进农村改革发展若干重大问题的决定》明确提出，要稳定和发展农村服务网络，鼓励发展适合农村特点和需要的各种微型金融服务。在金融危机加剧的今天，中国已经成为世界经济的"引擎"，中国广大农村地区的发展潜力尤为巨大，在农村地区布设 ATM 具有相当可观的收益。

第一，农民在特殊时期对金融服务的需求旺盛，如春节等节假日原因打工返乡转账需求等。这些情况，从每年春节前后各银行柜台窗口前排起的农民工长龙就可见一斑；而电影《天下无贼》则采取一种把男主人公"傻根"塑造成近乎"顽固"的手法，从一个侧面反映出农村地区金融渠道不畅、金融服务落后，农民金融知识匮乏、金融安全意识淡薄的现状。

第二，农民在日常生活中的金融服务需求高涨，业务量相当可观，如提现、转账等。以农业银行湖北省黄梅县支行蔡山分理处为例，2008 年 1 月 22 日在其新营业大厅竣工迁址庆典仪式上，客户成群结对到 ATM 上取款成为最抢眼的场面。一位从 ATM 上取款准备离去的中年男客户溢于言表："我们'乡巴佬'也能同城里人一样享受全天候的金融

服务，农行在创新农村金融方面带了个好头！"ATM上线运行当天，受理自助取款业务达200余笔，金额50万元，在分流柜面业务中发挥了巨大作用。

第三，亟须满足农村企事业单位的需要，特别是一些乡镇企业密集的地区，如山东、江苏、浙江、福建、广东等地。代表性的村镇如华西村等，对ATM的需求相当巨大。又如，为使广大教职工取款方便，连云港中医药高等职业技术学校财务处与连云港东方农村合作银行积极联系，在该校一号教学楼一楼东侧安装了ATM，使用后反响良好。这对银行也是一种"多赢"的结局，该校教职工校内工资的发放也转为连云港东方农村合作银行卡发放。

第四，亟待满足农村地区旅游业的需要，特别是一些开发较早和景区相对集中的乡村，如西递、宏村、同里、周庄、婺源等。2008年5月，北京农村商业银行就将ATM布放在八达岭长城脚下，并争取到为周边商户安装POS机的独家代理权。2008年8月4日，北京农商行怀柔支行在慕田峪景区安装了首台也是当时该地唯一一台具备外卡收单功能的ATM；同时在景区内小商品市场内安装了多用户共用POS机系统，开通多个重点商户外卡收单服务，并特派专人在奥运期间辅导各特约商户受理银行卡业务及协助国内外游客使用自助金融设备。是时，景区周边共发展特约商户231户，其中207家商户已全部实现受理多种外卡，外卡受理业务在该景区重点区域的覆盖率已达100%。慕田峪景区属国家4A级景区，每年接待国内外游客约100万人次，据测算，此台ATM跨行月均交易在3 000笔左右。

第五，还有助于培养潜在客户。中国的城市化进程不断加快，除了上述使用情况之外，抢占农村地区渠道的银行通过布设ATM等方式还可以加大在农民群体中的影响，从"娃娃抓起"培养潜在客户，力求在今后进城求学、务工、旅游等时期成为他们的首先服务银行。

三、中国农村地区布设使用 ATM 的问题

中国农村地区布设 ATM 的问题脱离不了中国农村地区的实际，主要表现为绝大多数农民平均收入相对较低导致对 ATM 使用相对有限，大多数农民教育程度相对较低不了解 ATM 的使用，农村相对分散的居住状况不利于 ATM 的集中化和集约化管理，进城务工农民使用 ATM 时间过于集中、功能相对单一等。目前，已有不少银行和金融机构在农村地区布设 ATM，有的地区已有 2~3 年的历史。结合相关地区的布设和使用情况，我们发现中国农村地区 ATM 的使用主要存在以下问题。

一是 ATM 布设地点不够合理。许多 ATM 采取在网点周围就近布设，并没有科学分析人流集中区域，可能存在客户眼中的盲点，更没有考虑该区域客户的年龄结构、文化程度、作息时间等重要因素。

二是有的 ATM 虽处闹市，但周边环境比较复杂，存在脏、乱、差和被遮挡的现象，不利于客户人身、财产和信息安全。

三是广大农民不了解 ATM 的使用，疏于对个人隐私信息的防范，安全意识淡薄容易被不法分子利用。

四是农村地区 ATM 机具的反假、防假形势比较严峻。农民对假钞的识别能力相对较低，农民客户从农村地区取出假钞的问题比较严重；某些中小金融机构本身管理相对落后，在流程和制度上存在一些漏洞；中小金融机构一些业务人员素质不高，工作不尽责，对偏远地区的 ATM 疏于管理。农民客户因缺乏反假知识，不知道如何处理和投诉，有的只能通过网络来反映，如网上有客户反映曾在深圳农村商业银行、东莞市樟木头农村信用社南方分社、济宁农村信用社建设北路亿豪分社、吴江农村商业银行太古广场分理处等金融机构或网点都出现过取出百元假钞的情况。

五是农村地区布设 ATM 存在一定安全隐患。农村地区的 ATM 因客

观环境限制，有的在电压、湿度和除尘条件上难以达标，还有的因位置偏远，易受到不法分子破坏，又难以及时维修维护。

四、中国农村地区布设使用 ATM 的对策

针对上述问题，第一，要提高广大农民的教育程度，大力普及货币防假、防范欺诈、国家金融政策和法律等相关金融知识。同时，有条件的金融机构要抓住当前农民收入逐步提高，素质逐步增强的有利时机，加大农村地区金融渠道建设，提高农村地区的金融服务水平，强化广大农民的金融安全意识。各家金融机构也需要针对可能出现的操作风险、制度风险、流程风险、设备风险、网络安全风险和员工道德风险，认真研究建立相适应的运行管理模式和风险防范机制，整合优化后台运行管理流程，建立统一、完整、配套的运行管理制度体系，包括管理办法、操作规程、操作手册、应急预案、工作日志等，并在此基础上建立起层次清晰、覆盖严密、切合实际的管理制度。同时加大对规章制度的落实、执行力度，实行严格的问责制。建立有公安部门参与的信息交流、反馈的共享平台，及时向营业网点传达 ATM 案件通报和发案动态，并执行安全信息报告制度。

第二，要大力发展农村地区金融业务，特别是个人金融、银行卡等相关业务，毕竟 ATM 只是一种重要的自助金融服务渠道。要全面实施客户分层和差异化营销发展战略，加快 ATM 布放和营销力度；要注重在农民企业家、农业生产大户和农民工等客户群体中推广银行卡的使用；要在有条件的农村地区通过推广银行卡，特别是小额信用卡的使用作为媒介，进而推广 ATM 等自助机具的使用。此外，我们还建议创新支农信贷的品种，深化农民对金融产品的认识，量身定制金融产品和服务，最终与 ATM 等自助机具的终端建设相辅相成，互相促进。例如，农村金融机构在进一步完善农户小额信用贷款、联保贷款的同时，要积

极推广农民住宅按揭贷款、农用大型机具贷款、村干部"双带"贷款、被征地农民创业贷款、农民工技能培训贷款、农村学生生源地助学贷款、林权抵押贷款、农村个体工商户小额信用贷款和联保贷款等信贷品种,并探索海域使用权抵押贷款等新型信贷品种。

第三,需要对 ATM 的布设进行科学统筹规划,使 ATM 的网络布局与该行其他营业网点形成优势互补。在县、县级市城区形成纵横交错、疏密有度、覆盖全面的 ATM 网络,同时对经济相对发达、金融需求旺盛、人流物流量大的乡、镇增设 ATM,填补乡、镇 ATM "真空",切实解决在乡、镇地区金融业务地方难找、业务难办的现实难题。

第四,针对某些 ATM 周边环境比较复杂,存在脏、乱、差的现象,金融机构可联合当地公安、工商、税务、城管、消防等部门,对这些问题予以联合整治。通过屏幕滚动提示、短信提醒、固定宣传栏引导等多种措施指导农民客户主动防范,保障客户的人身、财产和信息安全。

五、中国农村地区 ATM 的发展趋势

2007 年,中国 ATM 市场规模全球排名第四位,仅次于美国、日本、巴西。但从中国与世界平均水平差距来看,2007 年底中国每百万人均 ATM 数量为 96 台,和世界每百万人均 240 台相比差距很大(谢文军,2009)。2008 年,借助奥运金融服务的机遇,各金融机构加大了对 ATM 等自助机具的投入,但与世界平均水平相比仍然存在不小的差距;特别与发达国家,如韩国每百万人口的 ATM 设备拥有量高达 1 700 多台和美国、加拿大、日本、西班牙等较成熟的市场均在 1 300 台左右相比还十分落后(杨泽成,2009)。截至 2006 年底,据国家统计局公布的数字显示中国大陆的农村人口为 7.37 亿人,约占总人口的 56%;截至 2009 年 6 月,约有 2.26 亿农民工工作在城镇。由此不难看出,中国农村地区 ATM 的市场前景非常广阔。从农村地区对 ATM 的需求来看,主

要呈现以下特点。

沿海发达农村地区势头强劲。中国银联北京分公司相关统计数据显示,北京农村商业银行ATM业务发展迅速并取得良好业绩,2006年4月ATM收单业务交易总量突破100万笔大关,创下127万笔的历史新高,交易量在全市17家银行中排名第三位;ATM收单手续费累计收入突破500万元,且业务发展呈现出同城交易和异地交易双增长的良好态势。以江苏射阳县为例,2007年度该县外出打工人达2.1万人,每人每年打工纯收入在1万元,增收的2亿多元钱基本都是通过ATM来办理取款。仅2007年,该县信用联社就发行圆鼎卡57 172张,占全县总人口数的5%左右,占全县总户数的25%以上。又如,山东费县农村信用联社经过深入调研,决定耗资百余万元率先在全县部分乡镇安装ATM,实现"零"突破。ATM可受理所有银联卡业务,能24小时为客户提供取款、转账和余额查询等多种服务,彻底打破了银行、区域和服务时间的限制,让跨行、异地等卡业务变得易如反掌,真正让农村用卡"活"起来。截至2008年4月,费县农信联社辖区有ATM 11台,日均交易600余笔,交易额达70多万元,其中跨行业务占70%左右,让农民客户在家门口享受到了方便、快捷的金融服务,为务工、求学、经商等人员开辟了一条崭新的金融结算通道,解决了该地用卡难的问题,受到当地农民的一致好评。

中西部农村地区需求巨大。2007年,湖南邵阳县邮蓄分行下辖17个网点,有13个在农村;全县9.3亿元邮储余额,近8亿元来自农村;有些农村储蓄网点业务量并不比县城网点业务量小。但由于网点布局没有县城合理,ATM和自助服务终端为零,很大一部分业务必须由前台解决。所以,在业务量大的农村支局,经常出现客户排队办理业务的现象。四川达州市农村信用社ATM业务首次面世便取得开门红,首批18台ATM自2009年1月21日上线营业至今,运行稳定、交易安全、业务量稳步上升、知名度日益提高。截至2009年2月24日,累计交易50

859 笔，占全省农村信用社总交易笔数的 15.3%，日均交易 1 695 笔；累计交易金额 26 091 315 元，占全省农村信用社总交易金额的 16.9%，日均交易金额 869 710 元。在全市 18 个拥有 ATM 的网点中，达县南外信用社、宣汉县联社营业部分别以日均交易 208 笔，日均交易金额 112 202 元、日均交易 207 笔，日均交易金额 109 133 元的优异成绩抢得先机。据悉，达州农村信用社计划在 2009 年上半年再投放数十台 ATM，以进一步改善用卡环境，方便客户。

农民客户金融需求逐步提升，随着"三农"问题备受重视和广大农民生活水平的逐步提高，农民客户对高层次、综合化、特定化的金融服务需求增大。对此，各金融机构还需要针对农村特色和农民客户的需要，提升 ATM 的服务质量。如对 ATM 中的钞票面额进行科学合理配置，满足农村地区零钞需求量大的需要；对 ATM 的现金存量进行经常性检查，确保资金充足；加强对 ATM 的管理，及时处置解决农民群众在 ATM 上发生的吞卡、密码丢失等问题；降低 ATM 手续费，针对中西部农村地区农民经济收入水平较低的实际，实行"一种服务，两种资费"的差别化对待，以此进一步激发广大农民群众使用 ATM 的积极性和主动性；持续优化农村地区金融秩序和环境，为客户及时排忧解难，使 ATM 稳定、有序、安全运转。

综上所述，随着新农村建设的逐步深入，必将为 ATM 等自助服务机具在农村发展带来广阔的市场；而 ATM 等自助服务机具在农村普及应用，将不断优化农村的微型金融服务环境。我们有理由相信，ATM 在农村市场大有可为，必将为农村金融服务带来一片新的天地。

参考文献

[1] 蔡宁伟. 自动柜员机全生命周期分析 [J]. 北京：金融论坛，2011（12）：113 – 121.

[2] 蔡宁伟. ATM 的历史、运营状况和发展趋势 [J]. 北京：中国信用卡，2008（11）.

[3] 费新泉，张建忠. 农村社区呼唤 ATM [N]. 上海：上海金融报，2008 - 07 - 25.

[4] 傅春荣. 北京农村商业银行长城脚下布 ATM [N]. 北京：中华工商时报，2008 - 08 - 04.

[5] 龚玉霞，吴育华. ATM 选址的三角模糊数综合评价方法 [J]. 广州：工业工程，2005（6）：104 - 107.

[6] 黄冰清. 福建省将逐步在农村地区增设 ATM 服务终端 [N]. 福州：新华网福建频道，2007 - 09 - 27.

[7] 孔华. 银监会要求：农村也要设 ATM [N]. 南京：江苏经济报，2007 - 08 - 06.

[8] 黎雯，周廷刚，张伟. GIS 空间分析与模糊综合评判在银行 ATM 网点选址中的应用 [J]. 北京：测绘科学，2008（1）：229 - 231.

[9] 李士庆. ATM 进乡镇，农村用卡"活"起来 [N]. 北京：中国县域经济报，2008 - 04 - 24.

[10] 梁瑞琼. 如何认识邮政储蓄在社会主义新农村建设中的作用 [J]. 广州：南方金融，2006（5）：13 - 14.

[11] 马瑞光. 肯德基的选址秘密 [J]. 南宁：中小企业科技，2006（6）：31 - 32.

[12] 齐秀梅. 超市选址与布局设计在伊春市沃玛特超市中的应用 [D]. 天津：天津大学硕士学位论文，2007.

[13] 秦代均. 农村驶上 ATM "快车道" [N]. 北京：金融时报，2008 - 12 - 27.

[14] 沙丹. 农村金融微型服务呼唤 ATM "补位" [J]. 长沙：金融经济，2008（12）：30.

［15］孙风云．浅谈农村信用社 ATM 风险管理［N］．北京：中国信合在线网，2007－12－10．

［16］孙文雷．ATM 诈骗的形式及防范方法［N］．北京：中国农村金融网，2006－07－27．

［17］王习忠．浅谈农村信用社 ATM 设备安全管理［N］．北京：中国合作金融联合网，2008－12－31．

［18］王杨林，蓝顿拉．农村小伙不懂得使用 ATM，网友帮忙取钱后很害怕［N］．福州：福州新闻网，2008－03－20．

［19］文维虎，魏杉，李春香．农村地区银行卡发展"卡"在何处［J］．北京：中国农村信用合作，2008（10）：40－42．

［20］谢文军．如何拓展 ATM 的"钱途"？［J］．贵阳：贵州农村金融，2009（2）：30－31．

［21］杨泽成．发展农村信用社 ATM 初探［N］．北京：名牌时报，2009－04－15．

［22］佚名．适应储户需求变化，工行大力推广 ATM 服务［N］．北京：中国新闻网，2012－01－11．

［23］张立冬．浅析 ATM 在北方中小城市发展现状及存在问题［J］．黑河：黑河学刊，2007（1）：69－70．

［24］张伟．离行式 ATM 安全运营管理［J］．北京：金融电子化，2007（12）：30－31．

第四章
ATM 运营管理

在商业银行运营实践中，ATM的运营管理有广义和狭义两个概念。广义ATM运营管理包括了ATM运营管理的全部流程，即从选址布局开始，直到ATM退出使用；狭义ATM运营管理仅指ATM运营中不涉及现金管理、技术维护、安全管理的部分，主要包括了ATM的监测预警、吞没卡管理、凭条和纸张管理、简要业务和技术故障排除、应急服务管理等。本章主要包括三节，一是总结了当前中国ATM业务的分类和现状，分析了ATM集中分散管理、所属区域、应用模式、安装方式和业务运营成本等关键模式，通过重点对标分析，对当前中国金融机构ATM运营模式提出了参考借鉴；二是分析了当前中国ATM运营管理人员的现状，总结了当前中国ATM运营管理人员存在的七大问题，针对上述薄弱环节，提出六项解决对策；三是探讨了ATM的定义与功能及其主要成本，发现ATM的成本主要包括采购成本、布设成本和运营成本，其中运营成本的内容最多、最为复杂，为减少布设和运营成本，我们将ATM的布设策略分为全国网络覆盖、重点区域主导和"零"投入借力三种类型，并且提出了ATM分时段运营的新模式。

第一节 ATM 关键运营模式对标分析

一、集中管理模式与分散管理模式 ATM 的对标分析

目前，中国金融机构 ATM 主要采取集中管理、分散管理、集中与分散管理相结合三类模式。在集中管理模式下，由 ATM 管理中心、现金营运中心负责自动柜员机装卸钞、账务核算、日常巡检、应急服务等。在分散管理模式下，主要由营业网点直接管理自动柜员机的装卸钞、吞没卡处理、应急服务、日常运营维护和核算管理等，由设备所在支行个人金融业务或运营管理、信息科技、办公室、综合管理等部门负责自助设备运营状况实时监控、外围自助设备日常运营保障等工作。目前多数商业银行采取集中与分散管理相结合的模式，即对离行式自动柜员机主要采取集中管理模式，对在行式及县支行的自动柜员机采取分散管理的模式。另外，部分沿海商业银行已试点将部分日常运营维护工作外包给押运公司，由押运公司负责离行式自助设备钞箱的更换、吞没卡取出、设备日常维护等工作。

表 4-1　集中管理模式与分散管理模式 ATM 的优缺点对标

比较点	集中管理模式	分散管理模式
管理部门	单一且明确，可统一制定考核标准	1. 由多个部门多头分散管理，营业网点承担的具体工作职责也各不相同。容易造成职责不清、相互推诿和管理断层等问题，管理效率和管理效果较差； 2. 各部门根据部门职责对自助设备进行考核，信息不能共享；对网点自助设备的使用管理由各部门分别组织，管理资源未能得到综合利用

续表

比较点	集中管理模式	分散管理模式
管理人员	专职管理人员为主，可进行专门的考核培训，建立专业的运营管理服务团队	1. 以兼职管理为主，专业化管理水平不高。由于从事自助设备管理工作的人员大多未经过专业培训，只能从事自助设备加钞及一般性故障维修维护工作，难以保障自助设备全面正常运营； 2. 支行、网点由于缺乏经验丰富的专业人员，设备、系统出现故障主要依靠厂商解决，导致日常维护环节多、响应时间慢、故障排除不及时，直接影响自助设备的正常运营
管理标准	制定并执行统一的管理标准	1. 网点对自助设备的管理标准不统一，管理力度不同，管理效果差异较大； 2. 已成立的 ATM 管理中心因管理模式不统一，缺少相应的监督检查标准，现金营运中心、营业网点与 ATM 管理中心之间职责界定不清晰、管理责任落实不力等现象普遍存在，影响自助设备运营质量和后续维护效率
风险控制	可集中控制业务运营风险，风险度相对较高	不利于风险集中控制，在一定程度上增加了网点现金清分压力，制约了网点对外服务效率，加大了网点现金业务风险管理难度
集约程度	集约化程度较高	无法充分发挥集约化、标准化优势，管理效能受到制约
服务效率	1. 对离行式 ATM 的响应相对及时； 2. 对在行式 ATM 的响应受到交通、沟通等因素制约	1. 对距离网点较近的离行式 ATM 的响应相对及时，对距离网点较远的离行式 ATM 的响应受到交通、沟通等因素制约； 2. 对在行式 ATM 的响应相对及时，但可能受到人员安排、监管政策等制约，影响网点整体服务效率
服务质量	较高	各分行、支行、网点等参差不齐

二、在行式与离行式 ATM 的对标分析

目前，ATM 根据所处地理位置的不同，主要分为在行式（也称为

附行式，On – Premise）与离行式（Off – Premise）。从应用模式上看，我国商业银行 ATM 布设以在行式为主，离行式为辅，而全球平均水平离行式 ATM 约为 50%。其中，ATM 布设集中的西方发达国家信用体系比较健全，针对 ATM 的盗撬事件比例较低。

在宏观上，近年来国家相继推出"振兴东北老工业基地"、"西部大开发"、"中部崛起"等一系列区域战略举措，但从 ATM 分布而言，"东多西少"的格局并未得到根本改观。由此，东部部分地区 ATM 的运营管理更易于集中，而中西部地区的集中运营管理难度较大。

在微观上，从所属区域上看，中国的金融机构特别是大中型商业银行 ATM 布设以城市中心区域为主，郊县区域为辅。单从地理位置上分析，部分中心区域和一定范围的郊县区域的 ATM 布设加大了自助设备集中运营管理的服务半径，增加了响应时间，制约了服务效率。特别对于吞没卡、卡钞、卡纸等客户迫切需要解决的问题，如不采取与就近网点合理分工的模式，将严重影响客户满意度。

表 4 – 2　　　　　　在行式、离行式 ATM 的优缺点对标

比较点	在行式	离行式
运营维护	1. 业务量较大； 2. 可缩短装卸钞密度，降低库存； 3. 故障维护快	1. 业务量视布放地点差异很大，维护受人员、车辆、线路制约，设备发生故障须和维护公司预约时间； 2. 运营成本高，不宜频繁装卸钞
响应时间	因安置在营业网点，如中心和网点协调正常，响应时间较快	响应时间慢，设备布放较远，处理吞卡响应较慢
安全状况	有网点人员随时巡视，比较安全	1. 布放在公共场所的设备，装卸钞存在一定风险； 2. 携带钞箱行走距离长； 3. 密码容易泄密

续表

比较点	在行式	离行式
服务质量	有大堂经理服务，客户遇问题沟通方便，可减少服务投诉	1. 布放范围广，更加贴近客户； 2. 可安装灯箱广告，提高品牌效益； 3. 相比在行式容易受到客户投诉
其他方面	ATM 的环境卫生较好； 维修方便	ATM 的环境卫生较差； 维修不便

三、大堂式与穿墙式 ATM 的对标分析

从安装方式上看，中国商业银行的 ATM 安装以穿墙式为主，大堂式为辅。一般来说，穿墙式相对安全，但需要结合实际安装环境具体分析。值得警惕的是，根据媒体报道分析：近年犯罪分子以攻击在行穿墙式 ATM 为主。在行穿墙式 ATM 由于通常采取后加钞，有相对独立的加钞间或加钞区，当犯罪分子进入后，便于隐藏作案。

表 4-3　　穿墙式、大堂式 ATM 的优缺点对标

比较点	穿墙式	大堂式
运营维护	1. 须进行施工安装； 2. 设备主体在室内，与外部隔离，对环境要求低； 3. 轧账时因不能看到客户对设备使用情况，容易发生轧账未结束，就有客户来使用的现象，导致账实不平	1. 安装方便； 2. 对环境温度要求高，只能安装在室内
响应时间	设备操作画面对外，如人员巡视不到位，问题发现滞后，影响问题解决效率	较容易发现问题
安全状况	从加钞间装卸钞，可设立封闭的装卸钞环境，安全性高	从设备前部装卸钞，不易和客户分割，存在安全隐患
服务质量	1. 可 24 小时对外服务，方便客户； 2. 晚间投诉高，容易卡钞的存取款一体机，易引发投诉	1. 有运营时间限制； 2. 相对穿墙式投诉率低
其他方面	清洁维护较困难	清洁维护容易

四、更换钞箱法与原箱续钞法 ATM 的对标分析

ATM 现金保障率与清分设备的配备使用联系紧密。从清分设备的配备情况看，中国大陆多数商业银行均比较缺乏，传统的国有商业银行配备情况相对较好。各商业银行普遍反映清分设备投入未能跟上业务发展需要，清分效率较低，自助设备集中运营管理后清分保障难度将更加显著。

从清分钞币的质量上看，ATM 对钞币的质量要求是七至八成新，每日日间现金营运中心需对大量现金进行清分。在手工清分模式下，需要逐张、逐券进行清理，占用大量的人力、物力。相比之下，大中型清分机可以更快更好地完成 ATM 钞券清分甄别工作，更有效地保证钞币质量。从清分设备的配套上看，ATM 的钞箱严重不足，ATM 特别是存取款一体机钞箱的价格较高。在 ATM 的两种加钞方式中，更换钞箱法可以提高 ATM 在现场维护的效率，缩短单台设备的维护时间、减少维护作业过程的安全隐患。

表 4-4　　更换钞箱法、原箱续钞法的优缺点对标

比较点	更换钞箱法	原箱续钞法
定义	打印轧账清单后，将备付金不足的原钞箱撤下，换上装好备付金的新钞箱，回行后清点余额，当日进行账款核对	必须在保证款项安全的条件下即时结账。打印轧账清单，整点钞箱内余额，账款核对无误后，在备付金不足的钞箱中直接加装备付金
成本	增加了钞箱的运送环节，增加了钞箱的损坏概率，需要提前准备或定期购买一定数量的钞箱，投入成本较大	无须准备较多钞箱
时间	约需 3~10 分钟	约需 10~15 分钟
账务	容易因钞箱运送的震动影响原有配钞格局，导致错账频发	错账相对较少
库容	对库房的库容提出更高要求	对库房无更高要求

五、银行其他渠道成本与 ATM 成本的对标分析

从业务替代效应上看，自助设备在转账汇款、存取款交易上的替代效应比较突出，相对网点布设的成本优势非常明显。从转账汇款分流率上看，各商业银行仍有很大潜力可挖。ATM 等自助设备的替代效应可以逐步增强，从而减少运营成本，提高服务效率，提升客户满意度和品牌价值。

从影响意义上看，以 ATM 为代表的自助设备提高了银行柜台的工作效率，缩短了顾客办理银行柜面业务的等待时间，减少了人工操作可能带来的差错，延长了银行的营业时间，实现了 24 小时全天候服务，密切了金融机构与客户的关系。特别在银行营业网点之外的一些人流密集场所安装了一批离行式 ATM，扩大了银行业机构的服务范围，满足了顾客的基本金融需求。目前，最为成功的银行已经将高达 75％ 的交易转移到自助服务渠道。同时，大规模定制和选择性定制等新型信息系统的实践使得 ATM 上实施个性化的营销手段成为可能，如新加坡华侨银行借助 ATM 送上客户生日祝福、节日问候等。

第二节 ATM 运营人员的问题与对策

一、中国 ATM 运营管理人员的现状

ATM 作为银行的重要业务和交流渠道，已成为银行经营管理的重要组成部分。可以说，以 ATM 为代表的自助设备实现了 24 小时全天候服务，密切了金融机构与客户的关系。特别在银行营业网点之外的一些

人流密集场所安装了一批离行式 ATM，扩大了银行业机构的服务范围，满足了顾客的基本金融需求。由此，针对 ATM 管理人员，特别是数量庞大的 ATM 运营管理人员的开发与管理显得尤为重要。

自 1986 年中国银行珠海分行第一次在中国大陆引进 ATM，并于 1987 年 2 月正式投入使用以来，中国大陆的 ATM 使用已经接近 30 年，中国 ATM 等自助设备的发展潜力巨大。但是，针对中国 ATM 的运营管理人员仍处于起步阶段，相当数量的商业银行仍然采取粗放式的管理模式，难以实现精细化管理，难以保障服务效率。其中，存在相当程度的涉及运营管理人员的薪酬、绩效、考核、业务、制度、流程、培训、安全等问题，值得相关金融机构总结和深思。

近年来，全国各金融机构特别是商业银行的 ATM 投放速度增长迅速，大型商业银行每年 ATM 投放增加可达上万台。然而，在大多数商业银行中，ATM 等自助设备的运营指标考核未纳入支行行长绩效指标体系，使不少分行出现"重营销、轻运营"的情况。部分商业银行的相关业务部门仅仅考核 ATM 的可用率或运行率，达不到标准则扣罚，反之没有奖励。同时，针对 ATM 的运行业务量、ATM 的收益等密切相关的因素，业务部门没有设置综合考核指标，缺乏加权统计。然而，ATM 业务量大小不一：一般而言，业务量较大的，工作量较大，装卸钞和维护时间相对较长，运行率相对较低；业务量较小的，工作量较小，装卸钞和维护时间相对较短，运行率相对较高。此外，目前 ATM 的布设缺乏系统的体系、科学的指标和合理的计量。结果，布设合理与否，不能够全面、科学地来考量，缺乏适当的反馈机制。同时，ATM 各运营管理岗位人员的工作量日趋饱和，人员补充比较困难。首先，不少商业银行囿于成本控制和风险管理的需要，招聘新员工数量十分有限。其次，ATM 相关人员所属岗位虽然价值较高，但岗位价值体现特别是运营管理等所在岗位的价值体现却相对较低，不易吸引和保留人员。最后，各商业银行 ATM 的布设数量成倍增长，业务量大幅加大，不少ATM运营管理人员长期超负荷工作，工作相对客户经理等前台营销类岗位压力较大。

二、中国ATM运营管理人员的问题

近年来，关于金融机构ATM的风险事件在各大新闻媒体上频频曝光，给相关金融机构带来了不小的影响。其中，部分金融机构针特别是部分商业银行对这类问题反应迟缓，解答模糊，措施乏力，引起了客户的质疑和公众的不满，也引发了金融业内部的反省与思考。在这些各式各样的风险事件背后，暴露出ATM的运营管理人员的工作素养有待进一步提高，工作制度亟待进一步规范，工作流程亟待进一步优化。根据公开资料归纳整理，我们发现中国ATM运营管理人员主要存在以下七类问题。

（一）ATM运营管理岗位设置严重不足

从岗位设置上看，以某商业银行为例，该行共有ATM运营管理人员约420人，主要配备在ATM管理中心，其他均为兼职运营管理人员。从业内ATM运营管理的实际情况来看，每百台ATM运营管理人员约为17人。照此测算，该行ATM运营管理人员至少需要约1 400人，目前远远没有达到这个标准。其他商业银行的ATM运营管理人员配备同样存在缺口，有的商业银行竟然出现人均管理30台ATM的高负荷现象，严重制约了ATM服务效率和服务质量的提升。

（二）ATM运营管理工作要求强度很高

从工作要求上看，由于ATM数量较多，人员较少，ATM运营管理人员轮休等强制管理要求无法兑现。一般而言，若对ATM采取集中运营的管理模式，1条ATM运营管理线路至少需要2个维护人员，1人管理钥匙，1人管理密码。而密码管理人员的正常休息无法保障，常常在休息日回行处理。造成人员工作量加大，工作时间延长，不仅加重了管理人员的工作压力和精神负担，还可能引发潜在的操作风险。

（三）ATM运营管理人员安全存在隐患

从安全管理上看，ATM运营管理人员存在安全管理的盲点。部分离行式ATM从押款车到机具的路程较远，且不许持枪进入，装卸钞人员需携钞行走一段时间，存在人身和业务双重安全隐患。部分商业银行装卸钞人员随同外包保安公司运钞车装卸钞时缺乏自身保护意识，如未穿防弹背心、未戴头盔、未购买人身意外保险。

（四）ATM运营管理人员类别严重不均

从类别结构上看，ATM运营管理人员薪酬待遇普遍较低，不利于专业团队的培养和发展。以某商业银行为例，在该行ATM运营管理人员中，属于薪酬较高的管理岗位类别的仅有不足20人，占比不到5%；而属于薪酬较低的操作岗位类别的有近400人，占比约80%。并且，ATM运营管理人员做的是一线员工的工作，属于高风险岗位，绩效考核却兑现二线人员的绩效。

（五）ATM运营管理人员性别结构失衡

从性别结构上看，ATM运营管理人员的性别结构比较失衡，男多女少，不利于队伍建设和全面发展。根据我们的估算，在目前绝大多数商业银行ATM的专职运营管理人员中，男性约占70%；女性约占30%。其中，又因ATM运营管理所辖供钞、装卸钞、设备布设和维修等环节涉及强度较高的体力劳动，有的商业银行男性占比甚至超过90%；女性占比不足10%。

（六）ATM 运营管理人员年龄结构偏大

从年龄结构上看，大多数商业银行 ATM 运营管理人员呈现"青年断层"的现象：整体年龄普遍偏大，中青年员工非常缺乏，人员的结构性问题相当突出。以某商业银行为例，在该行 ATM 运营管理人员中，18～29 岁的仅有不足 20 人，占比不到 3%；而 40～59 岁的有近 400 人，占比超过 80%。

（七）ATM 运营管理人员学历结构偏低

从学历结构上看，ATM 运营管理人员的学历普遍偏低，在商业银行各专业队伍中处于相对落后的位置。以某商业银行为例，在该行 ATM 运营管理人员中，高中及高中以下学历的有约 100 人，占比约 20%；中专学历的有 60 人，占比约 15%；大专学历的有近 200 人，占比接近 50%；本科及以上学历的仅有 70 余人，占比不足 17%。其中，拥有研究生学历的 ATM 运营管理人员仅有 1 人，高学历人才非常稀缺。ATM 运营需要全面的技术分析、深入的研究设计和科学的运营规划，这给 ATM 发展带来了相当的局限。

三、中国 ATM 运营管理人员的对策

综上所述，随着商业银行 ATM 等自助设备业务的发展，工作量更大、工作要求更高、工作范围更广，亟须一批懂技术、会分析、能管理的专业型队伍。但是，在这种 ATM 运营管理人员数量不足、类别不够、压力较大、性别不均、年龄偏大、学历偏低的情况下，保障 ATM 的线路设计、检查制度、轮岗制度相对比较困难。由于 ATM 运营管理人员的不足，ATM 管理的混岗兼岗、密钥管理制度执行等问题相对突出，操作风险管理存在一定隐患。我们认为，亟须通过以下六种方式加以

解决。

（一）改变前、中、后台割裂的格局

目前，相当数量的我国商业银行已经完成从部门银行向流程银行的组织架构改变，实施了前、中、后台分离的组织模式。ATM 运营管理人员往往位于后台，一般隶属于运营管理或者信息科技等部门。从运营方式上看，不少商业银行的运营管理部门在相当长的一段时间内处于被动接受的地位，形成了目前"被支持"、"被运营"、"被优化"的畸形格局。在 ATM 长期的运营实践中，不少运营管理人员根据实际，总结了很多流程优化的经验，但囿于支持与营销割裂、后台与前台断层的现状，难以吸收和采纳。

（二）提高 ATM 运营管理人员的薪酬福利

提高 ATM 运营管理人员的吸引力，首先要提高 ATM 运营管理人员的待遇。这里的待遇，主要由薪酬、福利组成。从某种意义上讲，ATM 布设的成本很大一部分是运营成本；同理，ATM 布设的效益很大一部分来自运营的支持和创造。因此，部分商业银行尝试构建 ATM 利润中心，试行前后台利润分项制度，如前台:后台 = 7:3，或者前台:后台 = 6:4 等。通过合理的定量方式承认 ATM 运营管理人员特别是运营管理人员的贡献，提高 ATM 运营管理人员的凝聚力和岗位的吸引力。

（三）健全 ATM 运营管理人员的绩效考核

从激励机制上看，不少分行缺乏对 ATM 运营的考核机制，出现了后台支持与业务发展不匹配的现象，甚至跟不上业务的发展。各商业银行需完善《ATM 运营管理办法》、《ATM 运营考核办法》等制度，采取合理的方式，将 ATM 相关运营指标和业务量等纳入考核体系。因此，除了 ATM 的交易量、交易额等盈利指标外，还需要统筹考虑时间、人

员、费用的综合计价。对于布设不合适的ATM，采取及时有效的手段进行调整，合理控制运营成本和风险，保证服务质量、效率和品牌形象。

（四）加强ATM运营管理人员的轮岗培训

目前，不少商业银行缺乏对ATM关键岗位的轮换。一般而言，ATM的关键岗位定位在ATM操作岗，轮岗的形式可采取以下三种：一是岗位交叉轮换；二是更换加钞维护管理对象；三是变更负责的加钞、维护线路。轮岗有助于ATM运营管理人员避免出现"职业倦怠"，减少运营维护的工作压力，有效控制操作风险。同时，需要加强对ATM运营管理人员的培训。除了一般的业务和技术故障查找、排除技巧外，还要培训有关布设选址、运营分析的理论，有关安全防护、安全保卫的技术以及客户投诉、疑难解答的标准等，全面提升ATM运营管理人员的工作素质。

（五）优化ATM传统维护的组织模式

若ATM采取后台集中运营的模式，ATM钞箱保险柜的主钥匙和密码由装卸钞组使用，在按线路装卸钞过程中，可能发生已装卸钞的ATM随即又发生故障的情况。此时，由装卸钞组停止该线路后续装卸钞或维护组按备用钥匙启用流程启用钥匙和密码再去维护，都势必影响装卸钞效率或维护时效，进而影响服务效率。因此，保险柜钥匙和密码执行主钥匙和备用钥匙同时使用，主密码钥匙可由装卸钞组掌管使用，备用密码和钥匙可由故障排除维护组掌管使用，从而提高装卸钞时效，提高ATM的运行效率。

（六）创新ATM集中维护的组织模式

某商业银行以"三人维护组"为依托，在使用按键数字密码锁后再实行三人组模式，由"两人一组，上二休一"变为"三人上二人休一人"的轮班方式，达到 ATM 365 天全覆盖维护，减少了组均每日 ATM 的维护量，达到既提高人员使用率又有利于 ATM 运行效率和风险控制的作用。同时，该商业银行取消了 ATM 保险柜钥匙和密码互为控制的传统方式，采用由后台集中管理集中控制的电子保险柜锁具为主线，对 ATM 运营中心管辖的 ATM 实行全年 365 天营业时间内的全覆盖维护的工作思路。该模式的最大特点是：ATM 保险柜开闭使用两组按键数字密码方式控制，该按键的数字密码一次性使用有效，同时按键数字密码开锁还有一定的时效限制。其开锁密码的生成统一由后台以授权的方式根据当日维护任务生成两个对应的开锁密码，分别授予当日两名装卸钞维护人员配合使用后才能完成装卸钞维护任务，有效提高了 ATM 保险柜管理的安全性。

第三节　ATM 的布设选址与运营成本

一、ATM 的定义与功能

从定义与业务种类上看，ATM 是一种高度精密的机电一体化智能装置，利用磁性代码卡或智能卡实现金融交易的自助服务来代替银行柜面人员的工作。除常见的办理自动取款、查询余额、转账划拨、现金存款、存折补登、更改密码等业务之外，我国不少商业银行的 ATM 还可以缴纳水、电、燃气、通信和交通罚款等，服务范围涵括了日常生活的方方面面。

从功能类型上看，自助设备（Auto Machine）分为自动柜员机、自助终端（Bank Self-service Machine，BSM）等。自动柜员机是为客户提供以现金自助服务为主的自动柜员机,包括自动取款机(业内也称ATM)、自动存款机(Cash Deposit Machine,CDM)、存取款一体机(Cash Recycling System,CRS)等。

目前,ATM 已经遍布全国各大、中城市,甚至在一些县城、村镇也有 ATM 的身影,成为居民日常生活不可或缺的一部分。不少人流密集区域还可以见到以多种类型自助设备"组团"模式运营,即提供 24 小时服务的自助银行(Self-service Banking)。作为商业银行的重要业务和交流渠道,ATM 已成为商业银行经营管理的重要组成部分。

二、ATM 的主要成本

根据我们的调研,ATM 的主要成本包括采购成本、布设成本、运营成本三方面。作为一种高度精密的机电一体化智能装置,ATM 本身的制造成本已经相当可观。因此,本节尝试从历史演进的视角分析 ATM 的制造成本;从流程规划的视角分析 ATM 的布设成本;从功能内涵的视角分析 ATM 的运营成本。

(一)采购成本

2000 年以前,中国大陆的 ATM 主要依靠进口,多为国际制造巨头垄断。其核心的出入钞、验钞等模块难以研发和复制,仅为英、美、日、德等极少数发达国家的部分厂商掌握,制造和税价都比较昂贵。20 世纪 90 年代中期,普通的自动取款机单台价格大约在 15 万~25 万元,而存取款一体机的价格更高,单台约合 25 万~40 万元。因此,早期中国 ATM 的布设基本集中在大城市或沿海开放城市,且以附行式设备为主,在一些涉外宾馆、饭店、大型商场等布设有离行式设备。例如,1986 年,中国银行珠海分行第一次在中国大陆引进 ATM 并于 1987 年 2 月正式投入使用,当时还仅限于脱机交易。2000 年后,随着不少国际品牌将制造工厂转设到中国台湾、中国大陆和其他人力资源成本较低的发展中国家，ATM 的制造成本有所下降。并且，随着以广电运通等为代表的，拥有自主知识产权 ATM 的研发，进一步降低了 ATM 核心部件特别是出入钞模块的价格。目前，普通的单台自动取款机价格大约在 8 万～12 万元，存取款一体机的价格大约在 15 万～20 万元。

（二）布设成本

ATM 的布设成本也不容忽视，与之类似的是连锁商店、超市的选址，一些国际知名品牌的单店选址有的高达 10 万～50 万元不等，例如沃尔玛、麦当劳、家乐福、肯德基等。一般而言，ATM 的布设成本包括了监管、审批、计划、选址、建设、布设等费用，其中又以选址、建设等费用最为昂贵。例如，一些大中城市繁华地段的租赁费用可能高达每年 1 万～3 万元/平方米，而一线城市的地铁站台的租金可能更高，且不包括单独的通信线路租用费、设计、建设和装修费用等。商业银行的选址和建设成本也不在少数，ATM 或自助银行的选址往往要涉及网点管理、信息科技、运营管理、保卫、个人金融、电子银行、办公室、银行卡等多个部门，需要联合勘察规划。并且，选址方法和投入的网络建设模型和应用也造价不菲，如优化的三角模糊数和层次分析（Analytic Hierarchy Process，AHP）综合的模糊评价法、运营地理信息系统（Geographical Information System 或 Geo – Information system，GIS）或资源与环境信息系统、人工神经网络（Artificial Neural Network，ANN）分析和基于 BP（Back Propagation）神经网络选址分析模型等。

（三）运营成本

如果说前期的采购成本、建设成本可以算作一次性投入，ATM 的运营成本则可能逐年递增。一般而言，ATM 主要服务内容是现金存取、转账付款等，因此与之相关的现金保障、技术维护、日常运营、安全保卫等成本将成为 ATM 运营成本的主流。下面，我们还将逐一解剖各项成本。也许，读者会问：既然 ATM 成本如此之大，为什么商业银行还要不断加大对 ATM 的投入呢？事实上，ATM 作为对传统银行柜台、柜员的渠道替代，在发达国家已经成为商业银行的主要交易渠道。尽管 ATM 单笔平均交易成本要高于呼叫中心（Call Center）、网上银行（Internet）、直邮和手机，但同时明显优于传统的银行网点，平均单笔交易成本仅为银行网点的 67%。并且，随着目前中国人力资源成本的大幅上涨，ATM 的采购价格逐年趋降，更显运营优势。

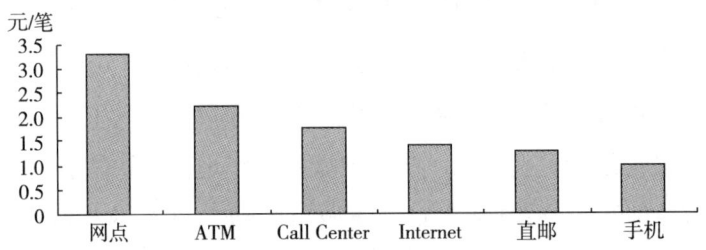

图 4-1　自助设备与网点渠道成本对标

2007 年，中国每百万人平均拥有 ATM 机数量为 96 台，而世界水平是每百万人均 240 台。之后的三年里，借助奥运金融服务、世博金融服务、亚运金融服务、大运金融服务的契机，各金融机构加大了对 ATM 等自助设备的投入，缩小了与世界平均水平的差距，截至 2010 年底，中国 ATM 市场保有量约 30 万台，取代日本成为全球第二大 ATM 市场，排在美国之后。其中加入中国银联联网的 ATM 为 27.10 万台，较 2009 年新增 5.61 万台，增幅 26.11%。从每百万人口拥有 ATM 的数量上看，中国与世界仍存在一定差距，中西部地区的差距较沿海地区更大。

三、ATM 的运营成本

商业银行物理网点一般用于满足客户的刚性需求，满足不能利用自助服务渠道、网上银行渠道、电话银行渠道、手机银行渠道办理大额现金存取、资产证明、开户销户、现金结售汇等业务，具有不可替代性。因此，客户对银行物理网点的需求不可替代。相比之下，银行 ATM 等自助设备或自助银行一般是满足客户的弹性需求。即如果有更便捷的银行物理网点渠道、网上银行渠道、电话银行渠道、手机银行渠道可以替代，客户往往放弃使用自助服务渠道。但是，作为网点现金业务的有效补充，ATM 可以大大缓解客户对银行物理网点的刚性需求，减轻客户排队的烦恼和压力，满足 24 小时全天候服务的需求。

（一）现金保障成本

1. 守卫押运成本

以押运车辆为例，一般包括一位司机和两位保卫人员，以每天 8 小时运营或规定里程为基础，每年租金一般在 30 万～50 万元不等，用于维护保障 15～40 台 ATM 的日常现金需求。同时，商业银行一般随车配备 2 名 ATM 运营服务人员。

2. 现金清分成本

ATM 使用的大量现金必须符合设备标准要求，即七至八成新的用钞，不能使用发潮、霉变、卷边、褶皱、残缺、污损等不合格的钞票。一般而言，每台 ATM 的用钞量每天在 10 万～30 万不等。面对如此大的现金用量，人工挑拣的效率较低、成本较高。因此，不少商业银行都配置了专门的场地，设置专门的岗位，购买专业的清分设备加以清分。仅以清分设备为例，现金清分机的价格不菲，小型机一般在 3 万～10 万元，中型机一般在 20 万～50 万元，大型机一般在 100 万～800 万元。即使配置适当，因设备磨损、钞票粉尘、环境损耗等因素，机器每周不间断工作的损耗也比较大。此外，大中型清分机对场地建设提出了更高的要求，如隔音、承重、安全等，都需要商业银行不断地改造和投入。

3. 维护保障成本

但就现金保障而言，一些业务量较大商业银行的现金运营中心，基本实行轮班制，每周 7 天不间断上班，节假日也不能例外。于是，其运营服务人员的加班、调班费用也是不小的开支。

4. 应急响应成本

现金保障必须涉及押运车辆，而押运车辆一般只以每天 8 小时运营为基础，或者设定线路、公里数等。随着油价等运营成本的上涨，一旦超出上述限定，应急现金保障需要另行付费。

（二）技术维护成本

1. 采购配置成本

技术维护成本不容小视，即便商业银行一次性付清采购款项，但设备供应商对 ATM 的质保都有一定年限。根据我们的调研，ATM 一般质保年限在 1～3 年。

2. 预防维护成本

根据上面的情况，商业银行如果需要增加维保年限，需要另外付费。额外年限的维保价格一般为每年 6 000～12 000 元/台不等。

3. 维修支持成本

即便如此，预防维护的价格不一定完全包括所有零部件的维护。对于核心设备、关键器材，或者不在合同维保范围之内的维修条款，都需要另行计价。

4. 应急维护成本

一般而言，服务商出于成本考虑，一般一地布设的同品牌 ATM 达到 20 台以上，才能在当地设立专门的维保工程师。因此，对于一些布设数量较少的 ATM 则需要从周边其他城市借调人员维修。因此，在途时间、备件情况、差旅路费等都可以视为机会成本或额外成本，特别在一些幅员辽阔的大省，如新疆、西藏、青海、内蒙古、黑龙江、四川、云南等。

(三) 日常运营成本

1. 监控管理成本

ATM 的日常运营重点强调安全、效率和质量。从业务角度而言，ATM 的运营水平直接关系客户服务和体验。因此，商业银行一般自行开发或购置应用业务监控管理系统，配备专门岗位进行监督、协调和管理。

2. 账务处理成本

作为机器，因复杂环境、人为操作、信号中断、电力中断等引发的故障问题在所难免，ATM 的账务处理则比较复杂。一般而言，客户账单、端机流水单都需要不断购买、维护；而遇到疑难问题的对账，错账查找，则需要动用更多的人力资源，占用大量的物力和时间。

3. 吞没卡处理成本

客户的吞没卡处理也将占用相当的运营资源，如 ATM 运营服务人员、车辆，吞没卡的取出、移交、保存、销毁等。

4. 客户通知成本

客户通知也是 ATM 运营的重要环节。商业银行一般通过电话银行服务人员、专业对账人员或 ATM 运营管理人员实现客户的及时通知。方式一般为电话、短信等，为了通知及时、准确，工作人员一般要在不同时段联系有疑难和需求的客户，直到处理完毕。

5. 应急响应成本

运营维护的应急响应成本较大，特别是面临半夜吞卡且急于赶往异地的客户。北京、上海、广州、苏州等大城市的商业银行 ATM 运营服务人员接到此类求助必须半夜出门应急。夜间的安全隐患较大，且 ATM 密钥管理、网点安全布防都涉及 2 名以上人员，需自驾车或乘出租车前往处理。一般而言，应急时间在 2~4 小时左右。

（四）安全保卫成本

1. 监控管理成本

ATM 的安全管理是重中之重。而今，外部环境日趋复杂，ATM 的安全管理越加严格和全面，首先考虑的便是监控管理。为此，不少商业银行设立了保卫中心、监控中心等专门机构，负责监控、记录、处理 ATM 周边环境和自助银行的安全管理工作。

2. 技术改造成本

ATM 布防、监控的技术改造也是成本管理的重要环节。如监控线路、监控摄像头、安全报警装置、安全管理系统升级等。以监控摄像头为例，从以前的普通摄像头到全景式摄像头，再到防逆光摄像头，到目前的宽动态摄像头，技术越来越先进，成本也水涨船高。

3. 守卫值班成本

保卫中心、监控中心等机构一般是 24 小时值守，实行轮班制度。因此，其人员的加班、调班费用也是不小的开支。

4. 应急保障成本

除了日常监控之外，遇到特殊或可疑情况，保卫人员也将及时到现场勘查。如果半夜遇到突发事件，保卫人员也需自驾车或乘出租车前往处理。一般而言，应急时间视具体情况在 1~4 小时左右。

（五）外部交易成本

1. 银联交易费用

此外，还存在跨行通信费等费用，一般每发生一笔 ATM 跨行取款业务，交易行及银联需收取发起行 3.6 元/笔的费用。其中，一般按照 0.6 元/笔的标准向银联支付网络服务费。

2. 他行设定费用

如上解释，本行设备代他行卡交易，简称"本代他"，他行设备代本行卡交易,简称"他代本"都需要相关的代理或清算费用。即持卡人跨行取款时,无论同城还是异地,发卡行均按 3 元/笔的标准向代理行支付代理手续费。

3. 监督管理费用

银监会等监管机构对于 ATM 的布设管理提出了比较严格的要求。不符合规范的,一般都要求限期整改并加以处罚。

四、ATM 布设与运营的对策

既然 ATM 的采购成本、布设成本、运营成本都相当可观,商业银行可以采取怎样的策略减少 ATM 布设与运营成本呢?笔者根据商业银行的具体情况,将 ATM 的布设策略分为全国网络覆盖、重点区域主导和"零"投入借力三种类型,并且提出 ATM 分时段运营的新模式。

(一) 全国网络覆盖型

目前,一些大型商业银行基本实现了全国网络的覆盖,如工商银行、中国银行、建设银行、农业银行、交通银行等。上述银行的客户几乎可以在每一个大中城市找到该行的 ATM,使用十分方便。我们也注意到,工商银行、中国银行、建设银行等加大了对海外市场的拓展,在不少设立的境外机构已经开设了 ATM 服务。可以预见,不久的将来,国内客户在其他国家甚至每一个国家都可以用到自己熟悉银行或带有银联标识的 ATM。

(二) 重点区域主导型

还有一些股份制商业银行根据自身的渠道结构和目标客户,制定了符合实际的重点区域主导策略。比如,招商银行重点布设大中型城市特别是沿海城市的 ATM;广东发展银行立足广东省,辐射全国的重点城市；与此类似的，还有浦东发展银行、深圳发展银行等等。值得关注的是，外资银行对 ATM 的布设领域更加"聚焦"。比如，花旗银行会重点布设一线城市的商务中心区、使领馆区、金融区等。有的外资银行甚至干脆只在网点周边布设，其他的 ATM 渠道则采取了后面的借力型策略。

（三）"零"投入借力型

笔者调研发现：平安银行、德阳银行等城市商业银行、深圳福田银座村镇银行等农村商业银行先后推出"全球 ATM 免费"的广告。即只要带有银联标识的 ATM，都可以实现取款免费。我们可以称为借力型策略。尽管上述银行承担了 3 元/笔代理手续费和 0.6 元/笔的网络服务费，但相对于投入巨大的采购、布设和运营成本，仅仅是冰山一角。

事实上，"借力"是中国武术领域的术语，意味着借助竞争对手的力量；下一句就是"打力"，意味着借助对手的力量还击对手。当然，如此一来借力的主语自然不是弱势群体，往往是在某一武术领域颇有建树的高人。在企业与企业之间，这种借力的招数屡见不鲜。在经济学领域，借力属于外部经济（External Economic）的范畴。说是外部经济，主要指这类聪明的企业"道高一尺"，充分利用其他企业特别是其主要竞争对手的某些价值，而无须承担额外费用。进一步说，这便是一种"搭便车"（Thum bing a Lift）现象，便宜了自己，也伤不了别人。于是，从经济价值上，这便是一种帕累托（Pareto）最优的体现。不过，从内部经济特别是管理成本上，借力对于其客体，即竞争对手而言则是一种变相损失，甚至是一种对其核心竞争力的伤害。毕竟，借力者使用其价值而未偿付，便成了一种"无偿劳动"。

（四）分时段运营模式

除上述三种主要的布设策略之外，ATM 的运营可以根据客户需求作进一步的调整。根据我们的调研,不少商业银行交易高峰集中在17:00~24:00时段,占每日交易量的近50%;而24:00~6:00时段,不少商业银行ATM交易量呈"零交易",绝大多数ATM交易量在3笔以下,客户使用率很低。但是,离行式ATM特别是自助银行一般都是24小时运营,仅电费、通信费的成本就非常之高。因此,我们建议可以根据客户需求,采取分时段运营的模式,降低ATM运营成本。一是从物理布设上实现"隔离式"分时段运营。如依靠卷帘门、安全门隔离等措施,使每日22:00或24:00后保证布设多台设备自助银行、组团式自助设备中至少一台离行式存取款一体机正常对外运营,满足"小众"客户的需求,降低安全隐患。二是从技术上实现布设设备"休眠式"分时段运营。如依靠技术手段,使得不能采取隔离措施的一定比例的ATM自动待机,进入省电和暂停服务的"休眠状态"。当然,同时必须保证布设多台设备自助银行、组团式自助设备中至少一台离行式存取款一体机正常对外运营,满足"小众"客户的需求。

参考文献

[1] 蔡宁伟. 中国ATM外包服务研究 [J]. 北京:中国金融电脑,2012(1):77-79.

[2] 蔡宁伟. 自动柜员机全生命周期分析 [J]. 北京:金融论坛,2011(12):113-121.

[3] 蔡宁伟. 中国ATM布设选址现状、问题和对策分析 [J]. 北京:中国金融电脑,2010(8):46-49.

[4] 蔡宁伟. 浅论银行业"借力"小聪明 [J]. 北京:中国城市金融,2009(11):79-80.

[5] 蔡宁伟. ATM的历史、运营状况和发展趋势 [J]. 北京:中国信用卡,2008(11):45-47.

[6] 蔡宁伟,申睿波. 中国农村地区使用 ATM 问题研究 [J]. 北京: 农村金融研究, 2009 (9): 72 – 75.

[7] 佚名. 适应储户需求变化, 工行大力推广 ATM 服务 [N]. 北京: 中国新闻网, 2012 – 01 – 11.

第五章
ATM 现金保障

现金保障是 ATM 存在的关键价值与核心竞争力，是 ATM 创新与广为接受的前提，因此本章内容尤为重要。根据业界的观察与总结，目前商业银行鲜有对 ATM 现金保障能力的研究：一方面，发达国家特别是西方发达国家对现金的需求并不很大，个别北欧发达国家甚至可能提前"消灭现金"；另一方面，发达国家对 ATM 的服务效率的要求也不高，特别是存款业务，有的银行可能在 3~5 个工作日才能到账。中国则与之大大不同，相去甚远，不仅广大客户习惯使用现金或采取现金交易，而且一些客户对 ATM 有着一定"天生的恐惧"和"后天不信任"，"ATM 吞钱"的报道屡见报端，大多数客户必须要求马上到账。因此，本章的引言就颇费笔墨，其中的内容采取了相对完整的实证研究模式，使研究的结论更具说服力，使研究的启迪更具前瞻性。我们也希望这些研究能加强银行与客户之间的互动与理解，高质量的商业银行服务需要成本、时间、人力和系统支持。

本章内容主要有三：一是由于设备设计、监管要求、风险管理和客户实际需求等原因，ATM 上的存取款交易存在一定限额，引起社会的关注，我们尝试分析上述情况，归纳影响或制约其硬件、监管、客户、效益和风险等五项主要驱动因素，客观给出解释和建议；二是在梳理 ATM 主要类型、核心业务及其相应保障的基础上，探讨了存取款交易与库存的关系，并首次提出了 ATM 单机日均存取款金额与库存类型划分，我们以某商业银行 C 为样本，选取历时 11 个月的一手数据，实地验证了二维四分类型，针对四种类型有针对性地提出原因分析和应对措施，以进一步改善 ATM 现金保障和运营服务，降低库存与运营成本，提高自有资金的使用效率，提升客户的满意度、美誉度和忠诚度；三是在梳理 ATM 核心业务的基础上，以某商业银行 A 为样本，选取历时 8 个月的一手数据，探讨验证了 ATM 现金存取款异常行为的类型划分，提出了交易金额和频率两项主要维度，针对交易主体的特征提出存取款人数与持卡数的两维划分，并尝试区别结构化与非机构化客户，对监管机构和金融机构分别提出若干建议，以进一步改善 ATM 现金保障和运营服务。

第一节　ATM 的单笔取款限额

一、ATM 单笔取款限额的情况

ATM 主要分为自动取款机（也称自动提款机，也可简称为 ATM）、自动存款机（Cash Deposit Machine，CDM）、存取款一体机（Cash Recycling System，CRS）三类（蔡宁伟，2011）。其中，具备取款功能的是自动取款机和存取款一体机两类。一般而言，国内商业银行布设的 ATM 以上述两类设备居多，目前存取款一体机的布设逐渐成为主流。20 世纪 90 年代，一些国内商业银行曾经布设了一定数量的自动存款机，目前因客户需求、设备老化等因素已经逐步退出市场。但是，由于设备设计、监管要求、风险管理和客户实际需求等原因，ATM 上的存取款交易存在一定限额，导致自助渠道的客户需求特别是大额取款需求受到一定限制，2010 年以来引起社会的广泛关注和热烈讨论。笔者尝试分析上述情况，客观给出解释和建议。

根据我们的调研，目前各商业银行自动取款机的单笔取款限额为 1 000 至 5 000 元不等，存取款一体机的单笔取款限额为 2 500 至 10 000 元不等。各行之间存在较大差异，每种品牌、类型设备单笔取款限额不尽相同，自动取款机的单笔取款限额一般在 2 000 元、2 500 元或 3 000 元不等，存取款一体机的单笔取款限额一般在 2 500 元、5 000 元或 10 000 元不等。自 2010 年起，部分商业银行开始试行部分存取款一体机单笔取款 10 000 元，如交通银行、招商银行、工商银行、建设银行等。具体设备类型、实际取款设定值和品牌情况如表 5-1 所示：

表 5-1　自动取款机和存取款一体机的单笔取款限额情况

设备类型	实际设定值（元）	代表品牌
存取款一体机	2 500	日立 HT-2845 系列、OKI ATM21 系列、NCR3030 系列、广电运通 H68 系列等
存取款一体机	3 000	
存取款一体机	4 000	
存取款一体机	5 000	
存取款一体机	10 000	
自动取款机	2 500	迪堡 1000、562 和 520 系列、NCR58 和 66 系列、东信 Procash 和 Potevio 系列、广电运通 H22 系列等
自动取款机	3 000	
自动取款机	4 000	
自动取款机	5 000	

ATM 单笔取款限额主要由以下因素确定：第一类是商业银行卡参数，一般由商业银行总部规定，一级或直属分行设定；第二类是综合前置应用 ATM 平台参数，一般由一级或直属分行设定；第三类是 ATM 端机参数，一般由二级分行或支行设定。其中第二、第三类参数主要由一级或直属分行根据设备硬件因素决定。例如，2011 年 5 月，绝大多数商业银行根据中国银联的建议，决定将借记卡"ATM 取现单笔金额"的银行卡参数由当时的 5 000 元调整为 10 000 元。

二、ATM 单笔取款限额的影响因素

ATM 单笔取款限额受到多种因素的影响和制约，影响因素较多，且纷繁复杂。例如，客户交易习惯、布设地点的安全情况、所在地的商业环境和文化、当地的信用卡和借记卡推广使用等都可能影响 ATM 的使用。对此，我们加以提炼归纳，现将影响或制约其硬件、监管、客户、效益和风险等五项主要驱动因素总结如下。

（一）硬件因素

ATM 设备从硬件设计角度而言，有新旧之分，一般以 2005 年为

界。通常而言,商业银行2005年以前采购的老旧设备出钞口间距较为窄小,是制约单次取款限额的根本因素。且ATM设备标准用钞多为八成新钞券,存在一定蓬松度;若全为新钞,设备无论采取搓钞或者吸钞技术均难以分清钞券数量,容易引发卡钞和错账等问题;若钞券质量不高,存在潮湿、粘黏等问题,也容易引发卡钞和错账等问题。因此,实际单笔吐钞限额较理论值更小,否则极易出现卡钞等故障,影响设备正常运营和客户服务。在目前的技术条件下,无论自动取款机还是存取款一体机都存在一个单笔吐钞的理想值,一般小于该类设备的最大设计值,作为兼顾运营效率和服务质量的平衡点。一般而言,多吐则容易引发设备故障,制约客户服务质量;少吐则可能制约客户的用钞需求,降低设备使用和客户服务效率。

1. 自动取款机

自动取款机因硬件设计,出钞口较存取款一体机更窄。如ATM品牌型号为2005年以后购置,自动取款机单笔吐钞最大设计值主要分为40张、50张和60张三类。针对上述设备,商业银行和设备厂商实地测试的稳定单笔吐钞理想值一般分别为30张、30张和50张。

2. 存取款一体机

存取款一体机因功能丰富和硬件设计,出钞口较自动取款机较宽。根据品牌和型号差异,单笔取款限额设计值为10 000元和20 000元两类,商业银行和设备厂商实地测试的稳定单笔吐钞取款限额建议值一般分别为5 000元和10 000元。

(二)监管因素

从风险管理、监督管理等视角,根据中国人民银行、中国银行业监督管理委员会(以下简称银监会)等外部监管部门的要求,客户使用同一张商业银行卡在ATM(含自动取款机和存取款一体机,下同)取款每天设有限额。其中,依据《关于下发〈银行卡业务管理办法〉的通知》（银发〔1999〕17 号），贷记卡设定为不高于 5 000 元，依据《关于改进个人支付结算服务的通知》（银发〔2007〕154 号），借记卡调整为不高于 20 000 元。

（三）客户因素

根据我们的调研，尝试统计分析了某商业银行部分代表性分行 2012 年 1 月中旬至 2 月中旬，为期一个月所辖 ATM 的交易数据，分行涵盖东、中、西部，兼顾南北地域，选择统计分析的 ATM 样本超过 1 000 台。统计时间包括春节、元宵节、回乡返程等用钞高峰时段，对于客户使用同一张商业银行卡连续多次取款的多笔交易视为一笔。统计分析发现，代表性分行绝大多数客户以 2 500 元以内的小额取款需求为主，约占取款笔数的近 80%，10 000~20 000 元的取款交易较少，不足 5%。

（四）效益因素

效益是商业银行生存发展的根本，对于其业务渠道或产品，商业银行一般会在盈亏和企业社会责任中作出某种平衡，而 ATM 的运营维护成本恰恰较高。其中，仅以押运车辆为例，一般包括 1 位司机和 2 位保卫人员，以每天 8 小时运营为基础，每年租金一般在 30 万~80 万元不等，用于维护保障 15~40 台 ATM 的日常现金需求。此外，还存在物业租金、跨行通信、业务应急等费用。物业租金一般发生在离行式 ATM 上，单台年租金在 1 万~10 万元不等，要视具体地理位置、服务提供、装修设计等而定；跨行通信费一般每发生一笔 ATM 跨行取款业务，交易行及银联需收取发起行 3.6 元/笔的费用；业务应急费一般要给予商业银行的运营维护人员作为夜间的加班费，每次 20~100 元不等，此外还要缴纳租车、燃油等费用。抛开租金、车辆、人员等固定成本而言，ATM 的可变成本主要在于跨行通信费。不难看出，增大 ATM 单笔取款限额将减少他行卡客户在本商业银行的取款次数，进而减少由笔数计费的中间业务收入。对一些 ATM 布设数量较多，布设范围较广的商业银行而言，影响较大，初步估算每年将减少上千万元甚至更多的中间业务收入。

（五）风险因素

根据案例银行部分分行的反馈，广东、福建、浙江、广西、江苏等分行所在的沿海发达地区存在一定数量的"背包党"，即"专职取款人"，持多张商业银行卡专职取现，具有较大的洗钱嫌疑。如果放开 ATM 单笔最高取款限额，则可能为洗钱分子提供便利。并且，如果满足了"背包党"的需求，容易导致加满现钞的 ATM 设备被迅速取空，反而给客户办理正常业务造成阻碍。

三、ATM 单笔取款限额的建议

综上所述，硬件、监管、客户、效益和风险五项 ATM 单笔取款限额的主要驱动因素共同导致了 ATM 的交易现状，最终在交易的主体客户、运营的主体商业银行、监管的主体机构三者之间达到了一种比较良性的平衡。根据上述 ATM 单笔取款限额的具体情况和利弊分析，我们提出如下意见和建议。

（一）依据客户需要逐步放开限额

自动取款机单笔取款限额按其品牌和型号不同主要集中在 3 000 元较为合理，存取款一体机单笔取款限额按其品牌和型号不同在 5 000 元、10 000 元较为合理。发达省份、中心城市可根据客户需要设置较高的单笔取款限额，可由各分行选择设定。ATM 机型、品牌、新旧等实际存在硬件上的较大差异。因此，在增加 ATM 单笔取款限额的同时，需因地制宜，兼顾不同机型分类考虑。

表 5-2　建议调整后自动取款机和存取款一体机的单笔取款限额情况

设备类型	建议设定值（元）	主要品牌及型号
存取款一体机	5 000	OKI ATM21 系列
	10 000	日立 HT-2845 系列、迪堡 3030 系列、广电运通 H68 系列等
自动取款机	3 000	迪堡 1000、562 和 520 系列、NCR58 和 66 系列、东信 Procash 和 Potevio 系列、广电运通 H22 系列等
	2 000	2005 年以前购入的迪堡、NCR、西门子、广电运通、富士通、IBM 等老旧设备

（二）进一步优化 ATM 配置和管理流程

目前，各商业银行之间的 ATM 的品牌、型号和性能存在较大差异，对实现全国或者商业银行内统一的单笔取款限额造成了很大制约。因此，商业银行可以加大集中采购对设备选型的要求，对设备的关键参数，如吐钞设计值、钞箱型号、废钞箱（回收箱）容量等向设备供应商提出统一的定制要求，增大存取款一体机的采购份额，逐步实现 ATM 单笔取款限额的规范化、标准化。对老旧设备，争取尽快报废，尽早退出服务渠道；对业务量较大、损耗较大的设备实行综合考量和动态退出管理机制。

（三）统一规范避免"逆分流"

以部分商业银行为例，ATM 单笔取款限额和异地手续费在柜台和自动柜员机上存在差异，超出一定金额则在柜台更加方便快捷，存在"逆分流"问题。为进一步主动引导客户使用，发挥 ATM 的分流作用，建议统一柜台和 ATM 的费用标准，避免"逆分流"。此外，各商业银行还应加大对 ATM 规范使用的宣传力度，增进客户对提高单笔取款限额的了解，引导客户更多地使用 ATM，了解 ATM 的规范操作流程，提高柜面分流的效用。

第二节　ATM 的现金保障类型

一、ATM 现金保障引言

商业银行自助渠道发展呈现两大态势，主要表现为业务的持续快速增长和人均的逐渐渗透直至饱和。在此期间，商业银行的自助渠道和自助业务发展迅猛，逐步成为商业银行交易的主要通路。自助交易以系统化、标准化、实时化的交易平台和操作流程为主导，引导客户更为自主、自由、自控地完成交易，不仅缓解了客户去网点办理业务排队难的问题，也越来越多地得到客户的理解、认可和使用。2011 年后，国内部分自助业务发展水平较高的商业银行，ATM 的业务量突破 30%，在巩固个人业务交易主渠道的基础上，超越传统网点渠道成为名副其实的零售主渠道和交易主渠道——这一占比数据可视为一大业务转折和重要业态变化，部分国外领先商业银行最高可达 60% 以上（蔡宁伟，2015a）。

同期，以 ATM 为代表的自助设备在中国快速布设，逐步超越直至远远超过传统商业银行的营业网点数量。在这一进程中，五大国有商业银行、邮政储蓄银行和部分全国性的股份制商业银行成为布设推动的主力，在有力拓展自身交易渠道的同时，给予客户更便捷、更广泛、更长时间的交易选择。据各大商业银行半年报和年报统计，2014 年，中国 ATM 保有量已经超越美国，成为全球第一大市场，北上广深等中心城市的百万人均 ATM 保有量已经比肩部分发达国家——这一占比数据可视为我国金融机构转型与改革的一项重要成果，广泛服务客户、普惠国计民生。但从全国范围来看，部分中西部地区和老少边穷等区域，百万人均 ATM 保有量与欧美发达国家相比，囿于交通和运营成本等原因仍有较大差距，具有相当的发展潜力。

二、研究问题

既然以 ATM 为代表的自助渠道在商业银行的日常经营管理和业务发展中占有相当的比重，那么 ATM 本身如何运作？其核心功能主要包括哪些内容？ATM 的运营维护和成本与其他自助设备有哪些差异？这是接下来需要详细讨论的问题，逐一明确 ATM 的各种类型，将逐步引出本研究关注的焦点，探索 ATM 的核心业务及其保障情况。

（一）ATM 的主要类型

从类型上看，ATM 是自助设备（Auto Machine）的一种，主要承担现金服务的职能，与之类似的其他现金类服务设备还包括可视自动柜员机（Video Teller Machine，VTM；也称虚拟柜员机，Virtual Teller Machine）、柜员现金循环机（Teller Cash Recycler，TCR）、自助硬币兑换机、自助外币兑换机、夜间金库（Night Cashbox）、自助封包机（Auto Encapsulation Machine，AEM；也称 Auto Packing Machine，APM）和大额存取款机（Quantum Cash Recycling System，QCRS）等。其中，柜员现金循环机和大额存取款机主要在日本等现金业务量大、人工成本较高的发达国家和地区使用，在我国上海等地区也有应用（蔡宁伟，2014）。

以是否具备现金处理功能为界，承担除现金之外其他金融服务的自助设备统称为自助终端（Bank Self - service Machine，BSM），主要包括转账汇款机、查询缴费机、多媒体查询机、存折补登机、排队叫号机等。ATM 主要包括自动取款机（也称自动提款机，也可简称为 ATM）、自动存款机（Cash Deposit Machine，CDM）、存取款一体机（Cash Recycling System，CRS）。目前，国内外广泛使用的是自动取款机和存取款一体机，自动存款机因客户需求改变使用范围逐步变窄。毕竟客户钱多在手并不过于焦虑，临时缺钱才令人着急，在不少国家和地区被存取款一体机逐步替代。

（二）ATM 的核心业务

简而言之，ATM 是为客户提供以现金自助服务为主的自助设备，是一种高度精密的机电一体化智能装置，利用磁性代码卡或智能卡实现金融交易的自助服务来代替银行柜面人员的工作。持卡人可通过 ATM 使用信用卡或储蓄卡，根据密码办理自动取款、查询余额、转账划拨，还可进行现金存款、存折补登、更改密码、手机充值、支票存款（国内暂无）等业务（蔡宁伟，2014）。不难看出，现金服务是 ATM 的核心，也是其广为客户接受和使用的要旨。从业内的统计来看，存取款业务量一半占 ATM 业务量的 40%～60%，部分 ATM 甚至高达 70% 以上。

与国外的 ATM 仅仅满足存取款金融服务不同，为满足客户的更多的需要，中国许多 ATM 增加了很多新的功能。我们对多家商业银行实地调研发现，主要有以下四类：一是缴费类业务，如缴纳燃气费、水费、电费等；二是购物类业务，如购买车票、电影票、日用品等，三是创新类业务，如手机预约取款、存折预约取款、圈存圈提、吞没卡自助取卡等；四是传统类业务，如转账、查询、修改密码等。ATM 的运营维护成本较自助终端更高，主要由守押车辆和人员、运营维护人员、清分场地、供钞与装卸钞、运营监控和系统支持、用地租金、采购折旧和电费、通信费等费用构成，仅用地租金两者因占地面积相仿而相似，其他均高于甚至远高于自助终端。结合其他自助设备特别是非现类自助终端的功能，我们认为除了创新类业务和必要的传统类业务之外，缴费类和购物类业务都可以分流到自助终端上完成，从而确保 ATM 核心功能使用的顺畅，避免客户排队，提高自助服务的满意度。

（三）ATM 的现金保障

不难看出，现金类业务是 ATM 的核心，存取款交易是 ATM 广受客户欢迎并广为使用的主要原因。简而言之，ATM 类似一个自助的小型网点或小型金库，重点在于保障客户的存取款现金服务。那么，如何合理保障 ATM 的现金支付？如何管理和科学控制 ATM 的现金库存？"保支付"和"控库存"实质是一体的两面，如何达到动态的平衡？这是本研究主要探讨的对象和尝试解决的问题。

在长期的业务实践中，商业银行和 ATM 制造厂商都采取了多种方法来提高 ATM 的现金保障水平。从银行方面，主要采取了实施日常监控、研发预测模型、提升供钞质量、提高装卸钞效率、加强预期维护和定期巡检等措施；在制造商方面，主要采取了增大自动取款机钞箱容量、改善存取款一体机的循环功能、创新自检和账务自动核对等方法。这一系列措施和方法，都有助于更好地保障 ATM 现金支付、更好地预测客户现金交易行为、更合理地控制 ATM 现金库存。由于"保支付"和"控库存"实质是一体的两面，所以两者必须处于一个合理的区间，否则给 ATM 加装过多现金会增加库存占用，提高无息资产比重；而一旦 ATM 库存现金不足，会导致设备停止运营、暂停支付服务，难以满足客户需求，容易引发客户投诉和负面舆情。因此，我们调研发现在商业银行的业务实践中，主要呈现两类趋势：一类是"保支付"型，如 A 银行、B 银行、M 银行等[1]绝大多数商业银行，其中 A 银行 ATM 单机日均库存一般在 50 万~70 万元，处于较高的库存水平；另一类是"支付库存平衡"，如 C 银行，这也是调研发现的极少数实施 ATM 精细化管理的商业银行，其 ATM 单机日均库存一般在 20 万~30 万元，处于现金保障和库存控制相对均衡的水平。当然，C 银行为此采取了大量的

---

[1] 因涉及内部数据，各商业银行均作匿名处理；应研究需要，所选银行均为全国性商业银行。

系统管理手段和精益运营措施，投入了相当的保障资源和财物支持才得以实现。

三、研究设计

目前，国内外针对 ATM 研究的文献较少，对其现金保障或库存管理的研究更是凤毛麟角，缺乏具体实施的标准和管理的参照。因此，我们只能选择实施了 ATM 精细化管理的 C 银行，从中遴选数据作为研究的样本，而其他商业银行则不具备深入研究和量化计算的条件，例如，A 银行至今仍为建立统一的 ATM 管理系统，对 ATM 的业务量、库存等情况缺乏管理标准，相关研究数据极为匮乏。

（一）研究方法

类型学是关于客体类型的哲学方法论，是具体科学的学说；客体按其自身的重要属性、关系、联系和机构特征可分为诸多类型[①]。由于 ATM 现金保障存在很多情况和具体情境，不同类型、布设地点的 ATM 交易情况存在较大的差异，因此难以用一种模式或模型加以概括，更不能归结为一种通用型的公式。但引入类型学的方法，如聚类等则可以对此加以区分和探讨，特别是在前期文献研究相对较少的前提下。

类型学是一种分组归类方法的体系，本质是分析归纳的认识方法论，其作用是为更深层次的研究提供"分门别类"的认识基础。使用类型学方法不仅可以区别物质或文化表象的差异，还可以把握物质或文化内在的有机联系，使具体类型的概念成为具有确切意义的实体（熊燕，2010）。不难看出，类型学具有两大特点：一是全面性，即可以全面提取分析对象包含的信息，鲜有疏漏；二是关联性，即可以集中归纳各类对象共同的特点，各具特色。目前，类型学的方法和思想

---

① 引自 CNKI 概念知识元库，http://define.cnki.net。

在经济学、管理学、社会学、心理学等跨学科领域应用广泛。例如，蔡宁伟（2013）就曾尝试将类型学的研究方法引入金融领域，探讨了自助柜员机（ATM）业务外包的多种类型和划分标准；又如，蔡宁伟（2015 b）还曾尝试以两维四分法为手段发掘商业银行的业务类型与演进发展，并提出基于服务范式与需求、客户体验与成本、风险管理与盈利的二维业务类型分析维度，由此演化出 12 种商业银行的业务类型。

（二）研究框架

本研究主要关注的是四分法，即以两个不同维度为分类标准形成四象限、即四种类型的矩阵。我们通过对 ATM 主要类型的梳理，归纳出其核心业务并聚焦于现金保障方面，而后尝试以理论基础的四分法为源头，借鉴实施精细化管理的典型商业银行的长期数据，结合实践和实务的特征，提出两维四分法的具体维度和划分类型。

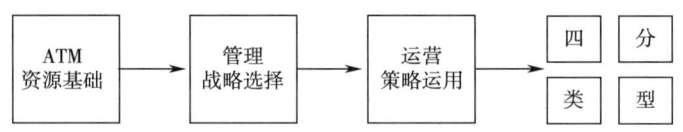

图 5－1　商业银行 ATM 现金保障类型的研究框架

换而言之，本研究尝试以不同视角直观理解商业银行 ATM 的现金保障和库存管理，对于其业务实践具有指导性，某些划分依据具有首创性。受美国学者 Barney（1986、1991）提出的资源基础观（Resource - based View，RBV）的启发，我们认为商业银行 ATM 主要业务本身不仅仅是管理模式的改变，还是各自基于自身资源作出的战略选择，从而采取了不同的模式和措施。这一点，在我们对 A、B、C、D、J 和 M 等商业银行的调研中已经有所印证，不同的银行采取不同的管理模式，集约或分散、粗放或精细等。例如，A 银行的 ATM 正处于集约过程中，但以粗放管理为主；C 银行则全面构建了 ATM 的集约化管理模式并以精细化管理为主；B 和 M 等银行与 A 银行类似，但集约化的标准和要求不同，其中 B 银行的管理较 A 银行更为精细。甚至不同银行的管理主体、所在部门和负责机构也存在较大差异，组织架构、部门职能、岗位职责、管理权限和组织边界都存在很大不同。本节的研究框架如图 5 – 1 所示。

（三）样本选择

本研究以实施了 ATM 精细化管理的 C 银行为样本，选取一定期间内 ATM 的业务运营数据作为分析的基础。依据该行的具体业务情况，最终我们选取了 11 个月的 ATM 业务和库存数据作为样本。由于该行保有 ATM 数量较大，达数万台，因此这一数据的提取和挖掘花费了一个多月的时间。此后，通过 Excel 2007 等软件的函数编辑和综合运算，我们发现了 ATM 库存管理和业务交易的一定联系，但使用单一函数表达较为复杂且推广度有限。这一发现与 C 银行目前的实践结论相一致，A、B 等其他商业银行也没有相关准备或发现。

如前文分析，由于"保支付"和"控库存"实质是一体的两面，所以两者必须处于一个合理的区间。否则给 ATM 加装过多现金会增加库存占用，提高无息资产比重；而一旦 ATM 库存现金不足，则会导致设备停止运营、暂停支付服务，难以满足客户需求，容易引发客户投诉和负面舆情。因此，ATM 的交易情况与现金库存之间存在一定联系，但这种联系目前还难以或不适于使用函数或数量关系呈现，主要源于以下三方面原因。一是由于缺乏相关文献，在商业银行长期的业务实践中鲜有针对 ATM 现金保障的专题研究、专著和专门文献；二是由于 ATM 现金保障存在很多情况和具体情境，不同类型、布设地点的 ATM 交易情况存在较大的差异，因此难以用一种模式或模型加以概括，就连天气变化都可能影响客户的交易意愿和行为；三是 ATM 又分为存取款一体机和自动取款机两类，前者由于增加了客户存款的功能，使其库存管理更具有随机性。因此，引入类型学的思想，进行二维四分法的划分更为合理，也更易于找到分析的要领，得出合理的结论。

四、研究结论

从ATM现金保障的业务流程来看，存取款一体机和自动取款机两者主要机型存在一定差异。前者的现金来源主要在于加钞和客户存款，而现金付出主要在于卸钞和客户取款；后者的现金来源仅是加钞，而现金付出主要在于卸钞和客户取款。因此，在不考虑设备类型的前提下，我们认为ATM的存取款交易和现金库存之间存在一定关系，但各种机型细分仍存在差异。在此，我们首次尝试构建并验证ATM现金保障的四种类型。

（一）模型构建

那么，ATM的存取款交易和现金库存之间存在关系如何展示？特别是如何选取两个维度，并通过矩阵的形式展现？我们尝试设计了如下模型，用以展示ATM单机日均存取款金额与库存的关系，从而形成四种类型，基本可以概括各种实际存在的情况。

如图5-2所示，纵坐标代表ATM单机的存取款交易金额，上高下低；横坐标代表ATM单机日均库存，右高左低。纵坐标中间的横向线代表该银行ATM单机日均存取款金额的平均值，横坐标中间的竖向线代表该银行ATM单机日均库存的平均值。由此，该银行保有的ATM可以划分为四种类型：一是高交易金额、高库存的"双高型"，这符合ATM高业务与高库存的平衡情境，属正常类；二是高交易金额、低库存的"高低型"，这是在ATM存取款交易较多的情况下合理控制库存的典范，属优秀类；三是低交易金额、低库存的"双低型"，这符合ATM低业务与低库存的平衡情境，在业务量提升的情况下，可以实现

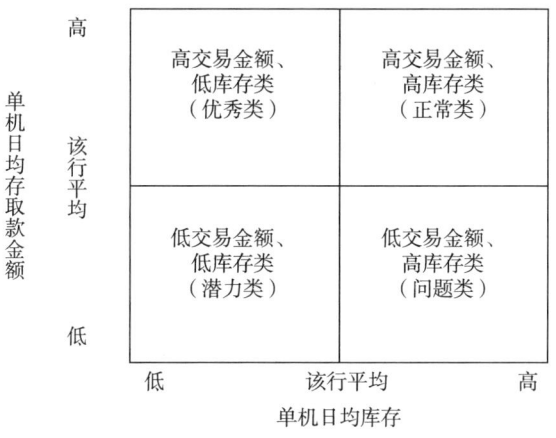

图 5-2 ATM 单机日均存取款金额与库存类型划分

向"双高型"的转移,具有一定拓展和发展的空间,属潜力类;四是低交易金额、高库存的"低高型",这是银行最不愿意出现的,ATM 存取款交易较低的情况下却保有较高的库存,具有一定改进和优化的空间,属问题类。

(二) 模型验证

根据从 C 银行 ATM 管理系统和现金管理系统提取 2014 年 11 个月的原始数据,追踪该行 ATM 数量和业务量动态变化的情况。我们首先加权计算出该银行 ATM 单机的存取款交易金额约为 28 万元、ATM 单机日均库存约为 23 万元;再根据各分支机构的差异,算出具体某分支机构所辖 ATM 单机的存取款交易金额和现金库存[1]。不难看出,C 银行 ATM 单机日均库存仅占其单机日均存取款交易金额的约 80%,库存低于存取款现金类交易额度,处于比较合理的区间。C 银行主要下辖 36 家分支机构,每家分支机构 ATM 保有的数量、类别均不尽相同,单机日均库存和存取款交易也存在一定交易。

---

[1] 应商业银行内部管理要求,具体数据细节不作展示。

由此，结合各分支机构单机日均交易金额和库存情况，可分为以下四类：第一类单机日均存取款金额和库存均高于全行平均，属正常类，如深圳、海南、江苏、贵州、广东、上海、山东、河南、广西和新疆等10家分支机构；第二类单机日均存取款金额高于全行平均水平，但库存低于全行平均，现金管理质量较高，如广州、宁夏、重庆、四川、山西和湖南等6家分支机构；第三类单机日均存取款金额和库存均低于全行平均，如浙江、天津、湖北、安徽、河北、黑龙江、内蒙古、福建、云南、吉林、青海、辽宁、大连、厦门、西藏等15家分支机构，有业务提升的潜力。第四类单机日均存取款金额低于全行平均但库存高于全行平均水平，如青岛、北京、陕西、江西和甘肃等5家分支机构，库存管理需要改善。其中，青岛实施ATM全流程业务外包，预支多日加钞资金给外包公司，造成设备在途占款较高。因此，青岛在图5-3中的位置最为特殊，是低交易金额和高库存的典型，也是问题类的典型，需要控制在途资金占用，并适当提升加钞频率，不断化解库存压力。

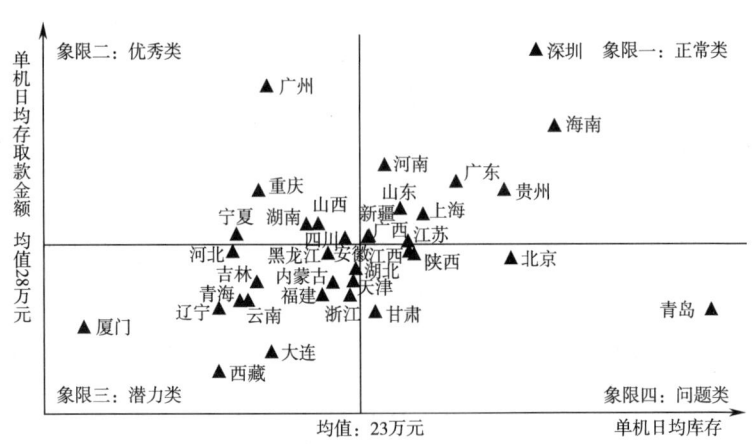

图5-3　C银行ATM单机日均交易金额与库存类型

（三）分析讨论

如果说正常类和优秀类的分支机构可以维持现状，那么潜力类和问题类所包括的分支机构，特别是问题类中所辖的五家机构特别需要分析和讨论，从而探寻导致这类结果的动因。其中，以下两个看似矛盾的焦点问题值得重点探讨。

首先，在潜力类中，为什么会出现西部欠发达地区和东部发达地区同处一类的情况？如图5-3所示，在象限三中，既有青海、西藏等地域广袤的西部分支机构，又有浙江、大连、天津、厦门、福建、辽宁、河北等东部沿海地区的分支机构。换句话说，为什么东部发达地区的部分分支机构ATM单机日均业务量处于较低的水平？根据我们的调研，这一情况可能还需要结合该地区的金融同业布设ATM的情况整体分析。例如，浙江是C银行保有ATM较大的分支机构，达数千台之多，而A、B、J等商业银行在浙江也布设了大量的ATM，导致浙江每百万人均保有ATM的数量在全国居于前列。在这一情境下，客户可以选择A银行的ATM，也可以选择B、C、D、J、M等商业银行的ATM，甚至可以选择地方性商业银行的ATM。因此，在自身保有量和同业保有量双双居高不下的情境下，C银行在部分东部地区的ATM业务得到了一定稀释。因此，ATM的选址布局尤为重要。

其次，在问题类中，为什么也出现西部欠发达地区和东部发达地区同处一类的情况？如图5-3所示，在象限四中，既有陕西、甘肃等西部分支机构，也有北京、青岛等东部分支机构？事实上，江西、陕西和北京距离第一象限即问题类更近，甘肃距离第三象限即潜力类更近，而东部地区的青岛游离在绝大多数分支机构之外。具体问题需要具体分析，经我们深入调研发现这五家分支机构主要可以分为以下四类情况：第一类青岛实施ATM全流程业务外包，预支多日加钞资金给外包公司，造成设备在途占款较高，而该地ATM布设类似浙江，设备已相对饱和，是低交易金额和高库存的典型；第二类江西和陕西由于 ATM 集中管理进度较快，导致现金库存较之前略有增加，而陕西部分中心城市仿效青岛实施了 ATM 业务全流程外包，也在一定程度上导致库存高企；第三类北京实际是 C 银行精细化管理的典范，但囿于首都的特殊性，一些关键机构、交通枢纽必须 100% 全天候确保支付和服务，导致这类设备对现金保障的要求更高，库存较高，而北京同样面对与浙江类似的问题，商业银行纷纷大量布设 ATM、自助银行和社区银行，导致交易容易被其他金融同业稀释；第四类甘肃在研究期内业务量增长较大，单机日均交易额同比增加 8% 以上，使现金库存出现了伴生现象。

（四）保障对策

那么，针对这四种类型，商业银行相对采取了哪些方法来应对呢？这些方法能否与前面提出的 ATM 单机日均存取款金额与库存类型一一对应呢？我们选取了日常运营维护中装卸钞的频率和单次加钞的额度来考量，从而形成 ATM 现金保障的四种类型。

如图 5-4 所示，纵坐标代表 ATM 装卸钞频率，上高下低；横坐标代表 ATM 单次加钞的金额，右高左低。纵坐标中间的横向线代表该银行 ATM 装卸钞频率的平均值，横坐标中间的竖向线代表该银行 ATM 单次加钞的平均值。由此，该银行保有的 ATM 可以划分为四种类型：一是高装卸钞频率、高单次加钞金额的"双高型"，即多跑多加型，这符合 ATM 高业务与高库存的平衡情境，即正常类的需要；二是高装卸钞频率、低单次加钞金额的"高低型"，这对应 ATM 存取款交易较多的情况下合理控制库存的典范，即可以满足优秀类的需要；三是低装卸钞频率、低单次加钞金额的"双低型"，这符合 ATM 低业务与低库存的平衡情境，满足潜力类的基本要求；四是低装卸钞频率、高单次加钞金额的"低高型"，这是银行最不愿意看到的，ATM 存取款交易较低的情况下却保有较高的库存，对应问题类的情境。

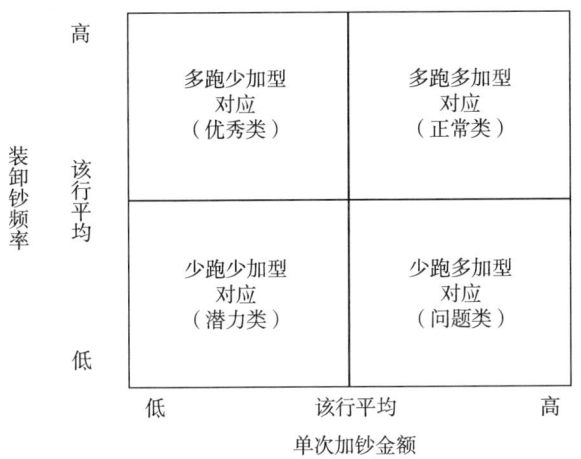

图 5-4 ATM 现金保障类型划分

五、研究意义、启示和展望

ATM 已成为部分商业银行最大的交易渠道，其地位越加稳固，在分流柜面业务、拓展服务渠道、降低运营成本、延长服务时间、提高中间业务收入方面发挥了重要作用。上文我们主要在梳理 ATM 主要类型、核心业务及其保障的基础上，探讨了存取款交易与库存的关系，并提出了 ATM 单机日均存取款金额与库存类型划分，以 C 银行为样本，实际验证了上述二维四分类型，并有针对性地提出情况分析和应对措施，改善 ATM 现金保障和运营服务。本研究具有如下意义和启示。

（一）研究意义

近年来，类型学或类型研究在相关研究领域取得了丰硕的成果。国内外学者采取类型学的方法，开展了一系列归类分析，对更好地理解相关领域子类型的目的、内涵、方法和创新，有着更加深刻认识和积极意义。在此，我们尝试在金融领域引进类型学的理念，首次对商业银行

ATM 现金保障类型进行实证研究，试图发掘其中的联系，尝试建立可供比较的实践模型和理论体系。这有助于通盘认识商业银行自助渠道的有关业务和服务，建立从理论基础到具体实践的分类逻辑，从而更好地指导业务实践、创新和发展，在梳理业务、平衡支付、控制库存的同时实现内部挖潜。在三期叠加①和机构转型之际，引导商业银行合理控制无息资产，降低库存与运营成本；提高自有资金的使用效率，综合利用既有资源；最终达到精益运营的目标，从而在经济下行周期实现内部挖潜，发现"新常态"中的更多盈利增长点。

（二）研究启示

作为商业银行的一种重要渠道，ATM 给予其他渠道类似的启示。传统银行营业网点也存在相仿的问题，尽管每百万人银行机构密度中美差异较大，2011 年美国每百万人拥有 24 家银行机构（陈雄兵、杨莹果、张伟峰，2013）；但国内部分地区却截然不同、存在较大差异，如 2012 年广州每百万人已拥有 200 家银行网点（欧阳卫民，2013），北京、上海、深圳、成都、大连、青岛、厦门等一线或中心城市也具有类似的情况。因此，在互联网金融大举冲击之际，国内传统商业银行需要认真思考线上与线下相结合（O2O）的模式，在巩固自有物理渠道和网上银行的同时，更为科学地进行前期选址论证，更为合理的统筹布局。不仅要兼顾自身实际，还需要考虑竞争对手的举措，才能更好和尽早发挥新设机构的效力。

（三）研究展望

目前，在以分支机构为代表的物理金融业态、以网上银行为代表的

---

① 当前"三期"包括增长速度进入换挡期，是由经济发展的客观规律所决定的；结构调整面临阵痛期，是加快经济发展方式转变的主动选择；前期刺激政策消化期，是化解多年来积累的深层次矛盾的必经阶段。

电子金融业态和以手机银行为代表的移动金融业态迭代竞争的情况下，商业银行已经开始由传统物理渠道向线下自助渠道和线上网络渠道的转型，大力拓展社区银行、网上银行和手机银行等业务。我们相信，在未来的业务发展中，规模化的银行组合渠道更具优势，而精细化、系统化、标准化和规范化的运营管理必不可少。只有在规模与细节相结合的情境下，才能在统筹全局中逐步发现和克服"细节的魔鬼"，不断提升运营服务的效率和质量，最终提升客户的满意度、美誉度和忠诚度。因此，我们对 ATM 现金保障类型的研究仅仅抛砖引玉，尝试首先迈出一小步，未来的研究领域和空间非常广阔，值得理论研究者和实务践行者持续不断地关注。

第三节　ATM 存取款异常行为

一、引言概述

2014 年我国 ATM 在全世界保有量已达 65.4 万台[①]，位列第一实现了质的飞跃。近三十年来，商业银行的自助渠道和自助业务发展迅猛，逐步成为商业银行交易的主要通路。自助交易以系统化、标准化、实时化的交易平台和操作流程为主导，引导客户更为自主、自由、自控地完成交易，不仅缓解了客户去网点办理业务排队难的问题，也越来越多地得到客户的理解、认可和使用。2011 年后，国内部分自助业务发展水平较高的商业银行，ATM（含自动取款机和存取款一体机，下同）的业务量突破 30%，在巩固个人业务交易主渠道的基础上，超越传统网点渠道成为名副其实的零售主渠道和交易主渠道——这一占比数据可视

---

① 中国银行业协会. 2014 年度中国银行业服务改进情况报告［R］. 北京，2015 - 03 - 15.

为一大业务转折和重要业态变化,部分国外领先商业银行最高可达60%以上(蔡宁伟,2015b)。与此同时,有关ATM的新闻报道屡见不鲜,在承担高强度的客户服务和社会责任的同时,各大商业银行也面临着不少困难与挑战,一些难言之隐犹如顽疾,屡禁不止、屡治不力、屡戒不掉。

二、研究问题

ATM是为客户提供以现金自助服务为主的自助设备,是一种高度精密的机电一体化智能装置,利用磁性代码卡或智能卡实现金融交易的自助服务来代替银行柜面人员的工作,主要包括现金存取款、查询余额、转账划拨、更改密码等业务(蔡宁伟,2014)。从业内的统计来看,存取款业务量一半占ATM业务量的40%~60%,部分ATM甚至高达70%以上。不难看出,现金交易类业务是ATM的核心,存取款交易是ATM广受客户欢迎并广为使用的主要原因。简而言之,ATM就是一个自助的小型网点或小型金库,重点保证客户的存取款现金服务。

(一)单人单卡单日ATM现金存取款监管要求已经明确

一般而言,客户的存取款行为应呈现一定统计分布趋势,如正态分布等,绝大多数的客户在ATM上的存取款多为2万元以下的小额交易,又以5 000元甚至1 000元以下的交易居多。根据我们前期的研究(蔡宁伟,2013a),这一情况主要受以下三大因素影响。一是监管要求。依据《关于下发〈银行卡业务管理办法〉的通知》(银发〔1999〕17号),同一贷记卡在ATM取现每天不高于5 000元,依据《关于改进个人支付结算服务的通知》(银发〔2007〕154号),同一借记卡在ATM取现每天不高于2万元。二是设备性能。ATM的吐钞口容量有限,而其内部的钞币传送装置也比较复杂,导致其本身清点、传送的额度不宜过大，否则容易引发卡钞等故障。其中，新款存取款一体机单笔吐钞最大可达 2 万元，新款自动取款机单笔吐钞最大可达 1 万元，其他版本和型号一般在此额度之下。三是客户习惯。根据跨春节假期为期 1 个月的实证研究，绝大多数客户在 ATM 上存取款多为小额应急之用，2 500 元以内的小额取款占取款笔数的近 80%，1 万～2 万元的取款交易较少，不足 5%。

综上所述，绝大多数客户的正常存取款行为一般呈现随机分布，即一定时间需要一定额度，其中不排除个别时间如节前等急需相对较大的资金，或者夜间临时急用不得不在 ATM 上按照持卡最高限额全额取款。但是，我们也发现极个别客户的存取款行为特别是取款行为呈现比较稳定的状态，即取款的频率、金额等有记可循，与普通客户的行为完全不符。

（二）单人多卡单日 ATM 现金存取款监管要求有待完善

尽管监管已经明确了对单人单卡存取款的要求，但对单人持多卡存取款的情况，仍存在法律法规的空白。例如，广东、福建、浙江所在的沿海发达地区存在一定数量的"背包党"，即"专职取款人"，持多张商业银行卡专职取现，具有较大的洗钱嫌疑，容易导致加满现钞的 ATM 设备被迅速取空，反而给客户办理正常业务造成阻碍。根据《中华人民共和国反洗钱法》、《金融机构客户身份识别和客户身份资料及交易记录保存管理办法》和《金融机构大额交易和可疑交易报告管理办法》等法规制度，商业银行在为客户办理现金支取时，应主要执行以下三方面要求。

一是为个人存款人办理人民币单笔 5 万元以上现金支取业务的，应核对存款人的有效身份证件。对于他人代理办理的，应严格审核存款人及代理人的身份证件，并留存存款人及代理人的身份证件复印件或者影印件。二是一次性提取现金 20 万元（含）以上的，应请取款人必须至少提前1天以电话等方式预约,以便银行准备现金。三是对于单笔或者当日累计人民币交易20万元以上的现金支取、现金票据解付及其他形式的现金支取,应按规定向中国反洗钱监测分析中心报告。可见,由于目前相关法律及人民银行个人结算账户的管理规定中,没有对个人办理本人账户或代办他人账户提取现金进行限制。所以,金融机构无法直接拒绝为"专职取款人"办理提现业务,要求其说明取款用途也缺乏有效依据,与ATM等自助渠道的业务特征不符,且有可能与反洗钱相关保密要求相悖。本研究主要关注这类ATM现金存取款的异常行为,研究其背后的行为机理和驱动因素,并为下一步管理疏导提出对策建议。

三、研究设计

目前,国内外针对ATM现金存取款异常行为的研究文献较少,分析下来有以下四方面原因:首先,发达国家的个人信用体系比较完善,现金交易和需求较国内较少,客户大多选择在监管范围之内的持卡交易;其次,国外监管和金融机构对反洗钱的管理非常严格,大额交易必须履行相关手续,并多在银行柜台办理;再次,这类行为在国内屡见不鲜却屡禁不止,一方面确有极个别客户存在洗钱嫌疑,另一方面也反映了一些客户存在类似需求,两者的甄别与判定比较困难,此类业务成本较高且不在金融机构的管理范围;最后,这类行为并未引起更大规模的负面效应,"背包党"持多人多卡取款钻了政策的空子,法律法规并未明文禁止。因此,如果采取实证研究的模式,需要对选择的研究对象、研究时间、研究地点和研究方法等作充分的评判与甄选,才能达到分析问题的需要。

(一)研究对象

我们选择实施了ATM精细化管理的A银行,从中遴选数据作为研究的样本，而其他商业银行则不具备深入研究和量化计算的条件，例如，B 银行至今仍未建立统一的 ATM 管理系统，对 ATM 的业务量、库存等情况缺乏管理标准，相关研究数据特别是历史数据极为匮乏。A 银行建立了 ATM 管理系统，对每一台 ATM 的每笔交易均有系统实时记录，包括时间、客户、金额、种类、卡号等等。这是依据此类交易明细，可以分析和归纳 ATM 现金存取款异常行为的维度和特征。

（二）研究时间

由于 ATM 的现金存取款异常行为需要在一定时间段内才能有所体现，有助于寻找异常中的"通常"，从而发现异常行为的规律。因此我们提取了某年为期 8 个月的 ATM 存取款交易数据，并根据客户名称、交易时间等逐步梳理、归纳，最终形成依据某一客户存取款行为的交易情况。需要解释的是，由于我国现金交易量较大，特别体现在元旦、春节、元宵、清明、"五一"、端午、中秋、"十一"等传统节假日前后及期间，因此我们选取的时间段应至少包括上述一半以上的节假日，以便更好地体现中国现金交易的特色。

（三）研究地点

通过非现场数据分析，结合实地调研情况，可判断其中一些客户极有可能为活跃在广东、深圳、福建、浙江、广西等地的"专职取款人"，其取现行为十分异常。这类"专职取款人"一般不定期或长期受雇于他人，通过持有本人或他人名下多张银行卡，在各银行 ATM 频繁提取现金，并从中赚取佣金。其中，该类人员在广东的交易人数最多、额度较大，这与广东的地理位置和历史沿革紧密联系，具有较好的代表性。因此，我们主要关注此时间段内，广东省内该金融机构所辖 ATM 的交易情况。

（四）研究方法

类型学是关于客体的类型的哲学方法论，是具体科学的学说；客体按其自身的重要属性、关系、联系和机构特征可分为诸多类型[①]。类型学是一种分组归类方法的体系，本质是分析归纳的认识方法论，其作用是为更深层次的研究提供"分门别类"的认识基础。使用类型学方法不仅可以区别物质或文化表象的差异，还可以把握物质或文化内在的有机联系，使具体类型的概念成为具有确切意义的实体（熊燕，2010）。

由于 ATM 现金存取款异常行为存在很多情况和具体情境，且"异常"本身就表明了这类行为的内涵差异，因此难以用一种模式或模型加以概括，更不能归结为一种通用型的公式。但引入类型学的方法，提出划分的具体维度和视角，则可以更为清晰地界定行为的共性与特征。划分的维度可以是唯一的，即一维，也可以是多维的，如两维、三维等。其中，三维以下的分类形式在目前的平面条件下，更易于直观展示，因此研究中以一维、二维和三维分类居多。类型学的方法在商业银行实践领域已经有所应用，如图 5-5 所示。例如，蔡宁伟（2013b）就曾尝试将类型学的研究方法引入金融领域，探讨 ATM 业务外包的类型

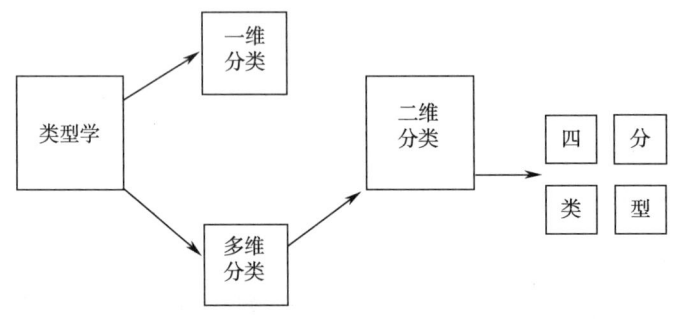

图 5-5　研究脉络暨类型学演进

---

① 引自 CNKI 概念知识元库，http：//define.cnki.net。

和划分维度；又如，蔡宁伟（2015c）还曾尝试以两维四分法，发掘商业银行的业务类型与演进发展，由此演化出12种商业银行的业务类型；再如，蔡宁伟（2015a）通过长期的数据积累和实证研究，首次提出了ATM单机日均存取款金额与库存类型划分。

四、研究结论

ATM现金存取款异常行为的主要表现或者展示维度可以分为时间和金额两个主要方面。其中，时间维度可以细分为时段、频率两类，前者包括白天、夜间、凌晨等，后者主要意指高频存取款交易；金额维度可以细分为固定小额、满额两类，前者主要包括100元，后者主要包括借记卡2万元、贷记卡5 000元等。由于在二维图示中按全部类型展示比较复杂，因此我们首选存取款频率这一维度作为划分类型的纵轴，将存取款额度作为划分类型的横轴，至于具体时间段将在后续分析中详细讨论，如图5-6 ATM存取款金额与频率划分所示。如果"专职取款人"使用多张借记卡在ATM上存取款，在纵轴中，每日取款的频率单

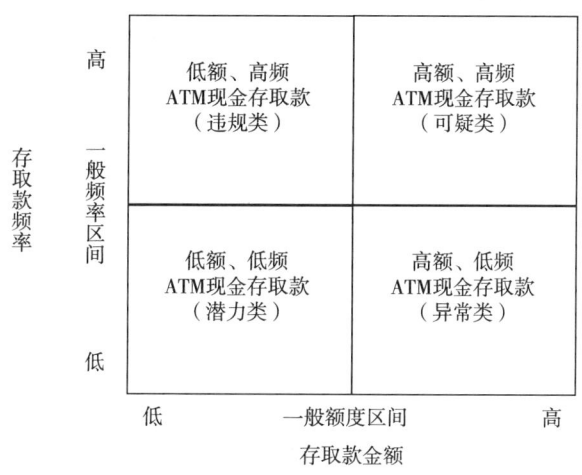

图5-6　ATM存取款金额与频率划分

人实际最高可达 100 多次；横轴中，每日取款额度单人理论最高可达 200 多万元，总额远远超过了监管机构对大额与可疑交易的额度，但并未突破单人单卡的限制。

（一）可疑类——高额高频 ATM 现金存取款

象限一中，取款人一天持卡多次高额甚至全额或满额取现，例如，"专职取款人"持多张银行卡频繁大额取现。其中，"全额"意指把单卡余额全部取光，"满额"意指以监管的上限取款。1~8 月，通过 ATM 渠道累计取现 100 万元以上的 9 671 名客户（多为一人持多卡），累计取现总额 151.3 亿元，此类客户日均取现量往往达到银行客户平均水平的 100 倍以上。根据已披露的案件及媒体报道，其资金来源往往涉嫌电信诈骗、洗钱及地下钱庄运作等违法行为，雇佣专职取款人频繁通过 ATM 取现的主要目的是规避银行大额提现身份识别和资料留存要求。该类"专职取款人"多呈现团伙化的特征。2012 年 1~8 月 ATM 渠道累计取现金额最多的客户中，有数名来自 A 省的马姓等人员，10 人先后持 150 张卡，在 B 市辖属各 ATM 取现 4.3 万多笔，累计取现 1.4 亿元。其中马某某持 44 张借记卡，累计取现超过 3 300 万元，单日平均 36 万元，均为全辖最高。进一步核实发现，这些人员极少在柜面办理业务，仅在 ATM 取现，或通过网银进行大额资金的过渡及分拆，网点难以掌握其身份背景及交易目的。且其上游资金多由他行转入或现金汇入，资金辗转多个账户交叉过渡，借助网银快速划转，规避资金监控的意图明显。

（二）违规类——低额高频 ATM 现金存取款

象限二中，取款人一天持卡高频低额甚至最小额存取款，有的一天多达上百次。值得警惕的是，对于一般客户而言，如果需要 1 000 元现金，一般 1 次性取款，这样既节约时间，简化操作，也可节约他行卡客户的交易费用，还有利于 ATM 运营与银行账务管理，可谓一举多得。同理，一般客户存款 1 000 元，也会一次性存入。那么，有哪类客户在存取款时一定需要一张一张存取呢？这一问题困扰我们很久，也逐步引起了我们的重视，无可置疑的是这类行为显然不符合正常逻辑。在长期的追踪调研中，我们发现了以下几类特殊的情境。一类是某网点为提高 ATM 交易量，以期达到网点的离柜考核目标，得到相应绩效，定期指派客户经理或大堂经理在 ATM 前不断存取款。如果以业务量计算，100 元是 ATM 中通常装钞的面值，自然以存取 100 元最为方便，可以在有限的时间内更好地完成业务量考核的要求。在调阅监控中发现，某经理站在 ATM 前，反复存取 100 元操作，长达 1 个多小时，完成小额交易几十笔。这种行为显然违背了考核的初衷，还有可能影响其他客户的操作与体验。另一类是极个别客户出于好奇心理或需要更换新的 100 元钞券，反复尝试，希望从中取得较新的钞票。当然，这类操作时间较前一类更短。

（三）潜力类——低额低频 ATM 现金存取款

象限三中，取款人一天持卡存取较小的额度，频率也不频繁，这类客户一般视为正常操作。就商业银行而言，这类客户在存取款的频率和额度上有较大的提升空间，距离一般客户的平均水平大有潜力可以发掘。此类客户一般习惯身上不带过多现金，更多通过银行卡、第三方支付平台、手机银行和网上银行等进行线上交易，只有在不得不使用现金时，才选择在 ATM 上取现。此类客户在 ATM 的现金存取款额度一般在 200~1 000 元不等，频率在 1 天 1 次到 1 个月 1 次不等，绝大多数客户按天而言没有基本的规律可循。至于这类客户选择存取款的时间段，无论存取款频率如何在一定程度上存在相当的共性。因此，如其他三类一样，我们在每一类，即图 5-6 所示四个象限中先不作讨论，待最后归为一点集中讨论说明。

（四）异常类——高额低频 ATM 现金存取款

象限四中，取款人一天持卡高额甚至全额或满额取现。需要注意的是，取款客户本身高额或满额在 ATM 现金存取款的频率并不高，可能1天1次，也可能1周1次，甚至1个月1次、1季度1次。之所以将其称为"异常类"首先是对这一行为本身的界定。例如，D 客户常年存取款基本保持在1 000元，某日突然出现1笔2万元的满额取款，本身就存在一定异常的成分。在深入沿海相关省份的调研中，我们发现，这类异常的高额取款行为本身就与客户遇到的突发事件有关，例如亲属突发疾病、亲朋急需用钱、某些缴费还款日到期甚至赶上节日多场婚丧嫁娶等，在不得不用现金的时候，ATM 这一自助渠道就成为首选。在商业银行网点的非营业时间，例如晚上18:00以后，ATM 成为客户唯一可以应急取款的渠道。

（五）时间段——不可忽视的一个异常类维度

如前所述，客户 ATM 现金存取款在时间段上存在一定共性，因此在研究的最后集中讨论。之所以说时间段这一维度不可忽视，首先也是对这一行为本身的界定。例如，E 客户常年存取款多在白天，即8:00~18:00之间，某日突然出现1笔夜间23:40的取款交易，本身就存在相当的异常因素。如果加上大额的维度，那么很可能是突发事件导致 E 急需用钱，如亲属生病需要马上垫款；如果再加上高频的维度，那么 E 的 ATM 存取款行为就更为可疑了。例如，2015年央视报道辽宁某沿海边境城市发现2名戴口罩的男子持多张银行卡深夜到 ATM 高频、大额取款，经警方后续核实，发现这背后存在一个跨国赌球团伙，借此手段归结赌资；2014年央视还曾报道多名男子深夜到 ATM 高频、大额取款，后经警方调查，发现一个来自台湾的诈骗团伙，辗转多地在夜间利用克隆卡归结赃款。

五、研究讨论

根据上述实证研究分析，可以看出ATM现金存取款的异常行为主要归纳为时间和金额两个主要维度。其中，时间维度主要以存取款频率为依据，而时间段的维度可作为进一步判定的重要参考。尽管上述两个维度已经可以作为划分的重要标准，除此之外，是否还存在其他的维度？值得我们进一步探讨。在为期8个月的统计分析中，还有两个维度值得关注，那就是客户与持卡数量，这里的客户主要指真正在ATM上持卡操作的客户。

（一）客户与持卡数

在前两个讨论的维度时间和金额上，其主体就是客户，因此客户数量本身就值得讨论。就客户与所持银行卡而言，主要存在本人操作和代人操作两类情况。而在代人操作中，又存银行卡所有者知情或授权，如亲朋好友，或银行卡所有者不知情，如不法分子所持有盗窃卡、克隆卡等两类情况。当然，银行卡的数量也是我们关注的一环，通常情况是一人1卡，也有1人多卡的情况，后者如果是非银行卡所有者本人存取款，更需要关注。由此，我们展示了图5-7 ATM存取款人数与持卡数划分，并提出四种类型。

1. 可疑类——多人多卡ATM现金存取款

象限一中，多位客户持有多张银行卡赴ATM进行现金存取款操作，具有一定嫌疑。如果其持有银行卡并非本人，更值得商业银行持续关注。这种情况一般对应图5-7中的象限一，即高额高频ATM现金存取款，而媒体多次报道的克隆卡即一些犯罪嫌疑也与此有关，多为按照放风、操作、协助等分工的团伙作案。

2. 核实类——单人多卡ATM现金存取款

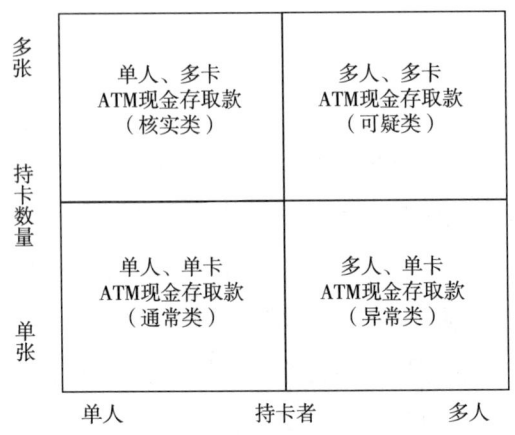

图 5-7　ATM 存取款人数与持卡数划分

象限二中，一位客户持有多张银行卡赴 ATM 进行现金存取款操作，有待进一步核实。如果其持有银行卡非本人，也值得商业银行关注。这种情况主要对应图 5-7 中的象限一，即高额高频 ATM 现金存取款，同时也可能对应图 5-7 中的象限二与象限四，即低额高频或高额低频 ATM 现金存取款。

3. 通常类——单人单卡 ATM 现金存取款

象限三中，一位客户持有 1 张银行卡赴 ATM 进行现金存取款操作，是最常见的现象，其比例一般占到 ATM 存取款业务的 90% 以上。这种情况主要对应图 5-7 中的象限三，即低额低频 ATM 现金存取款，同时也可能对应图 5-7 中的象限二与象限四，即低额高频或高额低频 ATM 现金存取款。

4. 异常类——多人单卡 ATM 现金存取款

象限四中，多位客户各持有 1 张银行卡赴 ATM 进行现金存取款操作，这种情况也普遍存在，特别集中在代发工资、养老金的工作日。在这一类型中，多位客户持有 1 张银行卡赴 ATM 进行现金存取款操作，是最不符合逻辑的现象。本来 1 人足以操作完成，为什么还要兴师动众呢？经过多次查访，可能出现的情境一是两位客户进行修改密码等操并在存取款后交接，情境二是多位客户共同见证卡内余额并按照约定比例存取款等。当然，情境二也存在于极个别不法分子的分赃过程中。

（二）客户交易习惯

由图5-7的持卡人数和持卡数量两个维度推论，无论客户出于何种目的进行ATM现金存取款操作，在一定程度上符合客户本身的特征，从而反映出某种规律的交易习惯。即便是不法分子，也存在一定交易习惯，例如，团伙作案的一般选择在夜间进行多人多卡的操作，其存取款类型符合高额高频的特征等。又如，"专职取款人"一般呈现单人多卡的模式，通常选择在白天工作，特别青睐那些ATM布设数量较多且刚加满钞的自助银行，其存取款类型符合高额高频的特征。在此，我们把交易行为可以规律化的客户称为"结构化客户"，没有太多规律或者无规律可循的客户称为"非结构化客户"。

1. 结构化客户

结构化客户的最大特征就是在ATM现金存取款中呈现一定规律，尽管这种规律在不同类型的结构化客户中差异较大。例如，代发工资、养老金的离退休客户的规律为每月固定时段的白天，主要呈现多人单卡、低频高额（取出全部现金）或低频低额（取出少量现金）的情况；又如，"专职取款人"的规律为每日固定时段的白天，一般从上午开始，主要呈现单人多卡、高频高额的情况。结构化客户的规律还可能与ATM的布设位置有关，客户的流动性相对较弱，从而更好地展现了结构化的规律。例如，机关、高校、厂矿、居民区特别是远郊的居民区的结构化客户特征更为明显。

2. 非结构化客户

非结构化客户的最大特征就是在ATM现金存取款中很难找到规律，甚至完全没有规律。其原因主要源自以下几方面：一是ATM布设地点属于人流较大的区域，例如商务中心区、车站、机场、医院、交通枢纽等；二是客户本身的需求具有一定随机性、突然性和偶发性，赶上一些客户需要大额现金时可能短期就将 ATM 现金完全取空。当然，我们所说的这些规律主要针对客户的现金需求而言，ATM 本身的现金保障即便在非结构化客户居多的地域，也可能呈现一定规律。例如，商务中心区的 ATM 在工作日现金需求量较大，而双休日和节假日则较小，因为绝大多数客户都已经回家。

3. 结构化与非结构化客户

调研发现，事实上绝大多数地区都是结构化与非结构化客户并存的情况。例如，商品交易市场、商业区、军队等都是上述情况的代表。例如，军队中的客户虽然绝大多数呈现结构化的特征，但一旦出现拉练、演习等情况，则又呈现非结构化的特征；又如，尽管机关、高效、厂矿和居民区以结构化的客户为主，但也存在少量或者一定比例的非结构化客户，这与当地的具体情况有关；同理，商务中心区、车站、机场、医院、交通枢纽等区域以非机构化的客户为主，但也存在一定比例的结构化客户。目前的人口迁移、流动等加剧了非结构化的程度。

六、研究意义与建议

针对 ATM 现金存取款异常行为的研究，有助于破解少数异常行为衍生的违规问题和违法行为，保障商业银行自助渠道的安全运营。治理 ATM 现金存取款异常行为更有利于稳定金融秩序，落实反洗钱等监管要求，进一步保障金融系统的健康发展。因此，其意义不仅仅在于客户操作、客户体验和客户安全等微观层面，还可进一步影响金融机构的稳健运营，并对宏观的资金监管、热钱管理、合规管理起到积极的促进与完善的作用。

（一）对监管机构的建议

目前，ATM 现金存取款异常行为多发生在经济较发达的沿海地区，有的已经延伸到中西部省会城市，POS结算、手机银行等业务推广应用程度均较高。但在大幅提高ATM卡/日取现额度至2万元后，一些地区仍存在大量采用传统现金结算的方式，给社会管理及商业银行反洗钱监控工作均带来较大难度，存在一定弊端。

对此，建议相关监管机构对现行ATM卡/日取现额度评估分析，允许商业银行在合理范围内，根据自身风险偏好，设定不同类型客户ATM卡/日取现额度。从ATM提供的服务功能上来看，实质上即是柜面渠道的延伸。而目前存在ATM异常取现行为的一个重要原因，是两种渠道的管理要求存在差别，即ATM取现限额为单日单卡不超过2万元，而柜面单笔取现5万元需要审核身份证件、累计取现20万元以上需要提前预约，一些"专职取款人"便利用两种要求的区别大量使用银行卡进行ATM取现，对此，建议相关监管机构尽早下发专门制度或通知，在兼顾广大客户日益增长的物质需求的基础上，对客户通过ATM单日累计取现金额进行统一要求。

（二）对金融机构的建议

对"专职取款人"取现行为的治理建议，主要分为以下三个方面。一是针对"专职取款人"单日持本人多卡大额取现。从已监测到的风险事件来看，这是较为常见的一种类型。建议金融机构研究对同一客户编号下全部账户单日ATM取现金额进行系统硬控制，超过设定金额（如5万元）即暂停该客户名下全部借记卡ATM渠道取款及转账功能，并在操作界面提示"××客户，您当日ATM取款金额累计已超过××万元，为保障您的资金安全，您的账户已暂停ATM取款及转账功能。当天如您需继续取款，请持本人身份证件到营业网点柜台按规定流程办理相关业务"。当日，取款人只要到柜面，金融机构即按人民币单笔5万元以上现金支取业务的要求，审核取款人或代理人的身份证件，并要求柜员重新核对其开户留存基本信息，提示客户补充完整后解除限制；

若当日取款人未到柜面，次日系统自动取消相关功能限制。二是针对"专职取款人"多日持本人卡累计大额取现。建议金融机构研究新增反洗钱监测模型，对同一客户编号下全部账户一定时期内 ATM 渠道累计取现超过设定金额的客户行为进行监控，如参数设定每月累计取现金额上限为 20 万元、50 万元等。对反洗钱模型展现的客户交易数据，由反洗钱管理部门根据反洗钱要求进行逐一甄别，履行反洗钱报送义务。三是针对"专职取款人"持他人多卡大额取现。目前，缺乏有效的技术手段可以判定"专职取款人"持他人卡取现。但若前述针对同一客户编号下全部账户单日、多日取现的系统控制得以实现，则除非"专职取款人"大量持有他人银行卡，否则其取现行为仍会受到监控。

事实上，采取上述三种措施，无论取款人在哪个时段、地点的 ATM 存取款，都会一视同仁地享受相应的权利，履行相应的义务。而针对高频低额 ATM 现金存取款的金融机构内部违规类行为，一方面需要加强日常的检查、考核力度，特别是 ATM 环境视频抽查；另一方面需要研发 ATM 高频低额存取款监控模型，严格落实正常的考核导向，同时加强宣讲，杜绝此类违规为考核而考核的违规行为。

参考文献

［1］蔡宁伟. 自动柜员机现金保障类型的实证研究［J］. 保定：金融教学与研究，2015a（4）：32 - 37.

［2］蔡宁伟. 商业银行如何联动提升 ATM 的运营服务水平［J］. 北京：中国金融电脑，2015 b（2）：73 - 77.

［3］蔡宁伟. 商业银行的业务类型与演进发展［J］. 上海：上海金融，2015 a（第二节）c（第三节）（2）：94 - 99.

［4］蔡宁伟. 自助设备未来发展的六大趋势［J］. 北京：中国城市金融，2014（2）：42 - 44.

[5] 蔡宁伟. ATM 外包服务的类型研究 [J]. 保定: 金融教学与研究, 2013 (第二节) a (第三节) (12): 20-24.

[6] 蔡宁伟. 自动柜员机单笔取款限额研究 [J]. 郑州: 金融理论与实践, 2013 b (第三节) (11): 116-118.

[7] 蔡宁伟. 自动柜员机全生命周期分析 [J]. 北京: 金融论坛, 2011 (12): 113-121.

[8] 陈雄兵, 杨莹果, 张伟峰. 美国社区银行发展的挑战与前景分析 [J]. 北京: 亚太经济, 2013 (1): 60-65.

[9] 欧阳卫民. 社区金融助推幸福社区建设 [J]. 北京: 中国金融, 2013 (12): 65-66.

[10] 熊燕. 中国城市集合住宅类型学研究——以北京市集合住宅类型为例 [D]. 武汉: 华中科技大学博士论文, 2010.

[11] 佚名. ATM 跨行取款费: 收费多方分成银行考虑成本 [N]. 北京: 中国经济网, 2011-05-30.

[12] Barney, J. B. Firm Resource and Sustained Competitive Advantage [J]. Journal of Management, 1991, 17 (1): 99-120.

[13] Barney, J. B. Strategic Factor Markets: Expectations, Luck, and Business Strategy [J]. Management Science, 1986, 32 (10): 1231-1241.

第六章
ATM 安全管理

ATM的安全管理一直得到社会舆论的非常关注，近年来，国内针对ATM的暴力犯罪和使用客户的诈骗层出不穷，同期根据有关报道和专业评估，国内如此，国外也是如此；发展中国家如此，发达国家也是如此，有的发达国家每年甚至发案高达上千起。究其原因，自助设备的使用缺乏传统商业银行网点安保的护卫，而ATM装有一定额度的现钞和客户手中的银行卡也成为犯罪分子眼中的"香饽饽"。作为ATM行业的协会组织，ATMIA也一直关心着这个问题。早在2003年6月，ATMIA即建立了全球ATM安全联盟Global ATM Security Alliance（GA-SA），其使命是联合全球的安全资源，防范ATM行业的犯罪，并定时编排ATM安全使用手册和安全指南等资料以及实施ATM安全公共关系管理等工作，保护ATM行业不受犯罪行为侵犯。例如，英国近年出现了多起盗贼利用挖地道、推土机试图整体挪移ATM未遂的案件——钻地道的不巧恰逢传统节日，ATM内的现金已被取空，开推土机的已经铲掉半座房屋，但巨大的响声引来居民的报警和警察的关注而被迫半途停工。本章一是分析了当前中国ATM监控管理的现状，率先从三种视角总结了ATM监控管理的分类，提出了当前中国ATM监控管理存在的五类特点和五大问题，针对上述薄弱环节，从管理和技术两方面提出了五项解决对策。二是从四个方面总结了当前中国ATM案件的类型，并就此提出了当前中国ATM案件防范存在的五大问题，从管理和技术两方面提出了十项解决对策。三是从硬件、系统、IP、网络、密钥、环境、运营、制度等八个微观视角分析了中国ATM的安全管理现状，并就此提出了当前中国ATM布设选址的五大问题，并有针对性地提出五项解决对策。

第一节 ATM 监控管理的问题及对策

一、中国 ATM 监控管理的现状

随着信息化、网络化的日新月异，ATM 交易在银行等金融机构的支付渠道中发挥的作用越来越重要。ATM 在方便百姓生活、活跃金融市场等方面起到了积极的作用。然而，正因为 ATM 具有的自动取款功能和绝大多数离行式 ATM 无人值守这一使用环境，使利用 ATM 犯罪的案件和纠纷不断增加。特别是近年来随着 ATM 布设的大幅增加，近年来，针对 ATM 的各种犯罪行为不断增多，犯案手段花样翻新，层出不穷，直接危害到 ATM 的营运安全和社会金融秩序。

从 1999 年开始，全国各地陆续出现了利用克隆卡盗取客户钱款的案件，并有愈演愈烈之势。主要手段有在用户取款时在偷看密码，然后拾取客户丢弃的客户凭条盗取账号的；有在通信线路安插设备截取通信报文，盗取用户密码和账号的；有在 ATM 设备上安装其他设备，盗取客户账号、密码和钱款的等。综合近几年的多家媒体报道，利用 ATM 进行犯罪的情况、银行等金融机构与客户的纠纷情况主要有以下七种形式：一是 ATM 长款；二是 ATM 短款；三是 ATM 出钞口吐钞与否、持卡人有无取钞、抽钞；四是无法确定取款人；五是出钞口被蓄意改造；六是犯罪团伙利用 ATM 进行非法存款、取款、转账；七是假卡、盗用卡、克隆卡的使用。加强 ATM 自助服务的安全管理特别是监控管理，已成为促进金融业稳健发展亟须解决的首要问题。

除 ATM 安全管理需要之外，ATM 的服务效率和服务质量也亟须通过监控系统等管理手段实现实时管理。为了解决 ATM 等自助设备统计数据不准确、故障响应不及时、无法实时了解自助设备运行状况等问题，必须有一套完善的自助设备监控系统，为行内各级管理人员提供可视化的、友好的管理界面，并在此基础上制定出相应的自助设备管理办法，从根本上提高自助设备的运营质量和运营效率。因此，ATM 的监控系统特别是监控管理尤为重要。

二、中国 ATM 监控管理的分类

目前，对中国 ATM 监控管理的分类没有具体概念。我们首次从监控管理的核心系统，即监控系统的维度出发，分别以监控系统的技术维度和监控系统的开发主体维度进行了分类。此外，还从监控管理主体的不同，创新地提出了第三种分类方式。

从监控系统的技术维度来看，目前 ATM 的监控系统有模拟系统和数字系统两种，这与电视信号的接收系统类似。当 ATM 采取模拟监控系统时，摄像机装在 ATM 内，摄取取款人的正面图像，当红外探头感应到有人靠近 ATM 时，自动触发录像机开始记录，当人离开后，录像机停止录像。此方案多用于 ATM 监控独立系统。另外一种方案主要用于把 ATM 监控与网点柜员制监控合为一体场合，摄像机安装方式和工作过程同第一种方案，其投资少，效果比独立系统差。这套模拟系统摄像机可采用小型星光级黑白摄像机，最低照度为 0.0003 勒克斯（F1.4），配备 f3.7mm（F4.5）针孔镜头，感应探头为近距离反射式红外探头。模拟监控系统的优点是安装初期图像较清楚，且投资较少。缺点是长时间录像，录像机故障多，每天定时换带较麻烦，易忘记，较难管理。红外探头因街面灯光、雨天及过往行人等影响，有时会出现误录，影响磁带的记录时间。录像清晰度受到录像机磁头和磁带的影响。同时它是单网点监控，难以实现远距离监控，考虑到今后联网的需要，现多采用数字式录像系统。随着计算机和多媒体技术的发展以及大容量硬盘的出现和成熟，ATM 数字监控设备已走向实用阶段，将逐步代替模拟监控系统。用于 ATM 监控的数字主机，目前常用的有三种类型。其中，两种是以 PC 机为框架的数字记录设备；另一种是以专用硬件系统构架和嵌入式操作软件组成的所谓嵌入式硬盘录像机。三种类型的监控设备具体功能比较如表 6 – 1 所示：

表 6 – 1　　　　　　三类 ATM 数字监控设备功能对标

功能	网络监控主机	一般数字主机	嵌入式数字主机
图象质量	一般	一般	较好
数据量（每帧）	（每帧）	少	很大
稳定性	好	一般	好
卡号叠加功能	有	—	—
图像在窄带网中的传输功能	有	有	—
中心轮检功能	有	—	—
网点故障、报警主动上传功能	有	—	—
呼叫对讲功能	有	—	—

从监控系统开发的主体来看，目前主要有两种系统。一种是自助设备厂商在银行等金融机构购买硬件产品时附送的监控软件，可以进行一种品牌设备简单状态的监控，但由于监控界面通常位于银行等金融机构的 UNIX 主机系统上，只能安排一名管理人员进行监控并手动处理，使用不便并难以控制。另外一种是国外 ATM 厂商专门开发的具有良好界面的监控系统，由于是从 ATM 底层获取数据，具有比较准确的状态监控效果。但也只能支持一种品牌的设备，如果需要结合银行等金融机构的管理流程或者需要纳入其他设备，需要进行定制开发，投入很大。

从监控管理的主体来看，一般分为金融机构内部管理和外包管理两类。对于监控这类的关键环节，银行等金融机构通常都采取前一种模式。也有个别金融机构，特别是新成立的或中小银行、村镇银行、信用合作社等，在一定时间和特定区域内，采取过外包给金融同业或者具有相对资质的第三方公司等模式。

三、中国 ATM 监控管理的特点

由于自助设备的种类繁多，使用的报文协议纷繁复杂，基于传统的 C/S 架构的银行系统已经不能满足现代银行业务的需要。取而代之的是基于 C/P/S 架构的新型系统，该架构在终端设备与银行主机之间建立前置系统，将来自于各种自助设备的消息封装起来，提供给银行主机统一的接口，显著降低了银行主机系统的复杂度，使银行系统运行得更加稳定。

一般而言，前置系统主要包括两大系统模块：前置机和监控机。前置机是银行等金融机构金融交易的转换平台，也是所有终端设备的连接中心。对于各种终端设备来说，前置机是一个统一的后台，它接收来自终端设备的交易消息，通过可配置的规则将消息转换成为银行主机理解的格式，并且提供流量控制、安全认证、加密等功能；监控机主要用于解决 ATM 等自助设备统计数据不准确、故障响应不及时、无法及时了解终端设备运行状况等问题，同时为银行各级管理人员提供各种业务数据报表，对业务进行统计分析，为更好地开展业务服务提供决策依据。ATM 监控系统因 ATM 本身的结构、使用环境及其机型的多样性，给 ATM 监控系统的设备选型和安装提出了特殊要求。同时，与之配套的 ATM 监控录像和后续响应、处置等管理也有其特性。

其一，ATM 特别是离行式 ATM 多为 24 小时运行，夜间照度有灯箱时约为 15 勒克斯，无灯箱时 <1 勒克斯。因此对摄像机的最低照度提出了相当高的要求。

其二，根据业务需要，ATM 大多安装在购物中心、商场、酒店、医院、学校等相对繁华的地段，对探测器探测距离和防干扰措施提出了较高要求。

其三，ATM 内部可使用的空间很小，不同的机型内部结构和安装

方式各不相同。安装时又要隐蔽，因此摄像机和探测器的体积和安装位置的选定受到了很大限制。

其四，ATM摄录的影像要及时保存，分门别类，一般会保存3个月、半年甚至更长的时间。遇到事故或者案件，需要及时调阅录像进行比对辨认。

其五，根据ATM的监控系统，需要配置相应的24小时报警系统，并且联动监控中心或监控室的专门值守人员。遇到报警，根据故障和情况，及时检修或通知当地公安机关。

因此，监控管理不仅仅由监控系统独立承担，需要实现人机互动。同时，需要提前规划，及时响应，才能实现ATM监控管理及时、全面、准确的要求。

四、中国ATM监控管理的问题

近年来，关于银行ATM安全事件在各大新闻媒体上频频曝光，这反映了传统ATM存在着诸多的安全隐患。随着这些问题的增多，人们对银行等金融机构的安全和信用也逐渐开始产生了质疑。根据公开资料归纳整理，我们发现中国ATM监控管理主要存在以下五类问题。

（一）由监控设备或者网络引发故障

除了监控设备故障、网络故障之外，由附属设备及电力供给等也可引发故障。设备故障比较容易排查，可采取服务外包的保修、检修等方式；而网络故障、附属设备故障和电力供给等则比较难以维护。这需要银行等金融机构在网络、电线等分节点设置监控点，以尽早明确故障环节，查明故障原因。

（二）设备遭到犯罪分子等蓄意破坏

目前，在犯罪分子盗撬、切割、砸抢ATM的同时，往往蓄意对监控系统进行破坏。主要针对摄像机、网络、电线等重要部分。这需要银行等金融机构进一步加强对关键环节的隐蔽和安全保卫工作，与公安机关一道建立应急响应机制。据媒体报道，一些地区特别是偏远区域发生过多起因监控响应不及时而错失良机的案件，值得相关部门关注和警惕。

（三）监控质量不高、图像不够清晰

在一些比较偏远的城市和村镇，部分ATM设备比较陈旧，或者依然采取相对落后的监控设备，导致监控质量不高、图像模糊。一旦发生案件，很难辨认作案者面部图像，给犯罪分子留下可乘之机。对于这类设备，银行等金融机构应该及时更新换代，保证监控系统的有效性。

（四）录像保管不力、失去重要记录

丢失、灭失或损毁录像或影像资料也时有发生。其中，一部分原因是因为不可抗力，如洪水、地震、台风等等；还有一部分则是人为管理不当造成。因此，银行等金融机构应该加大对监控管理流程的优化，规范相关制度，确保基层监控管理人员的执行力。同时，加大对录像保管的硬件投入，确保档案影像的保管区域干燥、坚固，配备必要的防火、防水设施，建立健全应急管理办法和备份机制。

（五）监控和后续管理模式相对滞后

目前虽然ATM厂商也提供简单监控系统，但只停留在发现问题阶段，并未和银行等金融机构的相关业务流程结合起来。这导致出现故障后解决时间长，开机率低。由于银行等金融机构可以通过跨行卡、异地卡交易收取手续费，投入巨大的自助设备如果开机率过低将导致其收益降低。

五、中国 ATM 监控管理的对策

综上所述，目前的 ATM 信息比较容易泄露。因此，各金融机构相关部门也高度重视这些问题并积极地加强和改进这些安全措施。我们认为：首先要提升 ATM 运营管理水平，采取集中运营的模式；其次，就是要提升技术手段，从技术上杜绝资料外泄，充分保证系统运营安全。

（一）配置必要的物理遮挡等安全设施

首先，条件允许的话在离 ATM 前约 0.5 米处竖立一块高度在 1.8 米以上的挡板，提升储户在 ATM 取款时有安全感，使储户不易受到太阳光或夜间外界灯光直射的影响。同时，经过 ATM 前的非使用者由于挡板隔开不会触发录像，使记录图像的清晰度大为提高，又减少了误录。其次，可在 ATM 两侧安装 30 厘米左右的拱形挡板，保护储户在取款时密码不会被别人偷窥，并减少误录。最后，可在 ATM 取款机按键处加装遮挡设施，防止不法分子偷窥。

（二）配置理想的机位、器材和网络

ATM 最好预留摄像机安装位置。另外，需提供卡号输出的端口位置，以便和图像信号相叠加。根据实践使用情况来看，由于目前采用的机内红外探测器和机外幕帘式红外探测器隐蔽性不理想，建议采用微波多普勒探头。ATM 监控管理今后的发展趋势，必然走区域性集中管理模式，因此网点的 ATM 监控所采用的数字主机必须具备真正完善的网络功能。从目前实际情况和网络安全性考虑，传输网络采用 PSTN、ISDN 为宜。因此数字主机的网络功能要能在窄带网中实现。

（三）健全监控管理的制度和机制

监控的后续管理和应急管理是 ATM 监控的关键环节。一些金融机

构尚未建立规范的响应和应急机制，缺乏对 ATM 重要部位的日常安全检查机制。部分监控管理人员并没有意识接到报警后，到对现场及时性、全面性检查的重要性。此外，目前，某些金融机构采取的业务监控报警方式过于单调。业务监控程序目前支持的主要处理形式仅仅是动态的屏幕显示，也就是将业务发生的交易流水逐条显示在屏幕上，最多将非正常或特殊的交易用不同的颜色或在不同的屏幕位置显示出来。但是，中心值班人员眼睛一直盯着计算机监控屏幕，是不可能的也是不现实的，仅仅靠值班人员的眼睛来实施监控，难免会有疏忽，造成遗漏。

（四）加强新技术在监控管理中的应用

可将 ATM 系统自动识别功能拓展及安全监控系统与取款人的人脸、指纹、第二代身份证信息相结合，系统在 PC 机上可实现并行处理，具有较强的识别功能。研究人员试验发现，该系统利用人脸识别模块、指纹识别模块和第二代身份证识别模块对人脸库样本、指纹样本和第二代身份证样本进行试验，人脸识别率达到了 90%，指纹识别的准确度不低于 90%，第二代身份证的识别率不低于 99%，同时系统具有安全报警监控功能，可广泛应用到 ATM 及银行等金融机构及其他相关领域。

（五）逐步拓展监控系统的应用范围

除了 ATM 外，银行等金融机构的自助设备细分还有以下多种：自动取款机（也称 ATM）、自动存款机（Cash Deposit Machine，CDM）、存取款一体机（Cash Recycling System，CRS）、不可循环自动存取款机（Bulk Cash Deposit Machine，BCDM）、可循环自动存取款机（Bulk Cash Recycle Machine，BCRM）、外币兑换机（Exchange Deposit Machine，XDM）、自助缴费终端（Payment Self‐service Terminal，MST）、多媒体查询终端（Bank Self‐service Terminal，BST）等。不同的机型需要重新设计监控系统的安装、操作与管理流程，最终实现全部自助设备监控

管理的自动化、智能化、规范化、科学化和集约化。

第二节　ATM案件防范的问题及对策

一、中国ATM案件防范的现状

所谓ATM案件，是指不法分子为获取经济利益，直接对银行运营中的ATM进行各种侵害或利用ATM进行各种犯罪活动。近年来，针对ATM的各种犯罪行为不断增多，犯案手段花样翻新，层出不穷，直接危害到ATM的营运安全和社会金融秩序。2010年7月，北京闹市区竟然出现山寨版ATM，以读卡器等设备套取持卡人的卡号和密码，进而窃取卡内金额，给个别消费者造成了损失。巨额利益和防范漏洞驱使不法分子以ATM、持卡用户为目标猖獗作案，仅2008年4～9月，全国公安机关就立案3 672起，涉案金额高达1.76亿元。这3 000多宗案件可按作案目标大致划分为四大类型。

（一）窃取持卡人的信息

以非法窃取持卡人卡号、密码为目标，制作伪卡窃取持卡人银行卡余额或巨额透支信用卡。其作案手段主要是：对ATM键盘贴膜或加装假键盘，安装微型摄像机，在自动提款机ATM插卡口或自助银行门禁加装读卡器，对自动提款机ATM整机加装外壳，张贴虚假通知，通过电话诈骗用户卡号及密码，在插卡口、出钞口加装吞卡，堵钞器窃取银行卡和现金等。此类犯罪行为的共同点是犯罪分子必然要对ATM机身、贴近机身周边、自助银行门禁进行加装或破坏操作；其动作与用户正常取款动作不同，红外或震动探测技术不能有效防范，只能通过视频监控或人力巡查进行防控。

(二) 对持卡人直接作案

以持卡人为作案目标，通过现场抢劫取款人、胁迫及分散持卡人注意力调换银行卡等方式作案。此类不法分子通常尾随取款人，作案时紧贴正在取款的持卡人，在 ATM 前有推搡、打斗等快速动作发生并有较大的叫喊声。通常发生在用户稀少时段和较偏远的装机点，案情发生至结束速度快，银行保卫及公安机关现场抓获罪犯难度较大。

(三) 盗撬 ATM 内现金

以 ATM 为作案目标，通过撬砸、拆卸、炸毁、整机搬运等手段作案窃取 ATM 内现金。此类犯罪行为是以暴力破坏 ATM 为主，其动作幅度较大，会使 ATM 产生剧烈晃动或震动，在国内已有多起实际案例。

(四) 借助 ATM 进行洗钱

以洗钱为作案目标，通过 ATM 转账洗钱，特别通过存取款一体机等进行操作。除了通常的反洗钱措施之外，新兴的 ATM 洗钱犯罪也不可小视。这种作案方法更加隐蔽，可以采取小额多笔、更换地点、选择不同银行等多种方式进行。

二、中国 ATM 案件防范的问题

近年来，关于银行 ATM 安全事件在各大新闻媒体上频频曝光，这反映了传统 ATM 存在着诸多的安全隐患。随着这些问题的增多，人们对银行的安全和信用也逐渐开始产生了质疑。根据公开资料归纳整理，我们发现中国 ATM 案件防范主要存在以下五类问题。

（一）ATM 规划布局不尽合理

ATM 安装特别是离行式 ATM、村镇 ATM 比较分散，有的地方偏僻，且一般无专人 24 小时看守，如一旦遇破坏或性质更恶劣的偷盗、盗撬等行为，银行相关人员或公安部门无法在第一时间获知并及时采取措施。

（二）ATM 缺乏安全认证保障

此处 ATM 的安全认证主要存在两个方面。一方面，犯罪分子只要能获取银行卡和密码，甚至某些相对专业的不法分子只需知道账号和密码就可以实施 ATM 及相关的信用卡犯罪。另一方面，由于机器识别漏洞、缺乏鉴别常识等综合因素，近年来国内出现了多起消费者投诉 ATM 吐假钞的问题。

（三）ATM 密码安全缺乏变化

ATM 所使用的密码是单一而且固定的静态密码，密码一般没有变化。一旦出现泄露，客户信息和资金安全将受到极大威胁。与之相关，还需要银行卡技术的配套提升，如逐步将磁条卡替换为 IC 卡，化解磁条卡容易克隆假冒的安全风险；再如，不断加强全国的信用卡征信体系和信息库建设，净化整体用卡环境等。

（四）ATM 安全监控存在盲点

目前，各商业银行对 ATM 一般采取定期与不定期相结合巡查方式。但是，其中部分 ATM 的日常管理存在检查的真空和监控的盲点。犯罪分子一旦掌握、利用高科技手段，如加装针孔摄像机、读卡器等，盗取客户磁条和密码信息，进而克隆银行卡，盗取客户资金。这种方式可以批量盗取客户信息又不容易被客户和银行发现，作案成功率和效益较高，最近已成为犯罪分子首选的作案手段，并且有团伙、连锁作案的特点和趋势。

（五）ATM 使用存在薄弱环节

目前，一些客户对 ATM 使用尚不熟练。比如，取款之后打印流水单，忘记取走；有的客户输入密码时，不留意周围环境，不注意用手遮挡；有的粗心客户甚至忘记取卡、取现等等。如此操作，很容易造成卡号、客户名等信息泄露，给不法分子留有犯罪机会。

综上所述，传统的 ATM 由于缺乏安全身份认证技术以及使用单一静态口令技术，造成信息容易泄露，信息一旦泄露，后果极其严重。在对 ATM 信息安全技术的研究中，只有继续完善和加强 ATM 运营管理，充分利用安全有效的身份认证技术或动态变化的安全技术，才能更好地解决客户信息泄露和盗撬问题。为此，公安机关、银监会、各商业银行都曾多次发布信息提示，以多种渠道告知客户注意信息保密和操作适当，确保资金安全。

三、中国 ATM 案件防范的对策

综上所述，目前的 ATM 信息比较容易泄露。因此，各商业银行相关部门也高度重视这些问题并积极地加强和改进这些安全措施。我们认为，首先要提升 ATM 运营管理水平，采取集中运营的管理模式；其次，要提升技术手段，从技术上杜绝资料外泄，充分保证系统运营安全。

（一）中国 ATM 案件防范的管理对策

1. 加强 ATM 日常安全巡查

一是及时排除吞卡、不出钞等假象。不法分子将自制装置放入 ATM 读卡器内制造"吞卡"假象。或是在 ATM 出钞口设障，使 ATM

吐钞不成功等。二是及时排除虚假告示。不法分子往往在 ATM 旁粘贴假冒的"客户服务投诉热线",引诱持卡人向所谓的"银行员工"或"公安人员"透露卡号、密码等安全信息,或直接把资金转移到其指定的账户上。还有的不法分子冒充银行、银联、银监等管理单位,在 ATM 等自助机具上张贴紧急通知、公告等虚假告示,诱导持卡人泄露账户信息或直接汇出汇款,从而骗取持卡人存款。三是深度挖掘高科技犯罪手段。及时发现和排除不法分子通过加装读卡器和摄像装置盗取客户资金等 ATM 安全的头号隐患。

2. 加大客户安全使用宣教

一是通过网点、网上银行、ATM 界面、媒体等多种方式,向广大客户宣传介绍 ATM 的使用方法和安全防范措施,提升客户的安全防范意识。二是要普及银行的服务投诉电话,鼓励客户在使用 ATM 的过程中遇到问题采取及时有效的咨询或投诉渠道,特别是网点正常下班之后或在离行式 ATM 使用时。事实上,很多客户咨询或者投诉的问题恰恰是一些不法分子的诱饵或者圈套。三是建立安全保障机制。银行客户服务中心一定要建立快速响应机制,不断提高安全防范的警惕意识,协同相关部门及时处理和解决,确保客户资金安全。

3. 加强与安保部门的联系

一是各商业银行要加强与当地公安机关的合作,建立应急响应机制,确保公安机关及时接警。要定期检查线路,确保电源和报警线路安全、稳定、畅通。二是当地公安机关要建立快速响应机制,遇到报警要及时出动,在第一时间赶赴现场,认真检查处理。要制定接警后的标准化核查流程,明确约定警方接警后的核查范围和双方的核查职责,确保核查到位。三是要进一步规范和完善出警协议,明确各种类型的报警反应机制。明确对报警信号为"系统故障"和"通信故障"的处置流程,以防犯罪分子破坏报警设施未能出警的情况发生。四是各商业银行要加强与安全保卫公司的合作,充分整合相关资源,加强日常巡查保卫工作。如各商业银行可以通过外包等方式，让具有资质的安保公司适当参与相关业务。

4. 提高银行精益管理水平

银行的精益管理水平有待进一步提升。一是要整合相关资源，建立统一集中的运营管理体系。如成立二级分行层面的 ATM 管理中心，实施集中统一管理；又如设立 2 套互为备份的监控系统，实施集中监控等。二是要完善和提升监控系统功能，合理布局监控点，杜绝 ATM 监控的盲点与弱点。可以采取系统自动提示等设置，提醒相关薄弱环节和潜在问题，确保监控系统运行正常。如建立集中的远程视频监控系统，定时将 ATM 视频画面与标准画面进行比对，一旦发现异常，则自动发出预警信号，银行工作人员快速通过调阅监控画面或亲临现场对异常情况进行确认。值得一提的是，以重点防护区域的局部画面进行比对，以及在系统比对过程中增加定时图像识别的中间处理，将可大大提高监控效率和质量。三是要合理安排运营维护人员，在资源能力允许范围内，覆盖更多的服务范围，涵盖更长的服务时间，缩小更短的服务半径。四是提升运营维护人员的业务技能，可以及时排除简单的技术和非技术故障，提高 ATM 使用效率。

5. 提升反洗钱管理水平

虽然 ATM 洗钱是一项新兴犯罪，但商业银行依然可以通过信息系统追踪防控。一是可以建立追踪机制，确定可疑账户。如一段时间内的大额交易，频繁的小额转账汇款等等。二是建立联系机制，共享可疑信息。为避免犯罪分子通过不同银行 ATM 和账户进行洗钱，各商业银行可以由人民银行等主管单位牵头，共享可疑信息，给予查询、统计等权限，加大追查力度。三是可由银监会、人民银行等牵头加强反洗钱宣传，宣讲 ATM 交易的可追踪性、ATM 管理的可查询性、ATM 监控的实时性等优势，给予犯罪分子必要的震慑。

（二）中国 ATM 案件防范的技术对策

1. 采取"双卡"制，实现密码与身份认证双重安全保障

"双卡"即指银行电子借记卡与一张具有智能身份认证的感应式磁卡，是银行目前正在使用的单一固定静态口令密码技术与社会上逐渐广泛使用开来的感应式智能身份认证卡技术的结合。此方案需在 ATM 上加装磁感应读卡器和系统软件升级。客户在申领账户时需申领两张卡，一张为普通的银行卡，另一张为感应式智能卡，客户可按如下步骤实现安全操作。

（1）客户先将银行卡插入机器，正确输入自己的密码。（2）提示进行身份认证。（3）客户取出感应式智能磁卡感应，机器读取正确的数据和成功地认证，如失败则返回。（4）进入系统操作。（5）完成操作，退出。这种双卡双重认证保障，安全性很高。在整个操作过程中，感应式智能卡非常重要。客户无须将其插入 ATM 中，就可以防止犯罪分子在入卡口里做手脚以制造吞卡现象。如果客户的账号和密码被偷窥了，由于犯罪分子没有智能卡，那么将无法通过认证。因此，即使信息泄露也能保障自己资金的安全。

2. 采取"单卡"制，实现银行卡与生物技术双重安全保障

生物指纹技术是指通过特殊的光电转换设备和计算机图像处理技术，对活体指纹进行采集、分析和比对，可以自动、迅速、准确地鉴别出个人身份的技术。因此我们可以利用这些技术结合银行电子借记卡一起使用，达到双重安全保障的目的。实现需在 ATM 上加装指纹数据扫描仪，具体使用过程如下：

（1）客户先将银行卡插入机器后，正确输入自己的密码。（2）提示身份认证，准备进行指纹扫描。（3）客户将手指置于扫描仪处扫描，机器获取指纹数据后并成功认证，如失败则返回。（4）进入系统操作。（5）完成操作，退出。这种方案仍使用一张银行卡，但能达到双重安

全保障，做到即使信息泄露了，也无法实施犯罪。因指纹具有不可再造和伪造的特性，所以任何人不能够伪造，且需有合法客户的指纹数据，才能通过认证。再者，利用生物技术可以有效地配合公安部门进行犯罪的跟踪，因为犯罪分子在ATM操作时需要提供个人指纹，警方可以根据在作案现场提取犯罪嫌疑人的指纹数据进行比对，从而进行跟踪，帮助警方缩小对犯罪嫌疑人的排查范围，更准确地锁定目标的位置。与之类似，还可采取虹膜识别技术，也可达到类似的效果。当然，后者的技术改造更为复杂，成本相对更高。

3. 采取"单卡"制，实现触摸屏技术光定向技术等综合应用

此方案使用一张银行电子借记卡和固定密码的方式，其思想萌生于笔记本电脑液晶显示屏画面图像显示效果的特殊现象。一般笔记本电脑的使用者都有这样的经验，在使用普通的CRT技术的显示屏上，即普通显示器上，我们在屏幕正面和其他角度偏斜较大的地方都能够看到屏幕画面的内容。观看笔记本电脑液晶显示屏时，我们发现比较正面的角度是可以看到比较清晰的画面，如果再偏一些角度就会开始看不清画面，当角度较大时根本看不到画面，由此而来。具体方案原理如下：

（1）ATM的显示屏采用触摸屏技术。触摸屏（Touch Screen）是指可以让使用者只要用手指轻轻地碰计算机显示屏上的图符或文字就能实现对主机操作。这样可摆脱键盘和鼠标操作，使人机交互更为直截了当，它是目前最简单、方便、自然的多媒体信息查询和输入设备。（2）ATM显示屏内采用光定向技术。该技术是利用透镜或反光镜能对光进行折射和反射的原理，使用透镜或反光镜对即将射出显示屏的光进行折射或反射呈一定的角度和方向射出，这一角度这里指的是光线能直接到达客户正面的一定范围内，尽可能减少光的漫反射现象的技术。那么使用这项技术后，在附近的人由于角度不正，因此无法看到显示屏画面的内容，这样能够在一定程度上避免信息的泄露或泄露极其困难。（3）使用随机软键盘。在以上两种技术的支持下，去掉ATM上的硬件键盘，

因为在 ATM 上输密码时仍很可能被别人通过观察手的移动猜出密码。因此将键盘以软件界面的方式出现在系统里的显示屏上，并且各个键的位置在键盘范围内是随机出现的，这样可以避免别人通过观察手的移动来猜测密码，而在光定向技术的保障下，其他人无法看到屏幕上软件键盘上的键。从而达到了看不见也猜不着的目的，假如在天花板或附近墙体安装了微型探头，从天花板或附近墙体拍下来的角度也是无法拍到画面内容的。此方案也使用一张银行卡，但信息泄露极其困难，客户使用方便，快捷，因为比起前两种方案，不需进行第二次验证。

4. 采取"单卡"制，结合简单口令变换/密钥更新技术应用

密钥更新技术是指从旧的密钥中通过一单向函数变换的方法来产生新的密钥的技术。由于目前银行使用的是单一的固定密码技术，虽容易记但非常不安全，容易被盗。如果每次操作密码都不同而客户又很容易知道自己的下一次密码，这样即使卡和密码被盗也能保证安全。为了让客户容易记住自己的密码而别人难以猜测，定义了以下规则及方法。

（1）目前银行密码是采用六位密码的方式，这里所设计的单向函数算法仅限于简单的加法或减法两种，密码的任一位或多位都可以进行按位加1或减1操作，且规定不能产生进位和借位。如某一位上的数字是9，那么进行加1后结果是10，那么去掉进位，值只取个位上的值，这里是0，所以该位加1后结果是0。如果是减法，不够减时，如0，要减1，则不向前一位借位，采取"假借位"，即把0当作10来减，结果是9。（2）规定密码只能按顺序变换两次，即客户将会有三个相对固定密码。第一个为客户自己设定的初始密码，即旧密码，第二个和第三个密码将由第一个密码根据（1）算法推导而出，这样客户在每次正确完成操作后，密码将按顺序变换一次，因只有三个密码，当第三个密码使用完之后，系统将自动重置为第一个密码，然后再不断地循环。（3）客户下一次操作时可能会忘了上一次使用的是第几个密码，我们在系统里设置一计数器。如 Count，计数器初值为1，表示对应第一个密码，

当客户完成了第一次操作退出后，计数器将自动加 1 操作，Count = Count +1，并保存起来，当客户下一次插入银行卡的时候，ATM 显示屏上将读取该账户的部分资料，如 Count 的值并显示上次操作后计数器的结果，如上次加 1 后，Count 的值将变成 2，那么显示屏上将提示 "2" 表示第二个密码。例如，某一客户在银行申请卡的时候设定了一个初始密码为：225225，并可为自己选择一个算法，如选择加法操作，并且客户可以选择密码中的某一位或任意几位来进行加法变换，如选择了第三、第六位，那么第一次取款时系统将提示他输入第一个密码则是 225225，第二次取款则为 325325，第三次取款为 425425。这种使用动态密钥更新技术安全性高，系统升级改造简单，客户如果发生密码被盗，由于下一次的操作密码已经发生变化，因此能保障资金的安全。

5. 改进技术设计，加强对 ATM 各模块和流程的控制

除了上述技术防范方式之外，对 ATM 取款和转账流程设计的再造、出钞、入钞模块的改进也迫在眉睫。根据我们搜集的信息，为了防范案件，主要可以进行以下五方面改造。

一是加强密码校验，由现行一次校验密码，可以多次提现转账，改为每次取款和转账都必须校验支付密码，防止客户的银行卡不小心遗留在 ATM 上或被人调包时，被他人反复多次盗取资金。二是合理设定交易限额。包括单笔限额和当日累计限额，以便有效控制风险。三是大力推广非匀速读卡模式。目前，绝大多数 ATM 都采用匀速的读卡方式，这种模式的最大不足就是信息容易被盗。经过专家们的刻苦攻关，目前已经诞生了一种改进版的非匀速读卡技术，包括"振动"和"进退断续"两种方式，采用非匀速读卡技术方式能够使侧录卡不能正常读取银行卡的磁条信息，有效防范侧录卡这种作案手段。四是优化出钞模块，强化纠错功能。改平板式出钞口为弹拨式出钞口。或者在 ATM 的出钞口安装传感器，用于自动检测出钞口是否正常，是否发生阻塞现象，一旦发现出钞口被堵住或不正常，钞票无法正常传送到位，ATM

即同吞钞票停止服务并通过数据专线向维护人员发送报警和维修通知，让不法分子堵住出钞口盗取客户钱财的图谋难以得逞。五是升级联网技术。当前，3G 技术的发展应用为 ATM 联网创造了新的技术条件。长期以来，ATM 由于流动性大并且建筑物自身限制，网络资源一直受限，而当前的 3G 网络技术可以在覆盖区域内实现 ATM 动态图像监控。同时，银行相关管理人员，如 ATM 管理人员、维护人员、监管人员可以通过使用 3G 手机使用监控中心的分控系统直接监控授权监控点，实现远程移动监控、SOHO 监控等新模式。

第三节　ATM 安全管理的问题及对策

一、中国 ATM 安全管理的现状

ATM 交易在银行支付渠道中发挥的作用越来越重要，然而利用 ATM 实施的犯罪行为也日渐增多。加强 ATM 自助服务的安全管理，已成为发展银行卡客户、促进金融业稳健发展的关键问题。

（一）ATM 的硬件管理

目前，在中国使用的 ATM 都具有数据安全模块、PIN 硬件加密模块、硬件自检功能、保险柜、出钞模块、存款模块、智能卡接口等。各商业银行的网点或二级分行 ATM 管理中心负责检测模块工作情况，并及时对老化的模块进行更换。ATM 账户信息的存储和传输、磁道要求和账户信息销毁策略、数据存储安全性等都按照各行的要求执行，没有存储银行卡磁道信息、个人标志代码和不必要的账户信息，保存有操作日志。在密码管理方面，一般而言，各商业银行的网点和二级分行层面

不负责具体的密码制定策略，统一由一级分行管理。

（二）ATM 的系统管理

一般而言，在中国使用的 ATM 都有自检要求，发生故障时，能保证暂时停止交易，待错误排除后再恢复，退卡和吞卡程序正常，访问控制和安全审计严格到位，按照不同用途和权限设置不同的客户，有定期检查所有系统客户记录，不存在恶意、过期或不明账户，操作系统日志和应用系统日志记录详细、内容全面，并按制度要求将数据备份到专用的日志服务器或安全介质，存放一定的时间。登录限制完善，有严格的客户名和密文密码认证策略，故意输错或试探密码会被系统锁定，通过 ATM 终端界面进行的任何异常操作都不会导致数据泄密；ATM 终端除了应用软件外，还有测试或诊断软件。该类软件版本规范，数据保密性好，均经过数据安全模块处理，有变更管理和软件补丁管理制度和流程。

（三）ATM 的 IP 管理

一般而言，ATM 的加密机、PIN 算法、数据加密算法验证等，都由各商业银行的一级分行和厂商掌握，二级分行和网点只负责使用。ATM IP 地址定义、密钥保存、密钥生成、动态密钥交换、远程控制、卡表更新、对 ATM 的出钞张数进行记录、数据记录安全性等都符合技术规范以及各商业银行的制度要求。

（四）ATM 的网络管理

目前，各商业银行 ATM 都由专网接入，且严格禁止接入互联网。每台 ATM 均安装有防火墙和防病毒软件，并在路由器上设置访问控制列表、屏蔽地址，对敏感信息加密传输。IP 地址和端口号由负责 ATM 运行的管理机构统一分配，ATM 和 ATMP 在建立 TCP 连接时，必须请求对建立连接的对端 IP 地址做合法性检查后才能连接。

(五) ATM 的密钥管理

一般而言，ATM 的加密算法、PIN 加密、MAC 算法和对称密钥管理，都由各商业银行的一级分行和厂商掌握，二级分行和网点只负责使用。ATM 抗破坏能力较好，环境适应性强，各项参数基本符合要求，ATM 在常规条件下，如常规温度、湿度、尘沙、淋雨等能够正常工作。大堂式和离行式都配备有专用的 UPS 电源，具备断电保护功能。

(六) ATM 的环境管理

目前，各行的 ATM 摆放环境，物理选址安全都必须符合各商业银行的相关规定，确保设计合理，安装牢固。每台 ATM 上都安装了必要的监控设备，有加钞、出钞、面部、门禁摄像头和探测、对讲、报警等设备。根据 ATM 机型号和购置的时间不同，内置的监控设备有 3 路和 4 路之分，镜头分别对准了使用者面部和出钞口，不对准密码输入键盘，外部摄像机对准了使用者的全身和周围物理空间。

(七) ATM 的运营管理

ATM 的服务供应商资质、与之签订现场服务管理协议以及与服务供应商的定期会议、定期报告等一般都由各一级分行或总行层面统一考察、签订，定期交流。一般而言，各商业银行在运营安全管理方面都与服务供应商签订了相关协议或维护管理制度，明确了厂商对 ATM 安全的责任和义务。按照规定，ATM 在上线前清理了所有测试用的账户、口令和源代码。并对 ATM 实施状态监控，对 ATM 定期巡检，厂商定期预约维护，ATM 故障恢复和变更控制需要按各商业银行的既定流程进行审批。

（八）ATM 的制度管理

目前，各商业银行都有专门的信息安全制度和运行管理制度，并每年更新和评估安全控制过程；业务人员与银行签订保密协议，安全责任清晰，并且定期或不定期参加安全培训。ATM 的加钞和钞票管理都由银行专管员或具有资质的外包公司负责，严格遵守现金出纳制度，上下钞箱、清点现金等步骤均坚持双人操作、换人复查的原则。

二、中国 ATM 安全管理的问题

目前，ATM 的安全管理越来越受到社会关注，其安全性能受到不同程度的挑战。据中新网 2010 年 7 月 30 日电，中国台湾"联合新闻网"30 日报道，一年一度的"黑帽"（Black Hat）计算机安全会议 28 日于美国拉斯维加斯登场。其中，西雅图信息安全测试公司的主管杰克（Barnaby Jack）示范侵入 ATM，只要按下按键，钞票就不断吐出，凸显民众以为牢不可破的金融装置，其实能被黑客轻松破解。结合近年公开报道的有关 ATM 安全方面的公开资料，我们归纳出目前中国 ATM 的安全管理主要存在以下几类问题。

（一）ATM 相关技术需及时规范

目前，一些新的技术由于种种原因尚未应用到银行 ATM。同时，由于技术的多样性，管理上又缺乏一个合适、统一的标准，客观上造成了各 ATM 厂商和商业银行采用不同的做法，致使 ATM 的相关标准与管理技术不统一。例如，PIN 输入设备的防偷窥设施安装普遍不到位。只有部分机构在新型号机具上安装了密码键盘挡板。再如，迪堡的部分型号 ATM 具有防偷窥后视镜，怡化的部分 ATM 使持卡人可用身体遮挡密码键盘以防止偷窥。

(二) ATM 环境适应性有待提高

ATM 在规定的条件下基本能正常运转，但是当某些环境参数偏离正常值时会明显地表现出不适应性，出现运行不稳定的情况。例如，某型号的 ATM 对寒冷温度环境的适应性标志为 0℃~40℃。但当气温下降到 -20℃ 左右时，ATM 便频频发生不正常吐钞的情况，有时吃卡缓慢、吐卡不利，这说明有些 ATM 的环境适应性不是很强，温度、湿度、尘沙、淋雨等在一定条件下会对其稳定运行有所影响。

(三) ATM 抗破坏能力亟待加强

目前，在全国各地均存在一定恶意破坏和盲目盗窃现象。根据有关商业银行的监控录像显示，多台 ATM 被人为故意破坏，有的 ATM 吐钞口和出卡口被强力胶粘住，有的 ATM 吐钞口被人故意用手掰坏，甚至有不法分子用石头、砖块等硬物敲砸机身试图盗取现金，导致模块和屏幕损坏，导致不得停机。各行后续 ATM 维修、维护费用较高。此外，在安庆等地商业银行的吞卡统计中发现了大量的作废卡、超市卡和购物卡等，使用者强行将废卡塞入卡口，然后胡乱输入密码，妄想 ATM 运行出错而吐钞。

(四) ATM 的运营管理不够严密

各商业银行 ATM 运行管理的各项安全制度和管理制度，都是对上级行下发文件的拆离和照搬。部分商业银行的基层行，只是遵照执行而没有根据自身的特点进行变更、修订和完善。一些网点或基层行对监控报警设备运行的有效性和实用性检查不够，对 ATM 运行安全的自查和定期检查做得不到位。此外，多种登记簿，如加钞、吞卡、撤销、变更等登记的也比较简单，内容不全面、记录不及时。

（五）ATM 的维护响应急需提升

目前，各商业银行 ATM 存在故障报修不及时，多有停机现象等问题，特别在偏远地区的离行式 ATM 中尤为严重。随着 ATM 的大量普及和银行卡联网步伐的加快，其方便快捷的服务使得广大客户逐渐习惯使用 ATM 自动取款，对 ATM 的运转效率提出了更高的要求。但是，实际中往往发生 ATM 停机现象，如缺钞、卡纸、断电等。在某商业银行检查大堂 ATM 的内置监控录像时，遥控器不起作用，原因是没有安装电池。经询问，得知此 ATM 已经停机几天，正在联系维修，但未及时通知客户此机存在故障。

三、中国 ATM 安全管理的对策

针对上述问题，我们认为应从以下几个方面加强 ATM 的安全管理。特别是要注意加强 ATM 的规划选址和安装设计，从源头上提高 ATM 的安全系数。

（一）加强 ATM 的规划选址和安装设计

一是室内 ATM 应安装在有关单位的视野范围内并签订联防协议，室外 ATM 应安装在人流较多，紧邻机关、企业、事业和居民住宅的地带。二是安装 ATM 机械电动防护体，使 ATM 与外围隔离，形成一个相对封闭的使用环境，防止不法分子蓄意盗取客户银行卡、资料和现金。三是在 ATM 机体后面砌密封墙体，墙体为不薄于 24 厘米的砖混机构，安装安全防护门，防止不法分子砸坏、划割或整机挖掘 ATM。四是 ATM 特别是离行式 ATM 安装多以穿墙式为主，采用大堂式的一定与所在单位签订联防协议。五是购买质量过硬的 ATM，应该与资质口碑好、服务质量高、运行维护得力、故障处理及时的厂商合作，签订相关的安全协议，明确安全责任和义务。在采购之前，严格测试 ATM 环境适应性、抗破坏能力、抗无线电干扰能力等，从硬件上提高 ATM 的运行效率。

（二）加强 ATM 的技术防范和业务创新

一是安装实时视频监控系统，进行 7×24 小时监控，加强对 ATM 办理自助服务客户的监控、录制，防止不法分子作案。二是安装智能控制及联动装置，通过识别银行卡客户开启电动防护门，控制播放语言操作提示和警告，检测防护体是否受到恶意破坏和非法拆卸，防止不法分子作案和损坏。三是录入银行卡客户指纹资料，自动识别办理 ATM 自助服务的客户，防止不法分子盗用银行卡客户资料后到 ATM 作案。四是建立健全 ATM 智能监控网络和报警系统，加强远程管理，及时监控、维护 ATM 前端运行状况，发现可疑情况，及时报警。五是加强 ATM 技术创新，使 ATM 技术达到新的数据加密技术和智能卡标准，防止伪卡作案、密码泄密，以及防止病毒入侵破坏设备。

（三）加强 ATM 的环境防范和环境治理

一是划定 1 米线或隔离线，使通过 ATM 办理自助服务的客户自觉遵守规则，防止客户资料泄密。二是加强与 ATM 所在地区公安机关、派出所、保安公司、企业、事业单位、居委会的联系，并与邻近的相关机关、企业、事业单位签订联防协议，将 ATM 纳入当地治安管理。三是银行安全保卫部门和有关业务部门定期组织人员对 ATM 进行巡查，防止不法分子恶意破坏、张贴虚假通知或告示。四是管理 ATM 单位的管理人员或签订联防协议相关机关、企业、事业单位的管理人员，要做到班前定期检测、检查 ATM 安全运行状况。五是管理 ATM 的银行可以在 ATM 防护体上显示警示信息，或者在 ATM 旁专设一个不能随意触及的橱窗来公布信息，提醒持卡人注意用卡安全。

（四）加强涉及 ATM 业务人员安全管理

一是商业银行要加强对 ATM 安装、维修和装卸钞人员的管理和监控。安装、维修 ATM 和在 ATM 上装钞，必须报经有关部门同意，并指定两名以上的专人进行。此外，外包公司对 ATM 安装和维修时，要提前通知安装行，并在安装行相关人员陪同下进行工作。二是建立健全内控机制，规范安全管理。严格业务与技术操作管理规程，建立相应的权限管理，明确系统操作员的操作程序和权限，实行分级管理，确保安全操作。三是管辖 ATM 单位或签订联防协议相关机关、企业、事业单位要加强对其管理人员的政治思想教育、职业道德教育、法规法纪教育，增强其政治思想素养和法制观念，从内部强化风险防范，杜绝操作和管理上的风险隐患。四是加强对安装、维修、管理岗位人员的选定，做好其人员选定的政治审查工作，提高上岗前的安全防范系数。五是加强对安装、维修、管理岗位人员岗位轮换，防止因长久从事这一岗位而带来的风险隐患。六是加强 ATM 运行的监控管理。ATM 监控人员要严格履行职责，严格按章操作，发现 ATM 出现异常情况，要及时报告有关部门和领导，并按应急预案操作。七是商业银行和服务提供商要加强联系，完善对服务提供商的责任义务合同制约，建立管理人员相应岗位管理责任制。

（五）严厉查处蓄意破坏和盗撬 ATM 案件

一是制定 ATM 管理应急预案，组织员工认真学习，进行模拟演练，提高突发事件的心理素质和处置能力。二是配合公安机关及时查处案件，打击 ATM 犯罪行为，威慑不法分子。三是相关主管部门联合出台或修订有关法律、法规、办法等，对于蓄意破坏和盗撬 ATM 案件等从严规定，切实保障银行和客户的资金安全。四是搞好宣传教育。在各营业网点大堂宣传有关 ATM 使用的温馨提示和法律法规，在 ATM 机身和周围张贴有关 ATM 常识介绍，特别要有防诈骗的提示和盗窃劝告标志，让客户明白 ATM 的基本使用方法和安全防范常识。同时，要告知 ATM 机本身牢固的防盗与反破坏设计，使一些不法分子打消盲目行窃念头，防止 ATM 遭到不必要的破坏，维护金融服务行业的良好形象。

参考文献

［1］蔡宁伟. ATM 的历史、运营状况和发展趋势［J］. 北京：中国信用卡，2008（11）：45－47.

［2］邓延东. 综合前置运行监控系统的设计与实现［J］. 北京：中国金融电脑，2003（11）：54－57.

［3］樊非. 基于 J2EE 架构的银行管理监控系统研究［D］. 杭州：浙江大学硕士学位论文，2006.

［4］郭立奇. 庆阳市 ATM 安全现状、问题及对策［J］. 广州：华南金融电脑，2010（3）：71－72.

［5］何晓晖. ATM 内置式监控系统的设计和实现［J］. 福州：福建电脑，2004（5）：51－52.

［6］侯欣强. 银行自助设备监控管理系统的设计与实现［D］. 南京：南京理工大学硕士学位论文，2007.

［7］黄卓君. ATM 案件的犯案手法及其技术防范［J］. 北京：硅谷，2009（16）：115.

［8］李庆余. 网络实时业务监控系统的实现［J］. 北京：中国金融电脑，2002（2）：31－32.

［9］廖廷悟，陈亚楠，吴刚，邢诒俊. 海南地区银行卡风险形势与相关建议［J］. 广州：华南金融电脑，2009（6）：64－66.

［10］深圳市怡化电脑有限公司. 杜绝假钞责无旁贷［J］. 北京：中国信用卡，2007（9）：62.

［11］苏金辉. ATM 监控模式和发展方向探讨［J］. 北京：中国公共安全，2002（4）：98－99.

［12］佚名. 美专家破 ATM 程序令其吐钞，成功率 100%［N］. 北京：中新网，2010－07－30.

［13］佚名. 银监会回应假 ATM：有点常识都不会上当［N］. 北京：中广网，2010－07－02.

［14］佚名. ATM/自助银行安全防范建设趋势及要点［N］. 北京：新浪博客，2009－10－12.

［15］佚名. 银监会提示持卡人八项安全措施［J］. 北京：中国信用卡，2007（7）：47.

［16］张国明. ATM 柜员机信息防盗防泄露技术应用解决方案［J］. 成都：中国西部科技，2006（30）：90－93.

［17］张家炜，杨丽梅，郭立红. ATM 系统自动识别功能拓展及安全监控［J］. 北京：计算机测量与控制，2009（17）：91－92.

［18］周昌召，王冬丽. 防范 ATM 自助服务风险的几点对策［J］. 海口：海南金融，2004（9）：71.

第七章
ATM 外包管理

ATM运营管理除了商业银行亲力亲为之外，也可以委托给第三方公司、专业保安公司、运营维护公司等来完成。在国际，ATM外包管理已经成为一种大势所趋，国内尚在起步和发展阶段。本章分析了当前中国商业银行ATM运营管理的现状，总结了当前中国ATM外包服务的类型、特点和优势，针对当前发现外包服务的薄弱环节，提出四项管理建议。同时，近年来，类型研究在管理等多个学科领域取得了丰硕的成果。本章尝试引进类型学的理念并发掘其中的联系，分析商业银行ATM运营管理的现状，总结当前ATM外包服务的类型、特点和优势，尝试以四分法为手段，建立以资源基础理论为基础的ATM外包服务的类型，通过系统归类从而更好地指导ATM外包服务的选择和使用、发展ATM外包服务实践和创新。更进一步，本章还尝试探讨银行业务外包的有关问题。如银行外包究竟有哪些主要类型？这些类型之间是否存在一定的联系？主要类型的划分边界如何选择？是否存在更进一步或者更深层次的外包业务？我们尝试通过逻辑梳理简要说明银行业务外包的必要性和可行性，并通过问答的诠释方式层层递进，提出若干对策建议。

第一节 ATM 运营现状及外包服务

一、中国商业银行 ATM 运营管理的现状

ATM 作为商业银行的重要业务和交流渠道，已成为商业银行经营管理的重要组成部分。目前，最为成功的商业银行已经将高达 75% 的交易转移至自助服务渠道。同时，大规模定制和选择性定制等新型信息系统的实践使 ATM 实施个性化的营销手段成为可能。可以说，以 ATM 为代表的自助设备提高了商业银行柜台的工作效率，缩短了顾客办理银行柜面业务的等待时间，减少了人工操作可能带来的差错，延长了商业银行的营业时间，实现了 24 小时全天候服务，密切了金融机构与客户的关系。特别在商业银行营业网点之外的一些人流密集场所安装了一批离行式 ATM，扩大了商业银行业机构的服务范围，满足了顾客的基本金融需求。

近年来，全国各金融机构特别是商业银行的 ATM 投放速度增长迅速，大型商业银行每年 ATM 投放增加可达上万台，个别商业银行甚至达到创纪录的每年 2 万余台。然而，在大多数商业银行中，ATM 等自助设备的运营指标考核未纳入行长绩效指标体系，使得不少分行出现"重营销、轻运营"的情况。部分商业银行的相关业务部门仅仅考核 ATM 的可用率或运行率，达不到标准则扣罚，反之没有奖励。同时，针对 ATM 的运行业务量、ATM 的收益等密切相关的因素，业务部门没有设置综合考核指标，缺乏加权统计。然而，ATM 业务量大小不一：一般而言，业务量较大的，工作量较大，装卸钞和维护时间相对较长，运行率相对较低；业务量较小的，工作量较小，装卸钞和维护时间相对

较短,运行率相对较高。此外,目前 ATM 的布设缺乏系统的体系、科学的指标和合理的计量。结果,布设合理与否,不能够全面、科学地来考量,缺乏适当的反馈机制。有的商业银行甚至缺乏"直通式"的 ATM 监控管理平台,没有客观、定期、全面的数据搜集和统计渠道,所需数据仍然采取手工填报的方式,ATM 相关数据的真实性、客观性和及时性值得商榷。

同时,ATM 各运营管理岗位人员的工作量日趋饱和,人员补充比较困难。首先,不少商业银行囿于成本控制和风险管理的需要,招聘新员工数量十分有限。其次,ATM 相关人员所属岗位虽然价值较高,但岗位价值体现特别是一些涉及运营管理操作等所在岗位的价值体现却相对较低,不易吸引和保留人员。最后,各商业银行 ATM 的布设数量成倍增长,业务量大幅加大,不少 ATM 运营管理人员长期超负荷工作,工作相对客户经理等前台营销类岗位压力较大。然而,与此同时,针对中国 ATM 的运营人员管理仍处于起步阶段,相当数量的商业银行仍然采取粗放式的管理模式,难以实现精细化管理,难以保障服务效率。其中,存在相当程度的涉及运营管理人员或外包服务人员的薪酬、绩效、考核、业务、制度、流程、培训、安全等问题,值得相关金融机构总结和深思。

二、中国 ATM 外包服务的类型和特点

外包(Outsourcing)也称委托管理或者托管,往往采取协议委托或授权委托等形式给专业的第三方公司运作,从而协助完成相关业务。外包服务在很多领域都已经大规模采用,如商业银行的电话银行、系统研发、数据集成等业务。目前,外包也是部分商业银行实施 ATM 运营管理特别是 ATM 集中运营普遍采取的一种辅助手段,可以有效解决集中运营管理过程中随着 ATM 数量的急剧增加而产生的人员紧缺、维护服

务能力不足的问题,确保服务质量和服务效率。从现有分行实施外包的情况看,主要分为以下几类,各具特点。

(一) 从业务流程视角分为全部外包和部分外包两类

全部外包即 ATM 供钞、装卸钞、日常维护等全部业务、全部流程均采取外包;部分外包即 ATM 供钞、装卸钞、日常维护中的部分业务,或某项业务的部分流程采取外包。一些商业银行已经采取了离行式 ATM 装卸钞的完全外包,甚至更广范围业务的完全外包。个别商业银行清分现钞也由外包服务公司完成,即装卸钞业务的全流程外包,现钞一般通过实物形式提供;或者有的商业银行由 ATM 运营管理中心清分现钞并装钞箱,然后与外包服务公司交接钞箱。据悉,国外的不少商业银行甚至以支票或转账的形式提供现钞数额,彻底委托给外包服务公司。综上所述,无论哪种方式,都大大节约了人力资源成本,提高了 ATM 业务的运行效率。

(二) 从公司性质视角分为租赁外包和入股外包两类

租赁外包即商业银行采取租赁的形式购买第三方外包服务公司的服务;入股外包即商业银行注资参与外包服务公司,作为外包服务公司的持股人甚至控股人。在国内,绝大多数商业银行均采用租赁外包的模式,有多家外包服务公司可供比较选择,少数商业银行则采用入股外包的模式,一般由当地的监管机构牵头,在成本议价、运营管理、安全规范等方面均占有一定主动地位。例如,青岛金融押运有限责任公司成立于 2000 年,由人民银行济南分行批准,人民银行青岛市中心支行牵头组建,由青岛辖内的 12 家商业银行共同出资设立的有限责任公司,注册资本 70 万元人民币,2010 年末净资产 2 542 万元,是青岛市唯一家从事武装金融守押及金融服务的公司。

（三）从交付方式视角分为驻场外包和基地外包两类

驻厂外包即外包服务公司进入商业银行的产地，实施外包服务，如现金清分等；基地外包即外包服务公司利用自身场地，实施外包服务。有的商业银行选择符合资质的外包服务公司为合作方，启动一名银行人员外加一名外包人员组成离行式 ATM 维护团队的"1+1"外包模式。分行人员掌管钥匙，外包人员掌管密码，业务操作完全按照商业银行制度要求办理，驻场运行，取得了良好的效果。从成本上分析，该行如增加人员使用本行职工，分行劳务用工的成本需在 20 万元/人/年以上，而外包服务公司提供的外包人员服务费用不到 10 万元/人/年，聘用外包人员投入的成本将大大降低。

三、中国 ATM 运营管理业务外包的优势

如前所述，外包是部分商业银行实施 ATM 运营管理特别是 ATM 集中运营普遍采取的一种辅助手段，这类手段在国外特别是发达国家已经成为主流。大型的专业外包服务公司，如 G4S 等外包集团通过专业化操作、集约化运营、精细化管理等方式，有效提升了商业银行 ATM 的服务质量和服务效率，取得了较好的社会声誉。根据一线调查、实地研究和分行座谈，我们认为目前 ATM 运营管理业务外包主要存在以下优势：

（一）首先可解决人力资源匮乏、不均和成本等问题

随着商业银行以 ATM 为首的自助设备业务发展，工作量更大、工作要求更高、工作范围更广，亟须一批懂技术、会分析、能管理的专业型队伍。但是，在这种 ATM 专职运营管理人员数量不足、压力较大、年龄偏大、学历偏低的情况下，保障 ATM 的运营管理、线路设计、检

查制度、轮岗制度相对困难。从人员数量上看，各行普遍反映配置不足，有的分行甚至到了严重匮乏的地步。以某商业银行某分行为例，该行 ATM 发展规模较大，目前中心人员根本无法完成现有 ATM 的维护工作，导致部分 ATM 运营管理中心只能将 ATM 落账、核算类客户投诉的监控录像调阅工作委托相关网点查看。而 ATM 人员无法完全承担现有 ATM 的维护工作，导致部分 ATM 运营管理中心只能将部分柜员机的装卸钞工作交由调运、上门服务人员兼做，以解决目前专管人员缺编的难题。

（二）其次可适当解决运输压力不断增大的难题

近年来，商业银行自助设备业务快速发展，ATM 的运营管理的服务路线、作业方式需要重新设计。但是，目前很多分行所在地的守押公司多为垄断经营，押运车辆不足、押运服务不够、押运成本上涨，难以满足商业银行业务的发展需求。以某商业银行某分行为例，ATM 装卸钞等处理业务集中后，ATM 运营管理中心的管理辐射半径较以前支行的管理半径显著扩大，运送线路加长，运输成本不断上升。对此，ATM 运营管理中心采取与网点寄库款箱、上门收款等运送线路部分整合、优化出行线路等措施，取得了一定成效。但碍于押运车的体积、运送时点以及装卸钞钞箱现金需要当日接回进行清点核对，故需单独安排押运车辆接送等原因，该行押运成本不断增加。再以另外一家商业银行的某分行为例，引入外包服务公司后，运营成本特别是运输成本较押运公司大幅降低，并留有进一步谈判的余地。

（三）再次可采取特定保险等形式合理控制操作风险

ATM 集中运营管理之后，涉及 ATM 的密钥管理、装卸钞管理等都是操作风险防范的重点领域，一旦发生事故，可能引发连锁反应，甚至影响商业银行的声誉风险。但是，采取业务外包后，可由外包服务公司采取特定保险等形式合理控制操作风险。以某商业银行的某分行为例，在风险控制上，外包服务公司除全部承担由外包人员发生的现金差错赔偿、因外包人员造成银行风险的赔偿等外，还提供"银行自助设备清机、加钞外包责任保险"。此险种为外包服务公司独家提出，保险公司提请保监会批准的新险种，保险的受益人为商业银行，保证一旦发生重大事故造成银行资金损失的赔偿能力，降低外包服务的银行资金风险。保险内容主要为：若外包人员利用执行 ATM 清机、加钞工作掌握的 ATM 相关信息，本人或勾结其他人员实施非法行为，造成商业银行 ATM 资金损失，如公司无力赔付时，将由保险公司全额赔付，事故责任赔付额达 200 万元/次、累计责任限额为 500 万元。

（四）最后可实现专业维护的规模效应提高运营水平

据调研，与某商业银行的某分行合作的外包服务公司都有资质的且经过认证的专业公司，在 ATM 维护上有着广泛的经验和先进的管理水平。同时部分外包服务公司采用其先进的软硬件技术，由电脑控制分配动态密码，替代银行体系 ATM 一匙一码的管理模式，构建安全且精细化的自助设备日常运维服务保障体系。采用外包设备集中管理后，该分行离行式 ATM 的正常运行率、现金保障率、非技术故障率显著提高。例如，由于与外包服务公司责任清晰、配合得力，该分行离行式 ATM 集中运营管理日常考核指标处于同业先进水平。截至 2011 年 6 月末，该行 ATM 非技术故障率仅为约 0.5%，其现金保障率达 99% 以上，处于国内同业前列。

四、中国 ATM 运营管理业务外包的建议

目前，中国 ATM 运营管理业务外包在沿海大城市逐步开展，在东、中部的省会或中心城市正在起步，在西部省会或中心城市刚开始萌芽。

因此，一些外包服务公司的资质尚不具备，业务尚未熟悉，流程还不全面，操作仍不规范，存在一定的业务风险。然而，商业银行作为以信用为根本的金融机构，特别注重存在和潜在的风险管理，防患于未然。因此，我们针对中国 ATM 集中运营管理的现状和业务外包特点，提出以下主要建议。

（一）严格规范业务外包服务

ATM 业务外包服务在北京、上海、广州、深圳、青岛等沿海大城市已经广泛采用，从多年的实践来看运行良好。但是，截至目前，一些商业银行并未出台统一的业务外包服务制度，各分行业务外包模式、规模、流程等各不相同。业务外包增加了 ATM 运营管理中心、网点和外包服务公司的交接等操作环节，从一定意义上讲增大了操作风险。因此，需要进一步梳理业务外包的流程，严格规范每一项操作，根据全部或部分、租赁或入股、驻场或基地等不同的外包类型相应提出管理要求。针对行内和外包服务公司的业务人员开展定期培训和示范，合理控制操作风险。

（二）分批推广业务外包项目

鉴于 ATM 业务外包在优化人力资源配置，降低人力资源成本，提高业务运营效率，控制业务运营成本，减少操作风险等方面的优势，我们建议有条件的商业银行可根据实际需要，分批推广业务外包项目。第一批推广行可选取沿海地区的直辖市、省会城市、计划单列市等；第二批试点行可选择内陆直辖市、省会城市等。业务外包在人力资源匮乏、人力资源成本较高、运营成本递增、自助设备数量较多的沿海地区和中心城市的规模效应明显。而在人力资源成本较低、自助设备数量较少且分散的内陆地区、二三线城市等效应并不突出。因此，对于人力资源较为宽裕、所在城市自助设备较少或没有合格资质外包服务公司的分行，可暂缓或不发展 ATM 外包业务。

（三）认真梳理运营服务业务流程

ATM 外包服务成功与否，与商业银行的业务流程休戚相关。一般而言，外包服务公司应根据协议按照商业银行的内部管理规范和流程落实 ATM 的运营管理要求。但是，一些商业银行内部对于 ATM 运营服务的流程并不明确，对于每一项操作并未统一，对于某些服务环节没有规范，导致内部管理或操作存在一定差异。由此，如果贸然引入外包服务公司，将可能更加扰乱现有业务流程，引发更多的不确定性。特别是在业务交接等关键环节，可能出现责任不清、问题不明、风险不定的状况。这对于正在蓬勃发展的中国 ATM 外包服务而言，是一个不小的隐患。

（四）科学布设规范存取款一体机

存取款一体机（CRS）具备现金循环等功能，有利于现钞循环使用。但是根据调研，存取款一体机的布设也存在一定问题。首先，存取款一体机构造较自动取款机等更加复杂，更容易因客户操作不慎造成故障。其次，存取款一体机对布设环境的要求更高，遇到沙尘、低温等条件极易导致设备故障。因此，存取款一体机应在屏幕提示客户操作流程，提示客户存取款时不得在出入钞中夹带信封、皮筋、发卡、塑料袋、透明胶等杂物且勿使用残损、褶皱、潮湿的钞币；应通过屏幕提示客户一次性最大存取款额度，避免设备故障。最后，还应优化存取款一体机的选址布局，因地制宜，兼顾各营业网点的不同自然条件，从源头上规避沙尘等容易影响设备正常运行的因素，最大化地保障设备运行正常。

第二节 ATM 外包服务的类型研究

一、类型学研究及框架

类型学源于人类古老而朴素的分类思想，事实上，人类本身就是一种分类的结果，是动植物分类下的具体体现。分类意识和行为是人类理智活动的重要特性，人类的认知和创造过程本身以分类为基础，世间万物在人类心智上重叠形成"概念"，概念之间的运作演化构成人类思维的分类框架（熊尪，2000）。基于此框架将现实事物分门别类，并通过预期和矫正开展各类创造活动。自然科学中的分类行为称为分类学，社会人文领域中的分类行为则称为类型学，二者既相互区别又相互联系（王蕾、闫红伟，2007）。自然科学领域，生物学中的纲、目、科、种的分类法就是以类型学为基础；社会科学领域，考古学中的"标型学"、马克思（Marx）划分的社会形态都是基于类型学的思想（黄书亭，2008），在心理学、医学、建筑学、语言学、社会学、人类学、政治学、管理学等跨学科领域应用广泛。本研究正是在此基础上，尝试将类型学的研究方法引入金融领域，并就 ATM 的业务外包（Business Outsourcing，BO）类型展开深入研究。

（一）问题提出

类型学是关于客体的类型的哲学方法论学说，是具体科学的学说；客体按其自身的重要属性、关系、联系和机构特征可分为诸多类型[①]。类型学是一种分组归类方法的体系，本质上是分析归纳的认识方法论，

---

① 引自 CNKI 概念知识元库，http://define.cnki.net。

其作用是为更深层次的研究提供认识基础。使用类型学方法不仅可以区别物质文化表象的差异，还可以把握物质文化内在的有机联系，使具体类型的概念成为具有确切意义的实体（熊燕，2010）。不难看出，类型学具有两大特点：一是全面性，即全面提取分析对象包含的信息；二是关联性，即集中归纳各类对象共同的特点。

（二）研究意义

近年来，类型学或类型研究在相关研究领域，如心理学、社会学、组织和人力资源管理学研究中取得了丰硕的成果。国内外学者采取类型学的方法，开展了一系列归类分析，对更好地理解相关领域子类型的目的、内涵、方法和创新，有着更加深刻认识和积极意义。在此，我们尝试在金融领域引进类型学的理念，对 ATM 外包服务的各种类型进行研究，试图发掘其中的联系，尝试建立可供比较的理论体系。这有助于通盘认识 ATM 有关业务和外包服务，建立从理论基础到具体实践的分类逻辑，从而更好地指导业务实践、创新和发展。

（三）研究框架

本研究主要关注的就是四分法，尝试以理论基础的四分法为源头，通过对基于理论的战略定位和发展方向，全面梳理 ATM 外包服务的主要目标、模式和实践，由此归纳出 ATM 外包服务的目标愿景、优劣特征和意义影响。本研究尝试以不同视角直观理解 ATM 外包服务的全面性，对于其业务实践具有指导性，某些划分依据具有原创性。依据美国学者 Barney（1986、1991）提出的资源基础观（Resource – based View, RBV），我们认为外包服务本身不仅仅是管理模式的改变，还是企业基于自身资源的战略选择，本节的研究框架如图 7 – 1 所示。

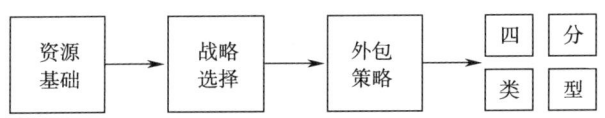

图 7-1 ATM 外包服务类型的研究框架

二、业务外包的理论依据和优势

资源基础观从经济资源的视角出发，强调组织内部资源是打造持续竞争优势的关键，显著影响组织战略（Organization Strategy，OS）与战略人力资源管理（Strategic Human Resource Management，SHRM）（Wright、Dunford、Snell，2001），使研究者和实践者更好地理解战略。从这一理论出发，每家企业都拥有不同的资源，包括政策、人、财、物等，涵盖了企业上下游整合、渠道建设、产品设计、品牌形象、声誉管理等方方面面。既然各自的资源存在差异，各自的业务可能有互补，而企业本身也存在边界，为企业间的整合与合作提供了实践基础。在这一理论的启发下，业务外包（BO）应运而生。业务外包也称委托管理或者托管，往往采取协议委托或授权委托等形式给专业的第三方公司运作，从而协助完成相关业务。外包服务在很多领域都已经大规模采用，如商业银行的电话银行、系统研发、数据集成、ATM 运营支持等业务。例如，业务外包可以有效解决集中运营管理过程中随着 ATM 的快速增加而产生的人员紧缺、维护服务能力不足的问题，确保服务质量和服务效率（蔡宁伟，2012）。根据我们对企业实践的梳理，业务外包至少具有以下几方面优势。

（一）专注核心业务

由资源基础理论为基础，从企业实践来看，知名企业特别是跨国企业的战略愿景在于打造自身的核心竞争力（Core Competence）（Prahalad、Hamel，1990）。因此，企业倾向于保留、关注和发展其他竞争对手难以进入、整合、模仿和复制的核心业务，转而将那些进入壁垒较低、整合难度较小、模仿系数较少、复制难度较易的业务外包，即便放弃仍可实现盈利。在会计视角，核心业务通常称为主营业务或表内业务，外包业务一般视为非主营业务或表外业务。正因此业务相对简单，外包服务公司逐步增多，形成产业集群，并积极开展跨国业务。

（二）节约人工成本

如前所述，外包的业务大多相对简单，因此这些从事外包业务的公司成本也相对较低，特别体现在人工成本上。在外包业务的产业集群初期，外包公司往往围绕在核心企业周围，形成产业集群，如美国硅谷等；后来，随着当地人工成本的不断上升，核心企业开始在全球范围寻找外包企业。例如，耐克、苹果选择在中国大陆、东南亚国家建立加工或代工工厂，而一些欧美金融企业选择在印度班加罗尔、中国大连等地建立呼叫中心（Call Center）、服务中心（Service Center），进一步削减人工成本，用于支持核心业务的研发和创新。

（三）引导业务提升

如果说前面两点优势是对核心企业而言，那么对于这些外包公司而言，也有利可图。一是提升了外包公司的业务能力，提高了业务操作的水平，进而为向其他业务，特别是原有核心企业核心业务的发展和创新奠定了基础。不少公司从外包等业务起步，逐步实现业务转型，台积电、东软等企业都是很好的例证。二是提高了当地的就业率，改善了发展环境，"亚洲四小龙"等国家和地区的发展一定程度上恰恰把握了发达国家业务转型和外包的机会，在相当长的一段时间内保持了快速稳定的发展势头。

三、中国 ATM 运营外包的现状

自助柜员机（ATM）是商业银行重要的业务和交流渠道，业务量和交易金额的占比逐年提高。以 ATM 为代表的自助设备较商业银行柜台有着一些无法替代的优势，如工作效率较高，等待时间较短，人工差错较少，营业时间较长，人机互动较多（蔡宁伟，2011a）。根据我们的调研，目前，国内 ATM 运营外包主要呈现以下特点。

（一）缺乏统一标准

目前，国内尚无对 ATM 运营外包的统一标准，各外包服务公司一般根据商业银行的内部制度和相关要求，制定自己公司或针对该商业银行的外包服务准则。结果导致 ATM 运营外包的标准五花八门，不仅同一商业银行各分之机构的外包服务要求不同，而且同一外包服务公司的外包服务要求也不一样。即便考虑到有因地制宜等客观需要，但我们认为在一些基础要求上，如 ATM 供钞的质量、ATM 装卸钞的效率、应急服务的时间、账务处理的流程等应该设计底线，即提出统一的最基本的要求，以规范外包服务市场，满足客户需求。

（二）存在行业壁垒

在国外，已经有不少专门的 ATM 运营外包公司，提供统一规范的运营外包服务，如英国的 G4S、美国的 BRINKS 等，业务遍布各大洲几十个国家和地区，在中国香港等地均有业务开展。但是，目前这些跨国外包公司尚未完全进入国内，原因之一在于行业壁垒较大。目前，国内市场上的 ATM 外包服务公司大多由人民银行、银联、守押公司等监管和参与机构牵头组建，在一定程度上提升运营安全性的同时，提高了其他公司的进入壁垒。而且各地公安局、银监局等监管机构对于守押公司

的资质要求逐年提高，增加了该行业的封闭性。

（三）专业水平较低

目前，部分 ATM 外包服务公司缺乏可与商业银行系统对接的"直通式"ATM 监控管理平台，缺乏客观、定期、全面的数据搜集和统计渠道，无法及时准确地掌握设备运营情况，所需数据仍然采取手工填报的方式，专业化水平尚处于起步阶段。同时，ATM 各运营管理岗位人员的工作量日趋饱和，ATM 运营管理人员或外包服务人员的薪酬、绩效、考核、业务、制度、流程、培训、安全等问题缺乏科学规划和统一规范，特别是具体业务的操作标准因人而异。一些公司的薪酬待遇较低，人员流动性较大，有经验的人员补充比较困难。

三、ATM 外包服务的主要类型

类型是类型学、类型研究、分类的过程之一和阶段性成果。由于各种类型具有稳定性、不变性（李兆锋、牛忠江，2008），分类方法具有复杂性、层次性，分类思想具有针对性和普适性（黄书亭，2008），因此影响深远、应用广泛。类型本身有多种模式，如两分法、三分法、多重分类法等。其中，引入数学领域的矩阵和象限，进行横、纵两个维度的"四分法"在管理研究中广为使用。当然，基于矩阵的"四分法"并非为了象限而四分，而是根据类型的两、两维度，采取同一坐标下的、直观的展现模式，用于考量管理的种种类型。本研究借鉴了上述四分法，从商业银行实施 ATM 外包服务的实际入手，尝试统筹分类的不同视角，创新地采取不同的类型维度，直观地梳理展示各个类型的特征。我们认为，商业银行可以基于自身战略、发展需要和资源条件，选择适合自己的 ATM 业务外包服务类型。在此，我们从基于战略发展的分类视角出发，细化到基于业务资源的四种类型，最后尝试讨论基于风险控制的四分类型。最终,从三种不同的视角四分形成了12种ATM业务外包类型,每一类各具特点,有其适宜的条件,可供各金融机构参考。ATM外包服务主要分为以下几类。

(一) 基于战略发展的分类

尽管ATM业务外包在海外已经成为一种趋势,在国内也有不少公司运营,但对该业务外包的认识和发展而言,商业银行等金融机构的战略和对策仍存在一定差异。有的商业银行认为该业务涉及渠道管理、现金营运和主营业务,即使外包也应该采取控股的模式,甚至可以做大做强,成立外包服务子公司负责所辖设备运营业务,如图7-2象限一、象限二;有的商业银行认为该业务可以与其他同业互补,可以视为一种非核心业务,特别是在自身ATM等设备资源有限的情况下,形成合作态势,进而逐步扩大,如象限三、象限四。由此,衍生出四种类型:

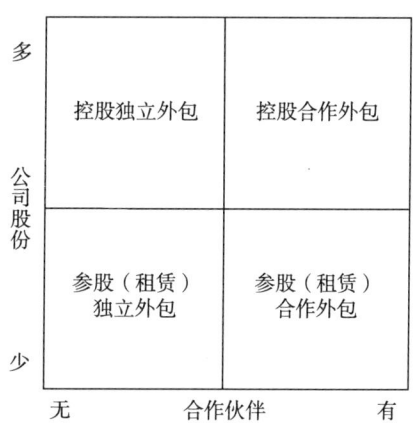

图7-2 基于战略发展的ATM业务外包类型

象限一是控股合作外包类,适用于拥有ATM设备较多,当地其他同业ATM设备也有一定数量的商业银行。采取此类策略的商业银行往往是当地ATM业务的主要金融机构,对自身业务发展规划比较有利,采取合作的方式更容易联合其他同业形成ATM外包服务的规模优势。象限二是控股独立外包类，适用于拥有 ATM 设备较多，是当地自助服务的主导商业银行。采取此类策略的商业银行更容易主导自身业务的发展战略，也可以业务外包的形式存在而以子公司的实际运作，更易于对环境变化做出判断和改变，较少受外包服务合同的限制。象限三是参股（租赁）独立外包类，适用于拥有一定数量 ATM 设备但有独特要求的商业银行，可以选择参股或租赁。采取此类策略的商业银行往往因 ATM 的布设地点、营业时间等要素与其他同业存在差异，进而要求外包服务公司采取差异化的服务策略，如布设地点聚焦在农村地区的村镇银行、聚焦在核心商业区而夜间营业时间较长的城市商业银行等。象限四是参股（租赁）合作外包类，适用于对 ATM 设备没有特殊外包服务要求的金融机构。采取此类策略的商业银行基本视 ATM 为非核心业务，可以"随大流"，同时也不必为此付出较高的资金和较多的精力。值得关注的是，象限三、象限四两类还需要结合市场环境来具体分析，如果当地 ATM 外包服务是垄断或寡头市场，意味着商业银行基本放弃了主导 ATM 业务发展的"话语权"，未来外包成本可能水涨船高但无力控制；如果在 ATM 外包服务的完全竞争市场，意味着商业银行可以拥有更多的选择，具备更大的谈判空间和议价余地。

（二）基于业务资源的分类

在明确 ATM 业务发展战略的基础上，金融机构在具体选择和应用 ATM 外包服务时，更注重自身的资源禀赋和外包服务公司的服务能力。不难看出，这同样基于资源基础观（RBV）的理论基础。按照业务流程，ATM 全生命周期主要分为计划、采购、布设、运营、退出等环节，包括监控、供钞、装卸钞、账务管理、维护、巡检等业务流程，需要大量的人力、物力和财力资源投入。商业银行往往因其场地限制等原因选择驻场，因其人力成本控制等原因选择全部外包或部分外包。由此，也衍生出四种类型：

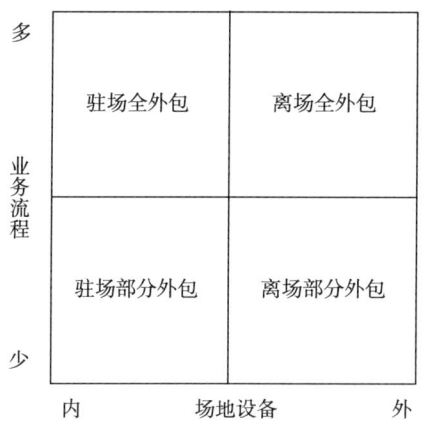

图 7-3 基于业务资源的 ATM 业务外包类型

象限一是离场全外包类，适用于没有清分场地或清分场地稀缺、人力资源不足且视 ATM 业务为非核心业务的金融机构，即图 7-3 中象限三、象限四所涉及的商业银行。采取此类策略的商业银行往往拥有一定数量的 ATM，或者有足够多的、规范的 ATM 外包服务公司可供选择。象限二是驻场全外包类，适用于有足够甚至富余的清分场地、人力资源不足且视 ATM 业务为非核心业务的金融机构，即图 7-3 中象限三、象限四所涉及的商业银行。采取此类策略的商业银行往往与象限一的情况类似，也可能处于内部制度或风险管理的要求，将可以离场的外包业务转到自有场地进行，以便于监督、协调和管理。象限三是驻场部分外包类，适用于有足够甚至富余的清分场地、人力资源相对充足的金融机构。采取此类策略的商业银行往往拥有一定规模的 ATM，且在具体人力资源资源条件下与象限二的机构有所差异，如拥有一定的人力资源和清分设备，足以完成部分 ATM 业务，但同时维护、车辆等资源不足，难以支持全部 ATM 的正常运营。象限四是离场部分外包类，适用于没有清分场地或清分场地稀缺的金融机构，其余情境与象限三的机构类似。值得一提的是，如果将外包的范围延伸，则不仅仅是业务流程、人力资源的外包,一些 ATM 外包服务公司已经考虑将设备的全生命周期纳入外包业务体系中,提供包括长期计划、采购布设、技术维护、运营管理、退出调整在内的"一揽子"外包服务,完全接手商业银行等金融机构的 ATM 业务。这也就是我们前文提到的,一些外包公司抓住了发展机遇,发展自身特色的核心业务。

(三) 基于风险控制的分类

在细化业务资源策略的基础上,金融机构在选择和应用 ATM 外包服务时,外包服务公司的风险控制能力不容忽视,这一维度往往成为外包服务公司在众多同业脱颖而出的关键。商业银行等金融机构的核心工作之一就是风险管理,风险管理的水平是制约商业银行发展的瓶颈。ATM 外包服务公司同样如此,ATM 首先作为保证支付的渠道,其安全性备受关注。近年来,"许霆案"(2006)、"假钞事件"(2009)、"假 ATM 机案"(2010)等相关事件将 ATM 业务推向公众和社会关注的焦点,也将相关金融机构推上风口浪尖,成为银行经营管理的难点(蔡宁伟,2011b)。由此,同样衍生出四种类型:

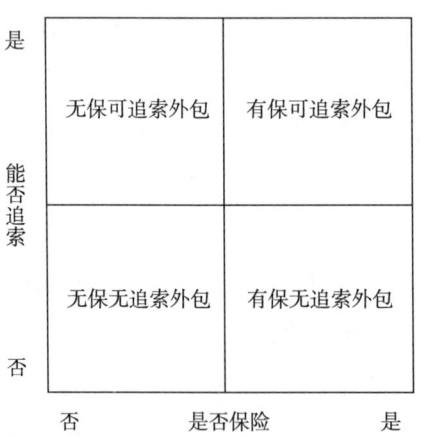

图 7-4 基于风险控制的 ATM 业务外包类型

象限一是有保险可追索外包类，适用于对 ATM 风险管理和安全管理要求较高的金融机构。采取这类保障措施的商业银行实际已经上了"双保险"，一是合同中的可追索条款，二是保险公司的理赔条款。外包服务公司除全部承担由外包人员发生的现金差错赔偿、因外包人员造成银行风险的赔偿等外，还提供"银行自助设备清机、加钞外包责任保险"。此险种一般由外包服务公司提出或由商业银行主动参保，是近年保险公司提请保监会批准的新险种，保险的受益人为商业银行，保证一旦发生重大事故造成银行资金损失的赔偿能力，降低外包服务的银行资金风险（蔡宁伟，2012）。其主要内容为：若外包服务人员利用执行 ATM 清机、加钞工作掌握的 ATM 相关信息，本人或勾结他人实施非法行为，造成商业银行资金损失，如公司无力赔付时，将由保险公司全额赔付，事故责任赔付额一般为 10 万~200 万元/次、累计责任限额一般可达 500 万~1 000 万元。象限二是无保险可追索外包类，适用于对 ATM 风险管理和安全管理要求其次的金融机构。与象限一类似，可追索主要源自合同中的可追索条款，同时一些地方的监管机构为加强 ATM 外包服务公司的监管，增大了其注册资本的底线。象限三是无保险无追索外包类，适用于对 ATM 风险管理和安全管理要求最低的金融机构。象限四是有保险无追索外包类，适用于对 ATM 风险管理和安全管理要求较低的金融机构，保险的理赔周期一般较长，风险控制的难度往往高于第二象限。值得一提的是，ATM 外包服务公司的内部管理水平往往决定了其风险管理的难度，资质健全，业务熟悉，流程全面，操作规范的 ATM 外包服务公司出现差错的概率和发生问题的隐患往往较低，这也是今后相当长的一段时期，国内 ATM 外包服务公司打造自身核心竞争力的要旨所在。

第三节　商业银行业务外包的逻辑

一、什么是银行的业务外包

业务外包简单地说，就是把自己应该承担的工作通过合同的形式交给其他公司来做。对于银行而言，就是把原本属于银行内部的工作通过与专业公司签订合同，交给第三方来完成。其中，我们需要说明三点：一般而言银行选择业务外包是自愿、自主和自发的；银行与外包公司是双向选择，是市场化的行为；由于银行等金融业务的特殊性，第三方外包公司需要具备一定资质，换句话说做银行外包业务需要一定门槛。这一门槛不仅是银行和外包公司基于合同的要求，有的还存在监管机构的硬性条件约束。例如，监管部门对于银行的技术外包就曾发布某些禁令式要求，商业银行对于自身的敏感信息，如客户资料、基础数据等也对外包公司有防火墙约束。这事关银行金融机构的信用本质，也是银行立足的根本，否则将给银行带来巨大的声誉损失。2011年，韩国农协银行系统瘫痪导致服务停摆长达3天就曾引发巨大的负面舆情，导致一定数量的客户"用脚投票"。

二、银行为什么要业务外包

如果把银行视为企业，其进行外包的选择从理论上并不新鲜，也很好理解。这实际与银行是否和存在垄断毫无关系，界定垄断有其经济学标准，并非本节关注的主要范畴。就企业而言，无论是管理学家法约尔提出的"树浆极限理论"，还是诺贝尔奖得主科斯提出的"交易成本理论",实质都在说明企业存在一定组织和盈利边界:盈利的平衡恰是界定企业范围和组织边界的动态基础。上述理论实质从企业本身的考虑和平衡而言,是一种自愿、自主和自发的选择。由于银行业的快速发展,自然会给予专注银行的外包公司更多的机会。在银行成立之初,对于其所有业务基本采取事必躬亲的态度,不断积累经验,逐步形成具有自身特色的核心竞争力。随着银行不断发展壮大,就必须有所取舍,即"有所为,有所不为"地选择性放权。一些非核心的、不需要太多知识积累的、劳动密集型的业务首当其冲。

三、业务外包有哪些具体原因

既然存在业务的机会,同时也有一定挑战。对银行而言,其外包的原因莫过于两大类:一是不让做;二是做不了。第一种情况往往是监管机构的要求,不一定是银行的本来意愿。例如,对于现金调拨的守卫和押运需要武装护卫,而银行并不具备监管要求的资质,必须交由专业的押运公司实施。第二种情况则主要是银行自身的原因,具体而言又分为两种情况:一种是银行确实做不了,是能力限制的问题;另一种是银行不愿意做,是分析平衡后的决定。不难看出,"交易成本"等理论实质针对第二种情况而言。其中,第一种情况的"硬性要求"和"必要约束"相对较少,更多的是银行根据自身情境和市场环境作出的理性选择。银行会据此在经营成本、管理范围、业务属性、人员类型等维度综合考量,动态地寻找组织和盈利边界,外包的业务往往在银行发展阶段的边界之外。

四、什么原因导致银行做不了

接上文分析,银行对于部分业务做不了,并不是监管机构的要求不允许做，而是出于自身原因的选择。就第一种情况做不了而言，例如，一些银行在发展初期，没有建立自己独立的外币保管存储机制，就必须借助其他同业的保管机构和场所来处理，而当这家银行发展到一定规模之后，开展外币业务也是自然而然和水到渠成的了。那么，对于某些银行能做却不愿做的业务，则更多的是理性分析和选择的结果。这时，第三方的外包公司就有了开展业务的机会，虽有"拾人牙慧"之嫌，却也是在"夹缝中求生存"的典范。只要具备应有的资质，能够按照合同约定完成有关业务，便可以开展。事实上，银行如此打算也是基于成本的考虑。例如，以电话银行中心为例，一位正式员工一年的人力资源成本一般在8万~15万元，而采用第三方公司可以将年人力资源成本降低到4万~6万元。

五、业务外包具有哪些优势

首先，业务外包公司可以降低银行业务的成本，其提供合同制员工并不需要较高的学历和经验，只要通过短期培训就可以上岗。因此，操作型岗位的银行外包业务供不应求，如电话银行中心坐席、业务处理中心代码录入员、现金营运中心清分整点员、自助设备运营中心运营维护员、技术维护中心维修员、营业网点大堂引导员等。其次，业务外包公司可以提升专业化的服务支持水平。在长期从事某种业务之后，对于业务的重复性操作而非创造性操作更容易总结经验，并更好地推广培训到更多的新入人员之中。这种对知识技能特别是内部管理与流程的理解更容易使业务外包公司与银行达成某种默契，建立良好的互动关系。对业务外包公司而言，其优势主要体现在"可复制性"、"延续性"和"累积性"上，在员工A上的培训同样可以适用与员工B和C，且知识技能的迁移具有延续性和累积性，在与银行达成业务默契的同时形成规模效应。

六、业务外包有哪些潜在风险

当然，银行选择业务外包并非一帆风顺，其中也潜藏了很多风险隐患。例如，2014年新闻报道南方某市押运保安罢工，导致短期内银行的现钞调运瘫痪，运钞车停驶，影响了一些网点的正常营业。由于武装业务属于银行"不让做"的业务，因此应急解决比较困难。同期，也有因暴雨、台风、泥石流等极端天气导致押运车不能上路、个别银行网点不能开门的问题，属于外部"不可抗力"的制约。又如，可能存在某家自动柜员机外包服务公司突然终止合同的情况，导致银行部分ATM难以得到及时维护，这时必须再及时引入另外一家外包服务公司，或者由银行原来的运营维护人员继续支持才能保证业务的连续性和稳定性。不难看出，业务外包需要"未雨绸缪"做好准备，多方位保证业务运营的安全。需要注意的一点是，业务外包并不代表风险外包。一旦出现问题和风险，客户往往归咎与银行，即便是业务外包公司员工导致的，银行依然是风险承担与问题解决的主体。

七、银行外包主要分为哪些类型

根据笔者观察，银行外包主要有以下几种类型。一是战略外包（Strategic Outsourcing），一般意指商业银行从战略角度，将自身非核心业务或处于劣势的业务转移到企业之外；二是知识流程外包（Knowledge Process Outsourcing，KPO），意指商业银行将金融知识密集的业务或需要前沿研究分析、先进技术与决策的流程交由第三方执行；三是业务流程外包（Business Process Outsourcing，BPO），意指商业银行将某项业务的全部或部分流程，交由其他专业公司来完成；四是信息技术外包（IT Outsourcing），意指商业银行将信息技术的某项硬件产品或软件开发委托专业技术公司按约定提供；五是人力资源外包（HR Outsourcing），意指商业银行将某些业务交由第三方公司的人员来处理，又称为劳务外包或劳务派遣。

八、银行外包类型是否存在联系

根据上述银行外包类型的定义，不难看出战略外包实质是商业银行作出的一种选择，决定是否外包。在此基础上，银行可以选择具体采取哪一种形式的外包或者哪种适合自身的外包模式，主要包括了知识流程外包、业务流程外包、信息技术外包和人力资源外包四种。在这四种类型中，实质都涉及人力资源的问题，不过要求有所不同。知识流程外包主要需要掌握前沿知识技术的人才，业务流程外包主要需要实践经验丰富的人才，信息技术外包主要需要了解相关软硬件技术的人才，而人力资源外包对人员的内涵要求一般最低，可以采取针对性入职培训的方式一次性满足银行的要求。此外，广义的业务流程实质涵盖范围最广，包括了知识流程、技术流程、操作流程、管理流程和培训流程等；而知识流程外包实质最接近商业银行的核心，事关其发展战略与方向定位。

九、银行业务外包主要有何分类

既然业务流程外包的涵盖范围最广，那么如何划分商业银行的业务流程外包呢？笔者认为，主要可以采取如下五种维度划分。一是按照该项业务是否全部外包，可以分为全流程外包、部分流程外包两类。二是按照银行前中后台分离的要求，可以分为前台业务外包、中台业务外包和后台业务外包，例如大堂经理、大堂引导员等属于前台外包，而业务处理录入员、电话银行中心呼叫员等则属于中后台外包的范畴。三是按照业务的性质，可以分为核心业务外包、非核心业务外包两类，其中核心业务外包更接近与知识流程外包的内容，一般涉及银行生存发展的问题或者主要业务创新、重要产品创新等新兴领域。四是按照业务外包的地点，可以分为入场外包、离场外包两类，其中入场主要意指外包业务使用银行内部的办公地点，而离场外包则一般使用第三方甚至可以第四方提供的场所。五是按照业务外包的国别，即在跨国业务外包中可以分为境内外包、离岸外包两类。

十、银行核心业务是否可以外包

如果核心业务涉及银行的生存发展，那么有的商业银行为什么还要选择核心业务外包呢？银行的核心业务是否可以外包呢？根据业内的实践，笔者认为有以下几个方面值得探讨。首先，应明确什么是银行的核心业务。各所有制银行、各种规模的银行对此认识存在一定差别，因此A银行认为的核心业务在B银行看来可以外包。其次，核心业务的紧迫性要求不得已外包。例如，刚成立的C银行缺乏核心业务系统，但开发周期较长，自身科技能力不足，综合考量后，选择从大型银行D全套购买核心X业务系统，满足及时开业的要求。再次，核心业务本身是不断变化的。例如，C银行在使用D银行的核心业务系统同时，不断招贤纳士，加强科技研发实力，终于在3年后研发投产了具有自主知识产权的新一代核心业务系统Y，此时原来购买的X系统就不再成为核心，必须更新换代。最后，银行在实施核心业务外包时，可以采取适当策略保护其核心商业价值，例如将核心业务按流程背对背分给多家外包公司操作，又如将核心业务中涉及账户的字段拆分切片，让多人并行录入等。

十一、银行外包包括哪些基本步骤

初步分析了商业银行的外包类型、内在联系、主要内涵和外包选择，那么银行外包主要包括哪些基本步骤？商业银行在实践中又是如何实施业务外包的呢？第一，银行会按照董事会、高管层和风险管理委员会的决策指定战略外包的计划，并分批实施。第二，无论是哪种类型的业务外包类型，都必须对外包公司有所甄别、考察，选择具备资质的、声誉较好的外包公司试运行。第三，在试点期间，银行会指定专业的业务主管和人员与外包公司进行对接，提出外包的具体要求、操作的详细流程和期望达到的目标。第四，在试点期过后，银行会与外包公司签订详细的合约，并定期评估外包的结果，提出改进的意见建议。第五，银行还会将外包评估实施情况反馈给高管层，决定是否延续或者退出，如此往复。

十二、银行外包的前景和趋势如何

在知识流程外包出现之前，商业银行的外包基本集中在业务流程外包、信息技术外包和人力资源外包上。其中，又以信息技术外包和人力资源外包最早使用，毕竟上述外包业务并不涉及过多的业务流程，而涉及业务流程的外包往往要更深的培训支持、更多的管理对接和更长的处理周期。2008年后，随着国内大中型商业银行的集约化、规模化改革，业务流程外包逐渐有了发展的空间，而且有长期快速增长的趋势。2010年后，随着知识流程外包在金融业的应用，使商业银行更多地思考自身的定位、优势与能力之间的关系，并不断尝试应用到业务实践中去。事实上，业务流程和知识流程外包兴起已经大幅拓展了传统银行外包的范围，给予各类外包服务公司更大的平台和更广阔的空间。而且，即便是一家区域性的第三方公司，在当地银行分支机构试点成功后，则可能面临全省或全国范围承接该项业务外包的机遇，前景十分广阔。在可以预见的将来，商业银行会不断发展核心业务，拓展可外包的领域，实施更为严格的风险管理措施，使银行外包业务呈现几何级数的增长。

参考文献

[1] 蔡宁伟. 中国 ATM 外包服务研究 [J]. 北京：中国金融电脑，2012 (1)：77 – 79.

[2] 蔡宁伟. 自动柜员机全生命周期分析 [J]. 北京：金融论坛，2011a (12)：113 – 121.

[3] 蔡宁伟. ATM 客户关系和声誉管理的问题与对策 [J]. 北京：中国金融电脑，2011b (8)：67 – 69.

[4] 蔡宁伟. ATM 运营人员管理的问题和对策 [J]. 北京：中国金融电脑，2011 c (7)：75 – 77.

[5] 蔡宁伟. ATM 的历史、运营状况和发展趋势 [J]. 北京：中国信用卡，2008 (11)：45 – 47.

[6] 蔡宁伟. 中国 ATM 布设选址现状、问题和对策分析 [J]. 北京：中国金融电脑，2010 (8)：46 – 49.

[7] 黄书亭. 危机管理的类型学分析 [J]. 北京：科技和产业，2008 (9)：78 – 83.

[8] 李兆锋，牛忠江. 行业协会限制竞争行为的类型学分析 [J]. 北京：现代商业，2008 (20)：258 – 259.

[9] 王蕾，闫红伟. 关于类型学中西方研究历史的对比 [J]. 太原：山西建筑，2007 (2)：11.

[10] 熊尪."乡村—都市"连续统——人类聚居形态的类型学思考 [J]. 南京：现代城市研究，2000 (4)：4 – 6.

[11] 熊燕. 中国城市集合住宅类型学研究——以北京市集合住宅类型为例 [D]. 武汉：华中科技大学博士论文，2010.

[12] 杨克灿. 发展强劲，多元微变——2012 年中国 ATM 市场发展述评 [J]. 北京：金融时报，2013 – 03 – 12.

[13] 杨克灿. 竞争企稳, 前景可观——2010 年中国 ATM 市场发展述评 [N]. 北京: 金融时报, 2011 - 04 - 11.

[14] Barney, J. B. Firm Resource and Sustained Competitive Advantage [J]. Journal of Management, 1991, 17 (1): 99 - 120.

[15] Barney, J. B. Strategic Factor Markets: Expectations, Luck, and Business Strategy [J]. Management Science, 1986, 32 (10): 1231 - 1241.

[16] Prahalad, C. K., Hamel, G. The Core Competitive of the Corporation [J]. Harvard Business Review, 1990, 68 (3): 79 - 91.

[17] Wright, Patrick M.; Dunford., Benjamin B.; Snell, Scott A. Human Resource and the Resource Based View of the Firm [J]. Journal of Management, 2001, 27 (6): 701 - 721.

第八章
ATM 服务管理

银行服务的要旨，即主要维度包括质量、效率和态度，ATM 的出现大大提高了商业银行的服务效率和质量，成为新增的一种可选渠道。近年来，谈及 ATM 服务，必须首先从 21 世纪初的银行"排队难"说起，这一重要背景和历史阶段不容忽视。当时，中国多家银行客户排队问题成为社会关注的焦点之一，本章首先就银行客户排队的缘起、特点和问题进行了深入分析，并以加强银行科学管理为核心，提出若干建议。其次，近年来部分商业银行已经构建了 24 小时的自助服务模式，先行完成了从网点处理向自助交易的主渠道转型，自助服务的替代效应日趋显著，这种 24 小时的 ATM 运营服务模式可能面临一定困难和挑战，有必要进行必要性和可行性分析，根据某大型商业银行的运营案例，本节归纳了 ATM 使用时间延长、交易"晚高峰"、模式差异大、地点差别大、个性需求增加等实际情况。再次，建构了国内商业银行 ATM 运营管理"O2O2O"的主流模式，并提出实施服务分级、亟须安全护卫、持续业务投入和兼顾外部约束等联动对策。最后，本章针对新情况和新问题，既有法规、制度对 ATM 业务越来越关注，呈现出从无到有，从少到多，从简单到复杂的趋势；从现有立法和司法案例来看，关于商业银行在 ATM 管理上的义务与责任，主要在三个层面分别展开：一是在 ATM 业务合规管理；二是在 ATM 设备运营维护；三是在 ATM 必要技术保障；研究明确了框架和主要内容，首次梳理了 1999 年以来国内中央和地方有关监管机构对商业银行 ATM 管理的合规要求，根据实际业务案例有针对性地提出意见和建议。

第一节 商业银行客户排队的分析与对策

一、银行客户排队问题的缘起

近年来，银行客户排队问题成为众人瞩目的焦点之一。据2005年《数字财富》杂志社与北京易观网络信息咨询有限公司共同合作的"零售银行渠道调研报告"显示：85.8%的个人客户在金融行业的营业柜台办理业务时，曾排队等候，客户对此怨声载道。各银行也对因客户排队引起的柜台人员工作负荷超标、投诉率上升、经营成本居高不下而倍感头痛。又据零点研究咨询集团发布的《2006年金融服务指数研究报告》，当前我国金融业的服务质量总体处于中等偏低水平。其中，国有商业银行的客户总体满意度低于股份制商业银行。无独有偶，2007年盛世指数数据管理有限公司对北京、上海、广州等10个城市的1680名客户的调查显示，有78.2%的客户经常遇到排队的情况，仅1%的客户几乎没遇到排队现象。再据中国银行业协会2007年4月27日公布的全国35家银行业协会关于银行排队联合调查报告，不同地区银行网点高峰时段和高峰工作日各不相同，主要呈现以下现象。

从业务结构来看，客户排队办理的业务主要集中在转账、人民币现金存取款、银行卡业务、代缴费、理财等。由于所处地段及客户群结构不同，各网点业务量差异较大。如处于批发市场周边的网点主要以汇款、大额存取款、异地通存等业务为主；而对于规模较小、位于居民区的网点则以代收费、小额存取等业务为主。

从地域分布来看，大城市排队现象比中小城市严重，沿海比内地严重。排队问题比较突出的城市主要是北京、上海、广州等大城市和一些省会城市。郊区、农村银行柜台压力较小,有些农村网点甚至柜台冷清。

从网点布局来看,同一城市不同网点之间差异较大。业务量较大的地区主要集中在经济发展热点地区、繁华商业区、大型居民社区、大型批发市场周边以及新建的、配套设施不完善的地区。商业区的网点中午休息时间的业务明显要高于其他时段;生活区网点周末业务较多;新建地区的银行网点相对偏少,服务半径过大,不能较好地满足金融服务需求。

从分布时间来看,每年第一季度和第四季度为业务高峰;每月缴水、电、气费,发工资前后为业务高峰;国债发行、基金申购和赎回的热销阶段也是网点业务高峰时段。排队状况的分布以月为周期大体呈现出"月初平稳、月中激增、月末回落"的波动特征。

从行际选择来看,不同所有者银行差异明显。排长队现象在国有银行相对更加严重,股份制商业银行不太突出,而农村信用社、城市商业银行出现排队现象很少。在同类机构网点中,服务功能健全的机构网点排队现象突出,单一功能的网点不明显。

从客户类别来看,排队客户的群体性较强。一是排队客户办理的业务主要集中在一些代理业务。二是坚持在银行排队存取款以老年人居多。据一些银行网点反映,老年客户一方面习惯用存折存取,另一方面不愿意缴纳借记卡年费,小额存取多数也在柜台办理。三是排队客户普遍对网上银行、电话银行、自助设备等现代交易方式不习惯、不放心、不会操作,情愿排队选择传统的面对面和现金交易。

综上所述,银行客户排队问题的出现,一方面说明居民收入水平逐步提高,追求资金高收益的理财意识明显增强;另一方面,也凸显了我国银行目前服务水平和效率与客户需求的不匹配。

二、银行客户排队问题的分析

客户之所以在排队时会焦躁、抱怨、怒火中烧,甚至作出过激行为，原因在于排队时间超出客户的忍耐极限、出现不公平行为或受到冷落等。行为科学家研究发现：无序排队是导致客户流失的一条主要原因。通常而言，如果人们等候超过10分钟，其情绪开始急躁；超过20分钟，其情绪表现厌烦；超过40分钟，常因恼火而离去；其中如出现"加塞"、"插队"等现象，情况还将更加糟糕。总体分析，主要有以下几方面原因。

一是受近年股市财富效应影响，加之"港股直通车"等新业务的开通，导致新入市的股民成倍增加。根据相关统计数据推测，截至2007年5月28日，沪深两市账户总数已经突破1亿元大关，其中，2006年以来的新增开户数超过2 660万户。这些新股民很多都是在最熟悉的银行开始"股市之旅"，这就使银行网点承办的业务发生了本质性变化。从前，一般的储蓄业务2~3分钟就能办完；现在，正常情况下办理银证转账业务一般需要20多分钟。由于证券营业部取消了现金柜台，这些股民的存、取款都需要经过银行网点柜台进行收付，需要到银行开立银证转账账户。而开立这种账户比较复杂，关联度较高。客户不仅要提供证券交易保证金号码、身份证、股东代码证，而且还要签订电话银行协议，如果遇到要件不齐则需要花费更长的时间。

二是受基金产品盈利吸引，银行代理基金业务空前火爆。开立基金同样需要客户带身份证，填写项目繁多的开户书。不仅如此，更有相当数量的客户缺乏基金常识，柜员必然要占用时间对其进行解释。此项业务正常情况下，每人大致需要20~25分钟。尤其是每逢新基金发行、拆分、封转开时机，居民开户数比平日增多。

三是随着居民收入的增加，对金融服务产品高收入的需求越来越强烈。现在银行针对居民金融需求的变化，陆续推出新产品，如本外币理财、同城异行转账、同行异地汇款、记账式国债、存款证明、小额质押贷款、网上银行、电话银行、手机银行、外汇买卖、境外汇款等。由于这类产品比较复杂，对客户信息要求也多，一方面柜台人员需进行解释、宣传；另一方面，也需要整理录入个人信息，使银行服务于单一客户的时间延长。

四是银行服务的客户群体庞大，层次多样，种类繁多的代理业务也是造成目前柜台业务量较大的原因之一。目前，各家银行普遍开办了代发工资、代发社保养老金、代收各种交费业务，承担了大量过去由政府和其他行业提供的服务职能。首先，由于代发工资、养老金时间比较集中，给柜台带来较大压力。其次，某些城市自来水、天然气等公共事业数据化建设很不完善，无法与银行实现实时联网，只能通过柜员手工操作完成，增加了柜员的处理时间。再次，与外资银行争取大量高端客户不同，许多国有商业银行"两低一高"客户群体相对庞大，即"低收入、低学历、高年龄"客户为主体，占据有限的柜台资源；且部分客户对银行业务流程陌生，金融意识相对落后，甚至提出"对已清点验封的钞票再次清点"、"取款后自己清点完毕再行存款"等要求，大量占用人力、浪费时间。

五是银行本身存在服务水平和工作效率再提高、再优化、再整合问题。首先，不少银行的自助机具设备数量与交易量不成比例，使用率较低。有的银行柜面业务的替代率仅为8.9%，没有充分起到分流客户的作用，不少内地城市与北京、上海、广州、深圳等沿海发达城市相比，尚存在很大差距。其次，特别是在银行营业网点个人人民币客户排队的同时，有的对公客户、外币业务窗口出现柜台闲置的现象，有时窗口使用率还不足50%。再次，银行网点人员的服务意识亟待加强。一方面，大堂经理配备数量尚显不足，特别是国有商业银行业务量集中的网点，一名大堂经理难以应付集中问询的压力；另一方面，有的大堂经理因服务意识不强，在主动询问客户需求、引导和分流客户使用自助机具、解释相关政策和法规以减少排队时间的作用还未充分发挥。最后，银行业务流程趋于严谨，在全面风险管理的理念下，相对于过去办理业务的随意性，业务办理时间有所延长。

三、银行客户排队问题的对策

正由于上述原因,银行需要进一步内部挖潜,加大外部宣传力度,上下内外联动,从各个方面进行完善。可主要从以下几个环节入手,逐步解决客户排队问题。

一是认清排队实际。银行排队现象并非唯独我国存在,而人口众多、流动加剧,经济稳健发展,居民收入水平大幅提高、城市化进程加快又是我国特有的国情,这一点决定了公共设施、基础设施、服务单位相对缺乏,并非银行独有。除银行之外,在医院、车站、邮局、饭店、食堂、卫生间、娱乐场所、税务机关、出入境管理局等处,甚至上网购票等事务无不存在排队的现象。相比之下,有的客户甚至只能站立等候,问题更加严重。少数媒体恰恰突出银行的排队问题,甚至夸大排队的现象,使银行排队问题一直处于舆论中心的风口浪尖,一定程度上制约了公众对银行的认识,加剧了公众与银行的交流,造成负面的影响。因此,银行需要加强与媒体和公众的交流,相互理解、共同努力、双赢发展。

二是深化科学管理。主要加强网点建设改造,科学规划排队时间。首先,需进一步加大网点综合化改造力度,明确物理分区,突出专业职能,加快网点改造。例如,工商银行太原分行实施"五区一室"建设,从以封闭式柜台为主的建设格局,转变为包括咨询服务区、客户休息区、营销信息发布区、自助服务区、封闭式柜台服务区、开放式柜台服务区、理财专柜和后台办公区等8个模块式功能区的组合。开设专口、专柜,如股票基金专柜、养老金发放专柜、代理业务专柜等,为耗时长的业务提供专业窗口。其次,通过调整网点布局,进一步增强银行在商业区、大型社区的服务能力。再次,定期分析排队的客户人数、年龄和时间分布。通常而言,上班族客户一般都选择中午午休时间办理业务;

老年客户有早起习惯，会集中在网点刚开门时来办理业务。因此，每天9点到11点，12点到14点常常人满为患。银行应根据自身实际，加大对外宣传，实施"错峰引导"，使有条件的客户错开高峰日期和时段，减少不必要的等候时间。

三是不断完善服务。首先，适当增加柜台人员，建立操作柜员储备机制，与金融类职高建立长期合作关系，定期定量招收实习员工，有效解决一线网点操作人员不足问题。同时，适当精减管理人员与后台人员，通过技术替代、集中处理、培训转岗等方式进一步充实网点一线人员，确保柜台服务质量与效率。其次，有针对性地开展提升网点业务处理速度的业务技能培训，提高柜员综合素质，严格激励考核，力争实现中型网点综合柜员达50%以上，小型网点实现全员综合化，不断提高柜台业务处理速度和效率。把培养优秀的大堂经理、理财客户经理作为建设营销专业队伍的重要环节，选择业务素质较高、善于与人交流的业务骨干，保证其稳定性和匹配性。最后，优化流程，缩短单笔业务办理时间。对基层反映的系统授权过于复杂等问题，逐项梳理、优化、落实、推广、总结。

四是倡导自助操作。目前，不少客户宁肯在窗口排队，也不去使用自助机具，导致自动柜员机等的使用率很低。据某内地省会城市对排队客户的随机调查：约90%的被调查者担心个人信息泄露而造成资金流失；约30%的被调查者认为每次存取额度太低，不能满足需要；约36%的被调查者是由于文化程度和操作水平的问题，不会也不敢使用自动柜员机。为此，银行应作针对性的调整：首先，加强安全保障，运用技术手段建立防火墙，保证客户信息安全，增强其对自动机具的信任度、亲和度和使用率；其次，适当增大自动柜员机的提款额度，或另置大客户特别服务专用机，增加自动柜员机的功能，以满足客户特别是大客户的更多需求；再次，对不会操作自动柜员机的客户，给予现场指导，帮助其完成业务。最后，加强对自动柜员机相关设备的日常维护，确保其正常安全运行。

五是营造良好环境。首先，银行应协助客户转变排队观念，变"厌恶排队"为"享受排队"。银行应消除排队的心理等待时间，建立分散顾客专注等候的机制，制定补偿排队等候的机制，提升排队等候的价值，让顾客感受排队的意义。目前，各类理财培训非常抢手，投资产品日趋多样，人们渴望了解各种金融产品和理财方法。银行完全可以将等候区域设置成普及金融知识和开展各类理财讲座的场所，既可利用自身的专业知识配备专职讲解师，也可联合保险、基金、证券等推销人员，开展各种假钞鉴别等金融知识宣传和理财培训，以实物、漫画、动画等形式演示自助银行、网上银行、电话银行的使用等。这使银行顾客在等候过程中获取所需的理财知识，节约学习费用。如此，化解排队压力，普及金融知识，留住更多客户，各类金融产品也找到了合适的推销渠道，可谓一举多得。其次，做好人性化服务，营造良好的等候环境。如为等候客户提供免费报纸、饮用水、洗手间等，以缓解排队压力。最后，可针对关键客户的需要，满足其不断变化的需求，如提供私人银行等个性化服务等。

根据金融业发展的历史特别是发达国家的经验分析：银行排队是经济发展到一定水平的特殊社会现象，随着银行服务水平的提高，这种现象会逐步消失，人们的生活也将随着社会的发展进步而日益和谐。

第二节　商业银行 ATM 24 小时服务探讨

一、ATM 24 小时服务的概述

2008 年后，商业银行以 ATM 为代表的自助业务发展迅速，不仅缓

解了客户办理业务排队难的问题，也得到越来越多客户的理解、认可和使用，成为零售业务的主渠道。2011年后，国内部分自助业务发展水平较高的商业银行，ATM的业务量和交易金额占比双双突破30%，在巩固个人业务交易主渠道的基础上，成为名副其实的交易主渠道——这标志着部分商业银行已经完成了从网点向自助交易的渠道转型，自助服务的替代效应日趋显著。2014年，中国ATM保有量已经超越美国，成为全球第一大市场，但百万人均ATM保有量与欧美发达国家相比，仍有较大差距。目前，国内不少商业银行都已经推出了ATM的24小时"全天候"运营服务模式，在核心地段建立了众多24小时服务的自助银行，布设了大量的离行式ATM，逐步构建起不受网点运营时间限制的自助服务渠道。那么，这种24小时的ATM运营服务模式是否可行，可能面临哪些困难和挑战？

二、ATM 24小时服务的必要性

ATM实施24小时服务不仅仅包括设备本身可以接受客户的自助操作，还包括客户在遇到操作过程中的疑难、问题需要咨询和求助，甚至需要运营应急维护人员当面协助等后续工作。那么，从目前客户对ATM的操作首选、使用黏性和业务特征上看，以下情况决定了中国的ATM必须实施24小时服务。

（一）ATM客户使用时间延长

本节以某大型商业银行为例，对其保有的数万台ATM进行全量分析，其占比约为中国大陆ATM的10%～20%，在全国各省、自治区和直辖市均有分布，具有一定代表性。现阶段，客户的交易时间主要呈现向非营业时间、向夜间以及向凌晨延伸的态势。2013年，9:00～17:00的营业时间内，8小时日均交易量和金额分别占每日的46%和

49%，较 2012 年分别下降 16 个和 14 个百分点，呈现交易时间段的分流趋势；17：00～20：00 为"晚高峰"时段，交易最为繁忙，3 小时交易量和金额均占每日的 24%，与 2012 年基本持平；20：00～24：00 仍有一定交易且逐步提升，4 小时交易量和金额均占每日的 16%，较 2012 年分别增长 9 个百分点；0：00～9：00 特别是 8：00～9：00 间的单机时均交易大幅增加，9 小时交易量和金额分别占每日的 13% 和 12%，较 2012 年分别增长 5 个百分点。具体交易情况如下：

表 8-1　　　　2013 年 ATM 主要时段交易情况

自动柜员机交易项目	9：01～17：00	17：01～20：00	20：01～24：00	0：01～9：00
单机日均交易量（笔）	137	72	49	40
单机时均交易量（笔）	17.1	24	12.2	4.4
单机日均交易金额（万元）	16.5	8	5.3	4.1
单机时均交易金额（万元）	2.1	2.7	1.3	0.5

（二）ATM 交易"晚高峰"成型

那么除客户交易时间延长之外，客户交易还呈现哪些其他特征？我们发现，主要表现为以下四方面趋势。一是客户交易习惯呈现集中趋势，17：00～20：00 的"晚高峰"时段交易最为繁忙；单机时均交易 10 笔及以上集中在 8：00～23：00，20 笔以上集中在 9：00～10：00、16：00～21：00；二是 9：00～10：00、17：00～18：00、18：00～19：00 分别为上午、下午和晚上的交易高峰，单机时均交易量分别达 21 笔、23 笔和 25 笔；三是在该行实施集中运营管理改革后，特别是实施营业时间外的应急服务要求以来，"早晚高峰"的交易量和交易金额均有增加，ATM 管理机构承担了大量的服务工作，17：00～20：00 的单机时均交易量达 24 笔，较 8 小时营业日时均高出 7 笔；四是交易时均不足 2 笔的"低谷期"由 2012 年的 3：00～7：00 提前到 2：00～6：00，单机时均交易 1.6 笔，较 2012 年增加 0.2 笔，消除了单机时均交易不足 1 笔的时段。

（三）不同模式 ATM 差异较大

2010 年以来，该商业银行的 ATM 保有数量已经翻倍，但 ATM 的业务量并未稀释，展现了自助渠道发展的良好态势。其中，我们关注到不同模式的 ATM 业务量差异较大，主要表现为：一是附行式 ATM 的单机日均交易笔数、交易金额分别是离行式 ATM 的 2 倍、2.8 倍；二是存取款一体机的单机日均交易笔数、交易金额分别是自动取款机的 1.4 倍和 2.1 倍。

根据调研分析，附行式 ATM 交易情况占优主要有以下因素：一是对网点的选址规划更加周全，带动附行式 ATM 布设选址更加细致审慎，而离行式 ATM 选址相对简单粗放；二是附行式 ATM 有大堂经理、营业经理等宣传引导，有专职保卫人员护卫，有助于提升客户操作的满意度和安全感；三是网点对附行式 ATM 业务分流设有明确的考核指标和绩效奖励，提升了大堂经理等的工作积极性和设备使用效果；四是部分网点为客户设有使用附行式 ATM 的专项礼品，提高了客户的积极性；五是附行式 ATM 作为网点业务的有机补充，为其业务招徕和积累了更多客源，一些办理其他业务的客户出于便利性等考虑，延伸了交易行为，养成了自助服务的交易习惯。而存取款一体机交易情况占优主要有以下因素：一是存取款一体机单机日均存取款核心业务量略高于自动取款机 27 笔；二是两类机型单机日均取款金额相近，存取款一体机略高；三是存取款一体机单机日均存款 20.5 万元，较单机日均取款 17.7 万元高 2.8 万元，可适度引导客户增加取款；四是存取款一体机非核心功能交易占其单机日均交易总量的 54%，自动取款机非核心功能交易占比达 48%，可进一步引导客户使用运营成本较高的现金存取核心业务，其他业务可向自助终端引导，实现 ATM 上的"二次分流"。

（四）不同地点 ATM 业务不同

由于 ATM 特别是离行式 ATM 布设地点的差异，导致其业务量相差明显，围绕地点的不同形成了交易的主力点、支撑点和辅助点。2013年，布设在非金融企业、核心商业区、居民社区的离行式 ATM 占该行总量的 66%；其单机日均交易量和金额高于全行平均，是交易的主力点。布设在金融机构、学校、大型工业园、交通枢纽、商品市场的离行式 ATM 占总量的 24%；单机日均交易量均高于该行平均，布设在金融机构、交通枢纽和商品市场的单机日均交易金额高于该行平均，是交易的支撑点。布设在医院、保险公司、政府机关、军队、证券公司的离行式 ATM 不足总量的 6%，单机日均交易量和金额较小，是交易的辅助点。离行式 ATM 主要布设地点的交易详情如下：一是布设在金融机构、学校、大型工业园、核心商业区、非金融企业、交通枢纽、商品市场和居民社区的离行式 ATM 整体使用较好，布设在金融机构的日均存取款量和交易金额最高；二是布设在医院、政府机构等公共部门的离行式 ATM 交易量和金额有待提升，与其人流量和交易需求不尽相符，选址有待优化；三是布设在保险公司、证券公司和军队的离行式 ATM 交易金额偏低，设备使用有待挖潜，可根据各单位实际需求实施年度动态评估和布局调整。

（五）客户"个性化"需求增加

近年来，由于 ATM 业务种类的丰富、产品的多样化，客户操作面临的问题和困难持续增长，客户"个性化"服务需求明显增加。以该行某东部分行省会自助设备管理机构为例，该机构专门为此成立了 ATM 应急服务小组，配备了专门的车辆和人员，保证应急服务 2 小时到场。自 ATM 应急小组成立以来不到 1 年的时间，累计接到电话银行中心、远程监控中心转来客户求助应急电话 3 842 次。其中，夜间为客户现场处理吞卡 1 435 次，现场登记处理吞钞 225 次，累计现场应急处理 1 660 次，应客户要求到指定网点处理吞卡取卡 2 182 笔。通过 ATM 应急服务小组全体成员共同努力，确保了客户服务到位、客户投诉为零的难得现象，同时接到客户赠送锦旗一面，电话银行中心表扬 5 次，收到客户书面表扬 18 次，大多数客户均对该行的服务提出了口头表扬并致以衷心感谢。

三、ATM 24 小时服务的可行性

既然客户对 ATM 的使用习惯、交易需求和服务需要呈现不断增长的趋势，而 ATM 由于其布设地点、应用模式、型号内涵等也存在较大差异。那么，对 ATM 实施 24 小时服务是否可行？可能存在哪些制约和挑战？还需要主意哪些问题？这是值得我们进一步分析和探讨的要点。

（一）构建"全天候"服务模式

事实上，国内商业银行对 ATM 的管理主要采取"O2O2O"运营服务模式，即"Off–line 2 On–line 2 Off–line"的交互模式，详见图 8–1。客户在线下自助使用 ATM，如果遇到疑难可以拨打统一的银行服务电话进行线上咨询、求助和意见建议，最后由电话银行的 Call Center（电话银行中心）坐席统一联系当地运营维护人员进行线下实地帮助和支持，直至问题全部解决。如果说附行式 ATM 还有银行大堂经理等客户可以直接求助，对于大量的无人值守且 24 小时运营的离行式 ATM，为保证客户服务和资金安全，避免客户拨打不法分子张贴的其他电话而受骗上当，客户正常的咨询需统一由电话银行坐席应答并联系当地运营维护人员解决。不难看出，流程设计、客户需求和安全管理的要求导致 ATM 必须采取线上线下相结合的模式。如图 8–1 所示，带阴影的三个框架主要涉及流程中的三类人员，即客户、电话银行坐席和维护人员。

（二）实施"服务分级"机制

ATM 之所以采取上述"O2O2O"的运营服务模式，是由其交易特

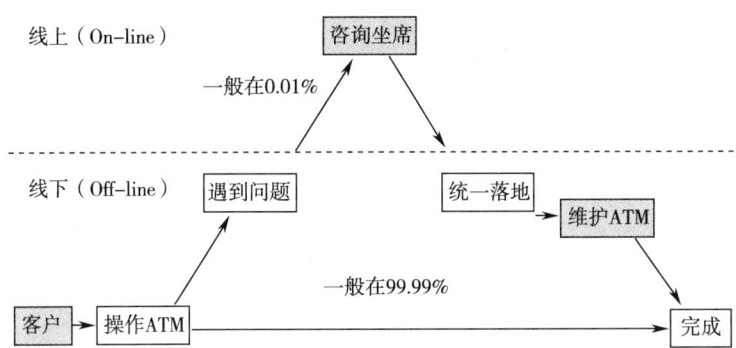

图 8−1 ATM "O2O2O" 运营服务模式

征、业务量基础和客户习惯所决定的，同时兼顾了外部安全管理的需要。由于 ATM 交易量巨大，一般年交易量可达几十亿笔、交易金额达十几万亿元。因此，即便是占比很小的客户操作咨询和求助，也会呈现较大的绝对值和服务需求。根据我们的调研，该行 ATM 运营服务水平处于业内领先地位，ATM 正常运行率高达 97% 以上，客户的咨询、求助和建议仅占业务量的万分之 0.16，即客户每办理 1 万笔业务出现问题的概率不到 1 笔。即便如此，每年落地服务需求也会达到十几万次。对于这样庞大的从网点等现场渠道转移到自助渠道，从原先线下服务转移到线上线下交互服务的情境下，更应严格区分客户服务的真实性、准确性和轻重缓急，实施有针对性的分级、分层的服务。首先，电话银行中心应详细记录客户的诉求，通过详细沟通甄别客户的真实情况、问题核心和实质需求；其次，在电话银行中心将客户问题落地后，当地运营服务人员应及时与客户联系，做好安抚、解释和后续处理等工作；最后，对于少数确有应急需要的客户，如马上出差、着急用钱等特殊情况，应该争取尽快赴现场处理。

（三）缺乏运营安全保卫支持

即便如此，也有很多客观条件的制约，导致客户服务特别是夜间应急服务难以执行。这些情况恰恰是我们常说的"不可抗力"。例如，白天上班高峰期道路拥堵，应急车辆寸步难行；夜间 ATM 运营缺乏武装押运车辆，守卫押运人员并非全天候待命准备。所以，ATM 的应急服务面临一定瓶颈。因夜间难以协调外部守押车辆、调度和守押人员，涉及现金应急服务的安全形势复杂、风险较高，如启动现金应急服务，将启用现金营运、自助设备运营和守押公司指挥调度中心，成本进一步增加。因此，应急服务特别是夜间应急应限于 ATM 非现金业务，主要包括长短款初审、吞没卡领取、ATM 简单故障排除、现场求助或投诉受理、客户现场安抚、电话咨询求助等。

（四）需要银行一定持续投入

需要说明的一点是，商业银行 ATM 运营服务和应急服务也需要考虑成本，并非布设之后"一本万利"，也绝非没有投入。例如，根据北上广等中心城市奥运、世博、亚运等既有应急服务经验，按照 365 天全天候上班的安排，ATM 管理机构按照每 500 台或 1 000 台、1 500 台 ATM 配备 4~6 名专职应急服务人员（同时配备 2~3 位专职司机）进行应急处理，对非营业时间的特殊情况予以及时协调和处理。其中，需要人员、车辆、费用等多方面的投入。

1. 人员安排

应急服务时间：全天候 24×365。白天 3 人一组（含 1 位专职司机）正常上班，同时在 ATM 管理机构安排夜间值班，每组负责 24 小时。全天有应急服务需要或自助区误报警即启动应急工作程序，均应在 2 小时到达现场进行处理，因路况拥堵、距离过远、极端天气等特殊情况需提前向客户说明。应急服务人员需熟悉 ATM 运营服务流程，掌握 ATM 服务话术。

2. 车辆投入

按照 365 天全天候上班的安排、ATM 布设范围和城市交通状况，北上广中心城市自助设备运行管理中心拟按照每 500 台 ATM 配备 1 台应急服务车辆。

3. 费用预算

根据上述业务、人员和车辆安排，应急预算必不可少，以下拟按照每 500 台 ATM 年度所需费用计算，ATM 每年台均应急投入约 0.46 万元。一是人员费用：人均人力费用 20 万元计，每组 3 人（含 1 位专职司机），3 组 9 人轮班，一年合计 180 万元。二是值班费用：夜间值班每人每晚 100 元、出勤补助每次 50 元计算（按银行业平均工资水平、工作日非工作时间加班 150% 工资匡算），夜间平均每晚 5 次（一般在 1~12 次，超过 10 次以上基本全夜无休，需要来回奔波应急），一年合计 383 250 元。三是车辆费用：按照普通面包车配置，购置费 6 万元，燃油、维修维护费、保险费等一年 6 万元，一年合计 12 万元。四是保险费用：夜间应急服务没有守押人员随同，安全风险较高，应急人员需购置人身保险（建议按每人最高赔付 80 万元购置），保险费每人每年约 400 元，每组 9 人一年合计 3 600 元。不难看出，作为企业而言，商业银行 ATM 应急服务的投入不菲。

（五）受到他行和监管的约束

目前客户存在的一大疑惑或者不理解的焦点在于为什么商业银行遇到 ATM 现金应急业务不能当场立即处理？为什么 ATM 卡钞、吞钞的后续处理流程相对较长？事实上，这是由于 ATM 的内部管理要求和处理流程所决定的。例如，ATM 相当于银行的小型金库，如果涉及现金业务的操作必须有守押人员到场，进行持枪护卫，而夜间则不具备武装护卫的条件，守押人员的工作时间基本被监管机构限定在 8 小时之内；又如，离行式 ATM 多采取集中管理模式，无论客户操作或技术故障导致某台 ATM 出现问题，都需要协调押运车辆和人员在保证其他 ATM 正常运营的基础上重新安排计划到场，一般需要跨越一个装卸钞周期；再如，一旦涉及卡钞等问题，需要现场清机、复点并与ATM账务进行核实，对于疑难问题甚至需要借助监控录像回放和查找，这一过程短则需要1~3个小时，长则需要4~10个小时；最后，如客户在ATM操作涉及本行异地卡、他行卡、外卡等，还需要涉及他行处理流程和银联或卡组织的跨行清算，这一周期所需时间更长，一般需要3~5个工作日。这些外部客观因素，不仅需要银行考虑，更需要客户的了解和理解。事实上，我国一些大型商业银行的运营效率已经全球领先，而国外的银行甚至需要花费更长的时间处理。例如，德国某大型商业银行ATM存款入账需要1~3个工作日，美国某大型商业银行ATM转账也需要1~2个工作日，而这些在国内ATM几乎都是实时交易完成。

四、ATM 24小时服务的困难

如果说客户诉求个性化、业务种类丰富化、交易高峰分散化和安全风险多样化是近年来ATM运营服务的客观趋势，那么这四大类趋势综合交织在一起，必然引起维护处理的复杂化，增加了ATM运营维护的难度。那么，ATM 24小时服务还存在哪些难点？需要银行、客户、ATM运营维护商和制造厂商等共同解决。

（一）个别客户操作需要改进

那么，客户通常会遇到哪些疑难问题需要线上咨询解决呢？根据我们的调研，客户操作ATM主要会遇到吞卡、长短款两大类问题。其中，吞卡问题主要因客户超时未取，银行出于保护客户用卡和资金安全而吞卡，占比达60%以上，否则一旦被不法分子获取，可能蒙受更大的损失；其他为卡片本身存在问题而被吞，需按照监管要求作吞卡处理，如挂失卡、伪冒卡（克隆卡）、冻结卡、作废卡等，这是按照监管要求非吞不可的卡片，否则后患无穷。尽管绝大多数客户熟悉ATM的正确使用方法，但仍有个别客户操作不尽得当，把身份证塞进插卡口的有之，使用作废卡的也有之。2014年10月21日，新闻报道广东东莞某客户因使用"已锁定"（冻结）的他行卡被吞，继而徒手强拆银行ATM便是操作不当的典型案例。

（二）设备使用需要遵循规则

那么，长短款问题又是如何产生的呢？这需要我们了解ATM本身的设计，通常定义其是一种高度精密的机电一体化智能装置，利用磁性代码卡或智能卡实现金融交易的自助服务来代替银行柜面人员的工作。简而言之，ATM的核心是一台电脑，已经被设定了某种程序来完成客户的操作指令。根据我们的调研，长短款主要表现为存款未记账、取款记账未吐钞两类，简而言之，客户真正拿到的现金无论账面或实物均有减少，所以才有进一步的诉求。其中，存款未记账多由客户存入钞票不合规、设备故障和通信、电力中断等引发，取款记账未吐钞也是如此。例如，个别客户将带有别针、捆钞腰条甚至信封等杂物塞入ATM，极易导致精密传输装置的故障，继而表现为卡钞、卡纸等问题，这是引发存款未记账的主要原因。

（三）长短款问题应及时解决

那么，出现了这类账务问题客户应该如何应对？如前所述，客户可拨打统一的银行服务电话进行线上咨询或求助，直至问题落地解决。银行本质是一个信用机构，对ATM账实相符的要求十分严格，这一点，需要请广大客户放心，同时需要银行采取切实行动赢得客户的理解与信任。ATM本身具有监控、统计等功能，长短款核对需运营维护人员在安全护卫下，经过计划、开机、清点和核对等流程，一般可以水落石出，即便有个别疑难还可借助监控详查。大型商业银行对长短款处理的时限有明确要求，本行本地卡的长短款一般在3~5个工作日处理完毕，需要完成操作、核对、复审、清算等一系列流程；而异地卡、他行卡、外卡等因涉及跨行清算、核对时间相对较长，一般可在4~10个工作日完成。例如，一些银行每年根据ATM账实核对完成上千万笔的长短款处理，主动为客户返还上亿元款项。

（四）服务诉求相对占比极小

以账务和吞没卡处理为主的服务咨询求助解决结果如何？根据我们掌握的情况，绝大多数ATM咨询和求助都一次性得到了及时有效的解决。例如，某银行半年的ATM及相关业务的咨询求助工单有上万件，但占比却不足ATM交易量的万分之0.16，即客户每办理1万笔业务发生吞卡或卡钞而需咨询求助的概率不到0.2笔。其中，建议和投诉类工单合计不足100件，仅占工单量的0.1%，不足ATM业务量的百万分之一，客户就同一问题重复投诉的事件凤毛麟角。不难看出，咨询求助工单的总量虽然庞大，但确是ATM业务流程的延续，且很多问题的引发呈现多元化、个性化的趋势；跟动辄几十亿笔的ATM交易量基数相比，占比极小，从投诉的占比看已经实现了"6σ"精益运营（概率在百万分之3.4内）。

五、ATM 24小时服务的策略

尽管部分银行ATM的正常运行率已达95%，有的甚至达到97%以上，处于同业领先水平，但ATM运营服务没有止境，还可以采取内外、前后和上下联动的方式进一步提升。这里，我们从ATM的选址布局、业务开展和运营服务提出"一揽子"改进策略。

（一）ATM选址布局的优化策略

我们注意到，ATM 24小时运营服务绝非仅仅依靠"事后"处理，从ATM的选型、选址、布局和安装等"事前"工作开始，就已经介入甚至决定了后期运营的效果，是提升服务的前提和基础。

1. 实施灵活组合的布局

在实际使用过程中，ATM和自助银行面临的内外部环境不尽相同，能否从千差万别的情况中归纳出几种通用的类型作为布局和设备类型组合的依据？众所周知，ATM主要分为存取款一体机和自动取款机两类，前者较后者多了存款功能，而存取款恰恰是客户关注和使用的核心功能。就存款和取款两大核心功能而言，主要有三种情况：一是台日均存款量大于取款量，二是存取款量相近或相等，三是台日均存款量小于取款量。对第一类情况，需要商业银行多布设存取款一体机甚至增设专门的自动存款机；第二类情况银行可以有效利用循环机的存取款平衡，实现业务的连续性；第三类情况需要加大自动取款机的布设，满足客户对现金的较大需求。实际工作中，还需同步兼顾布设地点的成熟度与发展前景。例如，在新建小区可先布设1台ATM并预留多台机位，待业务量达到均值后再行增加设备。

2. 平衡循环功能的应用

既然ATM存取款量平衡是商业银行运营追求的目标之一，那么如何实现ATM特别是存取款一体机循环功能的平衡使用呢？我们认为，需要银行协调全局、统筹考虑。一是在整体布局时，银行要尝试引入每百万人均金融机构（含自助银行、ATM站点）数、每平方公里金融机构（含自助银行、ATM站点）数等饱和度（密度）类指标，让自有网点和ATM形成合理互补；二是对附行式ATM，可以通过大堂经理、保安等引导客户使用ATM进行小额存取款和转账等交易，对于存款量相对较大而取款量相对较小的存取款一体机更多地引导客户取款，通过人工辅助实现设备循环功能的平衡；三是对无人值守的离行式ATM，要通过系统监控和长期跟踪分析当地客户的存取款需要，因地制宜地制定装卸钞计划和频率。

3. 满足动态调整的需要

在实现了 ATM 存取款的平衡后，ATM 后续布局还有哪些必要地调整呢？就 ATM 的业务量而言，主要有两种情况：一是台日均业务量高于当地平均水平，二是台日均低于平均。前者显然要增加设备，而后者要酌情考虑减少设备，并且需要按年度定期评估、动态调整。就动态调整而言，也可以分层、分级实施，例如，第一级是"内部轮换"，将同一自助银行中较新的 ATM 放在距离门口最近的位置，将老旧的 ATM 放在最里面，降低故障发生概率，方便客户操作；第二级是"外部替换"，将其他业务量较小地点、较新的 ATM 放在业务量较大的新位置，将老旧的 ATM 对换，确保客户服务；第三级是"直接更换"，即直接按年限或业务量的双向标准及时淘汰故障频发的老旧 ATM，确保服务效率和质量。

（二）ATM 业务开展的管理策略

在完成了 ATM "事前"工作准备后，"事中"的安排也必不可少，主要表现为 ATM 产品的设计、业务安全的保障、维护的考评等方面。这些事关客户选择 ATM 渠道的主因，直接影响客户的体验和满意度，如产品是否满足客户需要、业务办理是否安全、技术支持是否到位等，是客户在操作过程中遇到问题需要"事后"支持解决的必要保障。

1. 联合研发应用新产品

目前，ATM 上除了存取款之外，还有很多附加产品，主要分为以下两大类：一类与其核心的现金业务有关，如手机预约取款、无介质存款等；另一类为非现金业务，如缴纳电费、水费、购票等转账、充值和查询业务，这一类实际在商业银行布设的非现金类自助终端设备上也能实现。据我们观察，目前 ATM 的产品设计与研发还存在如下两种瓶颈：一是由于银行普遍实现了前中后台业务分离，因此前台业务设计产品时容易忽略后台运营部门的维护处理，如产品因断电、系统故障而出现长短款如何查找处理等，在设计思路和衔接上容易"短路"；二是 ATM 的核心业务是现金业务，银行为之付出了较高的运营成本，仅负责装卸钞押运车辆的费用每年高达 50 万~80 万元，而一些非现金业务产品在 ATM 上的过多使用反而挤占了设备的效用，这类业务应该从 ATM 实施"二次分流"，回归到自助终端上来处理。

2. 开展远程集中式监控

由于许多 ATM 存在无人值守且 24 小时运行的情况，商业银行非常重视 ATM 的运行监控，一般有运营、技术、安全、业务等多类监控，投入了大量的人力物力财力，按条线管理。这种按专业监控的方式比较有效，但投入过大，实际可以考虑整合监控资源，将技术、安全和业务的监控整合到同一远程监控中心进行管理。例如，就技术监控而言，将 ATM 维护商的设备预维护、故障处理等一并纳入远程集中监控体系，督促维护商定期、及时做好技术支持；又如，就安全管理而言，将客户异常操作、闲杂人员的不当行为纳入远程集中监控，与设备红外和震动报警等相结合，实现多路异常情况的自动预警；不仅如此，一旦出现了故意破坏、打砸 ATM 等情况，可以及时发现并警告，直至派人赴现场处理和维护，提高联动保障效力。

3. 多维了解相关者诉求

ATM 的主要使用者是客户，主要维护者是运营维护人员和技术维护人员。对于客户的体验评价，商业银行可以借助线上电话银行的 Call Center 定期总结分析，了解客户的意见、建议和问题诉求，寻找 ATM 及其产品设计和管理等方面的不足。我们建议，银行还应定期了解负责日常管理 ATM 运营维护人员和技术维护人员的诉求，通过统计分析来了解 ATM 本身设计、部件质量、技术管理、运营瓶颈等方面的问题，进而联动 ATM 的厂商不断完善，甚至可以定制本银行需要的、特色的 ATM，达到客户与员工的特定要求。同时，银行还应根据近期客户咨询求助、员工意见建议反映的热点，通过屏幕提示、语音提醒、张贴布告、发放宣传折页等多种形式有针对性地进行宣传，引导培养客户和员工正确、良好的操作习惯。

（三）ATM 运营服务的提升策略

不难看出，如果商业银行 ATM 的"事前"准备和"事中"保障工作得法，"事后"处理特别是应急处理的数量会大幅减少、难度会大大降低。因此，对 ATM "事前"与"事中"工作的管理有着事半功倍的效果。那么，一旦客户出现问题或疑惑，又该如何处理和改进，这需要"事后"运营服务在布设、安全、技术保障下全盘考虑、不断优化。

1. 实施全流程系统管控

对商业银行而言，1 台 ATM 就是 1 座小型金库，其管理的重要性和难度不言而喻。放眼国内外，不法分子针对 ATM 及客户的盗窃、抢劫和诈骗方式层出不穷、花样不断翻新。由于其风险点多面广、设备数量众多、布设范围扩大、产品功能丰富，迫切需要实施 ATM 全过程的系统管控，降低操作隐患和道德风险。我们建议，银行对上规模的 ATM 可以实施集中运营管理，在出台 ATM 运营服务规范、ATM 业务操作规程的基础上，可以研发应用 ATM 管理系统，将设备计划、供钞、装卸钞、账务处理、日常维护、吞没卡等流程和钥匙密码管理、人员轮岗等关键环节全部纳入系统管控，将原先断点式的流程全部衔接起来。在此基础上，结合 ATM 的业务发展开展"微创新"和"微改良"，持续优化系统、加强管理。

2. 提供个性化应急预案

如前文所述，目前 ATM 运营服务呈现客户诉求个性化、业务种类丰富化、交易高峰分散化、安全风险多样化和维护处理复杂化。如果说实施全流程系统管控，主要尝试通过规范统一的方式解决业务种类丰富化、维护处理复杂化的趋势，但是业务种类丰富化、交易高峰分散化、安全风险多样化和维护处理复杂化仍然会直接导致客户诉求个性化。因此，客户诉求个性化是这四种趋势的必然结果。针对这一难题，我们建议可以采取以下措施：一是形成客户个性化诉求解决流程，针对夜间吞没卡却着急用卡、设备故障卡钞却急需使用现金等个别客户遇到的紧迫问题，形成应急服务预案；二是以电话银行的 Call Center 为核心，结合客户个性化诉求和解决措施，形成规范化的话术和说帖，并定期更新；三是结合各分支机构的实际案例，定期总结，最终实现行内共享甚至业内分享的良好机制。

3. 研究自助解决新机制

既然 ATM 的业务要领是自助服务，那么可否按照这一思路引导客户遇到的问题自助解决，研究问题解决的新机制？事实上，这一点国内商业银行已经开始探索，并取得了较好的反响。例如，为解决客户因超时未取卡被吞的问题，交通银行、工商银行在 2013 年率先投产自助渠道吞没卡优化（ATM）项目，实现了自动柜员机吞卡的当场取回功能。对客户因"超时未取"导致的银行卡被吞，设备屏幕将显示："卡片尾号为××××的持卡人，请输入您的密码以取回您的卡片。"客户如在 90 秒内输入密码且通过验证，银行卡会退还客户；如 90 秒内没有操作，客户按取消键或退出键，两次密码均错误，银行卡将会被吞，满足了大多数客户的需要，提高了事后处理效率。以某试点分支机构为例，自助取卡项目投产 1 个多月来，客户吞卡数量骤降 30% 以上，银行应急取卡次数也大幅减少。

第三节　ATM 管理义务与责任的法律界定

一、ATM 管理义务与责任的概况

自 1986 年中国银行珠海分行第一次在中国大陆引进 ATM，并于

1987年2月正式投入使用以来，中国大陆的ATM使用已近30年，中国ATM等自助设备的发展迅猛（蔡宁伟，2011a）。然而，中国商业银行ATM使用之业务与法律责任仍有待进一步完善，与之联系密切的客户关系和声誉管理也处于管理起步和舆情多发阶段。特别是最近十年，随着ATM布设的大幅增加，针对ATM的各种犯罪行为不断增多，犯案手段层出不穷，使利用ATM犯罪的案件和纠纷不断增加。轰动一时的"许霆案"（2006—2008）、"假钞事件"（2009）、"假ATM机案"（2010）以及后续的"ATM服务问题"（2012）将ATM业务推向公众和社会关注的焦点，也将相关金融机构推上风口浪尖，ATM的客户关系和声誉管理成为银行经营管理的难点（蔡宁伟，2011b）。虽然，现在已经时过境迁，事态已经逐渐平息，但若让我们回顾这些事件ATM客户关系和声誉管理的全过程，不难发现其中仍然存在大量问题，甚至留有相当数量的法律疑点和一定程度的法规盲点，这值得相关金融机构总结和深思。

二、研究脉络、框架与内容

尽管ATM业务越来越普及，同期商业银行ATM管理和服务越来越完善，但是目前国内还没有针对ATM相关业务的立法。与此同时，针对新情况和新问题，既有法规、制度对ATM业务越来越关注，呈现出从无到有，从少到多，从简单到复杂的趋势。从现有立法和司法案例来看，关于商业银行在ATM设备管理上的义务，大体上在三个层面分别展开，这也是作为研究脉络梳理的三个具体表现：一是商业银行在ATM业务合规管理方面的义务与责任；二是商业银行在ATM设备运营维护方面的义务与责任；三是商业银行在ATM技术保障必要性方面的义务与责任。当然，商业银行对ATM运营管理的责任界定与上述义务的分析和辨识密切相关、一一对应。

在此基础上,我们认为商业银行 ATM 的相关业务和责任应该进一步明确,从而达到法律目的、法律责任、法律对象三者的有机统一。事实上,ATM 作为商业银行渠道的重要组成和延伸,其关注的要点仍然是以此为操作对象的客户及其使用的账户介质,即关注的焦点依然是客户及其使用的借记卡、贷记卡(也称信用卡)、准贷记卡等银行卡及其衍生品,如无介质存款业务等。因此,在相关监管机构的法规和制度中,很多情况下都把可在 ATM 上使用的银行卡与 ATM 业务"绑定",并提出具体监管要求。

按照这一思路,我们设计了如上的研究框架,见图 8-2,辅以对应的研究内容,以便更好地理解本节的研究目的、思路和过程。现行法律、法规和制度的目的在于提升商业银行 ATM 运营服务的水平,确保 ATM 业务安全、高效。而具体法律义务上,则分为合规管理、运营维护、技术保障等三个方面,并以商业银行 ATM 及其附属设施(如自助银行等)为监督管理的法律对象。其中,又因 ATM 交易的介质,如银行卡,以及其他相关交易,如无介质存款等产品和服务类型为监督管理对象的延伸。这一系列基于业务和产品服务创新的衍生对象,也是监管机构在除了商业银行 ATM 为"明线"之外的另一条"暗线",而研究的目的也恰是严谨的逻辑起点。正是基于对 ATM 运营服务效率和质量提升的基础,才有了包括监管机构、商业银行、客户、媒体、舆论在内的对 ATM 业务的不断关注。其中,我们认为,商业银行 ATM 的合规管理、运营维护与技术保障之间存在一定关联,运营维护和技术保障本身就应该遵循一定规则和要求,而运营维护恰恰是实现合规管理和完成技术保障的必要条件,技术保障从一定程度上也可以促进运营维护和合规管理水平的提升,三者互为因果和补充。因此,图 8-2 中以虚线展示三者的关联。同时,尝试针对目前法律法规上的问题和实际业务案例中存在的难点,在每一分析单元中针对性地提出若干意见和建议。

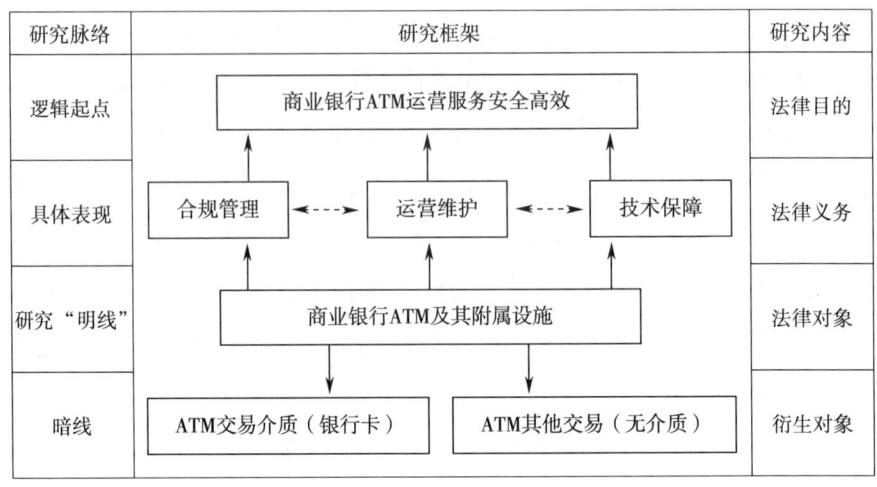

图 8-2　研究脉络、框架与内容

三、商业银行 ATM 合规管理的义务与责任

如前所述，商业银行在 ATM 合规管理方面的义务与责任，主要与 ATM 渠道上开展的业务，即 ATM 的产品和服务有关。其中，作为 ATM 交易介质主体的银行卡，又可划分为借记卡、贷记卡、准贷记卡等，监管机构和商业银行均对此十分重视和关注。按照发文的时间顺序，主要表现为身份与业务的真实性、服务费用的标准和减免、存取款和转账业务的反洗钱管理等方面，这些合规要求有助于商业银行进一步完善自身对 ATM 的运营管理和技术保障。

（一）商业银行 ATM 业务合规管理的义务

1. 身份与业务的真实性

未经持卡人主动申请并书面确认，发卡机构不得为持卡人开通电话转账、ATM 转账、网上银行转账等自助转账类业务；为持卡人开通自助转账业务时，要向持卡人充分提示开通有关业务的风险，并要对持卡人进行更为严格的真实身份核查,确保实名开户;未履行职责,产生资金风险的,要依法承担责任。持卡人开通电话、ATM 转账的,每日每卡转出金额不得超过 5 万元人民币。① 又如,中国人民银行、公安部《关于开展联合整治银行卡违法犯罪专项行动的通知》(银发〔2008〕109 号)等也有类似规定。

2. 服务费用的标准和减免

从 2011 年 7 月 1 日起,银行业金融机构免除人民币个人账户的以下服务收费:……(五)通过本行柜台、ATM 机具、电子银行等提供的境内本行查询服务收费。②

3. 存取款和转账业务的反洗钱管理

存款人通过自动柜员机(ATM)支取现金,每卡每日累计不得超过人民币 2 万元。③ 上述规定实际是有关制度的延续,依据中国人民银行《关于下发〈银行卡业务管理办法〉的通知》(银发〔1999〕17 号),贷记卡设定为不高于 5 千元,依据中国人民银行《关于改进个人支付结算服务的通知》(银发〔2007〕154 号),借记卡调整为不高于 2 万元。

(二) 商业银行 ATM 业务合规管理的责任

上述各项规定对商业银行 ATM 业务运作提出了具体要求,涉及转账、取现和查询等业务内容。如果商业银行未能遵守上述规定,并导致客户损失的,既可能因过错向客户承担法律责任,也可能因违反监管要求承担其他责任。根据我们的了解,目前各大商业银行对此都有严格的

---

① 摘自中国人民银行、中国银行业监督管理委员会、公安部、国家工商总局《关于加强银行卡安全管理预防和打击银行卡犯罪的通知》(银发〔2009〕142 号)。
② 摘自中国银行业监督管理委员会、中国人民银行、国家发展和改革委员会《关于银行业金融机构免除部分服务收费的通知》(银监发〔2011〕22 号)。
③ 摘自中国人民银行《关于进一步加强人民币银行结算账户开立、转账、现金支取业务管理的通知》(银发〔2011〕116 号)。

内部规定，用于确保满足反洗钱、风险管理等具体合规要求。同时，商业银行对于涉及 ATM 现金、账务特别是长短款、吞没卡等操作流程都有具体的内部规定，并以定期和不定期的现场与非现场检查、突击检查等配合实施，确保 ATM 业务合规。否则，商业银行不仅可能遭到客户、舆论对于有关问题的质疑，也可能受到监管机构对违规操作的处罚。

四、商业银行 ATM 运营管理的义务与责任

商业银行对 ATM 的运营管理是一项日常性工作，也是维持 ATM 安全稳定运营、确保业务合规与技术保障的重要支持性工作。ATM 虽然是一种自动化水平和智能化程度较高的精密仪器，也需要必要的"日常补给"，如提供合乎设备要求的装卸钞、及时有效的账务处理、日常运营维护、日常安保监控、定期巡查检查等。这类运营管理工作，已经成为商业银行有力保障 ATM 稳定运营的核心。因此，按照发文的时间顺序，相关法律义务主要集中在定期检查与安全监控、设备监控与使用宣传以及定期巡检与风险管理三方面。

（一）商业银行 ATM 设备运营管理的义务

1. 定期检查与安全监控

各商业银行要加强对 ATM 和自助银行的定期巡视检查，采取技术防范措施，加强安全监控；对已安装的摄像监控系统，各商业银行必须进行定期检测，保证系统正常有效运行。[①]

2. 设备监控与使用宣传

发卡银行要……加强对 ATM（即自动柜员机，下同）的安全维护工作，建立 ATM 巡查和实时监控制度，提高 ATM 监控设备的安装率，

[①] 摘自中国银行业监督管理委员会《关于加强银行卡安全管理有关问题的通知》（银监发〔2004〕13 号）。

布放在奥运场馆周边、奥运城市重点街区的 ATM 的监控设备安装率要达到 100%；加强用卡安全教育工作，在持卡人申领卡片时应逐一发放安全用卡宣传资料。①

3. 定期巡检与风险管理

加强 ATM 巡检、监控。收单机构布放的 ATM 终端要符合《银行卡自动柜员机（ATM）终端规范》（JR/T0002—2009）的要求，确保 ATM 的安全技术防范能力。收单机构要对 ATM 建立定期巡检制度，及时发现和排除风险隐患。要加大傍晚、夜间等案件高发时段 ATM 的巡查和监控力度，完善技术措施，创造条件实现 ATM 的实时监控。要及时向客户提示犯罪分子利用 ATM 作案的新手段和新动向，提高客户的安全意识和自我保护能力。发现犯罪分子作案痕迹后，各收单机构应立即向公安部门报案，并协助破案。② 又如，中国银行业监督管理委员会办公厅《关于不法分子利用 ATM 机具盗取银行卡资金风险提示的通知》（银监办发〔2009〕228 号）等也针对实际案例做出了具体安排和要求。

（二）商业银行 ATM 设备运营管理的责任

与业务上的合规义务相比，商业银行在 ATM 管理、维护方面的义务缺乏具体、清晰的标准。例如，应以何种频次"定期巡检"没有要求，对 ATM 的实时监控也还未提高到硬性要求，是否做到向客户提示犯罪分子的"新手段和新动向"也同样不易判断。在这种偏于模糊的监管背景下，司法实践中往往对银行 ATM 管理义务做从严要求，犯罪分子利用 ATM 盗取银行卡资金的一些行为，如安装特殊装置盗取银行

---

① 摘自中国人民银行、中国银行业监督管理委员会、公安部、国家工商总局《关于加强银行卡安全管理预防和打击银行卡犯罪的通知》（银发〔2009〕142 号），为 2008 年 4 月至 7 月专项行动。

② 摘自中国人民银行、中国银行业监督管理委员会、公安部、国家工商总局《关于加强银行卡安全管理预防和打击银行卡犯罪的通知》（银发〔2009〕142 号）。

卡信息、制造吞卡、不出钞等假象，张贴虚假告示等。在此情况下，商业银行作为相对的"强势群体"通常被直接推定存在管理上的疏忽，并因此承担民事责任。目前，可以查到的司法解释为《最高人民检察院关于拾得他人信用卡并在自动柜员机（ATM）上使用的行为如何定性问题的批复》（高检发释字〔2008〕1号）明确：拾得他人信用卡并在自动柜员机（ATM）上使用的行为，属于刑法第一百九十六条第一款第（三）项规定的"冒用他人信用卡"的情形，构成犯罪的，以信用卡诈骗罪追究刑事责任，并要求自2008年5月1日起实施。还有个别客户在监控录像、ATM设备流水、交易凭条等证据清楚的情况下，由于记忆差错或者其他原因指责商业银行ATM吞钞、吐假钞等，出于客户关系维护、舆情传播与控制、品牌声誉管理等客观要求，商业银行即使有理也往往不予追究、不了了之。

五、商业银行ATM技术保障的义务与责任

商业银行ATM技术保障是支持ATM运营管理与业务合规的重要技术手段，监管机构对于商业银行ATM的技术保障依据上文提到的ATM设备本身的"明线"与ATM交易介质的"暗线"，主要针对ATM与银行卡两个方面分别展开。按照发文的时间顺序，前者主要针对ATM的技术标准，监管机构对ATM设备标识规范、定期技术检查和设备验钞与防伪提出了具体要求；后者主要针对银行卡的技术标准，监管机构对银行卡安全管理技术、信息传输与发卡技术提出了管理要求。

（一）商业银行ATM必要技术保障的义务

1. 针对ATM设备必要技术保障的义务

（1）ATM设备标识规范

例如，中国银行业监督管理委员会办公厅致交通银行：根据对相关

自助设备标识的实地查访情况，目前你行自助设备编号、设备所属网点名称、网点地址、客服电话等信息，已经采用统一制作的金属铭牌、机具设备一体化镶嵌塑料标牌、凸凹制作的立体塑料标牌和电子屏幕显示四种不易更改的中英文双语提示方式，能够为客户提供充分的引导信息，不需再加贴不干胶提示标签。[①]

（2）ATM 定期技术检查

商业银行应配备切实有效的系统，确保所有终端用户设备的安全，并定期对所有设备进行安全检查，包括台式个人计算机（PC）、便携式计算机、柜员终端、自动柜员机（ATM）、存折打印机、读卡器、销售终端（POS 机）和个人数字助理（PDA）等。[②]

（3）ATM 设备验钞与防伪

各金融机构应全面检查本系统点验钞机具和 ATM 使用情况，根据业务需要完善相关机具服务设施，特别是要进一步完善自动存取款设备钞币防伪鉴别系统，切实防止从金融机构 ATM 流出假人民币。[③] 又如，中国人民银行办公厅《关于银行业金融机构对外误付假币专项治理工作的指导意见》（银办发〔2013〕14 号）等对假币专项治理及 ATM 冠字号码技术改造等提出了具体要求。

2. 针对 ATM 介质必要技术保障的义务

（1）银行卡安全管理技术

各商业银行应在 2004 年 9 月 30 日之前完成对 ATM 的改造，增加由持卡人自行选择是否打印凭条的功能，并对凭条上银行卡号码倒数第二至第五位数进行屏蔽。……各商业银行必须在 ATM 等自助设备旁，

---

① 摘自中国银行业监督管理委员会办公厅《关于维持现行自助设备标识规范的批复》（银监办发〔2008〕155 号）。
② 摘自中国银行业监督管理委员会《商业银行信息科技风险管理指引》（银监发〔2009〕19 号）。
③ 摘自中国人民银行《关于进一步做好假人民币收缴工作的通知》（银发〔2009〕98 号）。

提供银行卡挂失、投诉服务的联系电话号码,以方便持卡人。[①]

（2）银行卡信息传输

应采取措施保障从 ATM 终端到所连 ATMP 的数据传输时不泄露银行卡磁条信息。[②] 此外,各地监管机构对相关技术在一些事件或案件发生后,对具体信息传输和技术保护措施也与时俱进地提出了明确要求。例如,四川银监局《关于不法分子截取、修改自助设备传输数据虚增存款案件的通报》(案情通报 2012 年第 3 期) 等。

（3）银行卡发卡技术

商业银行发行银行卡应遵循国家及金融行业技术标准规范,严格执行信息安全政策和银行卡联网通用政策,通过由人民银行组织的发卡技术标准符合性和安全性审核（以下简称技术审核）后方可正式发卡。……二、主要审核依据……3.《中国人民银行关于发布〈银行卡销售点（POS 机）终端规范〉和〈银行卡自动柜员机（ATM）终端规范〉两项行业标准的通知》(银发〔2009〕83 号)。[③]

（二）商业银行 ATM 必要技术保障的责任

对 ATM 技术方面义务的主要依据是 2009 年中国人民银行制定的《银行卡自动柜员机（ATM）终端规范》（JR/T0002—2009）,其余有关文件还对打印凭条、假钞辨识、客户引导等技术性内容做了强调或要求。因在商业银行发行银行卡时,人民银行将组织对包括 ATM 在内的技术符合性和安全性进行审核,因此商业银行在 ATM 技术合规层面的责任风险基本可控。值得注意的是,现有技术规定并未明确要求 ATM

---

① 摘自中国银行业监督管理委员会《关于加强银行卡安全管理有关问题的通知》(银监发〔2004〕13 号)。

② 摘自中国人民银行《关于发布〈银行卡销售点（POS 机）终端规范〉和〈银行卡自动柜员机（ATM）终端规范〉两项行业标准的通知》(银发〔2009〕83 号)。

③ 摘自中国人民银行《关于进一步规范和加强商业银行银行卡发卡技术管理工作的通知》(银发〔2011〕47 号)。

须能够辨识伪卡。但在司法实践中，有些法院仅仅从《银行卡业务管理办法》的原则性规定（商业银行开办银行卡业务应当具备"安全、高效的计算机处理系统"）出发认为，银行卡、卡号和密码共同构成一个完整的储户身份标志，银行在三者不完全一致的情况下允许交易，表明其未按规定建立"安全、高效的计算机处理系统"，从而认为应当对由此产生的损失承担责任。例如，广东省高级人民法院《关于审理伪卡交易民事案件工作座谈会纪要》（2012年6月19日）第十五条（1）规定：设密码的银行卡被伪造后交易的，银行未识别伪卡，一般应当对卡内资金损失承担不少于50%的责任。在这种银行无过错的情况下，要求银行概括性承担因技术本身局限（ATM 无法辨识伪卡，尤其是磁条卡）产生的风险，既不利于银行卡业务的发展，也不利于培养消费者的银行卡安全使用意识，并可能为犯罪分子利用以骗取银行资金。我们认为，伪卡交易引发的责任承担机制需要从现有立法出发，并结合责任机制的社会效应，寻求更为公平合理的解决方案。

六、研究局限与展望

尽管本节通过梳理 1999 年以来国内中央和地方有关监管机构对商业银行 ATM 管理的合规要求，并构建了针对中国商业银行 ATM 管理义务与责任的研究脉络、框架与内容，这是目前研究中或缺的，却是实际需要解决的问题和社会舆论关注的焦点。我们认为，由于一些客观条件的限制，本研究仍然存在一些问题和局限，值得下一步研究的关注和讨论。

（一）研究局限

本研究的局限主要体现在以下两个方面。一是因为对商业银行业务的监管机构较多，资料获取渠道相对单一、内容有待完善。除了履行日常监管义务的中国银行业监督管理委员会、中国人民银行外，对于ATM相关业务，如安全保障、收费服务、案件审查等，还有公安部、国家工商总局、最高人民检察院、最高人民法院等机构。因此，一些涉及ATM的法律法规的文件难以全面搜集，对于一些没有公开的资料也难以获取。二是由于中央和地方监管机构面临实际问题的不同，对于一些涉及ATM的情况可能存在不同理解，导致中央与地方监管机构的一些法规要求、司法解释、实际执行存在一定差异。尽管我们构建了研究脉络和框架，对涉及ATM监管的主要内容进行了梳理和分类，但其中的一些细节可能存在差异甚至矛盾。

（二）研究展望

随着中国人民生活水平的提高、对金融自助服务使用的普及以及中国司法体系的不断完善，未来针对中国商业银行ATM管理义务与责任必将进一步明确。我们认为，主要存在三类发展趋势：一是因业务发展、商业银行和客户需要，可能会针对涉及ATM的相关内容单独立法，用于更清楚地界定各方的义务与责任；二是除了既有法律规定外，各监管机构可能会定期出台更加系统性、及时性的ATM监管要求，如定期修订《银行卡自动柜员机（ATM）终端规范》，建立健全自动柜员机设备安全性要求且有别于欧、美技术规范的国标，以便促进ATM业务更加规范和健康发展；三是中国商业银行等金融机构可以依据日常解决问题的经验和案例，进一步完善针对ATM操作使用的提示和指引，继续完善运营流程和服务标准，加强同业沟通和客户宣传，促进金融自助服务为更多的客户理解、认同和接受。

参考文献

[1] 蔡宁伟. 自动柜员机全生命周期分析[J]. 北京：金融论坛，

2011a（12）：113-121.

[2] 蔡宁伟. ATM 客户关系和声誉管理的问题与对策 [J]. 北京：中国金融电脑，2011b（8）：67-69.

[3] 广东省高级人民法院. 关于审理伪卡交易民事案件工作座谈会纪要（2012 年 6 月 19 日）.

[4] 纪双城，张川杜. 在国外感受银行排队 [N]. 北京：环球时报，2007-08-24.

[5] 李向军. 银行客户排队，是难题也是商机 [J]. 北京：金融博览，2007（7）：52.

[6] 刘超. 浅析国资银行排队问题 [J]. 北京：东方企业文化，2007（7）：97.

[7] 刘湘明. 也谈银行排队 [J]. 北京：IT 经理世界，2007（11）：12.

[8] 刘张君. 透视"银行排队"现象 [J]. 北京：金融博览，2007（6）：12-13.

[9] 秦莹. 从银行的"排队长龙"看资源配置 [J]. 广州：大经贸，2005（10）：86.

[10] 深圳市来邦电子有限公司. 银行排队机在金融管理中的应用 [J]. 北京：中国安防产品信息，2003（4）：13.

[11] 四川银监局. 关于不法分子截取、修改自助设备传输数据虚增存款案件的通报（案情通报 2012 年第 3 期）.

[12] 杨克灿. 发展强劲，多元微变——2012 年中国 ATM 市场发展述评 [J]. 北京：金融时报，2013-03-12.

[13] 杨克灿. 竞争企稳，前景可观——2010 年中国 ATM 市场发展述评 [N]. 北京：金融时报，2011-04-11.

[14] 张众宽. "银行排队"问题探析 [J]. 太原：山西煤炭管理干部学院学报，2007（3）：31.

[15] 中国人民银行. 关于进一步加强人民币银行结算账户开立、转账、现金支取业务管理的通知（银发〔2011〕116号）.

[16] 中国人民银行. 关于进一步规范和加强商业银行银行卡发卡技术管理工作的通知（银发〔2011〕47号）.

[17] 中国人民银行. 关于进一步做好假人民币收缴工作的通知（银发〔2009〕98号）.

[18] 中国人民银行. 关于发布"银行卡销售点（POS）终端规范"和"银行卡自动柜员机（ATM）终端规范"两项行业标准的通知（银发〔2009〕83号）.

[19] 中国人民银行、中国银行业监督管理委员会、公安部、国家工商总局. 关于加强银行卡安全管理预防和打击银行卡犯罪的通知（银发〔2009〕142号）.

[20] 中国人民银行、公安部. 关于开展联合整治银行卡违法犯罪专项行动的通知（银发〔2008〕109号）.

[21] 中国人民银行. 关于改进个人支付结算服务的通知（银发〔2007〕154号）.

[22] 中国人民银行. 关于下发"银行卡业务管理办法"的通知（银发〔1999〕17号）.

[24] 中国人民银行办公厅. 关于银行业金融机构对外误付假币专项治理工作的指导意见（银办发〔2013〕14号）.

[25] 中国银行业协会. 银行服务排队情况调查报告［DB］. 北京：中国银行业协会网，2007-04-28.

[26] 中国银行业监督管理委员会、中国人民银行、国家发展和改革委员会. 关于银行业金融机构免除部分服务收费的通知（银监发〔2011〕22号）.

[27] 中国银行业监督管理委员会. 商业银行信息科技风险管理指引（银监发〔2009〕19号）.

［28］中国银行业监督管理委员会. 关于加强银行卡安全管理有关问题的通知（银监发〔2004〕13号）.

［29］中国银行业监督管理委员会办公厅. 关于不法分子利用ATM机具盗取银行卡资金风险提示的通知（银监办发〔2009〕228号）.

［30］中国银行业监督管理委员会办公厅. 关于维持现行自助设备标识规范的批复（银监办发〔2008〕155号）.

［31］最高人民检察院. 关于拾得他人信用卡并在自动柜员机（ATM）上使用的行为如何定性问题的批复（高检发释字〔2008〕1号）.

第九章
ATM 创新管理

创新既有产品、业务的创新，也有组织、管理的创新。ATM创新也是如此——既有业务和产品的创新，也有ATM管理架构和组织模式的创新。本章首先关注ATM的业务创新，近年来国内很多商业银行在ATM上率先开展了多种类的新产品和新服务，但同时也出现了一些新情况和新问题，如果不能得到及时有效的解决，可能会被舆论放大，成为社会关注的焦点，影响商业银行的声誉管理和品牌形象，我们针对涉及ATM的新产品、新服务呈现的问题，给出对应的意见和建议。接下来，我们还关注了ATM的组织架构与运营模式。随着银行业务的发展，自助设备特别是ATM已经成为商业银行重要的服务渠道，因此必须建立自助设备运营中心等专门机构对其运营进行专业、集中的管理；厘清自助设备的定义和种类，提出自助设备运营中心的定义和意义，研究实施集中运营管理的必要性，论证自助设备运营中心建设的可行性是探讨其组织转型的基础；进而明晰自助设备运营中心及其内设岗位的职责，分析自助设备运营中心存在的问题；结合自助设备种类多元化、操作智能化和流程可视化的三大趋势，展望了自助设备运营中心逐步在内涵上实现从成本中心向利润中心、在职能上实现从单一中心向综合中心、在机制上实现从部门中心向流程中心的组织转型。最后，ATM作为商业银行的渠道和产品媒介，我们尝试引进类型学的理念并发掘其中的联系，分析商业银行的业务类型，在梳理业务演进与发展、客户服务的对象、流程与风险管理、虚拟与实体金融等一维分类逻辑的基础上，研究尝试以两维四分法为手段发掘商业银行的业务类型与演进发展；通过服务范式与需求分类，架起银行与客户的桥梁；通过对客户体验和成本分类，实现客户和银行的"双赢"；通过风险管理与盈利分类，发掘潜在的增长机会。

第一节 ATM业务创新的探索与尝试

一、ATM主要新产品类型

近年来,国内很多商业银行在ATM上率先开展了多种类的新产品和新服务,有的堪称"全球首发",但同时也出现了一些新情况和新问题。这些情况或问题如果不能得到及时有效的解决,可能会被舆论放大,成为社会关注的焦点,影响商业银行的声誉管理和品牌形象。在此,我们就逐一梳理这些新情况和新问题,为以ATM为核心的新产品和新服务的进一步完善和改进献计献策。首先,我们回顾近年来国内商业银行依托ATM为载体提供的主要新型产品。

(一) 无介质存款

1. 客户需求

ATM作为自助服务的重要渠道,也需要借助一定物理介质实现与客户的联系。因此,客户在ATM上办理业务和操作,一般需要借助一定介质,用于核实账户和相关信息,如借记卡、信用卡等。但是,也存在一些客户出门忘记了带卡,但又有比较着急的业务需求,如需要马上还款、转账等。

2. 产品创新

即便这一问题的本质是客户先行存在过失,但解决这一问题意味着发现新的业务机会和增长点。针对这种客户未携带介质的金融服务需求,近年来,各大商业银行推出了无介质存款这一新产品,有效缓解了这一难题。即便客户忘了带卡,只要记得存款或转账的账号,就可以直接输入账号信息,将现金直接存入或转入指定对象。

3. 新生情况

无介质存款这一产品一经推出,的确受到了广大客户的欢迎。但是,一些麻烦接踵而至。一类问题涉及外部欺诈,一些不熟悉设备操作的老年客户容易受骗上当,骗子通过电话以消灾、法院判决、银行ATM故障、缴费等为由,引导客户将血汗钱直接存入指定账号。由于一般是在自助区域操作,没有大堂经理或柜员的询问和解释。有的骗子甚至叮嘱客户不能告知他人,在客户察觉之后往往难以补救;即便发现有的客户也难以理解大堂经理或值班保安的良苦用心,最后不得不采取拔断ATM电源等措施硬性制止,2014年初的类似多起事件已由央视进行了新闻报道。一旦出现这类欺诈问题,商业银行作为企业没有权力将款项直接从这类账号划出,只能提示客户及时报案,通过法律途径冻结这类账户。另一类问题涉及客户操作失误或者设备正逢通信、电力、机械等故障,如输错了账号、误存给他人等情况。尽管商业银行采取了先邀请客户先输入手机等联系方式,但一些客户依旧不闻不问,或担心个人信息泄露,错输手机号码,有的直接跳过"输入电话号码"过程。结果,容易导致出现了问题难以查询存款人、错账难以及时返还。

4. 完善建议

针对上述两类新情况,我们建议一是监管机构、银行业协会、消费者保护协会联合商业银行共同加强宣传,引导客户规范操作;二是由各商业银行牵头,通过柜面、自助、网银、信息提示、语音提示、界面推送等多种渠道告诫客户特别是老年客户不要听信除了银行员工之外的所谓"指导"或"帮助",拨打商业银行指定的服务电话,如955××等;三是商业银行可以规定某些必输项,如电话号码等,并提示客户错输的后果和银行的免责条款,及时提示责任和义务,以系统硬控制方式规范客户操作。

（二）超时自助取卡

1. 客户需求

如前所述，客户在 ATM 上办理业务和操作，一般需要借助一定介质，这些介质的性质和操作必须遵守一定规定。目前，由于不少商业银行提高了 ATM 的单笔取款限额，使一些客户取款后清点的时间大幅延长。商业银行出于对保护客户用卡安全的考虑，避免被不法分子取走，一般规定取款后 30 秒客户应取出插入的卡片，否则超时吞卡，以防客户因自身操作不当带来更大的损失。不过，还是有相当数量的客户存在因自身操作不当导致银行卡超时被吞，如接打电话忘记取卡等，有的客户还需要旋即出差、出国、就医等急需用卡，由此引出需要及时取出吞没卡的需要。

2. 产品创新

针对这类因客户操作不当带来的业务需求，尽管自助服务有其服务的特殊性和针对性，但"解铃还需系铃人"。以往出现这类问题，往往由商业银行的 ATM 运营维护人员赶到现场解决，但往往因交通等原因费时费力，甚至出力不讨好。既然是客户存在操作不当，商业银行也可以给予客户"自助改正"的机会，从根本上减少因客户操作失误导致的大量吞卡。例如，交通银行、工商银行等国内商业银行就实现了 ATM 吞卡的当场取回功能，方便客户自助操作更正此前失误。

3. 新生情况

目前，很多 ATM 从交易画面、语音提示上采取创新措施提醒客户及时取卡，避免因超时被吞。不过，一些客户出于近期部分媒体对 ATM 的宣传误导，导致一种特别针对 ATM 的不信任感，有的客户必须逐张清点完毕后才离开，因过于投入、取款数额较大等忘记或者忽视 ATM 的取卡提示。结果导致 ATM 吞卡数量高居不下，需要 ATM 运营维护人员到现场帮助客户取卡，即便下班后甚至半夜遇到客户应急取卡求助，都必须在一定时间内到达现场，有的商业银行此类吞没卡数量甚至占整个吞没卡数量的 80% 及以上。即便采取了超时自助取卡的创新策略，仍有一定数量的客户因不熟悉该项业务而提出要求。

4. 完善建议

针对此类新情况，我们了解到超时自助取卡这一产品是中国特色的创新，发达国家此类情况相对较少。首先，客户大多习惯使用信用卡而非现金，因此取款额度和频率相对较低；其次，由于这些国家信用体系比较健全，外部欺诈相对较少，客户一般没有在 ATM 操作后再次清点现金的习惯；最后，绝大多数商业银行管理比较规范，客户与银行之间彼此相互信任。上述发现也是完善这类新生情况的对策和建议，需要监管机构、商业银行、客户自身和社会舆论一起完善和努力。

二、ATM 新服务类型

商业银行除了以 ATM 为载体提供产品之外，还依托 ATM 为平台提供多种服务。近年来，国内商业银行根据客户的需求对相关服务也有改进和创新，使客户使用 ATM 更为安全、方便和快捷。

（一）提高单笔存取款限额

1. 客户需求

取款限额是客户感知到的 ATM 服务的重要环节，不仅影响客户的取款效率，也可能因客户持异地卡、他行卡等存在手续费的差异。事实上，取款限额的问题是一个综合性的问题，不仅仅是商业银行自身可以全部解决的。首先，监管机构对此有明确的规定，例如人民银行《关于下发〈银行卡业务管理办法〉的通知》（银发〔1999〕17 号）要求，贷记卡每日取款限额设定为不高于 5 000 元；人民银行《关于改进个人支付结算服务的通知》（银发〔2007〕154 号）要求，借记卡每日取款限额调整为不高于 20 000 元。其次，ATM 设备的技术条件也是影响单笔存取款限额的重要因素，例如一些品牌的老旧 ATM 出钞口比较窄小，难以满足短时间大量吐钞的要求，否则反而容易引发设备故障导致卡钞，降低客户体验和增加运营和维护人员的工作压力。最后，绝大多数客户的存取款需求不大，根据统计分析发现近 80% 的客户取款在 2 500 元以内，一些布设在小商品批发市场、学校的 ATM 单笔取款甚至以 100～500 元居多。

2. 产品创新

针对客户的交易需求，不少商业银行提高了 ATM 的单笔取款限额，一次性取款从以往的 2 000 元提高到 3 000 元、5 000 元甚至 10 000 元、20 000 元。商业银行提高 ATM 单笔取款限额后，得到了广大客户的普遍欢迎，主要优势表现在以下两个方面：一是对于原来有较大额度的取款客户而言，取款效率大幅提高，例如以前取 5 000 元可能需要 2 次，现在一次可以搞定，解决了客户的交易时间；二是对于他行客户而言，降低了跨行清算等手续费用，仍以 5 000 元取款为例，跨行手续费用一般按笔计价，以前可能需要取 2 次，交 2 次费用，现在交纳一次即可。

3. 新生情况

我们注意到，在提高 ATM 单笔取款限额的同时又引发了一些新情况。例如，广东、福建、浙江、广西等沿海发达地区存在一定数量的"背包党"，即"专职取款人"。这类"特殊客户"以男性为主，一般骑摩托车、电动车持多张商业银行卡专职取现，有的甚至 365 天无休，累计取款数量巨大，具有较大的洗钱嫌疑。在单笔取款限额提高之前，这类"专职取款人"往往在清晨或 ATM 营业开始，就不断地更换银行卡取款，一般独自占用整台 ATM 相当长的一段时间。有时刚加满几十万元现钞的 ATM 在短短半小时内，就被他们取光，不仅给办理正常业务的客户带来不便，也增大了商业银行运营维护的压力。因此，在商业银行放开 ATM 单笔最高取款限额，则可能为洗钱分子提供了便利，反而容易给客户办理正常业务和 ATM 运营服务造成阻碍。

4. 完善建议

针对此类新情况，一是需要监管部门和银行联手，对确实存在问题的"专职取款人"进行长期的专项治理，坚决打击反洗钱的问题；二是银行需要从内部挖潜和实施技术创新，通过针对"特殊客户"的监控，跟踪其行为并总结规律，设定一定操作门槛，从系统硬控制上给予合理的限制。

（二）提供 24 小时应急服务

1. 客户需求

目前，随着 ATM 的普及，很大程度上拓展了商业银行的服务时间和空间，使一些确有急用的客户在银行下班之后，甚至深更半夜都能及时完成存取款、转账、充值、缴费、购票、查询等服务。但是相应的问题随之而来，一是前面提到的吞没卡，一旦客户着急离开事发地，如出差、旅行、出国等，就会强烈要求银行 ATM 运营维护人员到场服务，即便很可能是因其操作不当导致；二是 ATM 即使本身是精密的设备，也会存在一定原因诱发的技术故障，如客户存款钞券褶皱、放入其他杂物，又如设备因沙尘、降温、通信故障发生阻塞等，最终导致卡钞，使客户部分账款不能实时记入账户。即便所有的商业银行对 ATM 长短款和账务处理都有明确的规定，也有少数客户存在疑义，要求 ATM 运营维护人员到现场处理，无论何时何地。

2. 产品创新

针对客户的应急服务需要，商业银行也开展了一系列业务和服务创新。例如，工商银行的城市分支机构将 ATM 应急服务的时间由下午 15：00 延长至晚上 20：00，电话银行提供 24 小时远程服务和求助受理；还有的商业银行在中心城市试点了 24 小时应急服务，客户如确实在 ATM 交易中遇到急事和难事，即便是凌晨 3 点，商业银行可以通过设置应急服务的专岗提供全天候应急服务，免除客户的后顾之忧。

3. 新生问题

随着 ATM 业务种类的丰富，各种后续服务问题层出不穷。如果说吞没卡的应急还好解决，长短款的应急处理则比较麻烦。吞卡后一般卡片会存放在 ATM 上箱体内，这里不涉及保险柜，即便是夜间也可以酌情处理。但是长短款则需要 ATM 运营维护人员在守押安保人员的护卫下，打开保险柜对设备现场清机轧账，并与后台运营管理中心的账务处理人员立即核实。如果是工作时间，此类应急还有可能解决，但下班之后，守押保卫人员已经休息，即便银行 ATM 运营维护人员可以应急，也难以保证自身和库款的安全，现场打开保险柜也可能危及到在场客户的人身安全。同时，后台运营管理中心的账务处理人员基本也已经下班回家，如果涉及 ATM 布设在网点内部，还需要叫上网点负责人等一道处理，实在兴师动众，且难以圆满解决。还有的客户本身所处地点、时间也存在限制条件，如客户深夜 11：30 在布设在远郊地铁站内的 ATM 取款超时被吞要求应急处理，而最近的 ATM 运营维护人员赶到也要 45 分钟，地铁已经关门停运，实在左右为难。后续，运营维护人员提出次日早上 5：30 地铁一开门就到场取卡，也被客户以其时间来不及而拒绝。

4. 完善建议

针对此类新情况，我们认为 ATM 24 小时应急服务应该是在一定条件下的应急服务，不可能做到 100% 完全应急，目前还缺乏安全保卫等客观环境的支持；商业银行作为盈利机构，既要考虑客户需要和社会责任，也要平衡风险管理、运营安全和服务成本。即使如此，我们了解到一些大城市的 ATM 运营管理中心的应急维护人员一般每晚要为客户取卡应急等 5 次以上，最多接近 20 次，整夜都在路上奔波，身心俱疲。除了建议银行加强与客户的沟通和宣传外，也应该根据实际情况，合理配置应急服务的资源，采取电话解释、远程监控、现场应急等相结合的方式，尽最大可能满足客户的实际需要。

第二节　自助设备运营中心的转型

一、自助设备运营中心的概念

ATM 作为商业银行（以下简称银行）的重要业务和交流渠道，已成为银行经营管理的重要组成部分。目前，最为成功的银行已经将高达 75% 的交易转移至自助服务渠道（蔡宁伟，2012）。因此，ATM 等自助设备的运营管理尤为重要。自助设备运营中心恰是负责自助设备运营管理的专门机构，是银行完善公司治理的必要结果，是银行开展前、中、后台分离，实施流程再造后整合的后台运营机构，是自助设备规模布设和使用的必然产物。自助设备管理必须设立专门机构，但目前在各家银行之间存在一定差异。在总行层面，一般由运营管理、个人金融业务、信息科技、电子银行、办公室、渠道管理办、网点管理办等部室牵头或分别管理；在分行层面，一般由自助设备运营中心（Auto Machine Operation Center，AMOC）、ATM 管理中心、ATM 运营管理中心等专门机构专业管理，或者交由所属营业网点等机构负责。因此，规范自助设备运营中心的定义和意义，厘清自助设备的定义和种类尤为重要。

（一）自助设备运营中心的定义

自助设备运营中心是负责管理自助设备的专业机构。根据笔者匡算，同一城市布设同类自助设备 20 台以上，就可以考虑由自助设备运营中心统一实施运营管理；同一城市布设同类自助设备 100 台以上，由自助设备运营中心统一实施运营管理可以实现一定规模效应。因此，中心建设适应银行自助设备快速增长的需要，可解决分散管理模式下自助设备运营中存在的问题，提高设备的运营管理和服务水平。自助设备运营中心可以改变银行自助设备多头分散管理、集约化程度偏低的现状；突破以兼职管理为主，专业化管理水平不高的瓶颈；有效解决管理标准不一、运行质量偏低等主要问题。

自助设备运营中心管理的对象主要是自助设备。从业务类型上、品牌情况上、布设位置上，主要有以下几种分类方式。自助设备运营中心的定位、分类和管理，正是基于自助设备的类别和特点。从客户需要、实现功能、布设地点、运营成本、风险管理等视角出发，ATM 是自助设备运营中心管理的重点。在自助设备领域，ATM 因其涉及现金管理等诸多环节，成为管理复杂程度和管理流程集合最高的高科技产品。从某种意义上讲，一台 ATM 就是银行一个"浓缩的网点"，可以承担基本的银行业务，是银行服务的重要渠道。

自动柜员机是为客户提供以现金自助服务为主的自助设备，包括自动取款机（也称自动提款机，也可简称为 ATM）、自动存款机（Cash Deposit Machine，CDM）、存取款一体机（Cash Recycling System，CRS）等。ATM 是一种高度精密的机电一体化智能装置，利用磁性代码卡或智能卡实现金融交易的自助服务来代替银行柜面人员的工作。持卡人可通过 ATM 使用信用卡或储蓄卡，根据密码办理自动取款、查询余额、转账划拨，还可进行现金存款、存折补登、更改密码、自助缴费、手机充值、支票存款（国内暂无）等业务（蔡宁伟，2008）。不难看出，ATM 相当于一家自动的银行网点，客户对现金、转账等需求较大，其实现功能较为丰富，布设地点相对较广，运营成本较其他设备更高，需要更严密的风险和流程管控。因此，自助设备运营中心由此赋予相应的职能。

（二）自助设备的两大主要分类

从业务类型上看，考虑业务是否涉及现金，自助设备分为现金类和非现金类设备两大类,非现金类自助设备即自助终端(Bank Self-service Machine,BSM)。现金类自助设备分为 ATM、柜员现金循环机(Teller Cash Recycler,TCR)、自助封包机(Auto Encapsulation Machine,AEM;也称 Auto Packing Machine,APM)以及夜间金库(Night Cashbox)等。TCR 是一款用来辅助银行柜员处理现金业务的自助设备,具有混合存取、自动鉴伪、现金保管、自动计数等功能。夜间金库也称自助封包机、电子存款机、电子解款机、电子投包机等,客户可凭银行发出的操作卡和操作密码,将资金或票据封包处理后放入夜间金库内,银行工作人员在下一工作日将封包移至网点内,并在监控下完成资金的清点后,为客户办理入账,以解决非银行营业时间内的存款需求和资金安全问题。自助终端是为客户提供以非现金自助服务为主的自助设备,包括查询缴费机、转账汇款机、离行式转账汇款终端等。

从位置布设上看,可分为附行式(On-Premise)与离行式(Off-Premise)两类,又以附行式居多。其中,附行式指设在银行网点内的 ATM;离行式指设在银行网点外的 ATM。由于其所处位置不同,给管理的有效性和时效性、安全的可靠性和稳定性等提出了不同要求,因此往往对二者采取不同的管理模式。

二、自助设备运营中心的内涵

从构建原则上看,根据自助设备的定义、分类和功能,如自助设备应实行集中运营管理,主要包括现金管理、账务核算、日常运营维护、监测分析和考核评价等。借鉴集中运营的条件和标准,自助设备运营管理应遵循集中运营、分工负责的原则,有效控制自助设备运营风险、持续提高自助设备运营效率和服务质量。

自助设备运营中心构建首先需要人力、物力、财力的资源支持,如图 9-1"资源"所示。根据我们的调研,一般而言,自助设备运营中心的资源配置至少需要达到以下标准。一是运营人员,原则上每 6 台 ATM 配置 1 名专职人员,负责装卸钞、账务处理等集中运营管理工作;并且应根据工作实际,兼顾关键岗位的线路轮换、岗位轮换和强制休假等情况,合理配置人员,保证日常运营管理和应急服务的需要。二是运营车辆,原则上每 12 台 ATM 配置 1 台运营维护专车,含押运公司运钞车。三是设备钞箱,原则上按照 1:1.5 ~ 1:2 的比例提前配置钞箱或钞包并加大推广更换钞箱法。四是清分设备,原则上按照 ATM 运营和客户存取款需求等情况确定和配置中型或大型清分设备。五是清分场地,原则上根据自身实际,按照 ATM、清分设备和客户需求等情况确定清分场地,合理规划增量需要。六是配套制度,原则上银行应结合自身实际,在正式实施 ATM 集中运营管理改革前出台配套的 ATM 集中运营管理办法和实施细则。

自助设备运营中心构建其次需要考虑各行的资源实际,如图 9-1 "实际"、"实现模式"和"实现流程"等所示。即便同一家银行内部,各分支机构之间也存在一定的差异。因此,对于运营人员不足的分行,可以采取招聘、代理用工或外包的方式来补充。需要说明的是,ATM 外包已经成为部分银行,特别是国外银行实施 ATM 运营管理特别是 ATM 集中运营普遍采取的一种辅助手段,可以有效解决集中运营管理过程中随着 ATM 数量的急剧增加而产生的人员紧缺、维护服务能力不足的问题,确保服务质量和服务效率。但是,实施外包还需要当地监管政策、银行内部制度、外包公司资质、外包风险保险等必要条件的共同支持。与之类似,运营车辆也应足额配置,特别是由专业保卫人员护卫的押运车辆。但是,目前很多分行所在地的守押公司多为垄断经营,押运车辆不足、押运服务不够、押运成本上涨,难以满足银行业务的发展需求。此外,ATM 钞箱、清分设备等需要及时采购到位,清分场地建设、配套制度制定也需要提前落实。否则,自助设备集中运营模式将变成一纸空谈,自助设备运营中心将无法正常运营。

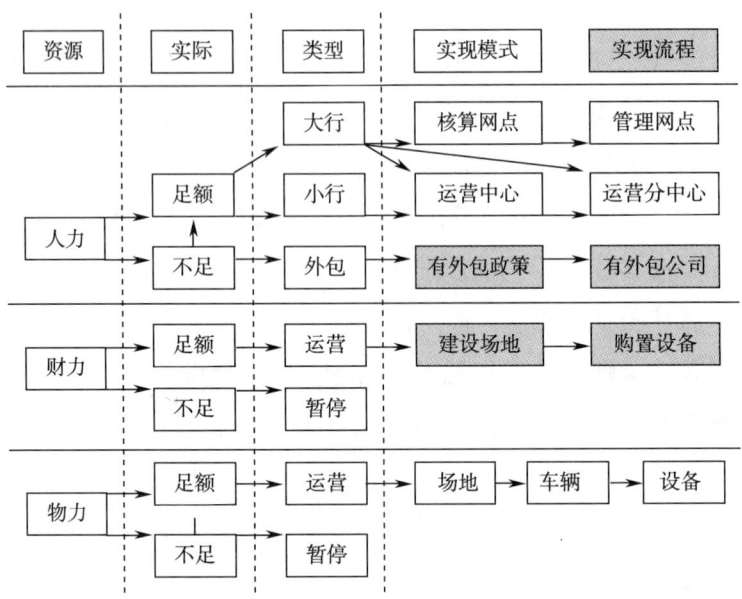

图9-1 自助设备集中运营管理建设模式

自助设备运营中心构建还需要考虑各行的类型情境,如图9-1"类型""实现模式"和"实现流程"等所示。从设置类别上看,直辖市分行、直属分行、二级分行所在城市可设立自助设备运营中心,负责自助设备日常运营管理工作,运营中心隶属运行管理部门。对于设备数量较多,但因距离、安全等因素难以实行集中管理的县域支行,或管理幅度较大、单一中心难以覆盖的市区支行,可设立分中心,隶属自助设备运营中心;不具备设置分中心条件的县域支行设置专岗、配备专人负责自助设备的日常运营管理工作。值得一提的是,从自助设备运营中心所在城市的规模和交通状况等环境考虑,直辖市分行往往需要设置两个及以上中心才能满足业务需要,直属分行或部分省行营业部也需要采取"多中心"或"双中心"的模式。从管理归属上看,考虑运营成本、服务效率、应急管理、维护安全等因素,离行式自助设备原则上由自助设备运营中心,提供日常运营维护管理;考虑客户需求、服务效率、管理半径、风险防范和运营安全等因素,附行式自助设备原则上由所属营业网点提供日常运营维护管理,即可由运营中心、核算网点和管理网点等共同分类管理。

三、自助设备运营中心及其内设岗位职责

随着自助设备投放数量和布放范围不断扩大,对自助设备运营管理和支持保障服务的要求不断提高。设立自助设备运营中心对自助设备实施集中运营管理将进一步提高集约化运营管理水平,提升自助设备运营效率和服务质量。其主要内容包括建立集中运营、分工负责的运营管理体制;设立自助设备集中运营管理机构;设置自助设备运营管理专门岗位,配备专职人员,统一岗位职责,成立自助设备运营管理专业队伍;建立统一规范的自助设备运营管理考核机制和沟通协调机制。

从集约效果上看,服务集约不等于服务集中,也不能简单理解为服务集成。集中或集成仅仅指业务类别的规模化,但能否实现规模效应,还需要后续管理的支持。否则,单独的业务集中并不一定带来管理效能的改观,也就不能改变低效甚至落后的服务效率和服务质量。目前,银行已经非常重视自助服务区和自助银行的建设。在这类规定的区间,往往布设有多台自助设备。我们认为,一般而言,这些设备由1~3台存取款一体机、1台查询缴费机、1台转账汇款机、1台综合服务机和1部电话银行终端组成,可以满足60%~90%的客户需求。其中,综合服务机或综合服务终端可以满足客户促销信息查询、身份认证、优惠券打印、商品比价、现金返利、折上折、积分累积、电影票购买、自助购物等非现业务或刷卡业务的综合性服务功能。而且,在附行式自助服务区,往往还配有专门的或者兼职的银行服务人员,如大堂经理等,可以及时引导或指导客户进行自助操作。再以日本的部分银行为例,自助设备的广泛使用已经形成了专门的自助服务处理区域,如"现金岛"(Cash Island)。在现金岛模式下,银行的单个柜员可以管理多条业务队列,在不增加人力资源投入的情况下可以借助自动化的设备扩大业务能

力,有力缓解交易高峰时期的客户排队问题,提高银行的服务效率。

从目标实现上看,自助设备运营中心的总体目标将着眼于建立自助设备集中运营管理体制和运营机制,提升自助设备运营效率和服务质量,有效控制自助设备运营风险,创造更具价值的服务品牌和管理效益。自助设备运营中心及分中心作为集中运营的自助设备日常业务承办部门,负责自助设备的日常业务运行,如表9-1所示,主要包括七大类职责。

表9-1　　　　　　　　自助设备运营中心的主要职责

职责类型	具体职责
管理类	负责根据总、分行的有关制度规定及工作要求,组织、协调和指导全部所辖自助设备的日常运营管理工作
考核类	负责所辖统管式ATM不定期查库,核实库存现金的真实性
考核类	负责指导、考核、监督其他营业机构所辖分管式自助设备的运营管理工作
考核类	负责全部所辖自助设备考核指标的统计分析与通报
监测类	负责监测所辖统管式自助设备业务运营状况
监测类	负责依托自助设备监控系统,对全部所辖自助设备的日常运行情况进行监控,根据故障预警信息,及时通知专管人员、相关部门或自助设备所属网点解决
现金类	负责编制所辖统管式ATM的现金加钞计划,并通知现金营运中心或支行业务库提前备钞
现金类	负责保管和使用所辖统管式ATM钥匙和密码以及备用钥匙和密码
运营类	负责所辖统管式自助设备账务核算和日常业务运营管理及维护,及时解决账务差错和客户投诉
运营类	负责提交所辖统管式自助设备在综合前置监控系统的信息维护申请
运营类	负责所辖统管式自助设备流水日志的收缴、整理、入库保管工作
协调类	负责督促保卫部门对全部所辖自助设备的视频监控录像、环境监控、联网报警设备和自助设备安全情况进行检查
协调类	负责配合信息科技部门完成所辖统管式自助设备投产换版、新设备安装环境的前期查看工作
协助类	负责配合电话银行客户服务中心处理有关所辖统管式自助设备业务的咨询、求助和投诉
协助类	负责协助有关部门处理涉及所辖统管式自助设备的司法查询取证工作

从岗位配备上看，自助设备运营中心设置主任、副主任等管理类岗位，主任由同级运行管理部门副总经理兼任，根据业务需要设置自助设备管理、自助设备操作、账务核算、监测分析和档案管理等专业类或运行类岗位。按照管理自助设备的数量和工作需要配备相应的工作人员，具体岗位职责如表9-2所示。

表9-2　　　　　自助设备运营中心的内设岗位与职责

岗位名称	具体职责
经理岗（中心主任岗）	经理为自助设备运营中心第一责任人，全面负责中心内部管理和内控、安全防范等各项工作
副经理岗（中心副主任岗）	协助经理具体负责自助设备运行管理、需求计划、选址规划、安装维护、安全防范、监控报警设备、应急管理等工作，实现社会化守押的，同时负责监督、协调守押公司履行协议情况
ATM管理岗（ATM操作岗）	负责ATM装卸钞、排除卡纸、卡钞等业务故障、维护保养；负责更换离行式ATM的交易日志、客户凭条和打印机色带；负责将离行式ATM客户吞没卡送达指定的营业网点或按规定办理客户现场领取手续
账务核算岗	负责ATM库存情况监控和资金调拨、做好ATM装卸钞的账务核算，办理客户的错账核算、核实客户交易日志错误信息、接听客户电话、会同电话银行服务中心及时处理客户求助和投诉
监测分析岗	负责运用ATM监控系统等监控管辖ATM运行状态，及时发现运行故障，组织运营服务支持人员及时处理
档案管理岗	负责保管客户交易日志、流水日志等，如采用电子形式的，还应负责日志的存储和编录

四、自助设备运营中心的问题

随着自助设备的不断布设以及使用客户的增多，自助设备运营中心在资源配置、考核机制、分工合作、协调联动和风险管理等方面还存在一些问题或隐患。根据我们的调研，主要表现为以下四个方面。

（一）中心资源严重不足

由于 ATM 数量的迅速发展，自助设备运营中心普遍反映人员配置不足，有的中心甚至到了严重匮乏的地步，由此带来一定的安全管理隐患。由于 ATM 数量较多，人员较少，ATM 集中运营管理人员特别是关键岗位人员的线路轮换、岗位轮换、轮休等强制管理要求无法兑现。这不仅加重了管理人员的工作压力和精神负担，还可能因为压力过大、疲劳运营等引发潜在的操作风险。特别由于此类人员接触大量现金，国内某些银行已经发现的涉及 ATM 的案件也给中心的人员配置和发展敲响了警钟。随着 ATM 业务的发展，工作量更大、工作要求更高、工作范围更广，亟须一批懂技术、会分析、能管理的专业型队伍。但在 ATM 专职运营管理人员数量不足、类别不够、压力较大、性别不均、年龄偏大、学历偏低的情况下，保障 ATM 的线路设计、检查制度、轮岗制度相对比较困难，混岗兼岗、密钥管理制度执行等问题相对突出，操作风险管理存在一定隐患。

（二）考核机制尚未健全

根据我们的调研，不少银行 ATM 的运营指标考核未纳入支行行长绩效指标体系，使不少分行出现"轻运营"的情况，由此导致对自助设备运营中心的重视程度不够。部分银行的业务主管部门仅仅考核 ATM 的可用率或运行率，达不到标准则扣罚，反之没有奖励，缺乏对业务量等指标的加权统计，容易挫伤自助设备运营中心与运营管理人员的工作积极性。目前，一些银行将自助设备运营中心仍然定义为后台支持保障中心、成本中心，而非兼顾自助设备的利润创造，实现前、中、后台的工作计价；一些银行缺乏对 ATM 运营的考核机制，后台支持与业务发展不匹配，岗位层次和工资待遇较前台明显偏低，跟不上甚至阻碍了业务的发展。事实上，在国外一些银行，自助设备运营中心通过对其工作的内部计价,已经实现了由成本中心向利润中心的转换,管理与考核机制进一步健全,中心运营的效率和员工的积极性得到充分调动。

(三) 分工合作并不充分

自助设备运营管理亟须因地制宜地建立健全自助设备运营中心与营业网点的分工与合作机制。从分工机制上看,自助设备运营中心和网点需要合理分工,明确运营模式,否则会制约集中运营管理的效能,如图9-1所示。集中运营管理后,附行式 ATM 装卸钞的处理一般应由自助设备运营中心集中装卸钞,但一旦遇到 ATM 满钞、缺钞,或客户存取款发生卡钞、吞卡等情况,需要一定时间。在大城市囿于交通状况,客户等待时间更长,不利于提高客户的满意度和忠诚度。从合作机制上看,自助设备运营中心和网点需要根据 ATM 布设的位置和周边环境,明晰各方的优势和劣势,研究如何实现互补。附行式 ATM 上箱体钥匙如交由网点管理,若发生 ATM 缺纸、吞卡等情况就能立即处理,大大缩短客户等候时间,提高服务效率。从管理机制上看,若对附行式通勤门以内的 ATM 集中装卸钞,装卸钞人员需进入网点现金区,将给网点现金区域管理带来一定难度。目前,供钞、装卸钞人员身份认证没有统一的模式,存在一定安全隐患。此外,若网点附行式 ATM 集中管理后,非营业时间要进行装卸钞和维护,必须协调网点相关管理人员返回开门操作,可能影响服务效率。

(四) 协调联动仍需加强

从布设区域上看,虽然全行 ATM 布设以网点、居民社区、企业事业单位办公楼、商务写字楼、商业区、校园、医院、机场、地铁等交通枢纽为主,但布设在郊县区域的 ATM 仍有相当的比重且新增数量不断增大。从业务上看,部分布设在郊县区域的 ATM 业务量较少,使用效率不高,一定数量的 ATM 日均交易量不足 50 笔;从位置上看,加大了集中运营管理的服务半径；从效益上看，增加了时间、车辆、人员等运营成本；从风险管理上看，增加了在途运输等操作风险，从管理机制上看，缺乏前后联动、考核评价和反馈优化机制。这些现状，均增加了ATM集中运营管理的难度。从管理机制上看，存在相当程度的制度制约，以至于产生从ATM向网点的"逆分流"现象，加大了集中运营的难度和成效体现。例如，转账限额、手续费等，导致ATM等自助设备结果并没有起到"分流"的效果。从退出机制上看，ATM报废退出仅仅从年限入手，没有考虑使用频率等关键因素。ATM等自助设备的核心是电脑，电脑的退出年限一般是5年。而且，不少离行式ATM 24小时运行，处于繁华或者核心地段的ATM使用频率更高（蔡宁伟，2011）。

五、自助设备发展的三大趋势

自助设备运营中心的发展与自助设备的发展联系紧密。自助设备作为一种高度精密的机电一体化智能装置，更新创新速度非常迅速。从一定意义上讲，ATM等自助设备均符合电脑发展的"摩尔定律"。在此，我们主要总结了自助设备种类多元化、操作智能化和流程可视化的三大趋势。

（一）自助设备的种类多元化

目前，涉及现金业务的自助设备主要包括自动取款机、自动存款机、存取款一体机、柜员现金循环机、自助封包机等。涉及非现金的自助设备主要包括查询缴费机、转账汇款机、离行式转账汇款终端、电话银行终端、排队叫号机等。但是，自助设备的种类必将进一步丰富，呈现多元发展的态势。以目前日本部分银行的实践为例，涉及现金的自助设备主要分为零线、一线和二线三类。其中，零线设备指供客户自行使用和客户零距离接触的自助设备，如自动存款机、存取款一体机以及存取款额度在 10 万日元以上的大额存取款机（Quantum Cash Recycling System，QCRS）等；一线设备指供柜员使用的自助设备，如柜员现金循环机、验钞机、柜员尾箱等；二线设备指供整个或者多个网点使用的自助设备，如保险柜、大中型清分机、MBS 现金出纳设备等。这一系列的不同设备完善了自助设备的服务体系，丰富了自助设备的服务功能。当然，我们认为，自助设备种类的多元化还意味着自助设备亲和力的提高，比如以卡通人物、吉祥物、标志物等形式出现的自助设备等，有助于增进人机互动，提高设备的使用率。

（二）自助设备的操作智能化

目前，自助设备的操作已经呈现智能化的倾向。比如，操作界面会提示客户操作的流程，通过动态图示告知客户注意的事项等等。我们认为，未来的自助设备将更加智能化，可以实现多方面的主动提示，就像一个智能的机器人一样，更加轻松简单地实现人机的相互交流。比如，在智能语音功能上，ATM 可以通过语音提示功能提示客户存取款时不得在出入钞中夹带信封、皮筋、发卡、塑料袋、透明胶等杂物且勿使用残损、褶皱、潮湿的钞币，可以提示客户一次性最大存取款额度，甚至通过人机对话，判别、记录和回答客户提出的相关问题。在全天候服务功能上，ATM 采用全封闭的新型设计，可以防雨、防水、防沙尘，甚至可以实现自动的移动作业，成为从城市到乡村的"流动银行"、7×24 小时的"全天候银行"。我们认为，ATM 将更加智能，这种智能化的趋势将迫使部分犯罪分子放弃针对 ATM 撬盗作案等传统攻击方式，同时有效缓解针对 ATM 的盗卡、复卡等犯罪行为，保障客户利益和资金安全。比如，在安全防范功能上，ATM 可以探测发现距离客户较近的其他人员，提示客户注意遮挡操作按键，保障客户的个人隐私和金融信息；可以采取人脸识别技术分析客户面部信息，对于故意遮挡面部的可疑客户，将提示客户无遮挡正面操作，逾期不改的可采区吞卡处理并列入可疑交易等；可以通过独立的太阳能电源或备用电源自助发电，应对任何外部的攻击并根据攻击的类型第一时间无线报警。

（三）自助设备的流程可视化

自助设备操作的智能化意味着设备流程的改进甚至再造，虽然成本较如今有大幅增长，但在未来大规模生产的前提下，可以进一步降低生产成本，提高运营维护的主动性。其中，流程的可视化就是自助设备发展的前景之一。以 ATM 为例，ATM 低钞、缺钞、满钞可以实现提前预警，并且根据客户的交易习惯，精确地预测现金需要。并且，可以根据周围的环境因素，取得相应的数据，纳入后台管理系统测算未来一个时期的现金流量。我们认为，未来的现金预测可以精确到以万元为单位。这样一来，银行可以更好地利用库存现金，合理进行运营管理。ATM 的装卸钞也不再麻烦，更换钞箱法将大规模采用，运营维护人员只需要换箱即可。换箱后，ATM 将自动清点、鉴别、计数、跟踪冠字号码并上报后台管理系统核对。如此，省去了必须双人装卸钞条件下的至少一半的人力资源。ATM 甚至可以在遇到设备故障时，主动提示故障的类型、产生的原因、需要的零件、修复的时间等关键因素，自助驱动解决问题。这样一来，ATM 的运营效率持续提升，客户会更接受并依赖于安全、方便、快捷的自助服务。我们预测，未来 3 ~ 10 年，中国的银行将试点或大规模采用专业的 ATM 外包服务公司参与运营，外包 ATM 数量的比例可能突破 25% 甚至更高。

六、自助设备运营中心的转型

基于自助设备的上述发展趋势，我们认为自助设备运营中心仍然具备进一步整合的空间，即从其内涵、职能和机制上的组织转型。特别在将 ATM 等自助设备视为产品线或盈利单元时，可以在整合自助设备运营中心管辖范围的基础上，实现从成本中心向利润中心的转型；在自助设备种类进一步丰富时，增加自助设备运营中心的职能，实现从单一中心向综合中心的转型；在自助设备操作与流程继续优化后，健全自助设备运营中心的管理机制，实现从部门中心向流程中心的转型。

（一）从成本中心向利润中心转型

从综合计量上看，ATM 布设的成本很大一部分是运营成本；同理，ATM 布设的效益很大一部分来自运营的支持和创造。因此，除了 ATM 的交易量、交易额等盈利指标外，还需要统筹考虑时间、人员、费用的综合计价。但是，目前 ATM 的布设缺乏系统的体系、科学的指标和合理的计量。结果，布设合理与否，不能够全面、科学地来考量，缺乏适当的反馈机制。对于布设不合适的 ATM，没有有效的手段进行调整，在增加运营成本和风险的同时，也制约着业务发展，影响服务质量、效率和品牌形象。事实上，从产品和服务视角，ATM 可以视为一项提供"现金管理和服务产品"。因此，自助设备运营中心不仅仅作为一个提供运营维护等支持工作的成本中心，完全可以视为一个创造价值的利润中心。从银行渠道建设的视角，ATM 相当于银行的一个"微型网点"，也可作为个人金融业务、电子银行业务开展的重要渠道。刘晓岚（2007）认为，在新的市场环境下，营业网点作为银行重要的交易渠道，承担着银行经营的新使命；营业网点不再是单纯的负债业务部门，在削减成本和扩大产品系列，进行常规交易的同时，营业网点正日益成为银行的产品销售主渠道和利润中心，因此保持一定规模的营业网点数量对于银行具有重要的意义。同理，ATM 也可视为银行的"业务单元"，进而将自助设备运营中心打造成利润中心。

（二）从单一中心向综合中心转型

如果将自助设备运营中心纳入利润中心的范畴，势必改变中心目前的管理模式和运营方式,势必增加和丰富中心的管理和运营职能,势必延伸和演化中心的价值创造。在成本中心的基础上,银行可以重点加强自助设备运营中心管理与建设工作,因地制宜打造综合型或协调联动型的自助设备运营中心。综合型的自助设备运营中心可以承接相关管理部门,如运营管理、个人金融、信息科技、保卫、办公室、电子银行、银行卡等部室的综合职能,如自助设备选址、分配,投产、安装、升级,厂家维保工作等。在此基础上,自助设备运营中心可以建立专职的选址布设队伍,积极加大自助设备投放、布局工作;可以建立专职的内部维保队伍,配备专用维保车辆,负责辖内设备故障修理、耗材配送工作。目前,此类业务已经在国内部分银行逐步开展,采取上述模式的银行对ATM 的客户服务和维保水平往往居于全国前列。若未能完全实现综合型的自助设备运营中心,协调联动型自助设备运营中心也可作为上述模式的有机补充,发挥其协调促进的作用。如中心可以联合办公室对ATM 服务标识、服务指南等进行规范;可以联合人力资源、个人金融部门开展联合选址、设备分配工作;可以联合保卫、信息科技部门对辖内 ATM 监控、报警设备进行巡检与增设。

(三) 从部门中心向流程中心转型

综合型的自助设备运营中心及协调联动的自助设备运营中心的建设,有效整合了部门资源,提升了全辖自助设备运营与服务质量。但是,我们清楚地看到,在银行资源有限的情况下,仍然不是中心盈利最优的模式。交通银行首席经济学家连平 (2011) 提出:中资银行应加快流程银行建设步伐,推进业务条线垂直运作、管理与考核,形成业务单元制。即加快推进业务条线垂直运作、管理改革的进程,使事权、人权和财权逐步过渡到以业务单元为主,推行垂直管理为主、分行横向管理为辅的模式;推行全行业务单元的一体化考核,明晰业务单元的绩效。因此,在前文自助设备运营中心的内设岗位与职责的基础上,还可以进一步完善中心的业务流程，丰富中心职能，整合自助设备，增设以下岗位。一是业务督察岗：协助经理负责制度建设、业务核算、岗位培训、检查辅导和运营考核等工作。二是自助设备规划岗：负责参与自助设备选址规划、安装维修，并做好自助设备耗材的支领管理和发放；负责自助设备业务统计分析、业务报表报送工作。三是安全管理岗：负责对自助设备随机监控、环境监控、联网报警设备及安全情况进行检查。四是自助终端管理岗：负责自助终端运行情况的监控、处理缺纸、卡纸和排除业务故障，遇有不能处理的故障或需要更换硬件时，及时通知信息科技部门。

第三节 商业银行的业务类型与演进

一、类型学思想的渊源及多学科应用

人类古老而朴素的分类思想即类型学的思想源远流长，例如，中国古代的"士农工商"就是一种阶层的划分并且延续了千年，常言道"物以类聚、人以群分"将类型学的思维理念融入我们的日常生活之中。在研究领域，自然科学中的分类行为称为分类学，人文社会科学领域中的分类行为则称为类型学，二者既相互区别又相互联系（王蕾、闫红伟，2007）。自然科学领域，生物学中的纲、目、科、种的分类法就是以类型学为依据；社会科学领域，马克思（Marx）划分的封建主义社会、资本主义社会、社会主义社会等社会形态也是基于类型学的思想（黄书亭，2008），在社会学、心理学、人类学、医学、建筑学、语言学、政治学、管理学等跨学科领域应用广泛。例如，蔡宁伟（2013）就曾尝试将类型学的研究方法引入金融领域，探讨了自动柜员机

(ATM)业务外包的多种类型和划分标准。

(一)问题提出

类型学是关于客体的类型的哲学方法论,是具体科学的学说;客体按其自身的重要属性、关系、联系和机构特征可分为诸多类型[①]。类型学是一种分组归类方法的体系,本质上是分析归纳的认识方法论,其作用是为更深层次的研究提供"分门别类"的认识基础。使用类型学方法不仅可以区别物质或文化表象的差异,还可以把握物质或文化内在的有机联系,使具体类型的概念成为具有确切意义的实体(熊燕,2010)。不难看出,类型学具有两大特点:一是全面性,即可以全面提取分析对象包含的信息,鲜有疏漏;二是关联性,即可以集中归纳各类对象共同的特点,各具特色。

(二)研究意义

近年来,类型学或类型研究在相关研究领域,如心理学、社会学、政治学和管理学研究中取得了丰硕的成果。国内外学者采取类型学的方法,开展了一系列归类分析,对更好地理解相关领域子类型的目的、内涵、方法和创新,有着更加深刻认识和积极意义。在此,我们尝试在金融领域引进类型学的理念,对商业银行主要业务的所属类型进行研究,试图发掘其中的联系,尝试建立可供比较的理论体系。这有助于通盘认识商业银行的有关业务和服务,建立从理论基础到具体实践的分类逻辑,从而更好地指导业务实践、创新和发展,在梳理业务、平衡风险的同时发掘更多的利润增长点。

(三)研究框架

本研究主要关注的是四分法,即以两个不同维度为分类标准形成四

---

① 引自CNKI概念知识元库,http://define.cnki.net。

象限、即四种类型的矩阵。我们尝试以理论基础的四分法为源头,通过对基于理论的战略定位和发展方向,全面梳理商业银行主要业务的主要目标、模式和实践,由此归纳出商业银行主要业务的处理模式、服务导向、盈利特征和远景规划。本研究尝试以不同视角直观理解商业银行主要业务的全面性,对于其业务实践具有指导性,某些划分依据具有原创性。依据美国学者 Barney(1986、1991)提出的资源基础观(Resource – based View,RBV),我们认为商业银行主要业务本身不仅是管理模式的改变,还是企业基于自身资源的战略选择,本节的研究框架如图9 – 2所示。

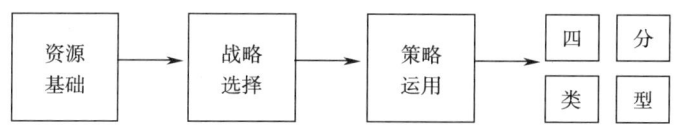

图9 – 2　商业银行主要业务类型的研究框架

二、商业银行传统一维业务类型划分

类型是类型学、类型研究、分类的过程之一和阶段性成果。由于各种类型具有稳定性、不变性(李兆锋、牛忠江,2008),分类方法具有复杂性、层次性,分类思想具有针对性和普适性(黄书亭,2008),因此影响深远、应用广泛。类型本身有多种模式,如一维两分法、一维三分法、多维多重分类法等。目前,理论界和实践界对商业银行业务类型的划分有多种思路,每种思路对应的是不同的分类理念和逻辑体系。从我们的长期观察和梳理总结来看,商业银行现有的业务类型主要按照业务演进与发展、客户服务的对象、流程与风险管理、虚拟与实体金融等逻辑来进行分类。其中,业务演进与发展、客户服务的对象两种逻辑属于传统的分类模式,在国内应用一般认为在 2000 年之前;流程与风险管理、虚拟与实体金融两种逻辑属于新兴的分类模式,在国内应用一般认为在 2000 年之后。每一种分类模式都有着不同的渊源与应用，各有所长。需要说明的是，无论上述传统或新兴的商业银行业务分类模式，基本都以一个维度为标尺，未采用两个维度的四分法模式，而本节的创新之处恰在于此。

表 9 – 3　　　　　　　商业银行的传统一维分类模式

同一维度	分类标准	分类类型	分类模式
一、业务分类	业务演进与发展	1. 基础业务（"会、出、储"）	传统模式
		2. 衍生业务（其他相关业务）	
二、对象分类	客户服务的对象	1. 对公业务（批发金融业务）	传统模式
		2. 对私业务（零售金融业务）	
三、流程分类	流程与风险管理	1. 前台业务（客户营销为主）	新兴模式
		2. 中台业务（风险管理为主）	
		3. 后台业务（运营保障为主）	
四、虚实分类	虚拟与实体金融	1. 线上业务（虚拟金融业务）	新兴模式
		2. 线下业务（实体金融业务）	
备注	一维分类	唯一划分标准	两分法或三分法	以 2000 年为界

（一）业务演进与发展分类

从业务演进与发展的视角来看，一般将商业银行的业务分为基础业务和衍生业务。就中国的商业银行而言，传统意义的基础业务范围较小，常常意指"会、出、储"三种，即会计、出纳、储蓄。这三类业务是改革开放以后，国内的银行业开展的基础业务，也是其他相关业务演进发展的基础。例如，从会计业务衍生出财务会计、结算管理、电子银行、公司业务、信贷管理等业务；从出纳业务衍生出现金营运、自助设备运营、贵金属运营、保管箱、上门收款等业务，从储蓄业务衍生出个人金融、理财投资、私人银行、资产管理、投资银行等业务。当然，这里的衍生业务并非我们熟悉的诸如掉期、对冲等金融衍生业务或衍生产品，而是涉及更为广义的银行业务缘起、演进与发展。

（二）客户服务的对象分类

从客户服务的对象视角来看，一般将商业银行的业务分为对公、对私两大类别。所谓对公业务，即针对组织层面的金融业务，也称批发金融业务，主要包括企业贷款、公司金融、机构金融、养老金业务、公司理财、投资银行、资产托管等业务，其特点是资金量较大、金融目标比较明确、一般将短期和长期业务相结合。所谓对私业务，即针对个人层面的金融业务，也称零售金融业务，主要包括个人贷款、个人金融、银行卡业务、个人理财、私人银行、网上银行、自助银行服务、电话银行等业务，其特点是资金来源较为分散、个性化服务要求较为多样、风险抵抗能力相对较低。不难看出，经营绩效较好的公司、机构以及资产较大的个人都是商业银行竞相争取的对象。

（三）流程与风险管理分类

从流程与风险管理的视角来看，一般将商业银行的业务分为前、中、后台三类。所谓前台，即直接面对和服务客户的业务类型，如信贷管理、信用审批、公司金融、机构金融、个人金融、银行卡业务、资产管理、资产托管、投资银行、电子银行等。所谓中台，即间接参与和支持客户服务，主要用于进行风险管理、内部控制的业务类型，如风险管理、风险评估、内控合规、内部审计、财务会计、战略规划、境内外机构管理、渠道管理等。所谓后台，即间接参与和支持客户服务，主要用于进行运营保障、服务支持的业务类型，是前台业务的有力支撑，如运营管理、人力资源管理、行政管理、培训管理、信息科技、安全保卫等。事实上，商业银行之所以拆分业务流程，很大程度上在于提升其风险管理和内部控制的水平。

（四）虚拟与实体金融分类

从虚拟金融与实体金融的视角来看，一般将商业银行的业务分为线上、线下两类。所谓线上,即虚拟金融服务,一般指可借助网络和电脑、手机、电话等相关渠道完成的金融业务,如网上银行、手机银行、电话银行等虚拟渠道。其涵盖的业务类型比较全面,目前很多银行已经把转账汇款、基金理财、贵金属交易、日常缴费、信用卡还款、银行卡启用注销等都搬到网上。所谓线下,即实体金融,一般指需借助银行网点、自助银行和自助设备等物理渠道完成的金融业务。事实上,虚拟金融所能涉及的业务实体金融都已经全部涵盖,只不过前者操作更为方便、快捷;但前者也存在短板,如不能实现存款、取款、开立信用证等涉及实物的交易和服务,也难以实现开销户、贷款申请与审核等真实性要求较强的复杂业务。

三、商业银行新型二维业务类型划分

综上所述,这四种分类模式虽然视角不同,但也有其相似的分类逻辑——即单一维度分类的方式。基础和衍生业务主要以业务的"先后"作为分类逻辑;对公和对私业务主要以客户服务对象的"性质"作为分类逻辑;前、中、后台业务主要以流程和风险管理的"要求"作为分类逻辑;线上、线下业务主要以金融服务渠道的"差异"作为分类逻辑。那么,在这四种单一维度的分类基础上,是否存在两个及两个以上维度的分类?是否能够适当整合上述四种类型或者融合上述四种类型的分类逻辑呢?我们在此尝试创新并进行探讨。

(一)服务范式与需求分类

从客户服务范式来看,金融业务一般分为人工服务和自助服务两类。通常而言,自助服务对人工服务具有替代作用,有助于节约人工成本,实现标准化服务。因此,图9-3商业银行基于服务范式与需求的业务类型中,纵轴表示自动化程度的高低,与之对应可以从一定程度上

代表人工服务的低和高。此外，客户服务还强调及时性，一些个性化的金融服务往往需要现场处理，一些复杂化的金融业务还需要现场审核其真实性。因此，图9-3商业银行基于服务范式与需求的业务类型中，横轴表示及时和现场处理要求的高低，可用于反映客户的时效性需求、业务的复杂程度以及服务的个性化体验。我们认为，这种分类模式也有助于帮助商业银行认识业态的发展趋势和适用范围，有助于金融机构制定战略规划并完成经营转型。随着新产业变革的到来，新业态和新模式的存在形式将进一步演化发展（胡春燕，2013），不同的业态可能导致组织绩效的较大差异（吴磊，2013）。目前，金融业主要经历了三个主要的业态[①]类型：一是以分支机构为代表的物理金融业态；二是以网上银行为代表的电子金融业态；三是以手机银行为代表的移动金融业态。移动金融业态已经成为商业银行、基金公司、券商、支付平台等金融机构建设的前沿和争夺的要点，这一业态不仅在于交易的方便快捷，更在于大数据的搜集和应用以及综合"金融生态圈"的布局与博弈。按照这两个维度纵横划分，主要分为以下四种类型：

象限一中，面对自动化处理程度和客户的及时与现场处理要求"双高"情境，商业银行一般可采取客户自助与现场审核相结合的模式。例如开立个人账户，可先实施自助预填单，再进行现场审核。这是一种自助与人工相结合的模式，自助服务主要针对普适性的业务，人工重在复核资料的真实性、全面性和准确性，这是自助服务难以判别的。象限二中，面对自动化处理程度较高而客户的及时与现场处理要求较低的情境，商业银行一般采取自助服务的模式。例如，布设ATM等自助设备，实施标准统一、批量实时的存取款、转账、缴费等服务，网上银行、电话银行也是如此。这类业务标准化程度高、复杂程度低、客户需

[①] 狭义的业态意指业务经营的形式和状态，参见中国社会科学院语言研究所词典编辑室：《现代汉语词典》，北京：商务印书馆，2007年9月第五版。广义的业态包含营业形态、经营形态、企业形态、企业生态、产业形态和产业生态的"六位双层一体"架构（雷瑾亮、王海花、王延峰，2013）。

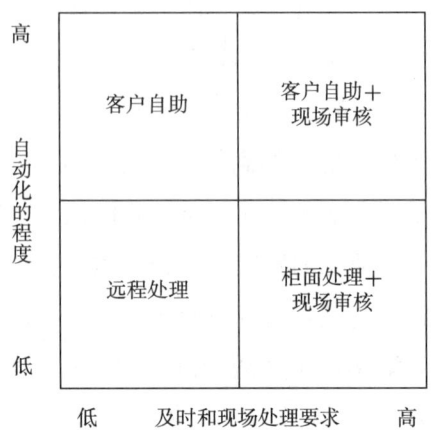

图9-3 商业银行基于服务范式与需求的业务类型

求较大且操作频繁,足以采取标准化的模式统一处理。象限三中,面对自动化处理程度和客户的及时与现场处理要求"双低"情境,商业银行一般采取远程处理、远程授权的模式。例如,电话银行受理和处理的开卡、挂失、付款、核查等业务,或者由 VTM 实现远程可视办理的业务。这类业务大多不需要现场处理,但需要人工批量或统一复核,因此远程操作有助于统筹银行业务、节约人力成本、实现 24 小时服务。这类业务的及时性要求不一定很高,但有的业务客户需要银行提供全天候的服务,以确保资金安全、满足非工作时间的服务需求。象限四中,面对自动化处理程度较低而客户的及时与现场处理要求较高的情境,商业银行一般采取柜面处理和现场审核相结合的模式。例如,办理贷款业务、审核相关资料、开通网上银行等。这类业务由于事关客户切身利益,需要当事人当面处理,同时由于其相对复杂、个性化程度较高,必须经过银行人工处理的环节,难以纳入自助业务的范畴。所以,及时和现场处理要求实质以客户需求为导向,业务的自动化处理程度实质以银行经营为导向,满足了双方的需要。这种分类在客户与银行之间架起了可沟通、操作和提升的桥梁。

（二）客户体验与成本分类

在图9-3商业银行基于服务范式与需求的业务类型的基础上，是否有其他类型的划分，是否有其他更为直接的维度选择？在此，我们还可以用更为直接的维度来展示这一情境。在图9-3商业银行基于客户体验与成本的业务类型中，纵轴表示运营成本的高低，从一定程度上主要体现为人工成本、研发成本的高低；横轴表示客户个性化需求，从一定程度上反映客户需求满足的难易。不难看出，图9-4纵轴的运营成本实质从一定程度上反映了图9-3中的业务自动化处理程度，一般而言在当前金融业务比较成熟的时期自助服务的运营成本较低、人工服务的运营成本较高；图9-4横轴的客户个性化需求实质较图9-3中的及时与现场处理要求范围更广，正是因为某些客户的个性化需求，使得商业银行必须采取及时和当场处理的模式。按照这两个维度纵横划分，主要分为以下四种类型：

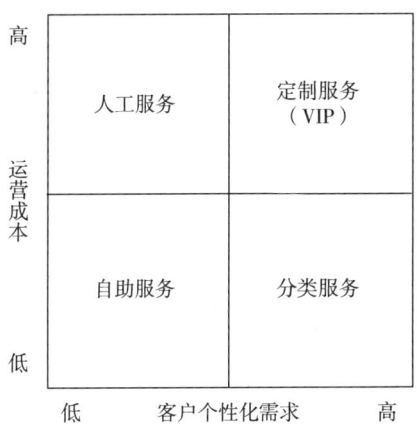

图9-4　商业银行基于客户体验与成本的业务类型

象限一中，面对商业银行运营成本和客户个性化需求的"双高"情境，银行一般采取定制服务、VIP贵宾服务的模式。这种服务已经在柜面业务、电话银行、网上银行、手机银行等渠道全面推行，如区别服务信用等级、价值贡献比较突出的客户相对优先等，并且推出了可为客户量身定制的金融理财服务、顾问服务、私人银行业务、投资银行业务等就是典型的代表。象限二中，面对商业银行运营成本较高、客户个性化需求较低的情境，银行一般采取标准人工服务的模式，并逐步把这类业务转移到自助服务渠道中进行。一些银行承担的此类业务大多盈利状况较低，但出于服务客户和承担社会责任的综合考量，依然在薄利、微利甚至负利的情况下坚持某些业务的金融服务，如一些地区的代发工资、社保发放等业务。象限三中，面对商业银行运营成本和客户个性化需求的"双低"情境，银行一般将这类业务转移到自助渠道上服务，如小额存款、取款、缴费、转账、查询等，通过 ATM、网上银行、手机银行、自助终端等可及时办理。象限四中，面对商业银行运营成本较低、客户个性化需求较高的情境，银行一般结合象限一定制服务和象限三自助服务的特征，采取将客户的需求分门别类，再有针对性地分别满足的模式，如退出集团客户服务、单位定制服务、高端客户服务等。不难看出，纵轴的运营成本也可以由盈利空间来代替，只不过运营成本越高一般盈利空间越小。所以，通过对客户需求和运营成本的分析，商业银行也可以实现业务的分类，提供差异化的金融服务；从满足客户个性化需求入手，有针对性地提供不同的服务类型，将更多的标准化业务转向自助渠道，实现客户和银行的"双赢"。

（三）风险管理与盈利分类

图 9-3 商业银行基于服务范式与需求的业务类型有助于银行实施战略规划、渠道转型和业务创新；图 9-4 商业银行基于客户体验与成本的业务类型有助于银行实施业务分类、客户分层和体验改善。在此，是否有新的分类维度和类型来说明商业银行的产品盈利状况，来合理设定及约束商业银行的风险控制水平呢？我们认为，还可以从业务风险管理的难易、业务盈利能力的强弱两个维度出发，考量业务利润与风险的

平衡。如图9-5商业银行基于风险管理与盈利的业务类型中,纵轴表明业务风险管理的难易,一般风险管理难度越大,越需要多实施更多种类、更高水平的风险监测与控制,也需要付出更高的成本;横轴表明业务盈利的能力,一般业务盈利能力越强、盈利水平越高、获取利润越多,业务越受到重视和推崇。事实上,业务或产品本身的盈利水平也存在周期,也有起伏,正如"波士顿矩阵"① 中有关明星、金牛、问题和瘦狗产品的归类。按照这两个维度纵横划分,主要分为图9-5所示的四种类型:

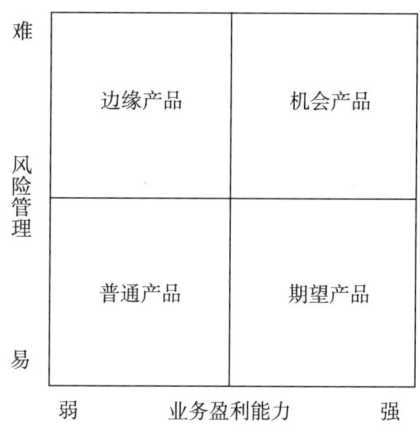

图9-5 商业银行基于风险管理与盈利的业务类型

象限一中,产品或业务的风险管理难度较大且盈利能力也较强,属于"高风险、高收益"的机会型产品。在商业银行的实际业务中,机会产品比较常见,如金融衍生业务、掉期产品、部分次级债、部分关注类贷款打包产品等,它们在利润高的同时往往伴随着复杂和较高的风险。银行与企业一样,都以盈利为目的,但面对这类产品要格外小心,

---

① 波士顿矩阵由美国波士顿咨询公司创始人布鲁斯·亨德森(1970)首创,他借助销售增长率和市场占有率两个维度,把产品或业务分为四类:一是明星类,即双高;二是问题类,即销售增长率高但市场占有率低;三是金牛类,即销售增长率低但市场占有率高;四是瘦狗类,即双低。

做好最坏的打算，或者提前适用拨备覆盖，在逐利的同时做好风险管控。象限二中，产品或业务的风险管理难度较大但盈利能力较弱，商业银行往往要花费很大的力气来抵御和化解各类风险，付出较高的成本。不难看出，这类产品如在实施风险管理技术或方法上无法改进，将逐步被边缘化甚至淘汰出局，是不折不扣的"烫手山芋"。象限三中，产品或业务的风险管理难度较小且盈利能力也较弱，属于"薄利多销"的"普通产品"。例如，商业银行的活期存款、教育存款、行内转账等业务，风险较低但盈利能力也较弱。面对这类产品，银行往往采取标准化、系统化的方式实现自助服务，满足广大客户相似的需求。象限四中，产品或业务的风险管理难度较小而盈利能力较强，这是商业银行可遇不可求甚至梦寐以求的"期望产品"或者可以称之为"梦想产品"，往往由某项业务创新或变革机会获取。但是，不是所有商业银行都能与这类产品不期而遇，也不是一旦拥有这样的产品就可以一劳永逸。事实上，在银行林立的完全竞争市场，难以获得金融产品竞争力的持久性，一些新兴产品很快便会被竞争对手模仿甚至赶超。所以，从上述分类中至少有两种方式可以实现期望产品的转化：一是由机会产品实施风险管理创新而来，主要在于风险监控和管理技术的突破；二是由普通产品实施业务运营创新而来，主要在于日常运营成本的降低和自助服务的广泛使用。

四、商业银行二维类型研究的价值与展望

综上所述，商业银行的二维类型划分将业务类型的界定与归类提升到一个更高的层次。无论商业银行还是客户都可以在一个相对平等、相互理解的前提下，更清晰地理解彼此的需求、发掘彼此的潜力。这实质是一种"双元"思想的体现（Zhong – Xing Su、Wright，2012），即一种可以实现商业银行与客户能够共同进步的"双赢"局面，而非两者

"非此即彼"的"零和博弈"。不难看出,"双元"思想更有助于双方换位思考、相互平衡、协同发展,而"单赢"局面则可能加剧双方的对立,导致相互孤立、敌视甚至攻击的不良后果。

(一) 研究价值

本研究中,主要分别设计了服务范式与客户需求、客户体验与经营成本、风险管理与业务盈利两两三组共六个维度,分别提出了三组四分法,即累计12种类型。其中,服务范式与需求分类可视为全部二维分类的基础,及时和现场处理要求实质以客户需求为导向,业务的自动化处理程度实质以银行经营为导向,满足了双方的需要。这种分类在客户与银行之间架起了可沟通、操作和提升的桥梁。客户体验和成本分类是服务范式与需求分类进一步演化,可视为全部二维分类的目的。通过对客户需求和运营成本的分析,商业银行也可以实现业务的分类,提供差异化的金融服务;从满足客户个性化需求入手,有针对性地提供不同的服务类型,将更多的标准化业务转向自助渠道,实现客户和银行的"双赢"。最后,风险管理与盈利分类指出了商业银行未来业务的发展演化方向,可视为全部二维分类的业务发展趋势。正如前文所提,从上述分类中至少有两种方式可以实现期望产品或梦想产品的转化:一是由机会产品实施风险管理创新而来,主要在于风险监控和管理技术的突破;二是由普通产品实施业务运营创新而来,主要在于日常运营成本的降低和自助服务的广泛使用。

(二) 研究不足

当然,本研究也存在一些不足和局限。首先,我们选取的维度只是所有商业银行业务划分维度中主要的几种,还存在其他可能。事实上,按照二维的两两组合,理论上存在更多的种类。但是,在我们遴选的六个维度中,这三种组合也许是目前应用比较广泛的,可以较好地指导业务实践。但是不排除其他我们还没有考虑到的维度，也可能随着业务的发展和业态的创新，呈现更多的维度和组合，衍生出更多的业务类型。其次，前文我们梳理回顾了商业银行传统和新兴分类的四种一维维度，分别是业务演进与发展、客户服务的对象、流程与风险管理、虚拟与实体金融。随后，二维分类的创新尝试对这四种一维维度进行了重新建构与整合。例如，客户服务的对象融合到服务范式与客户需求、客户体验与经营成本等二维分类之中；流程与风险管理融合到风险管理与业务盈利等二维分类之中；虚拟与实体金融融合到服务范式与客户需求、客户体验与经营成本等二维分类之中。但是，业务演进与发展虽然在服务范式与客户需求、客户体验与经营成本等二维分类之中有一定体现，但并不直观明显，还需要结合上下文来探索和解读。

（三）研究展望

本研究从类型学的视角，选择多种维度，给予商业银行业务另一种解读。事实上，类型的划分从逻辑上是一种创新，但若想真正转化为可应用的实践，还需要进一步完善。例如，参照"管理方格理论"[①] 的模式，给出各类型的划分标准和量化方法，商业银行可以根据这些标准和方法，在分门别类的基础上可将所有业务一一对应进来。当然，这样的研究还有待于实践的数据积累和支持，最终使得每一种类型的边界可以测量，可以赋值，可作为理论研究的模板，还可用于实践。我们相信并期待，不久的将来有感兴趣的学者和实践者能够持续关注这一现象，不断检验和优化业务的类型与划分标准，给予商业银行等金融机构未来的业务发展和业态转型更多的参考和启示。此外，在研究意义中我们提出：服务范式与需求分类可视为全部二维分类的基础，客户体验和成本

---

① 管理方格理论（Management Grid Theory）是研究企业的领导方式及其有效性的理论，倡导用方格图表示和研究领导方式。该理论使用纵轴和横轴各 9 等分的方格图分别表示企业领导者对人和对生产的关心程度，第 1 格表示关心程度最小，第 9 格最大，全图总共 81 个小方格。

分类是服务范式与需求分类进一步演化，可视为全部二维分类的目的，风险管理与盈利分类指出了商业银行未来业务的发展演化方向，可视为全部二维分类的业务发展趋势这一观点仍停留在逻辑思辨阶段，还需要实证或案例研究进一步检验。

参考文献

[1] 蔡宁伟. ATM 外包服务的类型研究 [J]. 保定：金融教学与研究，2013（12）：20-24.

[2] 蔡宁伟. 中国 ATM 外包服务研究 [J]. 北京：中国金融电脑，2012（1）：77-79.

[3] 蔡宁伟. 自动柜员机全生命周期分析 [J]. 北京：金融论坛，2011（12）：113-121.

[4] 蔡宁伟. ATM 的历史、运营状况和发展趋势 [J]. 北京：中国信用卡，2008（11）：45-47.

[5] 胡春燕. 基于信息技术革命的新业态和新模式演化机理及效应 [J]. 上海：上海经济研究，2013（8）：124-130.

[6] 黄书亭. 危机管理的类型学分析 [J]. 北京：科技和产业，2008（9）：78-83.

[7] 雷瑾亮，王海花，王延峰. 融合生态学观点的业态与业态创新兼论与商业模式的比较 [J]. 上海：上海管理科学，2013（6）：50-54.

[8] 李兆锋，牛忠江. 行业协会限制竞争行为的类型学分析[J]. 北京：现代商业，2008（20）：258-259.

[9] 连平. 中资银行组织架构和业务流程改革创新方向探索 [J]. 北京：中国金融，2011（23）：32-34.

[10] 刘晓岚. 让网点成为银行的利润中心 [J]. 长春：现代商业

银行，2007（7）：32-34.

［11］王蕾，闫红伟. 关于类型学中西方研究历史的对比［J］. 太原：山西建筑，2007（2）：11.

［12］吴磊. 零售企业业态选择与企业绩效分析［J］. 武汉：统计与决策，2013（10）：186-188.

［13］熊燕. 中国城市集合住宅类型学研究——以北京市集合住宅类型为例［D］. 武汉：华中科技大学博士论文，2010：7.

［14］Barney, J. B. Firm Resource and Sustained Competitive Advantage［J］. Journal of Management, 1991, 17（1）：99-120.

［15］Barney, J. B. Strategic Factor Markets: Expectations, Luck, and Business Strategy［J］. Management Science, 1986, 32（10）：1231-1241.

［16］Su, Zhongxin, Wright, P. M. The Effective Human Resource Management System in Transitional China: a Hybrid of Commitment and Control Practices［J］. The International Journal of Human Resource Management, 2012, 23（10）：2065-2086.

第十章
ATM 声誉管理

ATM声誉管理是商业银行声誉管理的一部分,又因ATM使用便利、业务量大、客户熟悉、社会关注度高等备受瞩目。本章分析了当前中国ATM客户关系和声誉管理的现状,归纳了ATM客户关系和声誉管理的事件分类,总结了当前中国ATM客户关系和声誉管理存在的四大问题,针对上述薄弱环节,提出四项解决对策。ATM的声誉管理除了商业银行内部的运营管理之外,也不离开ATM设备本身的质量与特征,接下来本章分析了当前中国ATM品牌的现状,总结了当前中国ATM品牌存在的相关问题,针对薄弱环节,提出三项具体解决对策。再进一步的逻辑分析中,我们发现:餐饮业和金融业同属服务业,但两者的业态特征存在一定差异,导致二者在解决客户排队等服务问题的策略和方法上有所不同。前者主要采取提高其他增值服务改善客户体验的方式,后者主要采取增加自助服务渠道创新产品模式的方式。尽管两大业态"殊途同归"地缩短了客户等候时间,提升了服务质量,但客户最终感知到结果却存在较大差异。研究依据海底捞的案例,构建了客户服务的闭循环体系,主要凝练为"客户第一—员工满意—组织扁平—现场支持"的机制,即客户第一的保障在于员工满意、员工满意的支撑在于扁平组织、扁平组织的支点在于现场支持,现场支持的目的在于客户第一。从逻辑上归纳了每项构思的主要措施,尝试给予金融企业以启示,也可给予其他服务企业以借鉴。

第一节　ATM 客户关系和声誉管理

一、客户关系管理概念的提出与影响

早在1984 年，Ives 和 Learmonth 提出了客户生命周期（CRLC）的概念，旨在支持客户生命周期的不同阶段并满足客户的所有需求，被视为 CRM 思想的萌芽。20 世纪90 年代初，最初的 CRM 应用投入使用，如销售队伍自动化（SFA）和客户服务与支持（CSS）。这些基于部门的"独立"解决方案增强了特定的业务流程，却忽略了从整体角度对企业与客户之间关系的思考。20 世纪90 年代中期，Kalakota 和 Whinston 首次提出了电子商务（EC 或 EB）的概念。他们认为电子商务主要包括两种关系：企业和客户的关系（B2C）和企业之间的关系（B2B），这里的关系就是 CRM 研究的着重点；其间，Group 正式提出 CRM 的概念。20 世纪90 年代后期，由于电子商务的需求及其应用的普及，CRM 逐渐发展到了电子 CRM，即 ECRM 或者说电子商务 CRM，即 ECCRM 阶段。

作为新兴的管理概念，大量研究人员及机构都提出了各自的 CRM 定义。Group 提出："CRM 是指通过围绕客户细分来组织企业，鼓励满足客户需要的行为，并实现客户与供应商之间联系等手段，来提高盈利、收入和客户满意度的、遍及整个企业的商业策略。"Romano 认为：CRM 就是"吸引并保持有经济价值的客户，驱逐并消除缺乏经济价值的客户"。Burghard 和 Galimi 定义："CRM 是一个围绕客户需要和需求、重新设计企业及其业务流程的信息技术（IT）驱动的概念，它将一系列方法、软件以及互联网接入能力同企业的以客户为核心的商业战略相结合，致力于盈利、收益和客户满意度的提高"。Osterle 和 Muther 认为 CRM 是指"通过协调、整合，集成企业同客户的所有接触点，整合销售、营销和服务流程，增强企业的获利能力，增加企业的收益。CRM 致力于建立、关怀、开发与重要客户之间的良好个人关系"。Sehulze 等人将 CRM 定义为"一种客户导向的管理方法，它是基于整合了前台营销、销售、服务所有信息的信息系统"。Swift 认为 CRM 是指"企业通过富有意义的沟通，理解并影响客户行为，最终实现提高客户获得、客户保留、客户忠诚和客户创利的目的"。因此，CRM 是一个将客户信息转化成积极的客户关系的反复循环过程。

以上界定各有侧重：Group 的定义强调了商业策略，提法最早；Romano 是从客户关系本质出发，强调了"关系"的经济价值，这是目前学术界较为普遍接受的一种定义；Osterle 和 Muther 则是强调整合客户接触点和前台各流程；Schulze 等人看重 CRM 作为一种管理的方法，强调以信息系统为基础，前后台信息共享；Swift 强调的是管理与客户的关系，特别是共赢的利益关系。综上所述，客户关系管理是企业管理的一个重要方面，银行作为金融企业更应该关注客户关系管理的相关问题。

西方商业银行较早实施客户关系管理，银行实施客户关系管理是金融市场开放、竞争的结果，是银行产品和服务多样化的结果，是信息网络技术日新月异迅猛发展的结果。据调查，在 1998 年全球 500 家大银行中的前 100 家就有 90 家建有 CRM。美国 FIRST AMERICAN 银行按年利息、信用额度和不同的客户种类，将客户细分为 750 个类型，提供个性化的服务，成为全美业务年增长最快的银行。2000 年荷兰银行将客户细分为顶级、重要、核心和大众四类客户群，提供有针对性的差别服务，营业收入增长了一倍以上。

当前，我国银行业总体格局可划分为国开行、进出口、农发行 3 家政策性银行，工、农、中、建、交 5 家国有控股的大型商业银行，12

家股份制银行和 149 家城市银行和城市商业银行，随着社会和经济的迅速发展，中国银行业的经营格局有了根本的转变，国有银行的经营垄断地位逐步被打破。机制灵活的股份制商业银行的诞生，实力雄厚、有着百年商业银行经营管理经验的外资银行的进入使中国银行业的经营体制由 20 年前的以产品为中心，10 年前的以市场为中心转变为现在的以客户为中心，更注重客户关系而非单纯地关心产品。

二、声誉管理的界定与影响

Grahame（2004）在《企业声誉》一文中认为："企业声誉是人们看待某一公司是'好'是'坏'的一种实质性的总体评价。"这一定义表明：首先，企业声誉是人们的一种普遍看法，它取决于人们的总体看法，也就是说，它在很大程度上取决于利益相关者；其次，企业声誉是一种价值判断和道德判断，它与企业的管理伦理密切相关。不过到目前为止，学术界对"企业声誉"的概念尚未作出统一的定义，不同学者从不同的研究角度入手对其加以解释。有关学者将现有的企业声誉界定进行了归纳，大体可以概括为以下几类观点。

（一）企业声誉是由认识和情感两方面组成

Hall（1992）认为，企业声誉是由认识和情感共同组成的，应该把认识和情感两方面结合在一起。Barnett（2000）认为企业声誉是各种经验、印象、信仰、情感和知识相互作用的综合结果，它是一个社会的、集合的、关系的概念，影响广泛。Manfred（2004）拓展了他们对企业声誉的定义，认为企业声誉有认知和情感两个维度。因此，他认为在评估企业声誉时，不仅要评估对企业特征的主观理解，如"成功企业"，"高质量的产品"等，而且要评估这些特征对人的内在影响，如"企业是不成功的，但我就是喜欢它"等。

(二) 企业声誉传达了一个企业的特定信息

Shanley (1990) 认为,企业声誉是公众基于企业在本行业所处的相对位置的信息,其中公众主要利用能够显示企业战略性姿态的市场和会计信号以及能够显示企业遵循社会规范的制度信号。Fombrun 和 Rindova (1996) 指出,企业声誉是企业过去一切行为以及这些行为的结果的体现,这些行为及其结果反映了企业向各类利益相关者提供有价值的产出的能力。他们认为,企业声誉可衡量一个企业在与其内部员工和外部利益相关者的关系中所处的相对地位,以及企业的竞争环境与制度环境。

(三) 企业声誉与利益相关者联系密切

Wartick (1992) 提出,企业声誉是单个利益相关者对于企业感觉的总和,这种感觉主要衡量企业如何响应众多利益相关者的需求和预期。Gotsi 和 Wilson (2001) 提出,企业声誉是随着时间的流逝,利益相关者根据自己的直接经验、有关企业行为及其主要竞争对手的相关信息对企业作出的全面评价。Nakra (2000) 认为,良好的企业声誉有助于企业吸引人才和培养员工的忠诚感,从而有利于企业在竞争中获胜。Roberts 和 Grahame (2002) 还发现,良好的企业声誉有利于企业保持长期的超额利润,企业利润会随着声誉的改善而增加。他们的研究还表明,建立良好的企业声誉能够构筑市场进入壁垒和抵御进入者,从而巩固企业的竞争地位。总之,大部分的学者和管理界人士都认为,企业声誉是一种稀有、有价值、可持续以及难以模仿的无形资产,因而是实现战略性竞争优势的有用工具。良好的声誉有助于降低单位生产成本,良好的企业声誉还能降低企业的资本机会成本。这对于银行等金融企业而言,具有积极的战略意义。因此,我们认为,良好的企业声誉有助于银行的客户关系管理,赢得和保有更多优质的客户;良好的客户关系管理也有利于银行企业声誉的建立，吸引客户和树立更佳完美的企业形象。

三、中国 ATM 客户关系和声誉管理的现状

金融机构特别是银行的经营基础是信用，而信用的外在表现就是一家银行的声誉。声誉好的银行往往具有较高的信用评级，获得广大客户和社会的信任和肯定。反之，一家银行如果出现声誉风险，则会导致挤兑、清算等一系列不良事件的发生，甚至最终走向破产。在银行的声誉管理内容中，客户关系管理又起着"众口铄金、积毁销骨"的基础性作用；二者互为补充，相辅相成。因此，拥有良好的客户基础，维护和谐的客户关系，巩固优质的客户口碑成为银行声誉管理甚至银行经营管理的重头戏。

从影响意义上看，ATM 作为银行的重要业务和交流渠道，其客户关系和声誉管理成为银行经营管理的重要组成。比如，新加坡华侨银行（OCBC Bank）认为 ATM 不仅仅是一台存取款机，而是银行客户服务业务的中心，是发展新客户、维系现有客户并向其销售服务产品的重要渠道。当华侨银行的客户把银行卡插入 ATM 时，屏幕上马上出现一句带有顾客姓名的个性化问候，还可邀请客户到柜台体验新产品。此外，还可根据 ATM 进行目标市场营销活动，通过对客户和企业深入的数据分析，选择恰当的营销策略和推广方式。可以说，以 ATM 为代表的自助设备提高了银行柜台的工作效率，缩短了顾客办理银行柜面业务的等待时间，减少了人工操作可能带来的差错，延长了银行的营业时间，实现了 24 小时全天候服务，密切了金融机构与客户的关系。特别在银行营业网点之外的一些人流密集场所安装了一批离行式 ATM，扩大了银行业机构的服务范围，满足了顾客的基本金融需求。

然而，当前中国 ATM 的客户关系和声誉管理仍处于起步阶段。特别是最近十年，随着 ATM 布设的大幅增加，针对 ATM 的各种犯罪行为

不断增多，作案手段层出不穷，使利用 ATM 犯罪的案件和纠纷不断增加。轰动一时的"许霆案"（2006—2008）、"假钞事件"（2009）、"假 ATM 机案"（2010）将 ATM 业务推向公众和社会关注的焦点，也将相关金融机构推上风口浪尖，ATM 的客户关系和声誉管理成为银行经营管理的难点。虽然，现在已经时过境迁，事态已经逐渐平息，但若让我们回顾这些事件 ATM 客户关系和声誉管理的全过程，不难发现其中仍然存在大量问题，甚至留有相当数量的疑点和盲点，值得相关金融机构总结和深思。

四、中国 ATM 客户关系和声誉管理的事件分类

近年来，涉及 ATM 的纠纷案件频频出现。从发生事件的主客体视角出发，主要有两类事件：一类是 ATM 本身出现故障引起纠纷，源于金融机构内部问题；另一类是不法分子利用 ATM 作案，属于外部盗抢案件。然而，对银行等金融机构而言，无论哪一类问题，都可能引发客户的恐慌、公众的不信任和社会的热点关注。

第一类事件中，近年来主要有以下典型案例。2006 年 4 月 21 日晚，在发现 ATM 出故障，每取 1 000 元卡里才扣 1 元钱之后，陕西籍青年男子许霆先后取款 171 笔，合计 17.5 万元，之后携款潜逃。2007 年 12 月，广州市中级人民法院以盗窃罪一审判处许霆无期徒刑。受害方广州商业银行遭受的损失，已经由 ATM 的生产和维护商赔付。这起案件经报道后，激起法律界人士和民众的大讨论，多数意见认为量刑过重。2007 年 10 月，北京市朝阳区的陈先生在 ATM 取出 1 000 元钱，回家后发现其中一张为假钞，到银行要求赔偿。但因为无法提供证据，只能自认倒霉。重庆市民黄某与陈先生有相似的经历，不同的是他因迁怒 ATM 而获刑。2007 年 8 月 13 日，黄某在 ATM 上取钱后到小卖部买东西，发现取出的 200 元为假钞。他打电话到银行交涉未果，一怒之下砸

坏 ATM 的显示屏及操作键盘，经鉴定，损失为 8 万余元。黄某因故意毁坏财物罪，被重庆市大渡口区人民法院一审判处有期徒刑 4 年。2008 年初，备受关注的 ATM 安全，因许霆案的判决与发回重审，再次引起了全社会的热议。这场热议中，关于 ATM 的安全管理、客户关系管理等问题，成为更深层次的焦点。

第二类事件中，不法分子利用 ATM 作案，多以诈骗、盗抢的方式实施。北京某大学在校生小徐曾经遭遇过一次 ATM 诈骗。当时，他在 ATM 前插入自己的银行卡，结果卡片被吞。他按照 ATM 上方的提示拨通了"银行"电话，并且按照电话那头的指示，将自己的银行卡密码告诉了对方。第二天，小徐到银行柜台领自己被吞的银行卡时，才发现这是一个骗局：ATM 上方的提示是假的，自己卡内的钱款早已被盗取一空。还有一种通过分散取款人注意力的方式进行的犯罪。北京某公司职员涂女士有次在 ATM 取款，取款机刚刚吐出现金，身后的一个少年就示意她东西掉了。涂女士一低头，还未来得及收起的现金便被另一名少年抢走，飞奔而逃。涂女士拔腿追了几步，想起卡还没取出，只能眼睁睁看着抢夺者从视野中消失。2008 年 12 月，南京一储户在 ATM 取款时，被犯罪分子用 MP4 等工具窃取银行卡卡号、密码。随后，又复制假卡从其账户上盗走存款。储户提起诉讼后，南京市鼓楼区法院以未尽保护储户存款安全义务为由，审判令南京某银行全部赔付储户损失。

五、中国 ATM 客户关系和声誉管理的问题

近年来，关于金融机构 ATM 客户关系和声誉管理的事件在各大新闻媒体上频频曝光，给相关金融机构带来了不小的影响。其中，部分金融机构针对这类问题反应迟缓，解答模糊，措施乏力，引起了客户的质疑和公众的不满，也引发了金融业内部的反省与思考。根据公开资料归

纳整理，我们发现中国 ATM 客户关系和声誉管理主要存在以下三类问题。

（一）ATM 应急管理机制缺乏

针对 ATM 客户关系和声誉管理事件的应急管理应该是一个全方面、全流程的管理，也是金融机构业务管理的一个极其重要的环节。然而，不少金融机构淡化甚至忽视应急管理的问题，长期缺乏应急管理的有效机制。结果，一旦出现紧急情况或者案件等问题，不能及时处理，无人准确应答，无法按照流程制定最优解决方案，错失了 24 小时、48 小时的最佳解决时间。有的鸡毛蒜皮的小事件没能及时得到合理有效的控制，任其发展，结果往往很难收拾，在公众和社会中引起强烈的负面反响。如此，一些原本在业务范围内可以控制的事件却转化或者扩大为群体事件甚至案件，严重影响了相关金融机构的声誉。

（二）ATM 服务制度尚不完善

当前由于各金融机构对 ATM 管理尚处于探索阶段，对机器的管理不健全，管理方式单一，采取粗放式经营。尽管金融机构投入了大量的人力和物力，但是 ATM 暂停服务和不开机现象仍较为普遍。一些地区的 ATM 形同虚设，大大影响了机器的使用效率；还有一些地方的 ATM 使用率低下，远远没有实现单机盈利。据统计，在 ATM 发生无法正常对外服务的原因中，70% 是日常维护不够，20% 是硬件损坏，10% 是通信故障。这就是说，尽管有很大的投入，但是由于管理不善，大量 ATM 低效运行。

（三）ATM 服务流程有待优化

值得关注的是，不少金融机构个别的、独立的、割裂的 ATM 服务制度难以形成系统的服务体系。因此，服务流程亟须优化。具体而言，针对吞没卡、假钞等具体业务管理可能存在相应的管理制度和操作规范，但是在其他互有联系、互为补充的制度中，不少金融机构却鲜有涉及。比如，针对自动取款机自身的故障，像吐假钞现象，客户采取怎样的措施应对这类问题，许多金融机构都缺乏必要的规范、说明和建议。事实上，客户如果在自动取款机里取出了疑似假钞，应该站在监控录像前，双手举币示意，然后马上到附近银行鉴定。如事发几天后储户才称取到假钞，举证会非常困难，银行难以确认事件真伪，很难赔付。这样明确的规范，不仅有助于还原事件真相，也有利于客户和银行保护自己的利益，更有利于减轻银行的取证和后续处理等系列工作。

（四）ATM 服务意识仍需加强

ATM 等自助设备的使用意义深远，它提高了银行柜台的工作效率，缩短了顾客办理银行柜面业务的等待时间，减少了人工操作可能带来的差错，延长了银行的营业时间，实现了 24 小时全天候服务，密切了银行业机构与客户的关系。特别在银行营业网点之外的一些人流密集场所安装了一批离行式 ATM，扩大了银行业机构的服务范围，满足了顾客的基本金融需求。但是，ATM 使用的意义并非全部 ATM 的管理人员所理解和掌握，也并非全部 ATM 管理人员都能全天候领会客户的需求。根据相关报道，因 ATM 长短款、吞没卡、涉嫌假钞等事件引起的客户投诉逐年增多。当然，这与支付环境更加复杂、信用卡业务增多、运营维护的成本递增等客观环境也有深刻的联系。

六、中国 ATM 客户关系和声誉管理的对策

综上所述，中国目前 ATM 的客户关系和声誉管理亟待加强。各金融机构应该高度重视相关问题，并积极采取必要的措施改善 ATM 为首

的自助设备服务。我们认为，首先要建立 ATM 应急管理机制，并切实执行；其次，要完善 ATM 服务管理制度，优化 ATM 服务管理流程；再次，要宣讲 ATM 安全防范知识，未雨绸缪；最后，还需要制定针对 ATM 交易的专门法规，逐步完善全国性的信用管理体系。

（一）建立 ATM 应急管理机制

银行等金融机构应安装 ATM 摄像监控设备、防撬窃报警和联网报警系统等安全防范设施，定期实地进行检查，加大 ATM 巡查频率，特别是加大 ATM 夜间巡查力度，及时发现并清除安全隐患。实行现场巡查与非现场录像检查相结合、重点部位检查和运行安全普查相结合的外部风险防范制度。对日间营业的 ATM，每日营业前应检查插卡口、出钞口、键盘、吞没卡回收箱等部位，坚持日常调阅监控录像等非现场检查制度；对离行式 24 小时服务的 ATM，应当随加装钞重点检查插卡口或出钞口、自助银行门禁、周边设施等风险易发部位，妥善保管 ATM 监控录像、巡检抽查记录等资料，并做好监测维护记录。一旦发现伪卡，空白吞没卡立即报告上级管理部门，并向当地公安机关报案。针对当前银行卡犯罪呈现职业化、智能化、国际化的趋势和特点，特别要建立应急管理机制和跨部门防控机制。行政机构、司法部门、金融机构要制定统一的联动制度，全面分析，密切配合；出现应急事件第一时间及时解决，才能将事态尽量控制在最小，才能有效管理客户关系和声誉风险。

（二）完善 ATM 服务管理模式

目前，ATM 的管理方式有集中式管理和分散式管理两种模式。集中式管理由于有专人对 ATM 进行管理，责任明确，有利于维护人员技术的积累和提高，从而降低 ATM 的故障率。但是，这种方式受地域的限制，不能对距离较远或交通不便地区的 ATM 经常进行加钞和维护，同时还需增加相应专业人员和机构。分散式管理可以不受地域限制，利用现有人员进行管理，但是由于管理人员责任不明确和业务水平参差不齐，将会提高 ATM 的故障率，而且该方式对于周围无储蓄机构的情况也难以进行。由于这两种管理模式各有利弊，所以在管理中需要根据各台 ATM 的实际情况，采取相应的管理方式，降低维护成本，保证正常运营。同时，可探索建立 ATM 交易风险准备金制度、ATM 投保制度等，不断健全 ATM 的业务和服务管理模式，减少因机器故障而停机的现象，增加 ATM 使用效能。

（三）宣讲 ATM 安全防范知识

首先，作为银行卡和相关业务的重要受理渠道，全社会对银行卡等金融知识的了解和掌握，是 ATM 发展的重要环节。因此，政府和各家发卡银行均有义务推动这项工作。可以通过报纸、广播、电视等新闻媒介，以及知识问答、宣传月等活动形式加强对全社会用卡知识的普及。其次，银行应当通过多种方式和途径，积极引导客户提高用卡安全防范意识，提示客户在进入自助银行、使用 ATM 时应提高警惕，避免以任何方式泄露个人信息或向不明账户转账。例如，提醒客户熟记银行卡卡号和相关信息，以便卡片丢失后及时通过电话自助挂失；尽量选择处于相对安全环境的 ATM 取款，在银行下班后、夜间或凌晨使用 ATM 时应格外提高警惕。再如，引导客户定制账户余额变动短信提醒服务，及时了解账户资金变动情况，避免和减少欺诈损失；在使用自助设备前，提示客户应先观察自助设备上有无可疑的附加装置，并提示任何 ATM 外的告示均非本行行为；注意银行通过网点、网站媒体、ATM 屏幕等正常渠道公布的统一客户服务电话，一旦有吞钞、吞卡等不正常事件发生，应拨打设备所属银行统一客户服务电话寻求帮助。银行应让客户知道，在任何情况下银行或警方均不会要求持卡人提供银行卡密码或向来历不明的账户转账。客户如遇此类要求，应首先应怀疑其身份的真实性，并及时通过正规渠道报警。防止因轻信对方而上当受骗，造成自身财产的损失。最后，金融机构对日常检查中发现ATM上张贴的小广告、非法告示及虚假电话号码等应立即清除，为持卡人创造安全的用卡环境，避免给不法分子实施犯罪留下可乘之机。

（四）制定ATM交易专门法规

我国《中华人民共和国合同法》并没有设立储蓄合同类型，故储蓄合同属于《中华人民共和国合同法》上的无名合同。储蓄合同的主要义务是给付义务，即存款人通过储蓄合同向储蓄机构交付存款所有权而获得债权。附随义务是从诚实信用原则中产生的义务，《中华人民共和国合同法》第六十条规定：当事人应当遵循诚实信用原则，根据合同的性质、目的和交易习惯履行通知、协助、保密等义务。银行附随义务履行的如何需要法官结合具体个案认定。因此，目前一般状况下，银行与储户之间是储蓄合同关系。《商业银行法》也规定商业银行应当保障存款人的合法权益不被任何单位和个人侵犯。依据过错推定原则，银行要确保银行卡储户的资金安全。在储户没有过错的情况下资金被人盗取，银行要承担全部责任。值得关注的是，ATM自助服务同传统的柜台服务区别较大，在交易规则、交易合同的有效性、交易双方权责及消费者权益保护等方面，与传统银行业务相比更加复杂。纠纷发生后，各主体提供的证据是否全面、是否具有足够的证明，都能影响具体责任的认定。相应法律法规空白的存在，很容易产生擦边球现象，一旦产生纠纷很难解决。因此，国家应制定针对ATM交易的专门法规，或由司法机关适时颁布司法解释或有指导意义的银行司法判例，为各地司法机关统一审判尺度，规范市场行为，引导舆论动向。

第二节　ATM 品牌发展对策与对标

一、中国 ATM 品牌的现状

从类型上看，自助设备（Auto Machine）分为自动柜员机（即 ATM）、自助终端（Bank Self – service Machine，BSM）等。根据我们的统计，目前 ATM 在用品牌主要有 20 种。其中，国外品牌 16 种，在种类和数量上均占有绝对优势，分别是：NCR、Diebold（迪堡）、Hitachi（日立）、OKI（冲电器）、BULL、DEC、Fujitsu（富士通）、IBM、Olivetti（好利获得）、SIEMENS（西门子）、SMI、Triton（粹通）、Wincor、Nixdorf（德利多富）、KEBA（科堡）、KAL（卡尔）；国内品牌 4 种，分别是：广电运通、怡化（YH）、东方通信（EASTCOM）中钞科堡。

自 1986 年中国银行珠海分行第一次在中国大陆引进 ATM，并于 1987 年 2 月正式投入使用以来，中国大陆的 ATM 使用已经接近 30 年，中国 ATM 等自助设备的发展潜力巨大。其中，存在相当程度的涉及品牌的运营、故障、维护、业务、制度、流程、培训、安全等问题，值得相关金融机构总结和深思。

二、中国 ATM 品牌的问题

在用 ATM 品牌和型号较多，给业务运营和技术维护都带来了很大的难度。不同品牌、型号 ATM 的性能差异较大，对气候等客观条件的适应能力不同，且不同制造厂商在不同地区的维护能力也存在差异。部分品牌的 ATM 存在设计缺陷，容易导致安全隐患。调研发现，NCR、日立等品牌的 ATM 运营故障较少，运营成本较低；而个别 ATM 品牌运营故障相对较多，致使在日常运营维护中需要投入较大的人力、物力，影响 ATM 的服务质量和服务效率。

表 10-1　　某四大品牌 ATM 性能使用维护对标

对标点	A	B	C	D
钞箱结构	1. 现钞传送与钞箱分离，钞箱结构简单轻便，易搬运，适用更换钞箱法； 2. 钞箱上无锁具，能够在不开启箱盖的情况下，从钞箱前端将钞箱内的现金取出，而不损坏钞箱完整性；无法做到供钞与装卸钞人员的分离； 3. 废钞箱不能封闭	1. 现钞传送与钞箱为一体，钞箱内有现钞传送设置，结构复杂，较重，不适用更换钞箱法； 2. 钞箱上有锁具，使用通用钥匙，只有用钥匙开锁后，才能开启钞箱接触现金	1. 现钞传送与钞箱分离，钞箱结构简单轻便，易于搬运，但易损坏，适用于更换钞箱法； 2. 钞箱上有锁具，没有锁孔，使用通用钥匙； 3. 钞箱内部结构通过宽度和高度控制钞票摆放，废钞箱用隔离机构将回收钞和废钞分开	1. 现钞传送与钞箱为一体，钞箱内有现钞传送设置，钞箱结构复杂，较重，提手在钞箱的正上方，长期使用易损坏，钞箱成本高不适宜更换钞箱法； 2. 钞箱上有锁具，没有锁孔，使用通用钥匙； 3. 钞箱可实现出入钞循环。出入钞速度快
现钞处理	采用真空吸钞技术，吸钞干为塑料吸盘，现金处理量大或环境温度较高时，容易损坏，影响现金处理	采用搓轮式现金处理，类似点钞机，容易出现卡钞	1. 采用搓轮式现金处理，类似点钞机，出钞速度快，但容易出现卡钞及出钞不正确； 2. 废钞箱回收钞券张数无专置记数装置，造成轧账困难； 3. 由于静电等原因容易产生短款	1. 采用搓轮式现金处理，类似点钞机，速度快； 2. 主要在客户存钞时，容易出现卡钞，造成长款
内部结构	1. 现金处理模块在保险柜内，如遇现金处理故障，必须开启保险柜； 2. 现金安全有保障，但是发生卡钞等现金处理故障时，必须由钥匙密码管理人员到场，维护效率较低	1. 现金处理模块不在保险柜内，只要开启上箱体电子柜即可打开现金处理模块； 2. 发生卡钞等现金处理模块不需要装钞人员开启保险柜； 3. 保管电子柜钥匙的人员能够接触被卡现钞，存在安全隐患	1. 现金处理模块在保险柜内，如遇现金处理故障，必须开启保险柜； 2. 现金安全有保障，但是发生卡钞等现金处理故障时，必须由钥匙密码管理人员到场，维护效率较低	1. 现金处理模块不在保险柜内，只要开启上箱体电子柜即可打开现金处理模块； 2. 发生卡钞等现金处理模块不需要装钞人员开启保险柜； 3. 保管电子柜钥匙的人员能够接触被卡现钞，存在安全隐患

续表

对标点	A	B	C	D
检修维护	卡钞部位少，维护较容易	易卡钞部位有27个，检修维护难度较大	卡钞部位少，维护较容易	1. 卡钞部位多，检修维护难度较大； 2. 故障代码分类多，原因容易判断
验钞功能	取款机无验钞功能	有验钞模块	取款机无验钞功能	有验钞模块，存取款都须经过验钞
其他功能	采用前装卸钞模式，适用大堂式	暂无	1. 采用后装卸钞模式，适用穿墙式； 2. 流水凭条较小，装纸较难； 3. 凭条打印机噪音较大； 4. 故障较多，有短款现象，长款较频繁； 5. 机型瘦小，容易安置	1. 装纸容易； 2. 具备语音功能（目前程序未支持），便于储户操作； 3. 机型体积较大，面积占用多

三、中国ATM品牌的对策

综上所述，随着商业银行ATM等自助设备业务的发展，对ATM的品牌管理提出了更高的要求。对不同品牌的ATM，需要从运营管理、客户响应、维护保障三个方面，用差错管理、制度建设、故障跟踪等九种方式加以解决。

（一）建立高效的ATM运营管理体制

1. 全面集中管理自动柜员机差错

在数据共享的基础上，提高差错管理级次，由二级分行以上机构（含）集中城区及郊县自动柜员机差错管理，减少网点压力，实现差错查找、处理的专业化，提高差错处理速度，提升核算质量。

2. 编写标准化的业务操作指南

可以融合业务制度与系统流程的要求，编写覆盖自动柜员机全流程的《自动柜员机业务操作规程》、《自动柜员机（ATM）业务操作速查手册》和教学视频，规范业务处理，同时，可以编写《自动柜员机（ATM）差错确认处理操作指引》等业务操作手册，快速指引差错业务操作。

3. 实施"集中+分散"的日常维护管理模式

科学划分网点及中心日常维护职责，实施"集中+分散"的日常维护管理模式，通过"网点一线维护、中心二线维护"的方式，充分调动网点资源，快速处理营业工作时间内因缺纸、卡钞、吞钞、吞卡等原因引发的故障问题及客户投诉，提高客户服务效率。

（二）建立高效的ATM客户响应机制

1. 建立快速响应机制

建立快速服务通道，规范故障处理、投诉服务流程，以尽可能短的时间恢复故障设备。营业时间采用一线维护方式解决客户吞没卡、卡钞等应急业务处理；非营业时间通过与商业银行核心系统的联动、手机短信、电子客户投诉受理单等多种形式及时受理客户投诉。

2. 建立客户投诉应答指引

可以根据运营实际，推出一套标准的针对自动柜员机运营等相关业务的应答规范，以保障客户投诉可以及时、顺利得到解决，合理控制自助设备运营相关的声誉风险。

3. 建立典型客户事件操作指引

收集客户可能遇到的自动柜员机典型故障事例，加强客户宣传，向客户提供相应的应对之策，引导客户妥善解决自动柜员机意外故障。

（三）建立高效的ATM维护保障机制

1. 按地域整合维保服务模式

鉴于同一地域自动柜员机不同品牌、型号难以维护的现状，建议按地域整合维保公司服务，由一家公司负责本地区多个品牌自动柜员机的统一维护，同时，加强对维保公司考核监督，按季度对维保公司维护效果、响应速度进行考评，考评结果及时反馈，通过考评督促维保公司响应速度及维护质量。

2. 预防式故障排除管理模式

预防式故障排除类似于汽车业的定期保养服务，强调"以保养促进维护"的服务理念。依据对故障事件相关数据的分析，了解主要故障种类，预测故障发展趋势，有针对性地进行预防式故障排除检查，防患于未然，有效降低设备故障率。

3. 实现单机故障情况的持续管理

提供完善的故障提示、通知、处理、解决、跟踪、效果等过程管理，对异常账务、故障预警、故障频率、故障类型、排障时效、客户投诉进行连续统计分析，改变对自助设备管理和维护工作中的被动状况。

第三节　服务良性循环体系的建构

一、餐饮和金融业解决排队的差异

餐饮业和金融业归根到底都属于服务业，归属第三产业，但两者的业态特征存在一定差异，前者具有快速消费的特征，后者具有长期风险管理的特征。21世纪初，在餐饮业和金融业两个不同业态之间产生了一些相似的问题，其中最具代表性的就是客户排队问题，广为社会关注（蔡宁伟，2008）。有的地区由于客户等候人数较多、排队时间较长、业务办理缓慢，一度颇受诟病、备受质疑。针对这一突出问题，餐饮业和金融业纷纷结合自身特征积极寻求解决之道。

从随后几年的实践分析与提炼，我们观察到：由于各自业态特征的差异，餐饮和金融两大业态在解决这一问题的策略和方法上也有所不同。餐饮业主要采取了提高其他增值服务改善客户体验的方式，如提供美甲、擦鞋、电子游戏、棋牌、水果、小吃、饮料、上网、电视观赛等综合性免费服务（柳卸林、徐晓丹，2014），变相缩短客户感知到的等候时间，缓解客户等候的无聊和烦躁情绪，主动节约客户的等待成本。金融业主要采取了增加自助服务渠道创新产品模式的方式，如利用自助设备、网上银行、手机银行、微信银行等渠道提前分流业务，减少客户来银行网点办理业务的需要，进而减少营业网点排队的可能性。当然，银行等金融机构还采取了其他配套或辅助措施不断创新，如改善网点劳动组合、延长营业时间、采取远程授权、实施集约运营等，其根本目的在于提高业务操作效率，进而提升客户服务质量，使客户满意度和忠诚度保持在较高水平。客观地讲，两大业态都取得了一定成效，客户排队时间大幅缩短。

虽然两大业态在减少客户等候的措施上"殊途同归"，都达到了缩短客户等待时间、改善的目的，但客户最终感知到结果却存在较大的差异。对于银行服务水平的质疑仍然不绝于耳，而对于可能需要等候更长时间的餐饮业却鲜有指责，这种客户感知显著影响客户满意和客户保留（程丽娟、王晶，2013），如服务的敏捷性（Agility）等。有的知名餐馆即便要排队等候一个多小时，客户也趋之若鹜、络绎不绝，甚至有的挥之不去——打烊了赶也赶不走、等了很久还说好。在大众点评网上，很多顾客即便等候已久，依然对海底捞的贴心服务"受宠若惊"，纷纷感慨"终于找到了做上帝的感觉"（黄铁鹰，2011）。这种客户体验的巨大反差，值得我们总结和反思。那么，同为服务业，餐饮业有哪些好的经验和措施值得金融业借鉴？快速消费行业有哪些对策值得银行业学习？是否可以根据优秀企业的经验构建客户服务的良性循环体系？本节接下来尝试以餐饮业中的优秀代表——海底捞为例，对标商业银行的实际情况加以阐述和讨论。

二、服务理念的核心在于客户第一

之所以选择海底捞，是因为它作为连锁餐饮企业自诞生以来，就刮起了一阵"服务至上、客户第一"的旋风，广受客户好评，树立了良好的口碑，至今不衰。对第三产业也就是服务业而言，客户第一、客户至上的服务理念并非"虚话"，也并非口号，而是需要真正以客户为中心，打造服务至上的文化。那么，海底捞在服务理念上有哪些好的实践？

首先，对待客户的理念和态度决定了服务业态的定位和发展。从事关业态存亡的根本出发，无论餐饮业还是金融业，客户第一必须真真正正落到实处，否则会失去服务行业的生存基础。这是服务业的业态属性所决定的，拒绝客户就是慢性自杀、就是自我戕害。其次，对待客户的理念和态度取决于服务业态的竞争环境。截至目前，中国的服务业竞争比较充分，除了电信、自来水等事关国计民生的基础行业存在一定程度的垄断或寡头竞争外，餐饮、金融等其他服务行业基本完全放开。除了海底捞，客户还可以选择陈阿婆、小肥羊、皇城老妈、金山城等等；除了工商银行，客户还可以选择建设银行、招商银行、邮政储蓄银行、民生银行、包商银行等等。最后，对待客户的理念和态度还取决于客户的服务需求和体验。从企业内部来看，源自服务企业本身的完善有助于服务水平的提升；从企业外部来看，源自客户的要求和鞭策也有助于服务质量的改善。因此，越是要求苛刻的顾客、越是差异化较大的客户对企业服务的考验越大、对企业服务的改进越有帮助。

综上所述，服务源自一线，服务来自基层，服务的要领在于与客户日复一日、年复一年的交流与改变。海底捞的服务也来自实战前沿，其中三点值得金融企业特别是银行业借鉴。第一，客户第一的服务位置永远不能改变。在这一理念的指导下，海底捞建立并完善了服务和质量评价体系，引导全体雇员为了共同的愿景而努力。值得注意的是，这与某些金融企业营业机构在实际服务中偏好财富第一、领导第一、权力第一、熟人第一、地位第一、身份第一、关系第一、资源第一等取向截然不同，客户责无旁贷地取代了上述主体成为唯一。第二，客户第一的服务体现为客户无差别。在银行业中，客户分级已经成为惯例，不同级别、星级的客户享受差异化的服务。作为盈利企业，银行的做法本无可厚非，这是建立在客户识别的基础上服务效率与质量的平衡。然而，这种差异化的分级容易给客户带来"被挑选"以致或"低人一等"或"高人一头"的体验，导致无论客户级别高低都会存在一定的心理压力："低人一等"的容易感觉不被重视，有的遇到问题一般归咎银行不负责任；"高人一头"的容易感觉理所当然，有的遇到瑕疵往往把小事上纲上线。值得注意的是，海底捞对所有客户均一视同仁，除非客户预约在先，否则都会享受全部一致的服务。当然，海底捞也有所差异，如客户可以按照就餐人数分大桌、小桌双线排队，并在力所能及的情况下给予一些时间紧张、排队敏感的客户更多的帮助和关怀。第三，客户第一的服务落脚在满足个性化差异。海底捞一度被称为"变态服务"，这并非贬义，而是赞扬其服务水平达到了无以复加的地步。比如，除了上文提到的等候服务之外，海底捞还可以为暂时离开的客户代玩游戏，免除紧张时刻的后顾之忧；餐厅设有"电话亭"，客户可在就餐期间享受免费通话；现场有抻面表演，既饱口服又饱眼福；京沪餐厅的部分包间还设有视频会议功能，同时满足异地客户"边吃边谈"的深层需要；海底捞还可以送外卖，客户在家享用后服务人员还负责清理和回收垃圾。这种换位思考的服务理念已经深入每一位海底捞员工的心底，最终养成一种良好的客户服务心态和职业习惯。

三、客户第一的保障在于员工满意

那么,如何保障客户第一的服务理念?如何保持良好的客户服务心态和习惯?这是所有企业,无论第一、第二或者第三产业共同关注的问题。其中,又以服务业为代表的第三产业最为关切。

首先,必须认识到员工是客户服务的主体。事实上,无论餐饮业还是金融业,员工一直是客户服务的主体。近年来,餐饮业和金融业的服务范围逐步从线下延伸到线上,例如,餐饮业在网上开展的快递和团购业务,金融业的网上银行、手机银行等业务广为客户使用。即便如此,线上业务遇到问题仍然需要员工加以解决,只是从以前的面对面变成了电话、邮件或网上留言,员工依然与客户休戚相关。其次,必须认识到有满意的员工才能有满意的客户。由上不难看出,客户的体验很大程度上来自与之服务的员工,常常将员工个体的服务感知上升到对员工所在企业的组织体验。哈佛大学的调查研究表明,员工满意度和顾客满意度密切相关:员工满意度每提高5%,顾客满意度会相应提升11.9%,企业效益也会提升2.5%(衡虹、何丽峰,2013)。那么,如何确保员工服务的态度和行为呢?可以推断,与客户一样,员工也需要一种公平、轻松、互信的环境,也需要被人理解特别是被组织理解;可以推论,与客户类似,面对客户的前台员工需要后台员工的支持,他们是企业的"内部客户",只有他们满意,才能对"外部客户"也就是企业的客户作出满意的回应与反馈。最后,只有不断保障员工满意才能维系良好的服务。那么,如何维持员工较高的满意度,促进员工不断努力付出呢?国外的激励理论给予我们很好的启示,企业在成长,员工也在成长,企业追求更高的目标,员工也会设立自己的期望。因此,只有在保障员工基本生活条件的基础上,设立良好的机制充分调动员工的积极性、主动性和创造性,让其通过存续劳动和人力资本积累来不断满足更高层次的需求，才能实现企业与员工的双赢。

综上所述，客户第一的保障在于员工满意，只有满意的员工才能实现更多客户的满意。对此，海底捞有着比较丰富的理解和实践。第一，严格区分员工的保健和激励两项因素。根据赫茨伯格的"激励—保健"双因素理论，两类因素的保障功能完全不同，保健因素主要起着基本支持的作用，而激励因素主要起着促进提升的作用（蔡宁伟、张丽华，2013）。因此，这两类因素的作用和影响截然不同。第二，给予员工全方面的生存和生活保障。海底捞对于员工保健因素的支持是全方位的，不仅提供非地下室的两室一厅住宿条件，而且还安装了电脑、网络、空调等设施，且住宿地点一般距离门店在步行20分钟以内。除此之外，还提供员工被罩和工作服的外包干洗服务，公司直接寄送父母养老补贴、子女上学津贴等福利，甚至建有专门的员工子女寄宿学校（清华大学经济管理学院零售管理课程班，2010），给予员工足够、全面的保障，让他们享有有尊严和品质的生活，可以全身心地投入工作。第三，明确员工公开公平的晋升途径通道。除了基本的生活保障之外，海底捞的竞争性薪酬和晋升不容小觑。其基本工资超过行业平均水平10%（清华大学经济管理学院零售管理课程班，2010），作为一种动态的薪酬体系；此外还可根据门店和员工的业绩保有一定比例的奖金，作为一种弹性的激励机制；门店经理、区域经理等职位面向每一位员工，达到一定标准即可晋级，作为一种公开的发展通道。试想，在这样全面的保障体系和透明的激励机制之下，有多少员工还会感到不满？

四、员工满意的支撑在于扁平化组织

实践证明，海底捞的员工流动率一直保持在10%的较低水平，而中国餐饮业的平均流动率高达28.6%。甚至服务一年以上的门店店长离职，海底捞还会组织送上8万元的"嫁妆"。董事长张勇甚至承诺：

海底捞小区经理离职,"嫁妆"达到20万元;大区经理离职,"嫁妆"为一间火锅店,市值约800万元;而且出去了如果不喜欢,还可以再回来(焦晶,2011)。这种企业的气度和领导的胸怀让人敬佩。那么,是什么主要原因持续支持员工保持较高的满意度呢?在研究领域,这类支持一般统称为"组织支持"或"组织支持感",后者即"员工感受到的组织支持"(Eisenberger、Huntington、Hutchison andSowa,1986),其中组织结构的设计与运作起到非常重要的作用,海底捞的组织支持已经被学者关注(徐细雄、淦未宇,2011)。

首先,什么样的组织结构决定了什么样的组织绩效。上述定义源自产业组织理论中的"SCP范式"(Mason,1939;Stigler,1964),即"结构—行为—绩效"分析框架。战略结构理论学派也认为"结构决定绩效"或者"结构决定产出"。在组织管理实践中,上述观点得到了广泛的应用。例如,传统科层式组织特别适用于政府等行政机构,满足其层级制度要求较高的工作和审批需要;矩阵型组织、事业部组织则更适合于多元化、国际化的企业,满足其多条产品线、业务线或区域线的经营管理要求。其次,服务业的特征决定了对扁平化组织的需要。扁平化组织更适合于与客户联系密切的服务业,无论餐饮业还是金融业,其特征在于既追求服务结果又强调客户体验。其中,结果导向的服务追求服务效率和质量,过程体验的服务重在服务感受和个性化。不难看出,扁平化组织结果由于其层级较少,更容易也更便捷地将一线的服务情况传达到企业高层,同理企业高层的反馈和要求也更利于一线改进和执行。最后,扁平化组织的应用在服务企业中应有针对性。那么,是不是所有的服务企业都应该采取扁平化组织的设计?我们认为,具体问题需要具体分析,需要结合企业的内部情境、外部环境、服务对象和组织架构等通盘考虑。但不可否认的是扁平化组织在服务业中已经是大势所趋。

那么,如何体现扁平化组织在服务企业中的针对性呢?结合海底捞的案例,有以下三个方面值得我们关注,也值得金融企业借鉴。第一,扁平化组织的应用重在前台。所谓前台，即直接面对和服务客户的业务类型和组织机构，如火锅门店。由于前台与客户直接打交道，客户对海底捞企业和整体组织的感受几乎全部来源于前台服务，因此强调前台的扁平、灵活与便捷尤为重要。扁平化的组织机构无须层层汇报，节约了沟通的时间，出现意外和重大问题一般由店长直接处理。第二，中后台更适合集约化管理。所谓中台，即间接参与和支持客户服务，主要用于进行风险管理、内部控制的业务类型和组织机构，如办公室、财务会计、大宗采购等。所谓后台，即间接参与和支持客户服务，主要用于进行运营保障、服务支持的业务类型，是前台业务的有力支撑，如物流管理、人力资源管理、安全保卫等。当海底捞逐步成长为全国性的餐饮连锁企业之后，中后台的集约化管理要求逐步凸显。由此，海底捞专门成立了物流公司、配送中心和生产基地，从而大幅降低中后台的运营成本，充分把握日常食品供应链的安全与畅通。第三，职能部门和顾问团队不容忽视。在海底捞的具体实践中，中后台集约运营意指其管理模式，而其组织架构依然采取了科层制的传统模式。需要解释的一点是，我们前面强调扁平化组织结构的优势并非证明科层制的落后或者过时，事实上无论扁平化组织或者层级组织的结构都是有利有弊。海底捞在职能部门中采取科层制的传统组织结构，使职能边界更加明确、决策更为妥帖全面、监督管理更为严格，虽然较之前台需要花费更长的时间周期，但变相实现了效益效率与风险管理的平衡。此外，我们还观察到一些服务行业上市公司拥有专门的顾问团队作为智库，如战略委员会、薪酬委员会、雇佣关系委员会，这类组织也适用于职能制模式，采取传统的科层制架构。当然，由于上述委员会一般直接向董事会或者董事长、CEO负责，因此它们实际也具有扁平化组织结构的优势。

五、扁平化组织的支点在于现场支持

那么，扁平化组织又是如何落脚到一线员工、将高层的决策落实到

客户服务中去的呢？我们观察到，扁平化组织的支点在于现场支持。所谓支点，就是落脚点，也是我们俗称的"抓手"。

首先，客户的服务体验基本源自现场支持。这里的现场支持不仅包括物理实体内的服务，如餐饮业的门店、金融业的网点，也包括网上的服务渠道。即便是虚拟的线上服务，也存在现场，也有客户感受。只是这种虚拟服务的感受一般比较趋同，因为客户面对的服务内容、操作要求基本一致，从而没有真正的实体入场、在场或者当场服务体验那么差异和深刻。其次，现场支持的核心在于一线服务人员。这与我们前文论述客户第一的保障在于员工满意，必须认识到员工是客户服务的主体等表述相一致。可以认为，一线服务人员既是对外服务的窗口，也是对内管理的抓手，这是一体的两面。高层的决策、企业的制度、管理的要求和对客户的服务都集中体现在现场或一线服务员工一个人身上。所以，毫不夸张地说，现场服务人员就是服务企业的代表。最后，用好一线服务人员需要强有力的组织支持。这里所说的组织不仅是组织结构的设计，更在于现场的管理和人员安排。比如，每一位服务人员都应该明确自己的职责和任务，明确工作的目的，明确服务的对象，这体现了服务企业中专业化的分工日趋严格。同时，每一位服务人员也应该明确应急服务的解决办法、报告对象、协助同事与处理流程，这体现了服务业中的团队合作。

除此之外，海底捞的现场服务还有三项亮点值得金融业借鉴。第一，现场服务的要式在于充分授权。前文提到，现场管理需要组织支持，需要明确岗位的职责。海底捞在这个方面有一项重要创新：给予每一个服务人员以绝对授权。例如，门店服务人员享有客户用餐的"免单权"，这一单可能是几百元，也可能是上千元，主要针对服务中的操作失误而全权处理，这是金融企业不可比拟的。以银行为例，由于其风险管理和内部控制要求，银行网点的柜员、大堂经理往往无额度授权，甚至零额度授权，如需要处理百元左右的差错就需要向上级授权。我们在此并不深入探讨两类企业的特征，单从客户体验而言，二者的差异比较显著。在海底捞，客户遇到服务问题而享受免单，既体现了企业的重视和尊重，又享受到了服务的高效与人性，与客户逐步建立起一种高度的互信和互动关系；但在银行，客户遇到这类问题可能不会得到很好的体验。第二，充分授权的反馈在于快速改进。那么，充分授权的目的在于什么？仅仅是为了解决问题、满足客户现场要求么？显然不止于此，遇到这类问题还需要不断总结分析，必要地还应及时整改。这是一种快速"发现—处理—总结—分析—改进—解决—反馈"的机制，体现为企业服务的敏捷性（郑晓明、丁玲、欧阳桃花，2012）。第三，快速改进的目的在于客户第一。快速改进的结果是要完善和解决，这种解决正是基于前述问题的发现和分析。而针对问题的改进很大程度上并不是对此前机制的完全改造和颠覆，而是微改动、微完善、微创新，从而达到不断自我超越、更好服务客户的目的。例如，海底捞设有"金点子排行榜"，董事长要求每个员工每月都要提出服务点子，采用就有物质奖励。这让海底捞涌现出了上百项耳目一新的新兴服务，如吃火锅的加长筷子，洗手间提供洗漱用品和护肤霜等（柳卸林、徐晓丹，2014）。

六、构建客户服务的良性循环体系

客户服务一直都是服务企业关注的问题，也是餐饮企业和金融企业生存发展的要旨。那么，是否可以借鉴海底捞的经验总结客户服务的经营管理模式？是否可以根据海底捞等优秀餐饮企业的经验构建客户服务的良性循环体系？

本节尝试提出了四大服务构念。一是服务理念的核心在于客户第一。原因在于对待客户的理念和态度决定了服务业态的定位和发展；对待客户的理念和态度取决于服务业态的竞争环境；对待客户的理念和态度还取决于客户的服务需求和体验。因此，客户第一的服务位置永远不能改变;客户第一的服务体现为客户无差别,即提供服务体验无差别的客户服务;客户第一的服务落脚在满足个性化差异。二是客户第一的保障在于员工满意。原因在于必须认识到员工是客户服务的主体;必须认识到有满意的员工才能有满意的客户;只有不断保障员工满意才能维系良好的服务。因此,要严格区分员工的保健和激励两项因素,给予员工全方面的生存和生活保障,明确员工公开公平的晋升途径通道。三是员工满意的支撑在于扁平化组织。原因在于什么样的组织结构决定了什么样的组织绩效;服务业的特征决定了对扁平化组织的需要;扁平化组织的应用在服务企业中应有针对性。因此在服务企业具体应用中,扁平化组织的应用重在前台;中后台更适合集约化管理;职能部门和顾问团队不容忽视。四是扁平化组织的支点在于现场支持。原因在于客户的服务体验基本源自现场支持;现场支持的核心在于一线服务人员;用好一线服务人员需要强有力的组织支持。因此,现场服务的要式在于充分授权,充分授权的反馈在于快速改进,快速改进的目的在于客户第一。

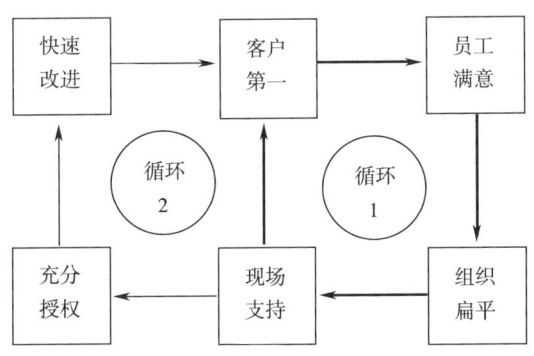

图 10 - 1　海底捞完善服务的双重良性循环机制

美国管理学家罗宾斯(2005)提出了"价值观—态度—行为"模式,解释了价值观对行为的指导与影响。与之类似,服务企业的优秀服务行为的树立、延续和改进也需要有一个从认知到理解,从理解到行为,从行为到习惯的转变过程,而且这一过程最好可以不断重复,从而达到持续改进的目的。本节以海底捞为例,发掘出"树立客户第一的服务理念—持续保障员工满意—构建扁平化的服务组织—建立充分授权和快速改进的现场服务"的良性循环机制，这一机制具体可以分为两个闭循环的展示。其中，粗箭头循环为主要机制，精练地展示了"客户第一——员工满意—扁平组织—现场支持"的第一闭环机制，即客户第一的保障在于员工满意、员工满意的支撑在于扁平组织、扁平组织的支点在于现场支持，现场支持的目的在于客户第一。细箭头循环增加了对现场支持的进一步拓展和对现场支持的细化，详细地展示了"客户第一——员工满意—扁平组织—现场支持—充分授权—快速改进"的第二闭环机制；即客户第一的保障在于员工满意，员工满意的支撑在于扁平组织，扁平组织的支点在于现场支持，现场支持的要式在于充分授权，充分授权的反馈在于快速改进，快速改进的目的在于客户第一。

综上所述，服务企业如何改进服务、保证服务、持续服务是业态关心的一个永恒话题。通过海底捞的案例，可以看出服务企业只有明确了目的，并就此建构了与之对应的组织结构，给予一线服务人员足够的帮助和支持，并充分理解和运用服务的及时改进，从而在企业内部形成了一种力争上游、不断创新的良性机制与氛围。目前，从服务业态来看，一些服务类企业之所以没有达到预期的目标和绩效，关键在于没有完全打通这一循环，甚至没有达到循环内每项构思的基本要求。例如，有的企业服务目标并不明确，也不统一；有的企业中大部分员工并不满意，得过且过；有的企业还没有完全转变成与业态需要相适应的组织结构，亟须彻底改革；有的企业与员工互不信任，更不要说现场授权或充分授权；还有的企业沉浸在现阶段的巅峰或辉煌之中，来不及考虑经济周期或产业周期的波动和趋向低谷的未来态势。我们希望这一总结和发现能够给予金融企业更多的启示，也可给予其他服务企业更多的借鉴，从而达到追求卓越、自我超越、精益求精，最终实现企业基业常青的愿望远景。

参考文献

[1] 白龙. ATM 何时才安全 [J]. 太原：政府法制, 2008 (6)：31-32.

[2] 蔡宁伟. ATM 的历史、运营状况和发展趋势 [J]. 北京：中国信用卡, 2008 (11)：45-47.

[3] 蔡宁伟. 银行客户排队问题的分析与对策 [J]. 北京：金融会计, 2008 (6)：38-42.

[4] 蔡宁伟, 张丽华. 虚拟游戏激励与真实企业激励的异同——基于激励理论的视角 [J]. 上海：华东理工大学学报, 2013 (6)：45-50.

[5] 程丽娟, 王晶. 感知质量对顾客满意和顾客保留的不同影响——基于海底捞餐厅的实证研究 [J]. 广州：工业工程, 2013 (5)：125-132.

[6] 董少广. 怎样认识和减少 ATM 纠纷中银行应承担的责任 [J]. 北京：金融博览, 2009 (10)：50-51.

[7] 杜文华. 企业声誉管理研究——以中机国际招标公司为案例 [D]. 北京：对外经济贸易大学硕士学位论文, 2007.

[8] 樊治平, 王建宇, 陈媛. 客户关系管理（CRM）的评述与展望 [J]. 长沙：系统工程, 2002 (11)：1-8.

[9] 富信平. 中信银行个人客户关系管理实施研究 [D]. 大连：大连理工大学硕士学位论文, 2009.

[10] 衡虹, 何丽峰. 新时期企业管理和服务创新的探索与分析——海底捞的做法和启示 [J]. 北京：经济界, 2013 (2)：41-47.

[11] 黄铁鹰. 海底捞你学不会 [M]. 北京：中信出版社, 2011.

[12] 黄文忠, 尔惠莉. 对改善我国 ATM 用卡环境的思考 [J]. 北

京：金卡工程，2001（4）：29－32.

［13］焦晶．张勇——海底捞的"甩手掌柜"［J］．北京：中外管理，2011（1）：104－107.

［14］柳卸林，徐晓丹．餐饮业的升级与创新——以海底捞为例［J］．长春：工业技术经济，2014（3）：3－13.

［15］毛术文．银行卡被盗，银行被判全赔启示［J］．昆明：时代金融，2009（2）：66.

［16］清华大学经济管理学院零售管理课程班．火锅店稳定高速成长的定位地图——基于海底捞火锅店的案例研究［J］．北京：中国零售研究，2010（1）：108－151.

［17］徐细雄，淦未宇．组织支持契合、心理授权与雇员组织承诺：一个新生代农民工雇佣关系管理的理论框架——基于海底捞的案例研究［J］．北京：管理世界，2011（12）：131－147.

［18］佚名．银行自动柜员机非正常交易的法律责任分析［J］．北京：金卡工程，2000（11）：53－56.

［19］张炜．银行 ATM 取款纠纷案及其启示［J］．北京：中国城市金融，2007（10）：57－59.

［20］郑晓明，丁玲，欧阳桃花．双元能力促进企业服务敏捷性——海底捞公司发展历程案例研究［J］．北京：管理世界，2012（2）：131－147.

［21］Burghard，C.，Galimi，J. Customer Relationship Management：New MCO Catalyst［J］．Gartner Advisory，2000，13（1）：1－6.

［22］Eisenberger，R.，Huntington，R.，Hutchison，S. andSowa，D. Perceived Organizational Support［J］．Applied Psychology，1986，71（3）：125－144.

［23］Firth，D. R. The Organizing vision for Customer Relationship Management［A］．Proceedings of The America's Conference on Information

Systems (AIS 2000) [C]. Longbeaeh, California, 2001: 834 - 810.

[24] Gary, Davis, . Corporatc Reputation and Competitiveness, Rantledge Press, 2003.

[25] Grahame, R. D. Corporate Reputations: Should You Compete on Yours [J]. California Management Review, 2004, 42 (1): 19 - 36.

[26] Group, G. Strategic Planning [R]. Research Note. 2001.

[27] Gotsi, M. and Wilson, A. M. Coporate Reputation: Seeking a Definition [J]. Corporate Communications, 2001, 6 (1): 24 - 30.

[28] Ives, B. Learmonth, G. P. The Information System asa Competitive Weapon [J]. Conmunications of the ACM, 1984, 27 (12): 1193 - 1201.

[29] Kalakota, R., Whinston, A. B. Frontiers of Electronic Commerce [M]. Massachusetts: Addison Wesley, 1996.

[30] Mason, E. S. Price and Production Policies of Large - Scale Enterprise [J]. American Economic Review, 1939, 29 (1): 61 - 74.

[31] Osterle, H. Muther, A. Electronic Custonler Care: Neue Wege zumKunden [J]. Wirtsehafrs Informatik, 1998, 40 (2): 105 - 113.

[32] Romano, N. C. Customer Relations Management Research: an Assessment of Sub Field Development and Maturity [A]. Proceedings of the Thirty - Fourth Annual Hawai'i International Conference on System Sciences [C]. Maui, Hawai'i, 2001.

[33] Ronlano, N. C. Customer Relations Management in Information Systems Research [A]. Proceedings of The America's Conference on Information Systems (AIS 2000) [C]. Longbeaeh, California, 2000: 811 - 819.

[34] Zwass, V. Electronic Eommerce: Structures and Issues [J]. International Journal of Electronic Commerce, 1996, 1 (1): 3 - 23.

[35] Schulze, J. Bach, V. Osterle, H. Customer Relationship Management: Konzept, Potentiale and Methodisehe Einfuhrung [A]. HMD 37 [C]. 2000: 2 - 18.

[36] [美] Stephen Robbins. 组织行为学 [M]. 北京: 中国人民大学出版社, 2005.

[37] Stigler, G. L. A Theory of Oligopoly [J]. Journal of Political Economy, 1964, 72 (1): 44 - 61.

[38] Swift, R. S. Accelerating Customer Relationships: Using CRM and Relationship Technologies [M]. Prentice - Hall, Inc. , 2001.

第十一章
ATM 发展趋势

最后一章我们尝试探讨 ATM 未来的发展趋势。由于 ATM 是自助设备的一种，且可视为银行网点的一类，因此对 ATM 发展的探讨离不开自助设备的发展探索和银行网点的变迁。在银行新兴类型的网点中，又以 ATM 为主的社区银行呈现"遍地开花"的情境，值得进一步研究，这些趋势构成了本章的主要内容。

首先，ATM 作为商业银行的重要业务和交流渠道，已成为商业银行经营管理的重要组成。从某种意义上讲，一台 ATM 就是商业银行的一个浓缩了的网点，可以承担基本的银行业务，是银行服务的最重要的渠道之一。目前，国内一些大型商业银行 ATM 的业务量占比已经突破30%，而国外最为成功的商业银行已经将高达 75% 的交易转移至自助服务渠道。结合当前国内外自助设备的运营管理和业务开展现状，自助设备未来发展可能出现哪些特点？存在哪些变化？呈现何种趋势？其次，商业银行作为现代银行体系的重要组成部分，迄今已有近千年的历史。但面临利率市场化、金融脱媒、混业经营等新形势，商业银行面临更复杂的冲击。目前，出现一批可以替代商业银行的组织，如在许多发达国家和发展中国家已经得到长期的实践超市银行。我们回顾了商业银行的缘起，引入五力模型的概念，分析了商业银行特别是其替代组织的潜在挑战。再次，我们梳理了社区与社区银行的概念，通过对 14 组代表性定义的内容分析和编码发现传统社区银行的实质就是中小型商业银行。社区隐含了社区银行的覆盖范围、服务对象和业务特征，其服务对象没有实质差别。研究提出了社区银行的四个维度和特征，分别是银行规模、覆盖范围、服务对象和业务种类。监管机构和美国提出者更关注银行规模，而研究者特别是中国研究者更重视覆盖范围。因此，"地理范围论"和"资产规模论"基本成立，而"国别论"理论差别不大，"所有制论"和"形态论"并不成立。通过案例研究和实地调研归纳出社区银行的三种主要模式：即美国的"关系信贷"、澳大利亚的"特许经营"和中国的"金融生态"模式。其中，"特许经营"模式变相扩大了银行规模和覆盖范围两个维度，而"金融生态"模式扩展和丰富了银行规模、覆盖范围和业务种类。最后，结合发达国家的先进经验，有针对性地提出四点建议，并构建了中国社区银行建设的特征与要素模型。

第一节 自助设备的发展趋势

一、自助设备的中国发展概况

自 1986 年中国银行珠海分行第一次在中国大陆引进 ATM，并于 1987 年 2 月正式投入使用以来，中国大陆的 ATM 使用已经接近 30 年，中国 ATM 等自助设备的发展迅猛。2013 年，我国很可能取代美国成为全球第一大 ATM 市场（杨克灿，2013）。2014 年，根据相关统计，我国已经坐上 ATM 保有量第一大国的交椅，并在 2015 年进一步巩固了这一地位。不仅如此，我们预测 2016 年随着各大商业银行的持续投入，ATM 的总量会保持持续增长态势。

从类型上看，自助设备（Auto Machine）分为自动柜员机（Automated Teller Machine，ATM）、自助终端（Bank Self-service Machine，BSM）等。自动柜员机是为客户提供以现金自助服务为主的自助设备，包括自动取款机（也称自动提款机，也可简称为 ATM）、自动存款机（Cash Deposit Machine，CDM）、存取款一体机（Cash Recycling System，CRS）等。目前，国内外广泛使用的是自动取款机和存取款一体机，自动存款机因客户需求改变使用范围逐步变窄，在不少地区被存取款一体机逐步替代。自助终端是为客户提供以非现金自助服务为主的自助设备，包括查询缴费机、转账汇款机、离行式转账汇款终端等。

二、自助设备的发展趋势

据有关专业机构预测，中国会在未来 1～3 年取代北美地区，成为

ATM 的基地和全球最大的 ATM 市场。根据我们预计，未来 10～30 年，虽然部分发达国家的 ATM 布设增速放缓，但 ATM 在全球范围特别是发展中国家仍将大幅增长。综上所述，读者一定会比较关心未来自助设备特别是 ATM 的发展会呈现怎样的趋势？未来的自助设备究竟能够给客户提供怎样的服务？下面，我们根据长期的实践经验和跟踪研究，兼顾效率和安全，总结出以 ATM 为代表的自助设备未来在设备本身如种类、功能和机型上的改变，以及在设备操作、流程、服务等设备集成和外部管理方面的发展趋势，供大家参考借鉴。

（一）自助设备的种类多元化

目前，涉及现金业务的自助设备主要包括自动取款机、自动存款机、存取款一体机、柜员现金循环机（也称柜员用存取款一体机）、自助封包机等。涉及非现金的自助设备主要包括查询缴费机、转账汇款机、离行式转账汇款终端、电话银行终端、排队叫号机等。目前也有商业银行根据 ATM 的基本原理，研发了柜员现金循环机（Teller Cash Recycler，TCR），是一款用来辅助商业银行柜员处理现金业务的自助设备，具有混合存取、自动鉴伪、现金保管、自动计数等功能。此外，商业银行和设备厂商还研发了可以自动封装款包的自助封包机（Auto Encapsulation Machine，AEM；也称 Auto Packing Machine，APM）以及夜间金库（Night Cashbox）等涉及现金业务的自助设备。但是，ATM 仍然在布设范围、使用数量、接受程度和认知层次上独占鳌头。但是，自助设备的种类必将进一步丰富，呈现多元发展的态势。以目前日本部分商业银行的实践为例，涉及现金的自助设备主要分为零线、一线和二线三类。其中，零线设备指供客户自行使用和客户零距离接触的自助设备，如自动存款机、存取款一体机以及存取款额度在 10 万日元以上的大额存取款机（Quantum Cash Recycling System，QCRS）等；一线设备指供柜员使用的自助设备，如柜员现金循环机、验钞机、柜员尾箱等；

二线设备指供整个或者多个网点使用的自助设备，如保险柜、大中型清分机、MBS 现金出纳设备等。这一系列的不同设备完善了自助设备的服务体系，丰富了自助设备的服务功能。当然，我们认为，自助设备种类的多元化还意味着自助设备亲和力的提高，比如以卡通人物、吉祥物、标志物等形式出现的自助设备等；如在学校、游乐园、主题公园、商场、社区布设此类更具亲和力的设备，有助于增进人机互动，提高设备的便利性和使用率。

(二) 自助设备的功能多样化

由此，自助设备种类的多元化必将带来自助设备功能的多样化，这可以视为自助设备功能多样驱动的内因。从自助设备功能多样化的外部驱动因素，即驱动外因来看，客户需求的多样化以及商业银行传统柜面业务成本的上升，也驱使商业银行开发相当的功能应用到自助设备上。以 ATM 为例，除了前面提到的持卡人可通过 ATM 使用信用卡、储蓄卡甚至无介质存储的方式，根据密码设定的传统方式或者客户指纹判定、虹膜防伪、脸部识别、静脉识别等更加先进的综合性生物特征识别技术办理自动取款、查询余额、转账划拨、现金存款、存折补登、更改密码、手机充值等业务，国外的 ATM 还可以使用支票存款等现金类业务。值得一提的是，静脉识别的安全性和稳定性更强，在国外，如日本、土耳其的一些 ATM 上已经广泛使用。就功能的多样或业务种类的丰富而言，国内 ATM 走在世界前列。我们认为，除上述业务外，ATM 可提供本外币理财服务、促销信息查询、身份认证等综合性服务功能；此外，还可根据 ATM 布设的位置开发优惠券打印、电影票购买等符合社区居民需求的增值服务功能，提供门诊挂号、缴纳住院费等符合医院特点的增值服务功能。

(三) 自助设备的机型专业化

那么，自助设备功能的改变是否预示着自助设备机型功能的集中和集成，是否预示着一台自助设备可以提供所有的全面的金融服务？2011年，江苏某商业银行联合开发公司推出了 ATM 购物服务，一度引起了媒体的广泛关注。但是，这种综合性服务的结果如何，效率如何，效果如何，值得我们思考。试想，一般性的购物客户会选择街头的自动售货机、零售商店，或者大型超市、综合性购物网站还是需要相对操作烦琐，且存在一定风险隐忧的 ATM 呢？我们认为，服务集中或集成仅仅指业务类别的规模化，但能否实现规模效应，还需要后续管理的支持。因此，就自助设备而言，应该由专业的设备做专业的事。这既体现了专业分工的优势，又兼顾了专业服务的效率。比如，ATM 专注于现金服务，其清分、押运、装卸、维护、服务成本较非现金业务高出很多，就应该专门开发客户需求的现金存取款功能，第一顺位全面保障客户的现金服务需要。而转账、查询、汇款等其他需求可以分流不涉及现金业务的查询缴费机、转账汇款机、离行式转账汇款终端、网上银行、电话银行终端等去操作。如果让客户在 ATM 上大量进行上述非现业务，既降低了 ATM 的服务效能，弱化了 ATM 的服务质量，又增加了 ATM 的运营成本，甚至制约了其他现金需求客户的满足。在不少发达国家，ATM 既没有国内的查询、缴费等功能，更没有购物、优惠券打印、商品比价、现金返利、折上折、积分累积等服务。上述功能在国内大多是"原创"，一些商业银行已经逐步把转账、非实物支付等非现功能更多地转移到其他自助终端上。

（四）自助设备的操作智能化

目前，自助设备的操作已经呈现智能化的倾向。比如，操作界面会提示客户操作的流程，通过动态图示告知客户注意的事项等等。我们认为，未来的自助设备将更加智能化，可以实现多方面主动提示，就像一个智能的机器人一样，更加轻松简单地实现人机的相互交流。比如，在智能语音功能上，ATM 可以通过语音提示功能提示客户存取款时不得在出入钞中夹带信封、皮筋、发卡、塑料袋、透明胶等杂物且勿使用残损、褶皱、潮湿的钞币，可以提示客户一次性最大存取款额度，甚至通过人机对话，判别、记录和回答客户提出的相关问题。在全天候服务功能上，ATM采用全封闭的新型设计，可以防雨、防水、防沙尘，甚至可以实现自动的移动作业，成为从城市到乡村的"流动银行"、7×24小时的"全天候银行"。我们认为，ATM将更加智能，这种智能化的趋势将迫使部分犯罪分子放弃针对ATM撬盗作案等传统攻击方式，同时有效缓解针对ATM的盗卡、复制卡等犯罪行为，保障客户利益和资金安全。比如，在安全防范功能上，ATM可以探测发现距离客户较近的其他人员，提示客户注意遮挡操作按键，保障客户的个人隐私和金融信息；可以采取人脸识别技术分析客户面部信息，对于故意遮挡面部的可疑客户，将提示客户无遮挡正面操作，逾期不改的可采区吞卡处理并列入可疑交易等；可以通过独立的太阳能电源或备用电源自助发电，应对任何外部的攻击并根据攻击的类型第一时间无线报警。

（五）自助设备的流程可视化

自助设备操作的智能化意味着设备流程的改进甚至再造，虽然成本较如今有大幅增长，但在未来大规模生产的前提下，可以进一步降低生产成本，提高运营维护的主动性。其中，流程的可视化就是自助设备发展的前景之一。以ATM为例，ATM低钞、缺钞、满钞可以实现提前预警，并且根据客户的交易习惯，精确地预测现金需要。并且，可以根据周围的环境因素，取得相应的数据，纳入后台管理系统测算未来一个时期的现金流量。我们认为，未来的现金预测可以精确到以万元为单位，但需要长时间的数据积累和模型优化，这是一项非常复杂的工作，涉及客户个体需求、交易习惯、操作便利、周边环境、气候变化、布设位置、交通管制等方方面面。如果一朝得以实施，商业银行可以更好地利用库存现金，更加合理地进行运营管理和调配。ATM的装卸钞也不再麻烦，更换钞箱法将大规模采用，运营维护人员只需要换箱即可。换箱后，ATM 将自动清点、鉴别、计数、跟踪冠字号码并上报后台管理系统核对。如此，省去了必须双人装卸钞条件下的至少一半的人力资源。ATM 甚至可以在遇到设备故障时，主动提示故障的类型、产生的原因、需要的零件、修复的时间等关键因素，自助驱动解决问题。这样一来，ATM 的运营效率持续提升，客户会更接受并依赖于安全、方便、快捷的自助服务。我们预测，未来 3~10 年，中国的商业银行将试点或大规模采用专业的 ATM 外包服务公司参与运营，外包 ATM 数量的比例可能突破 25% 甚至更高。

（六）自助设备的服务集约化

如前所述，服务集约不等于服务集中，也不能简单理解为服务集成。集中或集成仅仅指业务类别的规模化，但能否实现规模效应，还需要后续管理的支持。否则，单独的业务集中并不一定带来管理效能的改观，也就不能改变低效甚至落后的服务效率和服务质量。目前，商业银行已经非常重视自助服务区和自助银行的建设。在这类规定的区间，往往布设有多台自助设备。我们认为，一般而言，这些设备由 1~3 台存取款一体机、1 台查询缴费机、1 台转账汇款机、1 台综合服务机和 1 部电话银行终端组成，还可以根据周边客户的需要，选择性布设自助封包机和夜间金库，足以满足 60%~90% 的客户需求。其中，综合服务机或综合服务终端可以满足客户促销信息查询、身份认证、优惠券打印、商品比价、现金返利、折上折、积分累积、电影票购买、自助购物等非现业务或刷卡业务的综合性服务功能。而且，在附行式自助服务区，往往还配有专门的或者兼职的银行服务人员，如大堂经理等，可以及时引导或指导客户进行自助操作。再以日本的部分商业银行为例，自助设备的广泛使用已经形成了专门的自助服务处理区域，如"现金岛"（Cash Island）。在现金岛模式下，商业银行的单个柜员可以管理多条业务队列，在不增加人力资源投入的情况下可以借助自动化的设备扩大业务能力，有力缓解交易高峰时期的客户排队问题，提高银行的服务效率。

第二节 银行的替代组织研究

一、研究界定和研究视角

众所周知，银行业主要包括商业银行、储蓄机构、信用社、储蓄贷款协会等金融机构，其所提供的金融服务主要包括储蓄、转账、贷款、银行承兑汇票、大额存单、欧洲美元等交易服务。在西方国家，存款货币银行习惯上被称为商业银行，或普通银行、存款银行等。

商业银行是一个主要从事吸收公众存款和发放贷款的机构，从现代银行的视角，可以追溯到意大利于1171年设立的威尼斯银行（Banco of Venice），迄今已有近千年的历史。与其他金融中介一样，商业银行向公众发行以自己为付款人的债权，并购买由最终赤字支出单位发行的债权。即其核心业务是吸收存款、发放贷款，借贷密不可分，且贷款的大部资金来自于公众存款（Xavier Freixas、Jean-Charles Rochet, 2000; Frank J. Fabozzi、Franco Modigliani & Miehael G. Ferri, 2000）。世界各地的商业银行的本质一样，但其名称各异，如在美国叫"商业银行"（Commereial Bank）；在英国原称"合股银行"，现在叫"清算银行"（Clearing Bank）；在西欧，如德国习惯上称为"信贷银行"（Credit Bank）；在日本叫普通银行（General Bank）；在澳大利亚叫"交易银行"（Trading Bank）等，不一而足。我国习惯称为商业银行。

非银行化主要是指非商业银行化，即非商业银行类金融中介机构在经济金融发展中，在资源配置方面持续地发挥作用，经济金融对非银行金融中介机构依赖程度的不断加深和增强的演变过程，也即金融资源配置从依托商业银行方式向非商业银行方式的转化，这是一个动态的概念（文静，2003）。非银行化的种类有两种，一种是狭义的非银行化即银行微观业务的非传统化；一种是广义的非银行化即在金融中介机构体系中银行的份额和地位相对下降。本节主要研究的是后者，尤其从组织替代的视角，借鉴"五力模型"理论（Michael Porter，2005），特别关注替代产品或服务以及新进入者的威胁，来研究商业银行潜在的替代组织。

二、我国商业银行的新挑战

首先，中国商业银行面临金融脱媒的挑战。长期以来，间接融资是我国融资的主要渠道。但自20世纪90年代以来，随着我国经济市场化水平不断提高和金融市场不断完善，非银行金融机构利用新的金融产品，不仅与商业银行争夺存款市场，而且还争夺银行的优质客户。一些优质客户凭借自己的信用直接绕过银行这个传统的信用媒介，通过发行股票和债券等方式从金融市场上取得较为便宜的资金，使我国金融市场结构发生了变化：直接融资地位上升，间接融资地位下降，即出现了金融脱媒现象。这一融资非中介化行为将对我国商业银行未来经营产生重大的影响。

其次，我国商业银行面临利率市场化的挑战。随着中国加入WTO过渡期于2006年结束，利率市场化改革步伐将加快。预计未来几年将是国内利率市场化改革的重要阶段，将从1996年以来放开银行间拆借市场利率、债券市场利率、银行间市场国债和政策性金融债发行利率、境内外币贷款和大额外币存款利率，试办人民币长期大额协议存款逐步扩大，直至放开人民币各类存、贷款利率浮动区间，存贷款利差极有可能出现相当幅度的缩小，利率风险将成为国内商业银行面对的重要经营风险。

最后，我国商业银行面临外资银行的冲击，特别要从原本单一经营的模式面对银行混业经营的新挑战。在商业银行拓展非银行金融业务领域的同时，非银行金融机构也进入到了传统银行业务领域，并在该领域与银行进行竞争，金融脱媒化现象将更加明显。同时，对银行业特别是商业银行的监管将趋严趋紧，监管标准将逐步与国际接轨，监管重点将集中在我国商业银行的资本充足率、公司治理结构、风险控制和内控机制等方面。由此，本节主要关注非银行金融机构已经特别是潜在进入传统银行业务领域的可能，出现替代传统商业银行的新组织，并提出相应对策。

三、国外商业银行替代组织的兴起

国外传统商业银行的替代组织之一就是超市银行。超市银行自20世纪70年代出现以来，在美国等发达国家兴起，它融合了混业经营、品牌延伸、品牌混淆、便利性构成等多种运营、营销和管理概念。开始，美国银行界尝试到零售业中求发展，都不太成功。上述因素整合不力曾在尝试初期使美国老牌的希尔斯公司（Sears Corporation）混乱不堪，并摧毁了 Petloversbank.com 和其他网上类似业务。

从地域分布上看，超市银行在美国西南部居多，此后逐渐向东北部延伸。在加利福尼亚州（California），富国银行（Wells Fargo）已建立了拥有700多家支行和商店网点的超市银行网络，为全美之最。从20世纪90年代起，英国、加拿大、澳大利亚等发达国家也开始出现众多超市银行，并延伸到巴西等发展中国家，一般都聚集在大城市或城市群中。

从客户定位上看，超市银行大多定位多在都市的年轻客户，特别是专职人士和双职工夫妇。他们的时间大多比较紧张，往往下班后传统银行分支行已经或即将停止营业，同时，去超市集中采买几乎成为他们日常的生活方式。

从服务内容上看，20 世纪 70 年代，超市银行主要替客户兑换支票，获利甚微；80 年代，增加了存款等业务，经营稍见活跃；90 年代后，超市银行已经可以提供全套金融服务，从支票兑换、存款到提供共同基金和养老基金等，与一般分支银行无二，但其业绩却高出一般营业网点的 3~4 倍。

从服务方式上看，超市银行设在超市内，其职员不再西装革履，坐在高高的柜台后面，而是在超市的过道间徘徊，积极帮助超市的客户了解和购买银行产品，并即刻提供便捷服务，送上电子表之类的小礼品。超市银行的出现，令处事严谨的传统银行服务耳目一新，其业绩又高于普通网点，特别是令客户倍感亲切和方便，故而深受客户的欢迎。

如果投资主体为超市或者其他连锁机构，那么新一代超市银行的设立对于传统银行特别是商业银行网点有着"颠覆性"的意义。但是，如果以银行为投资主体，那么超市银行也可作为重要组成，在整体银行战略中担当重要角色。目前，对于银行整体布局而言，整体网络的便利性比任何一个网点所处的地理位置更为重要。毕竟，许多客户在特定银行开户终究为了方便交易的需要，或者为了在特定区域的其他网点进行便利交易——无论超市银行或者传统银行。由此，超市银行在以下三种情况下，都能很好地作为传统银行的有力辅助，实施战略转型或实践新型战略。

首先，在银行业务发达、发展前景良好的市场中，低成本的超市银行可以通过进一步开拓业务来辅助目前的银行网络。美洲银行就采用这一战略开设一整套超市网点，却不关闭传统的分支行。其次，在银行业绩不佳、发展机会渺茫的市场中，超市银行可以凭借"廉价优势"低成本地取代传统银行。当然，这种市场一般相对偏远，它们更趋于针对原有客户，而不是去挖掘新的客户。如富国银行与第一洲际银行（First Interstate Bank）在 1996 年 4 月并购前，后者就计划关闭其 600 个传统分支行中 300 个处于不景气市场中的分支行，取而代之的是小型高效的超市银行。最后，在银行面临转型，试图快速进入新市场中，超市银行还能成为高效打入的途径。建立一个没有传统分支行特别是地处闹市的网点并非易事。例如，美洲银行（Bank of America）创立了"中西部零售区"，在所有的朱维尔奥斯克商店（Jewel-Osco）都设立了网点，以此打入中心部中心城市芝加哥（Chicago）的市场，却没有开设任何传统网点。当然，该行行使的是"组合拳"，以超市银行、ATM、电话中心（Call Center）、电脑银行等多渠道网络并进。与此类似，新世纪银行（NCBC）也运用这一策略，成功将其在南部田纳西州（Tennessee）的市场拓展到东部的北卡罗来纳州（State of North Carolina）和弗吉尼亚州（Virginia）。

现在，美国银行家正在为一个潜在的竞争对象而恐惧：《财富》（Fortune）500 强的领跑者，销售收入数千亿美元的零售巨头沃尔玛（Wal-Mart），可能创造出"沃尔玛第一国民银行"或"大众商业银行"。沃尔玛银行在大型百货商店已经能买到食品、文具，现在，美国国会正考虑允许零售巨头处理支票和储蓄账户。从而使超市可以抛开银行，直接办理金融业务。对此，银行家古特（Gut）表示："沃尔玛可能带来银行业的黑死病，至少也是一场瘟疫。"

四、国内商业银行混业经营的尝试

中国平安保险（集团）股份有限公司（以下简称中国平安），是中国第一家以保险为核心的，融证券、信托、银行、资产管理、企业年金等多元金融业务为一体的紧密、高效、多元的综合金融服务集团。公司成立于 1988 年，总部位于深圳。2004 年 6 月和 2007 年 3 月，公司先后在中国香港联合交易所主板及上海证券交易所上市,股份名称"中国平安",集团控股设立中国平安人寿保险股份有限公司(平安人寿)、中国平安财产保险股份有限公司(平安财险)、平安养老保险股份有限公司、平安资产管理有限责任公司、平安健康保险股份有限公司,并控股中国平安保险海外(控股)有限公司、平安信托投资有限责任公司(平安信托)、深圳平安银行。平安信托依法控股平安证券有限责任公司,平安海外依法控股中国平安保险(香港)有限公司,及中国平安资产管理(香港)有限公司。目前,集团的LOGO中清晰标注"保险·银行·投资",显示三大业务支柱齐头并进的综合金融框架渐趋成熟。

深圳平安银行是一家跨区域经营的股份制商业银行,总行设在深圳,营业网点分布于深圳、上海和福州三地,其前身深圳市商业银行成立于1995年6月22日,是中国第一家城市商业银行。2006年12月,经中国银监会批准,中国平安集团持有深圳市商业银行89.36%的股份,成为该行最大股东。2007年6月16日,中国银监会批准深圳市商业银行吸收合并原平安银行并更名为深圳平安银行股份有限公司。合并更名后的深圳平安银行注册资本为人民币55.02亿元,总资产约1 000亿元。

深圳平安银行目前已组建了一支高素质的、具有国际化特色的管理团队。该行行长理查德·杰克逊拥有32年金融从业经验,曾在花旗银行工作达20年。他表示,深圳平安银行将充分发挥国际化标准和本土化实践的优势,凭借良好的发展基础以及中国平安集团庞大的客户群、全国性的销售网络、强大的品牌和管理机制等资源的支持,发展成为以零售、中小企业为主要目标市场的、具有国际管理水准的全国性银行。

五、银行替代组织的五力模型

除超市银行之外,还存在其他组织可能对传统商业银行的业务构成威胁。对顾客而言，这可能并非坏事，毕竟他们可有更多可选择的途径。

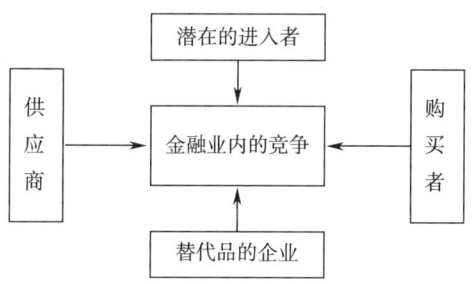

图 11-1 银行替代组织的五力模型

在金融业内，金融中介由银行金融中介和非银行金融中介构成。传统上，银行特别是商业银行在各国金融中介中占有主体地位。然而，近年来非银行金融中介的迅猛发展削弱了银行传统的主体地位，金融中介发生了结构性的转变，出现了非银行金融中介的重要性日益提高，银行金融中介的重要性相对下降的发展趋势。通过对美国、日本、英国、德国、法国和韩国等许多国家进行考察发现，在中介率、资产总量、负债总量等方面，均出现了银行传统的主体地位相对下降，保险公司、投资公司、养老基金、共同基金等非银行金融中介的地位不断上升的发展趋势。

在供应商中，不少商业银行选择租赁繁华地区的临街商铺，以占领优先的渠道。于是，开始了以网点为代表的渠道争夺。特别是在替代网点的争夺上，除了超市网点，银行试图通过将分行建立在其他交易量大的地点，尤其是在商业街或靠近大型雇主的地方推进其地理部署。以上的一些挑战和机遇同时也存在于这些部署中，如塔吉特商店（Target）、凯马特超市（Kmart）等折扣连锁商店。

在潜在的进入者中，其他连锁的选择举足轻重。在金融业之外，还存在大量的连锁经营公司，有的甚至遍布全球。一是连锁类食品店，如麦当劳（McDonalds，Mc）、肯德基（Kentucky Fried Chicken，KFC）、必胜客（Pizza Hut）、汉堡王（Burger King）等餐馆。二是百视达音像店（Blockbuster Video），干洗店、图片社、美容店、美发店、邮政服务公司、书店等分布于社区的连锁服务机构。三是遍布全国甚至全球主要干道的连锁加油站、车行、物流公司等。ING 公司（Ingdirect）则选择了另一条途径。由于大多数活动和互动是通过互联网和电话服务中心进行的，ING 公司在高人流区建立了一些少量的网点，并称为"咖啡店"。ING 美国公司的总裁阿卡迪·库尔曼（Arkadi Kuhlmann）开设了少量网点作为市场开拓工具，使人们记住其品牌，而不是为了交易处理的目的。

在替代品企业中，首当其冲的便是自助机具的推广。另一种分配渠道——自动存取款机，长时间以来就设置在零售商店和商店停车场中。现在，全美 2 000 个银行自动取款机中，20% 位于场外。在这一活动中成功的市场进入揭示了一个事实，在缺少传统银行网络的情况下，采用直销银行模型的银行可以成功地进行创造性的地理覆盖。例如，网络银行及券商 ET 银行（E-Trade）在美国具有第二大的自动取款机网络，有 15 000 多个终端。

此外，还存在非法的替代组织，如有向集团化发展趋势的地下钱庄，可以替代商业银行的部分功能，并已成为外汇黑市的一种重要表现形式。民生银行杭州分行的调查表明，约 60%~70% 的地下钱庄进行的是短期行为，有 30%~40% 长期经营，拥有所谓"良好的声誉和威信"。据估算，国内每年通过地下钱庄洗出去的黑钱至少高达 2 000 亿元人民币，其中走私收入洗黑钱约为 700 亿元人民币，官员腐败收入洗黑钱超过 300 亿元人民币。2004 年 8 月，非正规渠道的资金一度达到约 1 000 亿~1 400 亿元人民币。以中国 2001 年统计数据为例，地下钱庄的洗钱金额占到 95 933 亿元国内生产总值的 2%，几乎相当于 225 亿美元的全年对外贸易顺差，468 亿美元实际使用外商直接投资的 51%，占年末 2 122 亿美元国家外汇储备的 11%，几乎等于这一年外汇储备的增加额。对社会而言，这些具体的数字并不代表着财富，而是一种巨大的破坏力量，使正常的金融秩序受到相当强的冲击。并且，如果出现通货膨胀、实际利率为负、信贷紧缩等因素，便会加剧"去银行化"（De-Banking）的现象。这将加速资金的体外循环，形成一个庞大的黑金市场。

与此同时，我们关注到，P2P公司、网贷公司、小贷公司、互联网评估与担保公司正在加速细分这一市场，从而形成另一相对正规、但脱离银行体系的新兴结构。这种"去银行化"的实质正是狭义金融脱媒理论的阐释与实践，一些新兴的"中介机构"正在蚕食传统商业银行等"中介机构"的份额与地盘。值得关注的是，尽管这类新兴"中介机构"具有服务效率、利率价格等方面的优势，但由于缺乏有效监管和必要担保，"跑路"的新闻和客户维权的消息层出不穷，一度成为近几年舆论关注的热点问题。

在购买者中，我们还不得不提到新技术的使用推广，这可以使客户增加更多的选择权利和议价能力。比尔·盖茨（Bill. Gates）曾在《财富》（Fortune）杂志上宣称：未来10年，微软将用自己的应用软件系统取代银行的清算系统，承担起全球的资金清算业务。他还由此判断说：下一个世纪美国的商业银行是将要灭绝的恐龙。可以想象，不久的将来因为技术革命而产生可以随时互动的手机银行、电视银行——人们可以通过键盘和遥控器来处理除了提现、存款等之外的诸如转账、付费、开户、股票买卖、网络交易等银行业务。如此，移动等电信服务商，有线电视等网络提供商都可以构成巨大的威胁。而今，已有不少人适应了网上银行的新方式，并习惯性地使之成为生活的一部分。而网上商店甚至门户的巨头如易买（Ebay）、亚马逊（Amazon）等都可能成为潜在的进入者和竞争者。

第三节 社区银行的模式创新

一、社区银行的兴起

2013年,党的十八届三中全会做出了全面深化改革的重要决定,更加突出市场在资源配置中的决定性作用。在这一方针的引领下,非公有制经济将迎来新的发展机遇,有助于助推其与公有制经济一道实现更为公开、公平和公正的合作与竞争。2014年3月11日,在金融服务领域,5家民营银行已经获国务院批准并筹建,试点采取共同发起人制度,分别由参与设计试点方案的阿里巴巴、万向、腾讯、均瑶、复星、正泰等民营资本参与试点工作。7月25日,银监会已正式批准3家民营银行的筹建申请①。但相比于发达经济体,中国的民营银行、中小银行的发展相对不足、业务相对滞后、力量相对薄弱、影响相对有限。其中,社区银行(Community Bank)这一在欧美发达国家广为深耕的银行业态模式值得民营和中小银行借鉴,备受研究者和实践者关注,开展了一系列中国特色的引进和创新。

但是,有关社区银行的定义等一系列问题截至目前依然没有明确的界定和答案(堪萨斯城联邦储备银行,2012),对其认识差异较大(王红领,2011)。到底什么是社区银行?社区银行具有哪些主要特征?中国有没有社区银行?社区银行有哪些主要模式?目前还存在哪些问题和薄弱环节?如何建设中国的社区银行?这些问题得到学界和

---

① 即腾讯、百业源、立业为主发起人,在广东省深圳市设立深圳前海微众银行;正泰、华峰为主发起人,在浙江省温州市设立温州民商银行;华北、麦购为主发起人,在天津市设立天津金城银行。

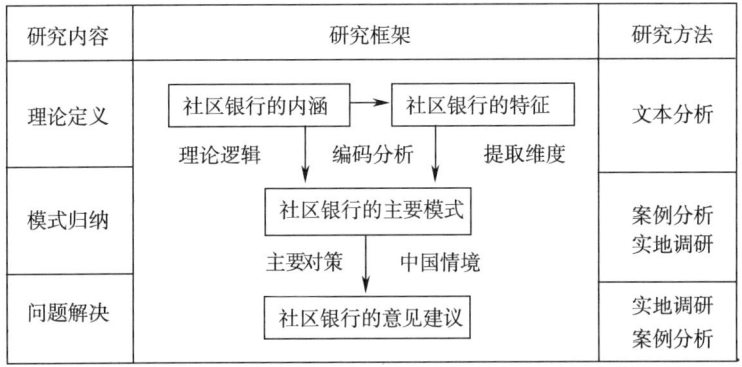

图 11-2 本节研究内容、框架与方法

业界的广泛关注,有的仍然存在较大争议。本研究拟采取内容分析(Text Analysis)、案例研究(Case Study)、实地调研等质性研究(Qualitative Research)方法,尝试回答上述问题,确定社区银行的定义、维度、特征和模式。并针对中国社区银行发展的实际情况,提出意见和建议。对此,我们设计了如下研究框架。如图 11-2 所示,社区银行的内涵主要是其理论定义,主要采取文本分析的方法;社区银行的特征主要由其内涵通过编码分析获得,并提取主要的维度;社区银行的模式主要采取案例分析和实地调研等方法,提出中外的四类主要模式;最后根据相关问题和中国情境主要采取实地调研的方法,提出六点意见和建议。

二、社区银行的内涵

(一) 社区的界定

要想研究社区银行的内涵,首先要明确什么是社区,理解了社区的定义有助于理解社区银行的概念特别是其覆盖的范围。事实上,无论社区还是社区银行都是"舶来品",但两者存在一定差异。主要表现为,社区是研究者从理论角度提出的概念,而社区银行则是研究者、监管者和从业者从实践角度提出的概念。目前,代表性的社区概念主要有以下两种提法。

表 11-1　　　　　　　　　关于社区的代表性定义

提出者	国别	定义	基本要素
F. Tonnies (1882)	德国	社区是一定地理区域内人们共同生活、学习、工作的有秩序的空间群落,是构成城乡的有共同地缘文化、习俗、信仰、价值观念、消费习惯、基础设施、经济社会生活氛围的地域空间,是介于社会和团体之间的社会实体①;简而言之指以一定地域为基础的社会群体,并主要应用于社会学领域(广义)	①一定地域;②一定人群;③一定组织形式;④共同的行为规范、价值观念和相应的管理机构;⑤具有满足成员物质和精神需求的各种生活服务措施②
卢汉龙 (2004)	中国	社区是城市管理的一种概念,主要指城市的一定区域、地区。例如,民政部(1986)首次把"社区"概念引入城市管理,提出在城市中开展社区服务工作;《中华人民共和国城市居民委员会组织法》(1989)规定:"居民委员会应当开展便民利民的社区服务活动。"(狭义)	①一定区域、地区;②隶属城市管理范畴;③主要用于开展各类社区服务以保障整个地区社会经济协调发展

注:①王勃. 我国中小银行发展社区金融的经营模式探究 [J]. 成都:商,2014 (1):215-216.

②柴瑞娟. 社区商业银行:村镇银行之发展定位 [J]. 武汉:经济法论丛,2013 (1):252-270.

不难看出,理论界偏重共同体建设,实际部门偏重区域性建设;即前者关心方法与过程,后者关心结果和成就(卢汉龙,2004)。广义的社区比较灵活,偏向于理论建构。本身具有地域范围的灵活性,可大可小;所辖人群的可变性,可多可少;组织形式的多样性,可松可紧;行为规范和价值观念的可选择性,但必须相对统一并共同遵守;相应管理结构的对应性，必须与行为规范和价值观念保持一致；生活服务设施的必要性，足以满足社区成员的物质和精神需求。但狭义社区具有多重限制，偏向业务实践。如建筑社区或特指某一品牌的封闭或半封闭式居住小区，并多应用于社会工作和社会服务领域，对于地域范围、人群数量、管理模式等要求更为细致。广义社区在概念上的灵活性，使得实践中的社区银行具有类似的特征，并在欧美等发达国家沿用至今。因此，社区银行也超越了狭义社区的概念，并非仅仅意指城市社区（王红领，2011），可以是一个或多个州（省、自治区、直辖市）、也可以是一个或多个城市（县、镇）、还可以是一个或多个区域（辖区）、或者是一个或多个狭义社区。

（二）社区银行的界定

那么，如何界定社区银行的概念才算相对严谨、全面？特别是尊重创始人并兼顾创新者们的意见？我们首先选择了1991年以来CNKI数据库中题名为"社区银行"并截至2014年9月1日的全部高频次引用文献，引用次数达8次及以上的69篇；另外结合近3年来即2011年来引用次数在1次以上的以及暂未引用但发表于CSSCI和PKU核心期刊的文献67篇（含其中与前者重复的7篇）作为"文献池"进行选择。

选择的原则如下：一是明确提出了社区银行定义的；二是该定义不与此前研究者所提定义相同或相似；三是该定义得到了此后研究者的借鉴或引用1次及以上的；四是该定义基本涵盖了主要权威监管机构的界定和要求。最终，共甄别筛选出具有代表性的定义14组，如表11-2按时间先后排序。由于本研究的重点是社区银行的概念，因此采取了更为严谨的分析方法，通过编码展示概念的组成。我们采取了文本分析法，也称"内容分析法"，主要运用Word 2007、Excel 2007、Nvivo 8等软件,从语义学①角度分析各位学者和各相关机构的定义,并进行分类和编码;编码过程采取了简化为开放编码(也称初始编码,Initial Coding)和集中编码(Focused Coding)两个阶段②。累计获得开放编码100个、核心编码62个,除去重复的核心编码后共40个。

表11-2　　　关于社区银行的代表性定义与编码

提出者	国别	定义描述	开放编码	集中编码
M. L., Gibson (1981)	美国	社区银行是社区的财政生命线,通过其提供的个性化的、私密的以及成本低廉的服务,社区的个体和企业客户可以开展本地经济运行相关的财务交易,它同时致力于社区改善并实现投资人预期的回报①	社区银行、社区、财政生命线、个性化、私密、成本低廉、提供服务、个体和企业客户、开展财务交易、本地经济运行、致力于、社区改善、实现预期回报	社区银行、个性服务(服务特征)、个体和企业客户、本地
《金融服务现代化法案》"FSMA"(1999)	美国	社区银行是资产规模在10亿美元以下的银行组织,主要包括独立的商业银行、独立的储蓄机构、银行控股公司以及储蓄机构控股公司等②	社区银行、资产规模、10亿美元以下、银行组织、独立、商业银行、储蓄机构、银行控股公司、储蓄机构控股公司	社区银行、资产规模(10亿美元以下)、银行组织

---

① 语义学研究符号在全部表述方式中的意义;与之相对的是语用学,它研究符号之来源、使用和效果。郭毅、王兴、章迪诚、朱熹(2010)认为:"意义"在语义学中是二价的,而在语用学中则是三价的。语义研究的是"A的意思是B";而语用学研究的是"说话者C通过话语A来表达B的意思"。

② 此处的编码是一种质性研究的重要方法,来源于扎根理论;而前文所提的编码化,意指隐性知识通过文字符号显性化的过程。编码过程参见[美]J., Lofland, D. A., Snow, L., Anderson, L. H., Lofland:《分析社会情境:质性观察与分析方法》,重庆:重庆大学出版社,2009年版:229-239。编码也可细分为开放编码、关联编码和核心编码三个阶段;在三阶段中,核心编码与关联编码之间的关系类似于等级编码,即核心编码包含了关联编码;参见[美]E., Babbie:《社会学研究方法》,北京:华夏出版社,2005年版:367-371。

第十一章 ATM 发展趋势

续表

提出者	国别	定义描述	开放编码	集中编码
徐滇庆（2001）	中国	社区银行实质是一种民营银行，专门在社区里为中小企业服务③	社区银行、民营银行、专门、社区、为中小企业服务	社区银行、民营银行、社区、中小企业客户
巴曙松（2002）	中国	社区银行是在一定地区的社区范围内按照市场化原则自主设立、独立按照市场化原则运营、主要服务于中小企业和个人客户的中小银行	社区银行、一定地区、社区范围、市场化原则、自主设立、独立经营、主要服务中小企业和个人客户、中小银行	社区银行、一定地区（社区）、市场化原则、中小企业和个人客户、中小银行
晏露蓉、林晓甫（2003）	中国	社区银行是资产规模小、主要为经营区域内中小企业和居民家庭服务的地方性小型商业银行	社区银行、资产规模小、主要服务区域内中小企业和居民家庭、地方性、小型商业银行	社区银行、资产规模小、中小企业和居民、地方性小型银行
货币监理署"OCC"（2003）	美国	社区银行是资产规模在50亿美元以下的银行④	社区银行、资产规模、50亿美元以下	社区银行、资产规模（50亿美元以下）
应宜逊、李国文（2005）	中国	社区银行是小型商业银行、县域商业银行	社区银行、小型商业银行、县域商业银行	社区银行、小型商业银行、县域商业银行
何德旭、饶明、王智杰、（2011）	中国	社区银行（社区性金融机构）在网点布局方面的特点使金融服务向城乡多延伸一公里，缩短大多数社区居民在地理上到达金融网点的距离，从而弥补主流商业银行从经济欠发达地区撤并服务网点后留下的金融服务真空，平衡它们对落后地区企业和居民等弱势经济主体产生的金融排斥性（金融地理学观点）	社区银行、网点布局、金融服务、城乡社区、延伸一公里、缩短到达金融网点的距离、弥补金融服务真空、主流商业银行、经济欠发达地区、撤并服务网点、落后地区企业和居民、弱势群体、经济主体、平衡金融排斥性	社区银行、金融服务、城乡社区、缩短距离、平衡金融排斥性

续表

提出者	国别	定义描述	开放编码	集中编码
王红领（2011）	中国	社区银行是以人文关系为依托、以关系型借贷为主要业务的金融机构	社区银行、人文关系为依托、关系型借贷、主要业务、金融机构	社区银行、关系型借贷、金融机构
B. Bernanke（2009、2012）	美国	社区银行是资产规模在10亿美元（100亿美元）以下的银行⑤	社区银行、资产规模、10亿美元以下、100亿美元以下	社区银行、资产规模（10亿美元以下/100亿美元以下）
堪萨斯城联邦储备银行"FRBKC"（2012）	美国	社区银行具有规模小和大多数业务在当地社区开展两个关键特点，由于这两个特点往往相伴共存，而一家银行的规模又容易衡量，因此实践中常常以规模来定义社区银行⑥	社区银行、规模小、业务在当地社区开展、关键特点、定义的要点	社区银行、关键特点、规模小、当地社区
联邦存款保险公司"FDIC"（2012）	美国	社区银行主要是资产规模在10亿美元以下的中小银行⑦；但资产规模在10亿美元以上的银行，若满足贷款在资产中占比超过33%、核心存款在总资产中的占比高于50%、且少于4个州设立机构等条件，也是社区银行	社区银行、资产规模、10亿美元以下、中小银行、10亿美元以上、贷款资产占比、核心存款总资产占比、分支机构少于4个州	社区银行、资产规模（10亿美元以下等）、存贷款占比、分支机构分布（少于4个州）、中小银行
银监会（2013）	中国	社区支行（小微支行）是指定位于服务社区居民和小微企业的简易型银行网点，属于支行的一种特殊类型。与传统银行相比，功能设置简约、定位特定区域和客户群体、服务便捷灵活⑧	（中小商业银行）社区支行（小微支行）、定位、服务社区居民和小微企业、简易型银行网点、支行的特殊类型、功能设置简约、特定区域、客户群体、服务便捷灵活	中小商业银行（社区支行、小微支行）、社区、居民和小微企业、银行网点（支行）、服务便捷灵活、功能设置简约

续表

提出者	国别	定义描述	开放编码	集中编码
独立社区银行家协会"ICBA"（2013）	美国	社区银行是在特定行政区划内组建并独立运营，主要为当地中小企业和居民家庭提供个性化金融服务并保持长期业务合作关系的小银行，资产额介于数百万到数十亿美元之间⑨	社区银行、特定行政区划内、独立运营、当地中小企业和居民家庭、个性化金融服务、保持长期业务合作关系、小银行、资产额、数百万到数十亿美元间	社区银行、特定区域、当地（客户）、中小企业和居民家庭、个性服务、小银行、资产规模（200万到数十亿美元）
合计数	—	—	100	62（40）

注：①原载1981年美国《银行业》杂志，参见杨琴（2011）。

②该法案明确：社区银行是社区金融机构（CFIs）的主要构成，后者是业务范围集中在社区的金融机构的统称（陈雄兵、杨莹果、张伟峰，2013）。

③徐滇庆. 民营银行二百问 [M]. 北京：北京大学出版社，2001：91-107.

④2004年以前，货币监理署将资产规模在250亿美元以上的银行界定为大型银行，50亿美元至250亿美元界定为中型银行（刘春航，2012）。

⑤源自时任美联储主席在《金融危机和社区银行》演讲，2012年他在《展望社区银行的未来》演讲中把资产规模由10亿美元提升至100亿美元（刘春航，2012）。

⑥原载2003年第二季度美国堪萨斯城联邦储备银行《经济回顾》（堪萨斯城联邦储备银行，2012）。

⑦资产规模低于10亿美元的银行，若没有贷款或核心存款、境外资产在总资产中占比高于10%、特定领域资产占比超过50%，也不列为社区银行（刘春航，2012）。

⑧2013年12月13日，银监会印发《关于中小商业银行设立社区支行、小微支行有关事项的通知》（银监办发〔2013〕277号）。该通知在统筹研究中小商业银行支行发展模式的基础上，进一步明晰了其社区支行（小微支行）的牌照范围、业务模式、风险管理和退出机制等内容，并明确了相应的审批管理程序。

⑨何梅. 美国社区银行的经营特点及对我国的启示 [J]. 乌鲁木齐：金融发展评论，2013（1）：42-44.

社区银行概念的争议目前主要表现为两个方面：一是理论的中外争议，即理论上国外相关机构与国内研究者的认识存在不同，出发点和关注点也不一样；二是实践的中美差异，即业务上美国的与中国的社区银行业务存在一定不同，发展模式也不尽相同。由此，理论的中外差异导致关于社区银行的概念众说纷纭，始终没有达成一致的意见；而实际的中美差异导致对社区银行的理解有较大差别，舆论界和银行业内都存在争论。目前，对社区银行的概念界定主要分五个流派：一是地理范围论，即以服务覆盖的半径界定社区银行；二是资产规模论，即以资产规模的大小界定社区银行；三是国别论，即认为定义中美有别，美国的中小银行才是社区银行、中国还没有真正意义上的社区银行；四是所有制论，即认为只有民营银行才能算作社区银行，公有制银行不能视为社区银行；五是形态论，即认为社区银行就是自助银行，或者称为"金融便利店"。我们认为，作为商业银行的一种，在各国业态比较规范、竞争相对充分、经营不断提升的情况下，社区银行本身并不具有独占性、唯一性，易于被其他国家地区学习、引入和创新。除美国外，欧美发达国家甚至一些发展中国家和地区也有类似的社区银行，只是名字不同而已。例如，德国称为"区域银行"、日本则叫做"地方银行"（王红领，2011）、孟加拉国还有"孟加拉乡村银行"（也译作"格莱珉银行"，Grameen Bank）模式，其创始人 M.，Yunus 还因此荣获 2006 年诺贝尔和平奖。

由表 11-2 不难看出，社区银行的界定主要与资产规模、覆盖地域、客户种类和服务内容等联系紧密，一般意指资产规模较小（一般在 10 亿美元以下）、立足本地、主要面向中小企业和零售客户并提供个性化服务的商业银行。从此意义上，我们可以进一步理解社区银行的本质及其相关概念的区别。简而言之，社区银行的实质就是中小型商业银行，所谓"社区"实际隐含了它的覆盖范围（本地）、服务对象（主要面向中小企业和零售客户）和业务特征（可以提供个性化金融服务），这符合其中小型规模的定义，二者相辅相成。所以，地理范围论和资本规模论主要在于研究视角不同，中外有别论和所有制论我们还会在社区银行的特征、主要模式等部分讨论。需要说明的是，由其实质可以推论：社区银行而非仅仅服务模式创新的自助银行，也并非渠道模式创新的超市银行，更不能简单理解为技术模式创新的智能银行。社区银行可以采用自助银行的服务模式,也可以选择超市银行的渠道模式,还可以使用智能银行的技术模式,并不拘泥于具体形式,自助银行和"金融便利店"只是社区银行的表现形式之一。因此,简单的"形态论"并不成立。

三、社区银行的特征

(一) 社区银行特征和主要维度

既然我们已经明确了社区银行的定义,那么,作为中小型的、地方性的、面向本地中小型企业和个体客户的、服务个性化的商业银行,社区银行具有哪些特征?这些特征主要基于哪些维度来区分?依据前文对14组(15组次)代表性定义的编码,我们梳理出8个维度,按累计频次高低如表11-3所示。特征也体现了其来源,频次为来源即所涉及定义数量的累加。

表11-3　　　　　　　　社区银行的维度和特征

维度	特征(核心编码与提出者)	频次
银行规模 (主要)	资产规模10亿美元以下/中小银行(FSMA, 1999; Bernanke, 2009; FDIC, 2012)、资产规模50亿美元以下(OCC, 2003)、资产规模100亿美元以下(Bernanke, 2012)、资产规模数百万美元到数十亿美元/小银行(ICBA, 2012)、规模小(FRBKC, 2012)、中小银行(巴曙松,2002)、小型银行/资产规模小(晏露蓉、林晓甫,2003)、小型商业银行(应宜逊、李国文,2005)、中小商业银行(银监会,2013)	10(考虑一致性不含Bernanke, 2012)
覆盖范围 (主要)	本地(Gibson, 1981)、当地(ICBA, 2012)、地方性(晏露蓉、林晓甫,2003)、当地社区(FRBKC, 2012)、社区(徐滇庆,2001; 巴曙松,2002; 银监会,2013)、城乡社区(何德旭、饶明、王智杰,2011)、县域商业银行(应宜逊、李国文,2005)、(资产规模10亿美元以上的)分支机构少于4个州(FDIC, 2012)	10

续表

维度	特征（核心编码与提出者）	频次
服务对象（主要）	个体和企业客户（Gibson, 1981）、中小企业和个人客户（巴曙松, 2002）、中小企业和居民（晏露蓉、林晓甫, 2003）、中小企业和居民家庭（ICBA, 2012）、居民和小微企业（银监会, 2013）、中小企业客户（徐滇庆, 2001）	6
业务种类（主要）	个性服务（Gibson, 1981；ICBA, 2012）、金融服务（何德旭、饶明、王智杰, 2011）、功能设置简约/便捷灵活服务（银监会, 2013）、关系型借贷（王红领, 2011）	5
组织类型	银行组织（FSMA, 1999）、商业银行（应宜逊、李国文, 2005）、金融机构（王红领, 2011）、（中小商业）银行网点/支行（银监会, 2013）	4（不含银行）
所有制	民营银行（徐滇庆, 2001）	1
设置原则	市场化原则（巴曙松, 2002）	1
关键指标	（资产规模10亿美元以上的）存贷款占比（FDIC, 2012）	1

从这 8 个维度来看，银行规模、覆盖范围、服务对象和业务种类成为衡量社区银行的 4 个主要维度，其关注度分别占既选定义的 71%（10/14）、71%（10/14）、43%（6/14）和 36%（5/14）。这印证了前文所提到社区银行界定五大流派中的资产规模论和地理范围论。其中，银行规模维度的特征主要表述为"中小银行"（5 次）或"资产规模 10 亿美元以下"（3 次），各监管机构对于资产规模的额度界限存在一定差异；覆盖范围维度的特征主要表述为"本地"或"当地"等（4 次）以及"社区"等（4 次），最为明确的是"分支机构少于 4 个州"（FDIC, 2012）；服务对象维度的特征主要表述为"中小微企业客户"等（5 次）和个人客户等（5 次），这类客户公认为社区银行服务的主体；业务种类维度的特征主要表述为个性服务（2 次），以"关系型借贷"业务为代表（王红领, 2011）。尽管可能存在独立的储蓄机构、银行控股公司以及储蓄机构控股公司等其他金融机构的形式（FSMA, 1999），但由于社区银行已基本明确为银行，故组织类型中未将"银

行"作为核心编码,这一维度可以不作为特征存在。由于所有制、设置原则和关键指标3个维度关注较少,故也不能作为衡量社区银行的主要维度,而作为辅助参考的次要维度。综上所述,五大流派中的国别论、形态论并未得到检验,所有制论仅有1位学者提及,关注度严重不足。

(二) 社区银行定义主体的特征差异

由于社区银行定义的提出者,即研究主体主要分为研究者(7组)与监管机构[①](7家)两大类,那么他们之间是否存在差异?这一问题值得考量,对此我们借助表11-4来探索这一问题。从主要维度上看,监管机构最关注社区银行的规模,其次分别是覆盖范围、业务种类和服务对象;而研究者最关注社区银行的覆盖范围,其次分别是服务对象、银行规模和业务种类。从社区银行规模维度的特征上看,监管机构对其资产规模一般有明确的要求,占提出频次的71%(5/7),而研究者尚未给出一个具体标准(0/3),这体现了监管机构和研究者所处利益主体和工作责任的差异;从覆盖范围维度的特征上看,两者没有太大区别,但有监管机构明确社区银行"分支机构少于4个州"(FDIC,2012);从服务对象维度的特征上看,两者观点基本一致;从业务种类维度的特征上看,两者也没有明显区别,但有研究者明确提出"个性服务"的具体表现为"关系型借贷"(王红领,2011),较监管机构更为明确。

---

① 含联邦储备银行和独立社区银行家协会等机构及其制定的法案;由于Bernanke曾在2006—2014年任美联储主席,讲话分别发表于2009年和2012年,其意见一定程度上代表了美联储的意见,故将其归为监管机构。

表 11-4　社区银行定义主体对主要维度和特征的对比

主要维度	监管机构关注特征	频次	研究者关注特征	频次
银行规模	资产规模10亿美元以下/中小银行（FSMA，1999；Bernanke，2009；FDIC，2012）、资产规模50亿美元以下（OCC，2003）、资产规模100亿美元以下（Bernanke，2012）、资产规模数百万美元到数十亿美元/小银行（ICBA，2012）、规模小（FRBKC，2012）、中小商业银行（银监会，2013）	7（考虑一致性不含Bernanke，2012）	中小银行（巴曙松，2002）、小型银行/资产规模小（晏露蓉、林晓甫，2003）、小型商业银行（应宜逊、李国文，2005）	3
覆盖范围	当地（ICBA，2012）、当地社区（FRBKC，2012）、（资产规模10亿美元以上的）分支机构少于4个州（FDIC，2012）、社区（银监会，2013）	4	本地（Gibson，1981）、地方性（晏露蓉、林晓甫，2003）、社区（徐滇庆，2001；巴曙松，2002）、城乡社区（何德旭、饶明、王智杰，2011）、县域商业银行（应宜逊、李国文，2005）	6
服务对象	中小企业和居民家庭（ICBA，2012）、居民和小微企业（银监会，2013）	2	个体和企业客户（Gibson，1981）、中小企业和个人客户（巴曙松，2002）、中小企业和居民（晏露蓉、林晓甫，2003）、中小企业客户（徐滇庆，2001）	4
业务种类	个性服务（ICBA，2012）、功能设置简约/便捷灵活服务（银监会，2013）	2	个性服务（Gibson，1981）、金融服务（何德旭、饶明、王智杰，2011）、关系型借贷（王红领，2011）	3

(三) 社区银行定义国别的特征差异

那么,社区银行的主要维度与特征是否中美有别?即研究主体还可以主要分为美国提出者(7组)与中国提出者(7组)两大类,那么他们之间是否存在差异?这一问题也值得考量,对此我们借助表11-5来探索这一问题。从主要维度上看,美国提出者最关注社区银行的规模,其次分别是覆盖范围、服务对象和业务种类;而中国提出者最关注社区银行的覆盖范围,其次分别是银行规模、服务对象和业务种类。从社区银行规模维度的特征上看,美国提出者(主要是监管机构)对其资产规模一般有明确的要求,占提出频次的83%(5/6),而中国提出者尚未给出一个直接标准(0/4);从覆盖范围维度的特征上看,两者没有太大区别,但中国提出者对社区银行的界定分歧较大,例如有提出地方性、社区、县域等均存在相当的差别,一定程度反映了由于中国城乡"二元结构"导致的认知差异;从服务对象维度的特征上看,两者观点基本一致,中国银监会(2013)更强调对"微型企业"的服务;从业务种类维度的特征上看,两者也没有明显区别,但有中国提出者明确"个性服务"的具体表现为"关系型借贷"(王红领,2011)或"便捷灵活服务"(银监会,2013),较美国提出者更为明确。

表11-5 社区银行定义国别对主要维度和特征的对比

主要维度	美国关注特征	频次	中国关注特征	频次
银行规模	资产规模10亿美元以下/中小银行(FSMA,1999;Bernanke,2009;FDIC,2012)、资产规模50亿美元以下(OCC,2003)、资产规模100亿美元以下(Bernanke,2012)、资产规模200万美元到数十亿美元/小银行(ICBA,2012)、规模小(FRBKC,2012)	6(考虑一致性不含Bern-anke,2012)	中小银行(巴曙松,2002)、小型银行/资产规模小(晏露蓉、林晓甫,2003)、小型商业银行(应宜逊、李国文,2005)、中小商业银行(银监会,2013)	4

续表

主要维度	美国关注特征	频次	中国关注特征	频次
覆盖范围	本地（Gibson，1981）、当地（ICBA，2012）、当地社区（FR-BKC，2012）、（资产规模10亿美元以上的）分支机构少于4个州（FDIC，2012）	4	地方性（晏露蓉、林晓甫，2003）、社区（徐滇庆，2001；巴曙松，2002；银监会，2013）、城乡社区（何德旭、饶明、王智杰，2011）、县域商业银行（应宜逊、李国文，2005）	6
服务对象	个体和企业客户（Gibson，1981）、中小企业和居民家庭（ICBA，2012）	2	中小企业和个人客户（巴曙松，2002）、中小企业和居民（晏露蓉、林晓甫，2003）、居民和小微企业（银监会，2013）、中小企业客户（徐滇庆，2001）	4
业务种类	个性服务（Gibson，1981；ICBA，2012）	2	金融服务（何德旭、饶明、王智杰，2011）、关系型借贷（王红领，2011）、功能设置简约/便捷灵活服务（银监会，2013）	3

四、社区银行的主要模式

（一）从业务种类上，美国的关系信贷模式

作为社区银行的发源地，其在美国的发展最成熟也最普遍。自1837年美国第一部银行法案《自由银行条例》（FBA）颁布以来，1867年第一家社区银行在Lykens Valley成立并以所在地命名；其历经了自由发展（1837—1929）、严格管制（1930—1980）和放松管制（1980至今）三个主要阶段（李果仁，2009；苗萌萌，2013）。从数量上看，放松管制初期社区银行一度达到 14 078 家,目前保持在 7 000 家左右[①]。既然社区银行的服务对象已经明确为个人和中小企业客户,而个人客户在大型银行和中小银行之间并无明显差别,因此美国社区银行的核心特征体现为对中小企业客户服务的内涵及其技术,也是其与大银行的主要差别(汪卫芳,2012)。Berger 和 Udell(1995)将商业银行的企业贷款技术分为财务报表、抵押担保、信用评分和关系型贷款(Relationship Lending)四种类型,前三类统称为交易型贷款(Transactions Lending,Berger&Udell,2001),主要在大型银行应用,而关系型则是社区等中小银行主要采用的信贷技术。该技术通过社区银行的信贷专员与中小企业业主及利益相关者长期、多渠道、多维度的联系和积累,更加倚重难以观察、获取、量化、检验及传递的"软信息"(Soft Information),从而达到替代财务数据、信用评分等硬信息(Hard Information)的效果(严谷军,2006;王红领,2011)。这类硬信息往往更容易从大型企业特别是上市公司获取,它们管理更为规范、信息披露更为及时、全面、准确。因此,信贷技术的应用差别主要在于不同规模企业的经营管理水平,特别是其财务信息的搜集、公布的时效性、全面性和准确性上的差异,导致中小企业和大企业信贷方法存在不同。美国社区银行的"关系信贷"模式也被移植和复制到许多国家和地区,互相借鉴和影响,如英国、德国、法国、荷兰、日本和苏格兰等(王修华、彭建刚,2007),成为社区银行的主流模式。

(二)从设立方式上,澳大利亚的特许经营模式

美国的关系信贷模式凸显了社区银行的业务种类,并展示了其差异化的服务对象,这解释了社区银行四个主要维度中的两者。此外,社区银行在其规模和覆盖范围上是否有所突破?澳大利亚 Bendigo 社区银行的"特许经营"模式独树一帜,值得借鉴(褚保金、龚凤霞,2005)。

[①] 数据来源:www.icba.org 和 www.fdic.gov。

这一模式的产生有其特殊背景，20世纪90年代，由于银行业竞争加剧，合并浪潮风起云涌，澳大利亚各家银行大量撤并分支机构，仅1993年6月至1999年6月，全澳累计关闭了1 706家分支机构，导致部分城镇出现了"银行真空"，难以满足当地居民基本的金融需求，加剧地区资金外流。为了快速填补这一空白，同时确保新设立社区银行的服务品质，Bendigo银行首创了特许经营模式。这一模式借鉴了连锁快速消费企业的通行做法：社区银行由当地居民和中小企业发起，在5平方公里内享有特许经营权，设有独立的股东大会、董事会，独立经营管理并雇用员工，必须完全遵守Bendigo银行的经营管理和产品服务要求；Bendigo银行负责向社区银行提供其营业执照、商标使用权、金融产品和服务、经营建议与专业培训，负责贷款审批并保护存款人的利益，作为智囊参与股东大会和董事会，并按特许协议获取社区银行一定比例的盈利。简而言之，Bendigo银行将其金融技术优势与社区闲散资金有机结合起来，在实现快速扩张的同时，确保了新设社区银行的运营安全和风险管理，将美国模式的"传统百年老店"创新为"快速加盟分号"。因此，澳大利亚的特许经营模式源于美国的关系信贷模式，又超越了关系信贷模式，既体现了社区银行作为中小银行的自主经营、自负盈亏，又结合了大银行的经营技术和管理经验，以特许经营模式为桥梁，实现了"小社区"与"大银行"的双赢。

（三）从业态形式上，中国的金融生态模式

随着社区银行走出美国，其内涵和外延不断拓展。例如，澳大利亚的特许经营模式变相突破了美国关系信贷模式的资产规模和覆盖范围，尽管单家社区银行的覆盖范围有限，但作为"加盟店"的Bendigo品牌和分支机构已经覆盖全国，其资产规模和品牌价值快速增长。对此，Berger（2003）认为社区银行的定义要因地制宜：对发达国家应采用传统的定义，即私人所有的中小银行；对发展中国家还应包括外国银行和国有银行分支机构,即所谓"社区型银行"(赵革,2010),并不需要将邮储银行、城商行、农商行、村镇银行等既有银行改组,它们已经是"中国式社区银行"的重要组成。由此,中国的社区银行包括了以下三种类型:一是大型银行的社区分支机构,主要包括五大国有银行、股份制银行在城市、城镇的分支机构以及农业银行、邮储银行在村镇、乡村的分支机构,它们无社区银行之名,却承担着社区银行之实;二是中小型银行的社区分支机构,主要包括城商行在城市、城镇的分支机构以及农商行、村镇银行、农信社在村镇、乡村的分支机构,它们既有社区银行之名,又承担着社区银行之实;三是一些大中型银行为社区金融服务而建立的便利式、自助型、混合型社区银行,如国开行的社区金融模式(罗剑,2011)、工商银行的"1+2+N"自助银行、民生银行和上海农商银行为代表的"金融便利店"、龙江银行的"小龙人"品牌混合型社区银行[①](陈一洪,2014)、广发银行的智能银行等,它们并非传统的社区银行,却在服务银行规模、覆盖范围和业务种类上超越了传统模式。需要说明的一点是,无论上述哪一类,其业务已经突破了传统的银行金融业务,涵盖了缴纳水电煤气费、手机充值,甚至购买电影票、影院选座等多种日常生活服务,有的在人工柜台和自助银行均能实现,与客户建立了一种新型的"金融生态"模式,通过多元化服务密切了其与银行的联系。此外,一些城商行扩张迅速,实现了全国布局,步入大型银行的门槛。不难看出,第一类和第三类在银行规模、覆盖范围、业务种类上均有突破;部分第二类在银行规模、覆盖范围和业务种类上也有所突破。

(四)美国、澳大利亚、中国三种主要模式的对比与启示

通过上述三种模式的归纳与简要案例分析发现,尽管美国是社区银

---

① 主要包括区域中心型、社区合作型、专业市场型、人工智能型等多种社区银行模式,参见陈海波(2013)。

行的起点,并在欧洲、日本等国家和地区实现了普及,却在澳大利亚和中国衍生出不同的发展模式和经营形态①。事实上,中国也有美国模式的传统社区银行,扎根"关系信贷"并专注个人和小微企业客户,例如,台州市商业银行、泰隆银行等(王红领,2011),但更多的是基于美国模式的再创新,颠覆了美国绝大多数社区银行坚守传统、保持审慎规模的原则,也颠覆了美国少数社区银行逐步发展成为大型银行的案例,如富国银行(Wells Fargo)就以加州旧金山市的社区银行为起点走向全美和世界,一度成为全球市值最大的银行之一(辛本胜、张兴荣,2012;赵志刚,2014)。而中国多种社区银行和业务种类并举的模式更有助于构建银行服务的"金融生态圈",最终实现了由上至下(从银行总部到社区分支机构)、由大到小(从大型银行到社区小型分支机构)、由人工到自助(从传统的社区银行网点到24小时自助银行)的全新模式。当然,这一模式的原因很大程度源于中国特有的城乡"二元结构"、国内既有的银行模式与布局以及业界对社区的理论和实践定义的差异。

表 11-6　　　　美国、澳大利亚、中国三种主要模式的对比

模式	国别	银行规模	覆盖范围	服务对象	业务种类	设立方式	所有制
关系信贷	美国	中小型	本地、少于4个州	个人和中小企业	个性化金融服务	独立法人	私营为主
特许经营	澳大利亚	中小型、变相大型	本地乃至全国	个人和中小企业	个性化金融服务	特许加盟	私营为主
金融生态	中国	大中小型兼有	本地乃至全国	个人和企业	个性化、自助金融服务	独立法人	国营为主

---

① 此外,有研究者提出还有其他模式,如巴西的 Bradesco 社区银行模式(姚世新,2008),但其实质与中国的邮储银行相似;又如孟加拉国乡村银行(Grameen Bank)模式,印度尼西亚人民银行农村信贷部(BRI-UD)模式、国际社区资助基金会村庄银行(FINCA-VB)模式等(樊大志,2014),尽管这类模式的目的不同,如孟加拉国乡村银行模式主要为了贫困妇女且专门用于支持创业,但与美国模式没有实质差别,这三类重在关注中低收入者和贫民客户,特征和部分功能类似中国的农信社、合作社。

由此，我们可以进一步回答前文提出的有关社区银行的五个流派及其论断：澳大利亚的特许经营和中国的金融生态社区银行模式一定程度上突破了地理范围论和资产规模论的约束；对比美国的关系信贷和中国的金融生态模式可以发现，国别论、所有制论和形态论并不成立。但是，上述三种模式在社区银行的主要维度上，即银行规模、覆盖范围、服务对象和业务种类上存在一定差异，特许经营模式主要体现在银行规模和覆盖范围两个维度的变相扩大，而金融生态模式主要体现在银行规模、覆盖范围的扩大和业务种类的丰富。

五、社区银行建设的建议

（一）社区银行需要认清"生态位"的组织定位

结合发达国家和地区社区银行的先进经验，中国的社区银行（这里主要指传统的中小社区银行）在以下方面均值得借鉴。首先，就是明确自身的定位即"生态位"，特别是在银行生态中所处的位置，社区银行无疑需要谋取"小生位"（蔡宁伟，2009），与大银行展开错位竞争。值得肯定的是，银监会印发《关于中小商业银行设立社区支行、小微支行有关事项的通知》正是基于中小商业银行的规模特质。其次，只有找准生态位，才能选择具有自身特色和比较优势的发展战略和道路，社区银行特别需要坚持传统、保守与谨慎的经营原则（孙章伟，2009），不盲目扩张、不过于自信[①]。最后，社区银行存在"一鸣惊人"的案例，例如美国的富国银行（Wells Fargo）等，但这类案例难以复制，在做大做强的过程中，特别需要快速走出总资产额介于 400 亿～

[①] 时任国务院副总理的王岐山有类似观点。2011 年 3 月 8 日，他在参加贵州代表团审议时指出，目前中国银行的布局不均衡，要警惕同质化；他同时指出，某城市商业银行做得很不错，但去年发展到哈尔滨去了，还想去上海。"我批评了他们，我一打个盹，你们就跑了。北京还不够你们干的，你们跑了，北京谁来管？"

3 500亿美元的"死亡之谷"（Death Valley）（Holland &Westwood，2001），这一阶段的银行规模效应不足又难以维系原有的精专。社区银行要么走大型银行发展之路，要么继续坚持中小银行的方向，确保业务发展的延续和稳健。

（二）社区银行需要搜集"软信息"来精耕细作

在明确社区银行的组织定位之后，还需要坚持社区银行的本质——即美国关系信贷模式。事实上，无论社区银行演化为哪种模式，完成了多少创新，实现了多大跨越，关系型信贷始终是其核心竞争力的最好诠释。一些学者提出：民营银行是中小企业融资的最佳选择之一，只有大力发展民营银行才能解决中小企业融资难的问题，这是基于国际经验总结的结果。尽管中国存在传统模式的社区银行，但是中国的民营银行却与国际经验存在一定差异。王红领（2011）通过对各家银行的实际比较得出，中国民营银行的代表民生银行与大型国有银行的贷款选择和倾向相似，追求信息更容易获取的大客户、大企业有过之而无不及，更不愿给中小民营企业放贷。这一差异可以看出无论民营银行还是社区银行追逐利润的本质特征，试图谋求更快更大的发展，因此所有制差别的解释并不成立。相比之下，关系型信贷的成本似乎较高、时间花费更长、需要对本地企业长期多元的追踪和全方位地了解[①]，有的信息甚至生僻到难以通过文字渠道传递，只能通过口口相传的途径多方打听、斟酌与核实。但这种方式确是社区银行赖以生存的基础，是大型银行难以企及的，任何环境都不容摒弃。

（三）社区银行需要招募"社区化"的本地人才

那么，如何才能更好地搜集"软信息"？首先，社区银行需要招募

---

① 对此，张振新、解汀滢、李玉兰（2012）对美国的社区银行与中小企业的"关系型信贷"模式的真伪与因果进行了实证检验，发现2003—2010年资产规模1亿美元以下的社区银行和储蓄机构，其绩效与中小企业贷款显著正相关，而与大型企业贷款显著负相关。

"社区化"的本地人才。只有招募这些土生土长的员工,社区银行才能够更深入地理解社区,理解社区中的个体、企业和文化。无论哪种模式都值得坚持本土人才策略,即便采取"特许经营"的澳大利亚 Bendigo 社区银行概莫能外,它并未强制社区银行使用非本土的银行或派遣员工。再次,社区银行还需要根据业务实际,构建"扁平化"的组织模式和岗位设置,在风险可控的前提下,给予本土人才灵活发展、适度授权的组织空间。再次,由于社区银行的小型化、人员有限等组织特征,还需要探索"股权型"的激励机制,从制度上避免"内部人效应",让每一位员工特别是核心员工真正实现"以行为家"、"爱行如家",将职业作为事业。最后,需要强调的是,社区银行的发展离不开社区,因此其选择地址也很重要。例如,每百万人银行机构密度中美差异较大,2011 年美国每百万人拥有 24 家银行机构(陈雄兵、杨莹果、张伟峰,2013),而 2012 年广州每百万人已拥有 200 家银行网点(欧阳卫民,2013);中国东西、城乡的银行机构分布严重不均衡,需要向老少边穷等地区发掘潜力而非向已经高度集中的城市延伸。

(四)社区银行需要得到"全国性"的存款保障

近期,国内不少融资平台出现了接二连三的"跑路"现象,导致投资人的收益严重受损。如何保护存款人的利益?如何规避中小型金融机构倒闭的风险隐患?这是中国金融业内和舆论普遍关注的话题。美国的案例则启示我们,除了日常监管之外,还应该由国家牵头并推动尽快建立存款保障机制。社区银行有其益处,也有其弊端,最突出的情况就是因为规模较小,抵抗风险的能力不足,资产规模等较大型银行有很大的差距。在 2008 年美国金融危机期间,已经有一定程度的体现,社区银行设立的速度一度放缓(陈正玉,2011)。如果是个别社区银行的倒闭,可能银行的所有人、股东和当地政府还能组织对存款人的偿付。一旦由于经济衰退、国内外经济环境变化影响导致区域性、全国性社区银行倒闭,则存在较大的系统性风险,需要有一套准备和应急机制来应对。从百年来美国对社区银行比较成功的监管和保障体系来看,全国性的存款保障机制尤为重要。例如,美国的联邦存款保险公司(FDIC)发挥了重要的"稳定器"和坚强的"后盾"作用(陈雄兵、杨莹果、张伟峰,2013)。

(五)构建中国社区银行建设的特征与要素模型

中国模式的"社区便利店"使用效果究竟如何?对此,我们对某商业银行在北京市某小区的社区自助银行进行了为期8个月的跟踪调研。从2014年1月到8月,选择每个月不同周末①(上中下旬)的不同时段都去该自助银行实地观察,累计20次,涵盖了上午、中午、下午、晚上、凌晨等各个时段,每次观察15分钟,累计5个小时。调研发现,该社区自助银行主要由1台自动柜员机、1台银联便民支付终端、1台菜篮子便民服务平台和1台电话银行终端组成;除了5月某周六的下午时段(14:00~18:00)遇到1位客户在自动柜员机取款,其他时段均没有客户进入。其原因很大程度在于该小区周边银行网点密度较大,1公里路程内有工行网点2家、建行和北京银行网点各1家。根据我们随机访谈的小区居民观点,尽管该社区自助银行距离更近,但小区出门就是工行网点,周边还有其他银行网点,每天出门遛弯、买菜就顺便办理了业务,还有人工引导和服务,更为安全便捷。我们可以推断,社区银行的定位、选址尤为重要,在银行网点密度较小的地区有着更广阔的应用和前景。

结合上述归纳的中国"金融生态"模式以及对中国社区银行建设的建议,我们认为,中国社区银行建设具有如下特征:一是在银行规模上大中小型银行共同参与,呈现百花齐放的业态;二是在覆盖范围上各类

---

① 之所以选择周末主要出于三方面因素考虑:一是周边网点可能存在周末等节假日休息的情况,如春节等,但自助银行24小时全天候服务,因此理论上周末的服务效果应该比工作日更好,更能体现其使用情况;二是根据访谈,小区居民多在工作日上班,因此更容易在离家的过程中"顺便"选择其他银行网点办理业务;三是我们的实地调研和观察主要利用的是休息时间,工作日难以完成,特别是工作日上下午的实际情况。

银行有所差异，立足本地面向全国；三是在服务对象上主要面向个人和企业客户，而不仅仅是中小企业；四是在业务种类上增加了与日常生活相关的缴费等金融业务，除了人工金融服务外还提供24小时自助金融服务。如图11-3中间方框所示，其中a和b的模式主要由国有银行和股份制银行区别建设，中小型商业银行也有一定程度的模仿和参与。在图11-3的左边方框中，我们提出了社区银行内部建设的五大要素，如前文所述，目前中国社区银行在差异化定位、低密度选址、扁平化组织、本地化人才和股权激励措施等方面还做得远远不够，需要综合考量与改进。在图11-3右边方框中，我们提出社区银行外部监管要素，存款保险制度、社区银行的界定标准、针对性的差异化监管要求以及定向扶持政策等方面还需要监管机构、各级政府进一步梳理和完善，构建监管机构常规监管和行业协会自律监管的外部监管体系（邓向荣、苗萌萌，2012），尽快弥补这一领域的缺位。之所以用双向箭头联系中国模式特征与内外部要素，是因为社区银行建设需要"内修外炼"的共同作用，才能促进社区银行坚守自己的比较优势，逐步引导其走向繁荣和常青。

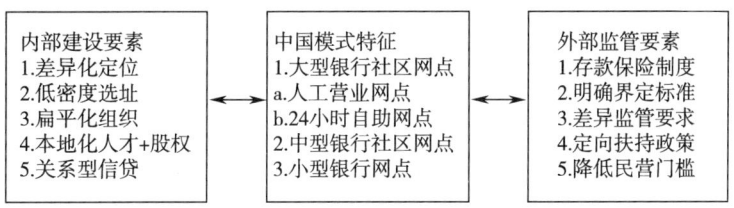

图11-3　中国社区银行建设的特征与要素模型

六、研究意义、局限与展望

（一）研究意义

有关社区银行的研究具有理论和实践上的双重意义。首先，对社区与社区银行概念进行了梳理、选择和编码,发现传统社区银行的实质就是中小型商业银行,所谓"社区"实际隐含了它的覆盖范围(本地)、服务对象(主要面向中小企业和零售客户)和业务特征(可以提供个性化金融服务)。其次,通过内容分析技术明确了社区银行的四个维度和特征,分别是银行规模、覆盖范围、服务对象和业务种类。其中,监管机构更关注银行规模,而研究者更重视覆盖范围;美国提出者更关注银行规模,而中国提出者更重视覆盖范围且对社区和社区银行的界定分歧较大。再次,通过案例研究和实地调研归纳出社区银行的三种主要模式:一是传统的美国"关系信贷"模式,二是创新的澳大利亚"特许经营"模式,三是衍生的中国"金融生态"模式。其中,"特许经营"模式主要体现在银行规模和覆盖范围两个维度的变相扩大,而"金融生态"模式主要体现在银行规模、覆盖范围的扩大和业务种类的丰富。因此,中国的社区银行实践表现为由大型银行的社区分支机构、中小型银行和社区自助银行组成的"社区银行共同体"。最后,结合发达国家和地区社区银行的先进经验,提出了中国建设社区银行的四点建议,构建了中国社区银行建设的特征与要素模型。我们认为,并不需要将邮储银行、城商行、农商行、村镇银行等既有银行改组,它们已经是"中国式社区银行"的重要组成部分;目前中国社区银行在差异化定位、低密度选址、扁平化组织、本地化人才和股权激励措施等方面还做得远远不够;就社区银行外部监管要素而言,存款保险制度、社区银行的界定标准、针对性的差异化监管要求以及定向扶持政策等方面还需要进一步梳理和完善,尽快弥补这一领域的缺位,同时也可作为民营银行建设的突破口。

(二) 研究局限

目前,社区银行概念的争议主要表现为两个方面:一是理论的中外争议,即理论上国外相关机构与国内研究者的认识存在不同,出发点和关注点也不一样；二是实践的中美差异，即业务上美国的与中国的社区银行业务存在一定不同，发展模式也不尽相同。由此，理论的中外差异导致关于社区银行的概念众说纷纭，始终没有达成一致的意见；而实践的中美差异导致对社区银行的理解有较大差别，舆论界和银行业内都存在争论。目前，对社区银行的概念界定主要分五个流派：一是地理范围论，二是资产规模论，三是国别论，四是所有制论，五是形态论。本研究拟采取内容分析、案例研究、实地调研等质性研究方法，发现地理范围论和资产规模论基本成立，而国别论在理论上差异不大尽管实践模式存在差异，所有制论和形态论并不成立。我们注意到，美国的监管机构更关注对社区银行规模的界定，如提出资产规模在 10 亿美元以下等标准（FSMA，1999；Bernanke，2009；FDIC，2012）。王红领（2011）也提出界定社区银行边界的两个原则：一是该银行信贷业务的经营半径，二是该银行员工中客户经理的比重。她通过台州市商业银行和泰隆银行的两则案例研究发现：信贷业务的经营半径不出城市（县）、且员工中客户经理的比重一般大于等于 40%。但是，由于数据搜集整理、缺乏定量参考和监管依据缺失等导致本研究并未提出一个明确的、定量的界定社区银行的标准。下一步，还需要通过数据搜集、统计分析并结合进一步的监管要求和专家访谈等，归纳和提炼社区银行的资产规模、覆盖范围、客户经理比重等客观数据和界限，便于理论划界和实践操作。

（三）研究展望

在社区银行的国际实践中，美联储等监管机构十分重视社区银行的发展，并视之为国家经济的"晴雨表"，在美国经济中扮演着重要角色（Bernanke，2006）。从中国的实践来看，社区银行也可作为民营银行组建的突破口，进一步丰富银行的生态系统，解决现有金融体系中的结构性矛盾，避免金融排斥性（Financial Exclusion）；同时，通过政策和监管要求倡导中小社区银行回归长期的关系信贷模式，解决中小企业和小微企业融资难、融资慢、融资贵的难题，最终建立普惠金融体系（Inclusive Finance System）来实现金融的包容性（何德旭、饶明、王智杰，2011）发展。那么，在界定社区银行内涵、特征和模式的基础上，如何衡量社区银行的建设和发展？由哪些指标可以作为衡量的基准？Bernanke（2006）提出社区银行持续健康的一个有力指标是新社区银行持续创建的比率，而国内尚未有学者提出明确的标准。值得关注的是，新社区银行持续创建比率并非一个严格意义的金融指标，而更接近企业生命周期（Life Cycle）的范畴，并更类似中小企业持续创建比率的内涵。下一步，有兴趣的研究者还可以关注类似的指标，构建包括资产收益率（ROA）、资本收益率（ROE）和效率比值（ER）在内的金融类和包括生命周期（存续年数）、持续创建比率（新增/存量）在内的非金融类社区银行综合评价的指标体系、健康指数和参照基准。不仅可以给监管机构提供有效的管理依据，也可以作为社区银行衡量自身情况的客观标准。

参考文献

[1] 巴曙松. 社区银行能否成为中国银行业放松管制的突破口 [J]. 南京：现代管理科学，2002（7）：19–21.

[2] 蔡宁伟. 关于商业银行规模的再思考 [J]. 北京：金融论坛，2009（12）：17–23.

[3] 陈海波. 社区金融服务我行先行——龙江银行社区银行模式的探索 [J]. 北京：农村金融研究，2013（6）：75–77.

[4] 陈雄兵，杨莹果，张伟峰. 美国社区银行发展的挑战与前景分析 [J]. 北京：亚太经济，2013（1）：60–65.

[5] 陈一洪. 社区银行建设的美国经验、国内现状与发展 [J]. 武汉：武汉金融，2014（5）：49–52.

[6] 陈正玉. 社区银行发展的经济学分析与路径选择 [J]. 北京：中国金融, 2011（22）：82-83.

[7] 褚保金, 龚凤霞. 澳洲社区银行的发展及对中国的启示 [J] 南京：金融纵横, 2005（1）：14-16.

[8] 邓向荣, 苗萌萌. 美国社区银行的风险控制体系特点及经验借鉴 [J]. 北京：国际金融研究, 2012（10）：76-84.

[9] 樊大志. 强化创新社区金融服务 [J]. 北京：中国金融, 2012（21）：21-23.

[10] 郭翠荣. 金融中介结构性转变的若干问题探讨 [J]. 济南：山东财政学院报, 2002（1）：29-35.

[11] 郭毅, 王兴, 章迪诚, 朱熹（2010）."红头文件"何以言行事？——中国国有企业改革文件研究（2000—2005）[J]. 北京：管理世界, 2010（12）：74-89.

[12] 何德旭, 饶明, 王智杰. 论社区银行与金融包容性发展[J]. 北京：中共中央党校学报, 2011（5）：36-40.

[13] 何华峰. 宏观调控遇到新问题：黑市资金替代银行资金 [J]. 北京：金融信息参考, 2004（11）：33.

[14] 堪萨斯城联邦储备银行. 社区银行在美国经济中的作用[J]. 乌鲁木齐：金融发展评论, 2012（10）：98-103.

[15] 李果仁. 美国社区银行的发展及对我国的启示 [J]. 上海：上海金融学院学报, 2009（5）：42-45.

[16] 李征. 银行进超市, 三方得利益 [J]. 北京：中国商贸, 1996（14）：16.

[17] 梁朕. 超市银行 [J]. 上海：新金融, 1999（9）：29.

[18] 刘春航. 美国社区银行的经营模式及启示 [J]. 北京：中国金融, 2012（14）：60-63.

[19] 卢汉龙. 中国城市社区的治理模式 [J]. 上海：上海行政学

院学报，2004（1）：56-65.

[20] 罗剑. 大型银行的金融创新实践——成都武侯区社区金融案例分析［J］. 成都：西南金融，2011（5）：44-46.

[21] 苗萌萌. 金融脱媒背景下美国社区型银行发展路径及效率研究［D］. 天津：南开大学博士论文，2013.

[22] 欧阳卫民. 社区金融助推幸福社区建设［J］. 北京：中国金融，2013（12）：65-66.

[23] 孙章伟. 美国社区银行的最新发展和危机中的财务表现［J］. 上海：新金融，2009（8）：30-34.

[24] 汪卫芳. 美国社区银行模式对中小商业银行发展的启示［J］. 武汉：统计与决策，2012（12）：167-170.

[25] 王红领. 社区银行：我国微型金融机构改革的方向［J］. 福州：发展研究，2011（5）：24-33.

[26] 王修华，彭建刚. 社区银行发展的经济学分析与路径选择［J］. 北京：金融论坛，2007（3）：53-57.

[27] 文静. 金融机构"非银行化"发展研究［D］. 上海：复旦大学博士论文，2003.

[28] 小雨. 美国的超市银行［J］. 广州：南方经济，1994（2）：69.

[29] 辛本胜，张兴荣. 从社区银行到全球金融巨擘——解读美国富国银行本土市场"蝶变"之道［J］. 北京：国际金融，2012（12）：25-30.

[30] 辛洪涛. 对主流银行形成理论的反思［J］. 贵阳：贵州财经学院学报，2007（6）：42-46.

[31] 徐静. 深圳平安银行迈开新路［N］. 上海：上海金融报，2007-08-31.

[32] 严谷军. 关系型贷款与美国社区银行自生能力：一个文献综

述［J］．杭州：浙江社会科学，2006（4）：191-196.

［33］晏露蓉，林晓甫．中国社区银行的市场需求和发展可能分析［J］．北京：金融研究，2003（10）：115-123.

［34］杨克灿．发展强劲，多元微变——2012年中国ATM市场发展述评［J］．北京：金融时报，2013-03-12.

［35］杨克灿．竞争企稳，前景可观——2010年中国ATM市场发展述评［N］．北京：金融时报，2011-04-11.

［36］杨琴．我国农信社的社区银行转向［J］．北京：银行家，2011（3）：101-104.

［37］姚世新．成功的社区银行——记巴西BRADESCO银行［J］．北京：中国农村信用合作，2008（5）：76-77.

［38］佚名．地下钱庄应引起高度警觉［J］．北京：领导决策信息，2002，（25）：26.

［39］应宜逊，李国文．关于发展社区银行的几点认识［J］．杭州：浙江经济，2005（19）：52-54.

［40］詹向阳．什么决定商业银行的命运［J］．天津：信息系统工程，2000，（11）：46.

［41］张振新，解汀滢，李玉兰．美国社区银行绩效与中小企业贷款关系研究［J］．大连：东北财经大学学报，2012（3）：77-82.

［42］赵革．中国社区型银行的制度分析［D］．天津：天津财经大学博士论文，2010.

［43］赵志刚．美国社区银行发展模式［J］．北京：中国金融，2014（3）：74-76.

［44］中国平安．中国平安集团简介［DB］．深圳：http://www.pingan.com/，2008-04-11.

［45］祝文剑．地下钱庄揭秘［J］．北京：啄木鸟，2003（1）：46-59.

[46][美]B., Bernanke. 美国社区银行及其监管[J]. 北京：银行家, 2006 (5): 95-98.

[47] Ewan Puckle Hobbs. 超市银行的挑战和机会[J]. 台北：金融思维电子报, 2004 (3).

[48][美] Fabozzi, Modigliani, Ferie. 金融市场与机构通论[M]. 大连：东北财经大学出版社, 2000.

[49] Jim Eckenrode. 当银行业遇到零售业：超市银行的最新状况[J]. 北京：金融思维电子报, 2004 (2).

[50][美] Michael Porter. 竞争战略[M]. 北京：华夏出版社, 2005.

[51][美] Xavier Freixas, Jean-Charles Rochet. 微观银行学[M]. 成都：西南财经大学出版社, 2000 年 1 月第一版.

[52] A. N., Berger. The Economic Effects of Technological Progress: Evidence from the Banking Industry [J]. Journal of Money, Credit and Banking, 2003, 35 (2): 141-176.

[53] A. N., Berger, G. F., Udell. Small Business Credit Availability and Relationship Lending: The Importance of Bank Organizational Structure [J]. The Economic Journal, 2001, 112 (477): 32-53.

[54] A. N., Berger, G. F., Udell. Relationship Lending and Lines of Credit in Small Firm Finance [J]. The Journal of Business, 1995, 68 (3): 351-382.

[55] C. P., Holland, J. B., Westwood. Product-market and Technology Strategies in Banking [J]. Communications of the ACM, 2001, 44 (6): 53-57.

[56] Penny Lunt. What Makes a Supermarket Bank Branch Work [J]. America: ABA Banking Journal, Vol. 85, 1993.

[57] Tower Group. Case Study: CIBC's Amicus Strategy—Leveraging

Brand Alliances and Low – Cost Distribution to Build Market Share [J]. America: http://www.marketresearch.com/, Mar. 23, 2001.

[58] San Antionio, Austin. H – E – B and Chase Bank of Texas Announce Supermarket/Bank Alliance [J]. Texas: Business Wire, August 27, 1999.

结语
智能金融业态的趋势探索

思来想去，终于把《展望移动金融的下一业态——对智能金融业态2.0版的趋势探索》这样一篇小文作为全书的结尾。毕竟，ATM不但属于过去，属于现在，更属于未来。

我们尝试以金融业的溯源和转变为线索，剖析了以网点机构为代表的物理金融、以网上银行为代表的电子金融和以手机银行为代表的移动金融三大发展业态。在此基础上，分析当前以手机终端模式的移动金融业态的三项不足，并提出一种新型移动金融业态。这种新型业态暂定名为"智能金融业态"，它具备设备个性可穿戴、低碳环保、线下交互、安全私密和智慧高效等五大主要特征。未来，金融业态很可能实现由移动金融业态向智能金融业态的升级，满足客户更广更深层次的需要。

一、金融业态的概述

以智能触屏手机为基点的移动金融自 2011 年以后在中国发展迅猛，也有人形象地称之为"掌上金融"、"手机金融"、"智能金融"、"3G 金融"、"4G 金融"等等。它是商业银行等金融机构以智能手机为服务终端，"随时随地"开展金融服务的出发点和落脚点，成为网上银行、手机银行业务自助受理和办理的节点。这一节点几乎无须花费金融机构太多资源，省去了营业网点、自助银行选址布局、装卸维护、人工技术等大量的前中后期成本投入，客户自觉、银行自发、双方自愿，成为服务业未来新型业态模式的典范。几乎同一时期，以支付宝为代表的网络金融也横空出世，给予传统的商业银行一定的冲击和挑战。那么，中国乃至世界的金融业大致经历了哪些业态？这些业态分别解决了客户服务的哪些主要问题？目前的移动金融还存在哪些主要问题？下一步金融业态特别是移动金融将如何发展？值得总结和反思，这也是本节关注的四个主要问题。

二、金融业的三种业态

所谓业态，一般意指业务经营的形式和状态，这是狭义也是比较准确的定义。广义的业态则宽泛很多，可以包含营业形态、经营形态、企业形态、企业生态、产业形态和产业生态的"六位双层一体"架构（雷瑾亮、王海花、王延峰，2013）。由于广义的业态太过宽泛，本节主要以狭义的业态定义为基础来讨论。业态的更迭一般伴随着产业的变革，或者说产业革命往往催生新的业态。例如，工业革命促进了大集中模式工厂的诞生，并衍生出"科学管理"、"工业伦理"等新方法和新概念，促进了第二产业的大发展；而信息革命则促成了计算机及其附属业务的高速发展，智能手机、工业机器人等新产品和新发明都是这一时代的产物，开创了信息产业的大繁荣并带动了第一、第二和第三产业的共同进步。随着新产业变革的到来，新业态和新模式的存在形式将进一步演化发展（胡春燕，2013）。那么，新型或者新兴业态会给产业带来哪些好处？

不少学者认为，不同的业态可能导致组织绩效的较大差异（吴磊，2013）。这种组织绩效一般建立在业务创新的基础上，在以商业银行为代表的金融业中尤为突出，主要表现为以渠道管理、技术支持、运营模式和客户服务为代表的综合创新，从而大幅提高业务处理的效率和质量、延伸业务受理的时间和空间，进而提高客户满意度和忠诚度。当然，客户的满意度和忠诚度都是相对而言的，不同的客户的标准不同、评判不一、感知结果也不尽一致，这超出了本节讨论的框架，在此从略。一个不争的事实是，近年来由于金融业态的发展创新，使以往客户排队的问题逐渐淡化，客户可以选择更多的渠道和方式来办理金融业务。

笔者认为，目前，金融业主要经历了三个主要的业态类型：一是以分支机构为代表的物理金融业态；二是以网上银行为代表的电子金融业态；三是以手机银行为代表的移动金融业态。中国的金融业也是如此，作为第三产业或服务业的一类，以服务集约型的业态为主（吴小丁，2007），后发优势和创新成果比较明显。目前，第四种金融业态正在酝酿过程中，由于中国本土大量的金融创新和金融需求，这一过程可能并不像移动金融业态的普及一样具备后发优势，更可能形成先导产业和先行优势。对此，不少研究者和实践者颇有同感，例如，陈宇认为："我相信移动端被替代被革命也用不了多少年的时间。"接下来，我们将进一步回顾金融业的业态类型和创新点，正是这些解决客户亟须的关键创新推动了金融业的发展和繁荣。

三、三种业态的创新点

2000年以前，物理金融业态以银行网点为主要渠道。事实上，在现代商业银行成立之前，我国的金融机构已经开了物理金融业态之先河。唐代的"僦柜"和"柜坊"就已经以柜面实体的物理存在，广受欢迎；清代山西票号等"前银行金融机构"进一步实现了异地乃至全国范围的拓展，仍以"总号"、"分号"等实体机构为主要渠道（蔡宁伟，2010），从而完成对客户特别是异地客户的金融服务。不难看出，物理机构是金融服务的起点，也是终点。也正因为如此，物理机构的选址布局尤为重要，但是仍然存两大局限：一是时间上存在一定限制，客户一般可以在工作日的8小时内接受银行的服务，其他时间则很难协调；二是空间上存在一定局限，客户必须主动到银行网点才能享受服务，只有比较特殊的情况下才可以预约到银行的上门服务。需要说明的一点是，目前中国大陆的银行服务时间较不少欧美发达国家要长，例如德国的商业银行周六日基本全部休息，与客户作息时间完全同步，如您想要办理业务必须牺牲工作时间，毕竟休息的福利对大家而言都是对等的稀缺资源。那么，如何才能在不延长银行工作时间的前提下突破这两点限制呢？

2000年至2010年，电子金融业态以网上银行为主要渠道，逐步突破了上述两点限制。在此，银行做了大量的创新和变革工作。在时间上，银行开始布设大量的ATM，以自助设备打造新型个人金融服务渠道，实现了存取款、转账等基础业务的"全天候服务"；同时借助网络大力建设网上银行，给予客户更多的时间选择，丰富了其他业务种类。在空间上，银行进一步完善物理布局，使ATM等自助设备成为网点的有机补充；更为重要的是，随着互联网的普及，网上银行使客户足不出户，借助电脑就能办理很多业务，大大节约了客户的时间和交通成本。

近年来,"客户排队"问题的逐步化解恰恰印证了中国银行业态转型的成功。2010年以前,国内银行"客户排队"的问题比较严峻,屡见报端,如今这类问题已经得到显著改善,除非购买国债、代发工资、发行纪念币等特殊时点。但是,客户的需求会持续促进银行改进:既然已经实现了24小时全天候的"随时"金融服务,那么银行怎样才能实现"随地"金融服务呢?

2011年以来,移动金融业态以手机银行为主要渠道,逐步打破了上述瓶颈。事实上,金融业态从物理到虚拟,从定时到随时,从固定到移动主要依靠的是信息技术的发展创新,这是"第三次浪潮"的大势所趋。2004年以后,随着笔记本电脑特别是触屏电脑的逐步兴起,使其成为很多单位、家庭和个人的首选。但是,无论笔记本或者后来的触屏电脑往往体积相对较大、质量偏重,虽然可以实现移动支付,一定程度上解决了"随地"的难题,但客户体验一般,很多人感觉不仅尽方便。那么,如何进一步优化移动金融的便捷性问题呢,进而提升客户体验呢?银行想到了更为轻巧、方便的手机。特别是智能手机的出现和APP的应用,使支付渠道更为顺畅、便利。手机起到了电脑的作用,完成了笔记本的瘦身;手机银行整合了网上银行的若干功能,基本可以完成除存取款等实体需求之外的自助服务,可以提供更为便捷私密的金融服务。

四、移动金融主要弊端

既然移动金融已经实现了客户服务的"随时随地",满足了绝大多数客户的需要,那么是否这一业态就是金融业的最终状态?商业银行的服务是否会因此停滞不前呢?笔者认为,银行作为金融业的主体,始终具有创新的外部压力和内部动力,随着网络金融对银行传统业务的侵蚀和客户个性化服务需要的不断提升,商业银行还将不断创新业务模式、探索和创新更便捷安全的业态类型。笔者发现，目前以手机终端为主的移动金融还存在以下三大主要问题制约了业务的发展。

（一）手机作为终端丢失难以及时处理

目前，手机作为移动金融终端最大的难题之一在于丢失之后、补办手续之前的客户身份难以验证，存在较大的安全隐患。例如，手机银行、网络支付平台的验证码特别是修改交易或支付密码之后的验证往往借助手机来完成，银行和支付平台向客户手机发送一定时期内有效的"动态密码"来达到验证身份的效果。这一安全设计的基础是手机仍为客户所有、为机主本人所控制，而一旦出现丢失、被盗等情况，机主易人，则脱离了安全设计的本源，反而容易造成客户交易信息泄露。此外，目前由于国内信用体系不健全、金融诈骗的形势比较严峻，还存在大量的借助手机进行电话诈骗、植入木马病毒、盗取手机银行交易记录等情况，都可能导致客户交易信息被不法分子窃取。

（二）手机易受信号屏蔽电量不足困扰

此外，手机作为移动金融的终端还会因自身技术、周围环境限制等问题导致交易延迟、取消甚至无法进行。例如，手机银行交易的前提是智能手机本身没有操作平稳，一旦电量不足、电池损坏等则往往导致无法正常开机，更不要提登录手机银行进行操作和交易；又如，手机银行交易的另外一个前提是需要网络支持，一旦因客户身处地铁、钢结构建筑拐角和飞行途中等信号容易受到屏蔽之处，则难以正常登录完成交易。不难看出，这些困扰是导致客户难以享受移动金融"随时随地"业态优势的关键瓶颈。有时，恰恰是几分钟甚至几秒钟的偏差，使客户错过了最佳的交易时间，这种因种种"不可抗力"而导致的挫败感和无助感极大地降低了客户的满意度和使用体验。

（三）手机的业务效率和范围受到限制

如果说上述两大问题主要是手机作为移动金融终端自身的限制，还存在移动金融业务的制约。移动金融毕竟只是"线上"金融交易模式的一种，很多交易还需要借助"线下"业务来补充完成。例如，国内一些商业银行已经创造性地实现小额取现业务与银行卡、存折等传统交易介质的脱离，客户运用手机绑定某类传统交易介质后可以在该行的自助银行、ATM上预约取款，在客户忘记带卡、带折的情境下起着重要和及时的补救作用。但是，这一情境还是需要客户与线下渠道相结合，需要客户来银行营业网点或者自助银行办理业务，而对公业务则更是如此，有的业务甚至需要客户来银行确认多次才能完成。诚然，银行出于对客户的安全保护进行相应的制度要求和流程设计无可厚非，但移动金融的效率和业务仍然有限。

五、移动金融发展展望

那么，是否存在一种现有移动金融业务的"升级版"甚至更新层次的金融业态？从而能够彻底解决目前"掌上金融"身份核实、业务中断、交易有限的难题？这种新型业态使金融业务更具安全性、更能满足客户的个性，保障使用连续性、克服交易的间断性，更支持业务全面性、突破线上功能的单一性。当然，也许这种发展路径还不能够称之为"业态"，业态是一种替代性的、解决关键难题的创新。但是，笔者有信心借此展望下一新型金融移动终端的构想，也许借助这类交易终端能够开启一个新的业态。

（一）移动金融的新终端难以丢失

由于手机本身及其作为移动终端的特征，有的客户随时随地都在玩手机，也容易因其便携轻巧而遗忘、滑落和丢失，越是贵重精致、功能丰富的手机越难以找回。那么，是否存在一种可以作为移动终端的介质不易丢失？而且即便丢了也没人要，运气好还可以找回来？笔者认为，下一代移动终端首先具备"可穿戴"的功能，从而在保障便携的同时与客户真正实现了"一体化"，难以遗失，例如以芯片的形式嵌入手表、眼镜、戒指甚至衬衣、西装、袜子等。其次，这类移动终端具有一定"独特性"和"唯一性"，仅供客户本人使用，例如眼镜、衬衣、袜子等，即便丢失，也不见得有人需要，易于失主寻找；再如，招商银行在2015年推出了"人脸识别"的ATM，在ATM识别并与客户留存照片对比无误后，输入手机号码、取款金额和密码，最高单次可取3 000元；又如，淘宝和蚂蚁金服打造的新一代场景支付——"空付"也是这一形态的一种体现。最后，随着社会生活水平和诚信文化的共同提升，特别是信用体系的全面建设和移动芯片的普及，即便是嵌入了芯片的手表、戒指等贵重的移动终端也能够路不拾遗、完璧归赵。届时，连夜排队抢购新版苹果手机的故事将成为过往和笑谈。

（二）移动金融的新终端无须充电

那么，这类新型终端的能源从哪获取呢？事实上，目前光动能、势动能的手表已经上市多年，应用比较广泛，很多客户免除了上发条的传统操作。由于这类新型移动终端的便捷性，也可以采取势能自发电、生物电驱动、光动能等多种形式，保证其动力的连续性。并且，在光源充足或者客户活动活跃的事后，新型移动终端还可以完成更多的电量储备，将能源备份到其他可蓄电的设备中。例如，男士的衬衣本身嵌入了芯片，而衬衣本身就是一种采用新材料的蓄电池，可以在日常办公环境中借助光源储备足够的电力。此外，新型移动终端对客户的屏幕展示也可以多样化、个性化。例如，以眼镜为母体的新型移动终端的屏幕就在眼镜片上，以手表为母体的新型移动终端可以在表盘上也可以通过固定激光技术呈现在客户眼前固定位置,而且有信息显示,比手机的省电模式更为节能环保。信号覆盖等问题也将得到根治,目前手机的飞行模式和飞行 WIFI 已经研发成功,相信今后有更完备的技术保障。

(三)移动金融的新终端交互独享

事实上,移动金融尽管具备了比较强大的功能,但其最大的弱点正是在于必须与"线下"接轨,导致一些传统物理业务必须依靠银行营业网点、自助银行的传统业态渠道办理。毕竟,移动金融的支付凭证、介质等很大程度上都是虚拟的、可电子化的,但很多支付工具、凭证和介质难以电子化,必须依靠物理实体来完成。以我们最常见的货币为例,钞币发行必须经过中央银行,这是其作为发行的银行、银行的银行和政府的银行所担负的基本职能之一。货币发行事关经济命脉,事关百姓生活、事关物价水平,是国家宏观经济调控的重要内容。不过,我们仍可以畅想:未来的某个时间,在总量可控、计划可调、来源可溯的前提下,可以实现纸币、票据和凭证自助打印等新功能。客户在购买指定设备的前提下,可以在家、办公地点甚至移动打印若干符合央行规定要求的货币,无须再去银行网点和 ATM 提取。如此,移动金融才真正全面承接了物理金融和电子金融业态的全部功能,实现了"随时随地"。

(四)移动金融的新终端安全私密

那么,是不是移动金融实现了上述三方面突破,就足够?或者就形成了一种新型的、全天候的、线上与线下交互的全新业态了呢?笔者认为,上述三点主要是对以手机为终端的移动金融业态缺陷的有效补充,是下一业态形成的基本条件,但真正想要铸就新的业态,还需要更多功能的完善、更多业务的创新。例如,我们可以预见:新型移动金融终端更加智能,无论是手表、眼镜等母体自带的显示屏幕,还是衬衣、领带等母体以固定激光束等显示的立体影像都仅为客户自己可见,供客户需要时自行演示。换句话说，新型移动金融终端的"固定显示屏"和"无固定显示屏"均受到客户"大脑意念"的绝对控制，与其生物体征相结合。银行可以实时监控客户的操作习惯，对于有违习惯的操作可以进行在线的生物特征识别，如语音、指纹、掌纹、静脉甚至虹膜识别等。当然，在客户同意的前提下，新型移动金融终端的显示和信息也能实现在线交互，给客户想要分享的其他人分享，如亲友、交易对手等。

（五）移动金融的新终端性能卓越

新型移动金融终端还应具备更多的性能，进一步发挥人工智能的功效。例如，相关交易信息可随时随地存储；具有"云在线"的独立实时备份技术；具备全天候自动识别执行客户指令的智能模式；拥有分析、判别和提示未来交易趋势和异常情况的模块。简而言之，只要是客户的命令，新型移动金融终端就会完全遵从；只要客户未更改操作习惯和指令，新型移动金融终端就将不折不扣地执行。这种遵从和执行完全不受节假日、时区和地理位置等的限制，可以实现全天候追踪执行。于是，客户对于金融业务和日常交易的关注、打理、操作更多的无须亲力亲为，而是委托其新型智能移动金融终端受理即可。由于是智能芯片接受指令，执行力较高，也消除了"委托—代理"的问题。只是，可能部分传统的交易代理商和经纪人业务会受到较大的颠覆和挑战，当然肯定还会存在某种专业的中介机构，毕竟客户的信息仍不对称，投资难以"绝对理性"。

六、智能金融业态探索

移动金融业态从"随时随地"到客户"随心所欲"还有一个线上线下结合、磨合与契合的过程，这种磨合与交互恰恰促使了移动金融业态的进一步完善。综上所述，未来移动金融业态的进一步发展很可能过渡到一种新型的移动金融业态，这种业态并未定名，但已经显示出某种端倪，笔者在此暂且称之为"智能金融业态"。在此，我们不妨先回顾一下某一种金融业态的历程与特征，更好地理解未来的趋势。

(一) 金融业态的典型特征

综上所述，目前的金融业态并展望下一趋势，主要分为物理金融、电子金融、移动金融和智能金融四种业态。结合现有的技术条件，笔者预计到2020年，可能实现部分的智能金融业态模式，至于全部实现要到何年何月，在技术革新日新月异的今天，笔者确实不敢妄下结论。当然，有关专家学者可以进一步讨论。我们姑且将移动金融的表现形式称为"随身银行"，金融业务在很大程度上实现了客户自助，彻底没有时间、地点和环境的限制，自助服务的范围与银行网点基本一致，并享有更多智能和智慧的技术支持。这四种业态的主要变迁如图1所示。其中，第一层次的物理金融业态主要依托网点等分支机构，实现定时定点的异地服务；第二层次的电子金融业态主要依托网上银行，实现24小时随时服务；第三层次的移动金融业态主要依托手机银行，实现方便快捷的随地服务；第四层次的智能银行主要依托可穿戴移动智能设备，实现智慧全面的随心服务。不难看出，第二层次、第三层次向第四层次的升级恰恰使得客户服务从"随时随地"进化到"随心所欲"。

(二) 智能金融业态的特点

结合移动金融的发展展望以及对智能金融业态的畅想，笔者认为智能金融将主要具备如下五大特点。一是新型移动智能设备"可穿戴"、"可更换"，满足不同客户的个性化选择；二是新型移动智能设备"可发电"、"可蓄电"，节能低碳环保亲民；三是新型移动智能设备"可固化"、"可追踪"，线上线下无缝连接；四是新型移动智能设备"安全高"、"私密好"，只受客户绝对控制；五是新型移动智能设备"智能

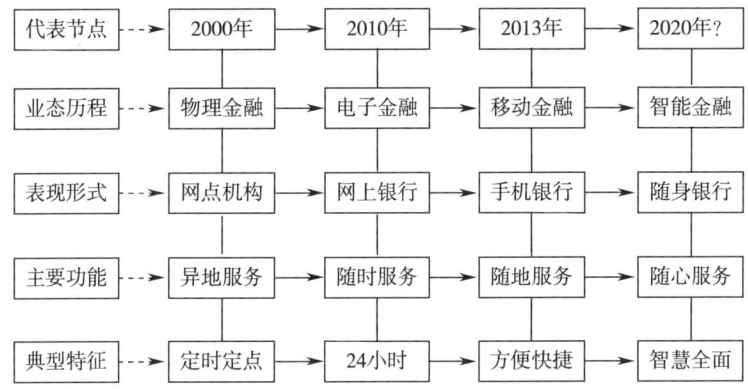

图 1　四种主要金融业态的阶段、表现、功能与特征

化"、"高能化",一定程度上可以代替人脑工作和操作,免去了客户的后顾之忧。当然,上述特征主要从新型移动智能设备及其需求满足方面来探讨,其背后需要更先进的政策、技术和网络支持。例如,客户的个性化和差异化需要、持续和可再生的能源要求、符合宏观规律的微观货币发行体系改革、线上与线下的新型技术改造、智能设备对客户要求的领会与理解、移动设备对数据的发掘与分析等无不需要金融业继续保持微创新的活力与动力。

（三）银行准备与业务趋势

随着这一业态的到来,银行还应做好哪些准备?事实上,目前无论是传统商业银行还是新兴的网络金融公司已经纷纷开始着手相关的研究和技术支撑。首当其冲的是大数据储备,这对于集成丰富信息的客户交易行为、习惯和趋势有着重要的预测作用;其次,是组织机构的改革,适应未来的智能金融发展必须采取更为扁平、灵活的模块化团队结构;最后,银行还必须引导客户适应新型的交易规则,理解新型业态的好处,培养新一代的客户群体,这将代表着另一种快捷、安全、自助的客户行为和管理风尚。笔者观察到,无论哪一行业、哪一种业态,实现客户自助操作、自助管理、自我评价的机制都是企业的一种最优选择。对企业而言，这一模式可以最大限度地降低管理和运营成本甚至可以省去传统的内部考核与评价，从而变相实现业务外包——将主要考评人交给客户自觉、自主和自愿地完成。以智能金融业态为例，银行可以降低大量物理金融业态的固定成本和长期投入、削减大量的网银设备投入与维护费用，这些都可以交由客户埋单，而客户也愿意为之埋单。

参考文献

［1］蔡宁伟. 金融小史：中国商业银行的雏形［J］. 北京：中国信用卡，2010（5）：30-31.

［2］胡春燕. 基于信息技术革命的新业态和新模式演化机理及效应［J］. 上海：上海经济研究，2013（8）：124-130.

［3］雷瑾亮、王海花、王延峰. 融合生态学观点的业态与业态创新兼论与商业模式的比较［J］. 上海：上海管理科学，2013（6）：50-54.

［4］吴磊. 零售企业业态选择与企业绩效分析［J］. 武汉：统计与决策，2013（10）：186-188.

［5］吴小丁. 品牌联营模式对百货店业态的质疑［J］. 长春：吉林大学社会科学学报，2008（9）：134-140.

后　　记

多年以前，陪妻在德国法兰克福 Targo Bank 的 ATM 存钱，伊在一旁的专业信封中写上名字和金额，再把钱装入投进 ATM 中，3 个工作日内人工验证后短信提示到账——客户基本对银行缓慢的操作无动于衷且给予最大的信任，银行也是如此。一方面，国外商业银行服务特别是 ATM 服务的质量和效率存在巨大的差异，这是国内 ATM 服务不敢想象的，否则肯定会遭到客户的投诉。另一方面，我们更感慨国外客户与银行之间的互助与互信，这不仅仅是心态的问题，更在于社会诚信的建立、信用体系的健全、商业信誉的持续。理解和信任是联系商业银行乃至各类企业组织与客户的关键纽带，也是企业基业长青、永葆青春的秘诀。

这一点，"江南愤青"陈宇在他的专著《风吹江南之互联网金融》中也有相似的看法和阐释："……美国银行业的跨州和跨行支付都需要 3~5 个工作日，而且手续极为烦琐；日本的银行业下午三点就关门，而且还需要支付极高的账户管理费。从很多层面来看，我们的银行业相对而言，效率更优。这背后，并非是美国的技术不如中国，而是从现实的需求来看，相对安逸稳定生活状态的国家，对效率是不敏感的，并不是很在乎这个效率的提升。他们更享受安逸的生活方式，喜欢在节假日排队购物，也会在排队中自娱自乐。有言道，美国是好山好水好无聊，我们是真脏真乱真快活。"值得一提的是，这种银行与客户的互助与互信,绝非一日之功,而是整个社会诚信体系、征信体系的全面确立,银行需要以诚实赢得信任,客户也需要以诚信赢得信用。

　　本书从准备到付梓已经10年有余,从2000年第一次怯生生地在光大银行使用ATM,到后来经常在中国工商银行、中信银行的ATM上操作自如,一转眼已经过了16年;从2007年服务于中国工商银行,再到2009年实习期间对ATM的运营管理产生了浓厚的兴趣,到2010年主要参与和负责ATM集中运营管理项目,也有9年多的时间。这是一个漫长的过程,也是一个从无知到理解,从肤浅到深入,从单一到全面的融会贯通的过程。这一过程让我走遍了中国的大江南北,北方的都市到南方的小城,都留下了我的足迹。这一过程不仅有夜以继日地对ATM运营管理制度的深入探讨,也有对ATM管理规范的全面研究,还有许多深夜对客户应急服务需求的综合考量。这一过程虽然细小、微观,但足以见证中国商业银行ATM运营管理的崛起,足以印证中国金融业的发展壮大,这是中观乃至宏观的巨大变迁——我非常荣幸地参与和见证了这一历程。

　　本书的各个章节都源自工作生活中的思考与总结,这种思考既有严谨翔实的记录,也有一晃而过的灵感。为了留存这些记录,我保留了多年的笔记,它们经历了时间和空间的检验;为了抓住这些灵感,我养成了随身随地带着纸笔的习惯,很多想法就是这样日积月累而来;为了系统梳理我曾经记录的材料,我尝试把其中的大部分内容发表在专业期刊上,让个体的思想提前经历业界的评判。运营管理绝非是商业银行管理的"显学",ATM运营管理也是如此。虽然商业银行ATM的客户服务一度成为媒体和社会关注的焦点,但ATM运营管理背后的服务支持人员日复一日、年复一年的严谨操作和辛勤劳动,是保证账实相符、客户满意的基石。他们很多人默默无闻、任劳任怨,很多人长期忍受着高强度的劳累与长期的病痛,很多人长期在粉尘环境下工作——他们是商业银行"白领"中的"蓝领",是脑力劳动者中的体力劳动者。无论如何，他们的工作值得记录，他们的付出值得尊敬。从一定意义上讲，每一个专业、每一个行业都需要有相对独立的观察和研究，记录这一专业的变化，反映这一行业的变迁，商业银行 ATM 运营管理也不例外。

感谢领导的指导与同人的帮助，特别是来自工作中团队的悉心扶助，让我从中学到很多很多；感谢来自基层一线员工的热心支持，很多细节的改良和创新都来自业务一线，实践出真知；感谢商业银行 ATM 的制造商和服务商，给予业务管理不少优秀的操作借鉴和案例实践；感谢多年来使用和支持商业银行 ATM 的广大客户，我们从中发现了很多不足，并尝试会同同人们不断努力完善，持续满足客户们的需求。

感谢家人的理解和爱妻的支持，有很多难以入睡的时间甚至不眠之夜，你们的信任和付出是我创作的动力源泉；感谢编辑的鼓励与朋友的牵线，中国金融出版社的编辑老师们给予了认真地编校，并在本书出版的过程中提出了很多中肯意见和宝贵建议。

祝福中国商业银行 ATM 全生命周期管理与客户服务更上一层楼！

蔡宁伟
二零一六年元月于北京

专业术语

本书涉及一些有关自助设备、ATM 等设备的中英文简称和专业术语，分别汇总整理附后，方便各位读者参阅。

第一节 中英文称谓对照

A

ADM：Auto Deposit Machine，自动存款机

AEM：Auto Encapsulation Machine，自助封包机，也称 APM

AHP：Analytic Hierarchy Process，层次分析法

AMOC：Auto Machine Operation Center，自助设备运营中心

AM：Auto Machine，自助设备

ANN：Artificial Neural Network，人工神经网络

APM：Auto Packing Machine，自助封包机，也称 AEM

ATM：Auto Teller Machine，自动柜员机，也可具体指代自动取款机、自动提款机

ATMIA：ATM Industry Association，ATM 行业协会

ATMMC：Auto Teller Machine Management Center，ATM 管理中心

ATMOMC：Auto Teller Machine Operation Management Center，ATM 运营管理中心

B

BCDM：Bulk Cash Deposit Machine，不可循环自动存取款机

BCRM：Bulk Cash Recycle Machine，可循环自动存取款机

BO：Business Outsourcing，业务外包

BPO：Business Process Outsourcing，业务流程外包

BSM：Bank Self-service Machine，自助终端，也称银行用自助设备

BST：Bank Self-service Terminal，多媒体查询终端

C

Call Center：呼叫中心

Core Competence：核心竞争力

Cash Island：现金岛

CCM：Currency-counting Machine，点钞机

CDM：Cash Deposit Machine，自动存款机

Commereial Bank：商业银行

Community Bank：社区银行

CRLC：Customer Relation Life Cycle，客户关系生命周期

CRM：Customer Relationship Management，客户关系管理

CRS：Cash Recycling System，存取款一体机

CSS：Customer Service and Support，客户服务与支持

Counterfeit Detector：验钞机

D

De – Banking：去银行化

E

ELC：Enterprise Life Cycle，企业生命周期

F

Financial Disintermediation：金融脱媒
Financial Exclusion：金融排斥性

G

GASA：Global ATM Security Alliance，ATM 安全联盟
GIS：Geographical Information System 或 Geo – Information System，地理信息系统，也称地学信息系统或资源与环境信息系统

H

HR Outsourcing：人力资源外包

I

IFS：Inclusive Finance System，普惠金融体系

IT Outsourcing：信息技术外包

K

KPO：Knowledge Process Outsourcing，知识流程外包

M

MGT：Management Grid Theory，管理方格理论
MST：Payment Self – service Terminal，自助缴费终端

N

NC：Night Cashbox，夜间金库

O

OFFPSB：Off – premise Self – service Banking，离行式自助银行
ONPSB：On – Premise Self – service Banking，附行式自助银行
OS：Organization Strategy，组织战略
Outsourcing：外包，也称委托管理或者托管
O2O2O：Off – line 2 On – line 2 Off – line，线下线上线下交互

Q

QCRS：Quantum Cash Recycling System，大额存取款机

R

RBV：Resource Based View，资源基础观

ROA：Return on Assets，资产收益率

ROE：Return on Equity，股本回报率，又称产权收益率、产权报酬率

RTM：Retail – Teller Machine，无现金自动取款机，也称零售取款机

S

Service Center：服务中心

SHRM：Strategic Human Resource Management，战略人力资源管理

Strategic Outsourcing：战略外包

SLP：Systematic Layout Planning，系统布置设计

SSB：Self – service Banking，自助银行

T

TCR：Teller Cash Recycler，柜员现金循环机

W

WLC：Whole Life Cycle，全生命周期

X

XDM：Exchange Deposit Machine，外币兑换机

第二节　专业术语及释义

ATM 单机日均交易量：指在一定时间内所辖每台 ATM 平均每日成功处理业务的笔数。

ATM 单机日均交易额：指在一定时间内所辖每台 ATM 平均每日处理业务的交易金额。

ATM 正常运行率：指在一定时间内所辖 ATM（不含非营业日设备）正常运营时间与计划营业时间的比值，全面反映包含技术类和业务类等因素影响后的 ATM 运营情况。

ATM 硬件正常运行率：指在一定时间内所辖 ATM（不含非营业日设备）硬件正常运营时间与计划营业时间的比值，反映剔除业务类因素影响后的 ATM 运营情况。

ATM 现金保障率：指在一定时间内所辖 ATM 现金供应处于正常状态的时间与设定运营时间的比值，反映现金保障情况。

ATM 非技术故障率：指在一定时间内所辖自动柜员机由于非技术原因引起的卡钞、卡纸等非技术故障导致停机时间与计划营业时间的比值，反映日常维护保障情况。

ATM 开机率：指在一定时间内所辖 ATM 正常运营时间与计划营业时间的比值，反映设备 ATM 运营情况。

ATM 可用率：（按权重）的逻辑，根据 ATM 关键功能设定权重，完好设备可用率（按权重）为 100%，关键功能中有一个不可用，则按

照该功能权重扣减，作为设备的可用率（按权重）；同时出现多个关键功能不正常，则按照其中权重最高者扣减，作为设备的可用率（按权重）。

ATM 换钞法：打印轧账清单后，将备付金不足的原钞箱撤下，取出剩余钞票后封装，再换上装好的备付金，回行后清点余额，当日进行账款核对。此方法一般在钞箱不足时使用。

ATM 更换钞箱法（ATM 换箱法）：打印轧账清单后，将备付金不足的原钞箱撤下，换上装好备付金的新钞箱，回行后清点余额，当日进行账款核对。

ATM 原箱续钞法（ATM 续钞法）：必须在保证款项安全的条件下即时结账。打印轧账清单，整点钞箱内余额，账款核对无误后，在备付金不足的钞箱中直接加装备付金。

单台 ATM：除纳入以上两类自助银行范围统计之外的其他 ATM。

附行式自助银行（也称为在行式自助银行，On–Premise Self–service Banking）：指设在银行网点内的自助银行，主要配合银行网点提供存取款、转账汇款等常见金融服务。

离行式自助银行（Off–premise Self–service Banking）：指设在银行网点外的自助银行，主要提供 24 小时的常见金融服务，包括酒店、商场、饭店、超市、机场、车站、码头、学校、企业、写字楼、电影院、居民区、娱乐中心、24 小时便利店等。

自助银行：一般有 2 台以上 ATM。在行式自助银行是指依附于有人营业网点设置的，有独立服务场所，具备存款、转账功能，24 小时对外营业的自助服务区域。离行式自助银行是指在已有网点以外独立设置的，具备存款、转账功能，24 小时对外营业的自助服务区域。

自助银亭：在上述定义的单台自动柜员机中，也设有独立服务场所的，为自助银亭。

点钞机：是一种自动清点钞票数目的机电一体化装置，一般带有伪钞识别功能，集计数和辨伪钞票的机器。

验钞机：是一种检验钞票真伪的机器。目前，验钞机中的很多功能已与点钞机相结合，如点钞时可同步验钞，称之为"点验钞机"。

清分机：清分机是一种高端金融机具产品，于20世纪90年代中期进入我国，又称为钞票清分机、现金清分机、货币清分机、纸币（钞票、现金、货币）分选机。是一种专门用来清点、分选硬币或纸币的金融机具。